杨毓麟 撰

饶怀民 编

杨毓麟集

湖湘文库编辑出版委员会

岳麓书社

出版说明

湖湘文化源远流长，博大精深，是中华文化中独具地域特色的重要一脉。特别是近代以来，一批又一批三湘英杰，以其文韬武略，叱咤风云，谱写了辉煌灿烂的历史篇章，使湖湘文化更为绚丽多彩，影响深远。为弘扬湖湘文化、砥砺湖湘后人，中共湖南省委、湖南省人民政府决定编纂出版《湖湘文库》大型丛书。

《湖湘文库》编辑出版以“整理、传承、研究、创新”为基本方针，分甲、乙两编，其内容涵盖古今，编纂工作繁难复杂，兹将有关事宜略述如次：

一、甲编为湖湘文献，系前人著述。主要为湘籍人士著作和湖南地区的出土文献，同时酌收历代寓湘人物在湘作品，以及晚清至民国时期的部分报刊。

二、乙编为湖湘研究，系今人撰编。包括研究、介绍湖湘人物、历史、风物的学术著作和资料汇编等。

三、乙编中的通史、专题史，下限断至1949年。

四、甲编文献以点校后排印或据原本影印两种方式出版。

五、除少数图书以外，一律采用简体汉字横排。

六、每种图书均由今人撰写前言一篇。甲编图书前言，主要简述原作者生平、该书主要内容、学术文化价值及版本源流、所用底本、参校本等。乙编图书前言，则重在阐释该研究课题的研究视角和主要学术观点等。

七、对文献的整理，只据底本与参校本、参校资料等进行校勘标点，对底本文字的讹、夺、衍、倒作正、补、删、乙，有需要说明的问题，则作出校记，一般不作注释。

八、甲编民国文献中的用语、数字、标点等，除特殊情况外，一般不作改动。乙编图书中的标点、数字用法、参考文献著录规则等均按现行出版有关规定使用和处理。

《湖湘文库》卷帙浩繁，难免出现缺失疏漏，热望社会各界批评指正。

《湖湘文库》编辑出版委员会

前　言

杨毓麟是辛亥革命时期杰出的资产阶级民主革命家、宣传家。他一生追随孙中山、黄兴奔走革命，以务实、勤勉、激进而著称于世。他力主“中央革命”，多次图谋打入清廷内部，实行反戈一击；积极参与响应华兴会策动的长沙起义和在上海发动的鄂、宁起义，起义失败后，他又亲制炸弹，组织暗杀团，对清廷要员实施暗杀。他还是著名的《新湖南》一书的作者，先后担任过《游学译编》、《神州日报》、《民立报》等多种报刊的总主笔或撰稿人，撰写了大量社论和时评，“皆能言人所不敢言”①，为辛亥革命大造舆论，宣传资产阶级民主革命思想。黄兴赞誉他“思想缜密”，“美材也”②；孙中山称许他“蹈海以殉”，“亡身报国”③。其一生经历事件颇多，且留下了相当丰富的文字资料，本文拟分五个问题，概述其主要活动，同时对他的思想略加分析。

一

杨毓麟（1872—1911），字笃生，一号叔壬，别号畫盦，复改号守仁，撰写文章时所署的笔名有：湖南之湖南人、三户遗民、

① 于右任：《吊杨笃生文》，《于右任辛亥文集》，复旦大学出版社 1986 年版第 196 页。
② 黄兴：《复孙中山书》，《黄兴集》，中华书局 1981 年版，第 20 页。
③ 孙中山：《令陆军部准建杨、郑二烈士专祠并附祀吴、熊、杨、陈四烈士文》，《孙中山全集》第二卷，中华书局 1982 年版，第 183 页。

寒灰、卖痴生、耐可、蹈海生等十多种笔名[①]。1872 年 11 月出生于湖南省长沙县高桥乡一个普通农民家庭。

杨毓麟自幼聪颖，“七岁能文，惊名宿”[②]，博闻强记，至十二三岁时，“已遍读十三经、《史记》、《文选》及各大名家诗、古文辞，十五岁补博士弟子员”。稍长，先后入长沙之岳麓、城南、校经三书院读书。在此期间，他“泛览国朝人经说、本国文学、历史，尤留心经世文学。”[③] 奠定了深厚的国学根基。

1894 年，中日甲午战争爆发，北洋海军几乎全军覆没。时杨毓麟正在校经书院读书，他极“欢迎人所著关于时事之书，独居深念，辄感愤不能自已，”[④] 爱国思想油然而生。他连夜奋笔疾书，作《江防海防策》，要求清政府收复失地，一洗大国惨败之辱。校经书院山长杜仲丹阅其文，赞为“景略雄谈”，“惊赏之”。但爱国与革命之间是有距离的，此时，他并未产生民主革命思想，仍未放弃科举仕途。

1897 年，杨毓麟中举，入选二等优贡[⑤]，以知县分发广西。适值维新运动正在酝酿之中，湘抚陈宝箴、学政徐仁铸锐意革新，并于同年 10 月在长沙设立时务学堂，延聘梁启超为中文总教习，李维格任西文总教习，熊希龄为学堂总理，此为湖南近代最早的新式学堂，标志着湖南维新运动的发端。杨毓麟立志改革，又颇

---

① 关于杨毓麟的笔名除上所述外，尚有椎印寒灰、函三、三户之遗民、遗民、三户、三户之愤民、愤民、卖痴子、蹈海子等。

② 曹亚伯:《武昌革命真史》前编上，上海书店，1982 年版，第 368 页。

③ 杨昌济:《蹈海烈士杨君守仁事略》，《杨昌济文集》，湖南教育出版社 1983 年版，第 29 页。

④ 杨昌济:《蹈海烈士杨君守仁事略》，《杨昌济文集》，湖南教育出版社 1983 年版，第 29 页。

⑤《湘学新报》载，杨为丁酉拔贡举人。

具才名，被聘为时务学堂教习，因而未赴广西知县任。从此，他与梁启超、唐才常、谭嗣同等人一道倡言变法，成为湖南维新运动的重要骨干，他的思想开始步入改良的阶段。

杨毓麟在时务学堂任教期间，一方面利用课堂向学生反复讲解维新变法的道理；另一方面又在教学之余，为唐才常、陈为镒主编的《湘学新报》撰稿①，并担任“掌故学”栏目的撰述②。在该栏目发表《述长芦盐法》一文，在《湘学新报》和《湘学报》上连载，从盐政的角度倡导改革的必要性。他指出，清廷盐政“弊窦复出”，“名目多端”，“纲商习为奢汰，自放于无等之欲，一餐之费数十万钱，一衣之费数千百缗”，官吏百般勒索，巧取豪夺，往往“岁运一纲之盐，获利二三百万耳，而无名之费，乃至二三千万”，造成“商困不起”，“国课亦病”，“故道光中，长芦盐政大蹶”。嗣后，“中饱之徒，颇复营构窟穴，有名之费，若厘金、捐款之属，十增四五；无名之费，若陋规匣费及罢士游客之搜刮，亦十增四五”，“规费之属，侵渔愈甚”。他建议，改革盐政，应从下列两方面入手：1. 盐税不可过重，“宜酌定中数，而设划一之法”，“以厚商本、便民食，不当为竭泽而渔之计”。2. 朝廷宜遣通解盐法之官员，遍历各盐场，调查海盐、池盐、井盐生产之确数，引地丁口之多寡，盐商成本之轻重，运费之多少，权其大要，然后定税率，设煎盐公司，实行专卖，公司年清年课，方可凑效③。

---

① 《湘学新报》于1897年4月创刊，在长沙出版，旬刊。该报自第二十一册起改名《湘学报》。由江标、徐仁铸先后督办，唐才常、陈为镒等主编，是维新派的喉舌，戊戌政变后停刊，共出45册。

② 《湘学报》第二十五册将“掌故学”栏目更名为“时务”栏目。

③ 杨毓麟：《述长芦盐法》，《湘学新报》第二十册、《湘学报》第二十一册至二十三册连载。

杨毓麟在时务学堂任教期间，还发表过有关史学的系列论文，钩沉稽隐，从历史的角度寻找变法的理论依据。他继承林则徐、龚自珍、魏源以来的经世致用思想和社会改革思想，呼吁对“古史”进行改造，摒弃儒学中的糟粕，以大无畏的勇气向“正史”发起了攻击，为维新变法大造舆论。

1898 年 9 月 21 日，维新运动以西太后发动政变而宣告失败；28 日，谭嗣同等六人血洒北京菜市口；湘抚陈宝箴、学政徐仁铸亦被罢官，时务学堂被解散。长沙省城，风声鹤唳，“毓麟几及于难，避乡数月乃免”[①]。

1899 年春，杨毓麟应乡人瞿鸿禨之聘，入其幕府，瞿时任江苏学政，广揽宿学通儒入幕襄助，杨慕名而往。然而，通过一段时间的实践，他发现，原来这位老乡并不是他想象中的开明官员，而是一个趋炎附势、投机钻营的政客。官场尔虞我诈、贪污受贿，令杨忍无可忍，“终以宦途污浊辞去”[②]。在此后的两年中，杨毓麟一直埋首于湘绅龙湛霖教馆，午夜青灯，他阅读私自购来的“禁书”，“以求世界之知识”，与龙氏“极相得”[③]，力劝龙氏捐资兴学，龙氏允如所请。嗣后，“长沙胡子靖创办明德、经正两校，龙氏尝竭资以助，笃生实有力焉。”[④]

值得一提的是，过去史学界有一种说法，认为杨毓麟参加过自立军起事，但根据现有材料分析，我们认为，杨毓麟并未参加。其理由如次：第一，遍查自立军各路统领及下属骨干名单，均无

① 杨殷麟：《杨毓麟事略》，载《武昌革命真史》前编上，第 369 页。
② 杨殷麟：《杨毓麟事略》，载《武昌革命真史》前编上，第 369 页。
③ 杨殷麟：《杨毓麟事略》，载《武昌革命真史》前编上，第 369 页。
④ 冯自由：《新湖南作者杨笃生》，《革命逸史》第二集，中华书局 1981 年版，第 116 页。

杨毓麟名号。第二，另据自立军重要首领林圭之兄林绍先所著《自立会人物考》，收录有关自立会人物共二百四十六人，亦未见列有杨毓麟名号。第三，杨毓麟本人及亲属、好友均未谈及其参与自立军起义情事。第四，如果杨毓麟参加过自立军起事，清廷必定会将其列入追捕名单之中，但据湖广总督张之洞、两江总督刘坤一等人的奏陈及事败后清廷的通缉名单均未列有杨的名号。

必须指出，杨毓麟未能参与自立军起事，但并不等于说他反对此事，至少可以说他在思想上还是同情和支持的，这从他 1902 年冬出版的《新湖南》一书中追忆庚子自立军起事时的态度可以反映出来。自立军起事失败，唐才常等二十余人殉难，这给杨毓麟的思想以极大的刺激，催发了其民主革命思想的萌芽。

值得注意的是，杨毓麟思想的转变也与黄兴等人对他的帮助有关。黄兴曾多次劝说他放弃改良思想，走武装反清道路。后来，杨毓麟的革命活动基本上是遵循黄兴等人所拟定的既定方针进行的。

二

1901 年冬，杨毓麟离开龙氏教馆，告别亲人，“挈龙氏学生飏原同渡日本”①，在上海滞留一段时间后，于 1902 年 4 月到达日本东京。过去有一种说法，认为杨毓麟是 1900 年留学日本的，并与杨度同船。但据《杨毓麟家书》1909 年 7 月 9 日《致夫人俪鸿》函所云“辛丑之冬”、“初春判袂”，具体时间系指 1902 年 3 月末离开上海，4 月中旬抵达东京。这一时间与湖南留日学生“癸卯七

① 杨殿麟：《杨毓麟事略》，《武昌革命真史》前编上，第 369 页。

月调查”所列《湖南同乡留学日本题名》的时间完全吻合，该题名录记载杨毓麟抵日时间为“壬寅四月”，记载杨度抵日本时间为“壬寅三月”（均指公历）[①] 杨度至少比杨毓麟早到一个月时间。

杨毓麟到达日本东京后，“先入本国人设立的清华学校，学习日语、数学，甚苦”[②]。旋改入日本人所办的宏文学院，复改入早稻田大学，专攻政法，“本年补官费”[③]。留学期间，他接触到西方社会科学名著，使他的民主革命思想有了长足的发展，渐次趋于成熟。他运用在早稻田大学所学的知识，结合中国和湖南的具体实践，撰写了洋洋数万言的《新湖南》一书，以“三户之愤民”的笔名发表。该书于 1902 年冬在东京刊行，早于邹容的《革命军》、章炳麟的《驳康有为论革命书》等著作[④]。它的出版发行，成为杨毓麟民主革命思想成熟的重要标志。

《新湖南》虽以省区命名，“鼓吹湘省脱离满清独立之说甚力”[⑤]，但其出发点并非仅仅论述湖南省范围内的区域自治，而是基于作者深厚的国学功底和对世界历史与现状的深刻了解，以其广阔的政治视野探索了二十世纪的时代特征。他指出，列强之所以推行侵略扩张政策，不是偶然的，而是世界资本主义发展到帝国主义阶段的产物，有其历史上之远因和近因：“夫所谓历史上之远因者何也？则民族建国主义是也。所谓历史上之近因者何？则由民族主义一变而为帝国主义是也。”毫无疑问，杨毓麟对于帝国主义本质的认识是在当时历史条件下先进的中国人所能达到的最

---

① 《湖南同乡留学日本题名》，《游学译编》第 10 册，附录。

② 杨昌济：《蹈海烈士杨君守仁事略》，《杨昌济文集》第 30 页。

③ 《湖南同乡留学日本题名》，《游学译编》第 10 册，附录。

④ 邹容的《革命军》写于 1903 年 4 月，陈天华的《猛回头》写于 1903 年夏、《警世钟》写于 1903 年秋，章炳麟的《驳康有为论革命书》写于 1903 年 6 月。

⑤ 陶成章：《浙案纪略》，《陶成章集》，中华书局 1986 年版，第 342 页。

深刻的理解。

杨毓麟从强烈的爱国主义思想出发，揭示了帝国主义利用清政府统治中国人民、实施“以汉治汉”的手段，论证了反清革命的必要性。他说：“今日吾辈之所研究者，在存中国，在存湖南以存中国。苟有不必排满而得存湖南者，吾辈不必排满可也。苟其不出于排满而必不得存湖南者，吾辈又奚为隐忍苟活坐视其亡也！”[①] 杨毓麟把湖南人的历史责任放到民族运动的整体中进行考察，同时又把振兴中华的事业放在新世纪的世界全局中来认识，因而使自己的著作具有超越同时代革命党人的思想深度。《新湖南》用文言写成，专从学理上阐述政治革命和种族革命学说，鼓吹反帝反封建斗争，在“中等社会”中引起强烈反响。该书出版后，“风行于世”[②]，大量“传布内地”，成为当时散布“最多”、影响最大的读物之一[③]。

1902年11月14日，《游学译编》在日本东京创刊，由杨毓麟担任主编。该刊“专以输入文明、增益民智为本”。分学术、教育、军事、实业、理财、内政、外交、历史、地理、时论、新闻、小说等十二个栏目，内容非常丰富，“以译述为主”，兼刊创作。杨毓麟在该刊发表的译作《自由生产国生产日略述》、《纪十八世纪末法国之乱》等长文，介绍了西方政治学说，论述了法国革命的历史。所作《满洲问题》阐述了满洲问题的由来及其解决之方法，“声政府之罪，慷慨淋漓，声泪俱下”[④]，成为传颂一时的佳

① 杨毓麟：《新湖南》，《辛亥革命时论选》第一卷，下册，三联书店1978年版，第613页。

② 冯自由：《新湖南作者杨笃生》，《革命逸史》第二集，第116页。

③ 陶成章：《浙案纪略》，《陶成章集》，第342页。

④ 杨昌济：《蹈海烈士杨君守仁事略》，《杨昌济文集》，第30页。

作。《游学译编》与其后同在东京创刊的《湖北学生界》、《浙江潮》、《江苏》等刊物此呼彼应，从而吹响了1903年中国知识界新觉醒的时代号角！

三

杨毓麟求学不忘革命，在进行舆论宣传的同时，又把主要精力投入到斗争实践中去。1903年4月29日，因沙俄侵略军违约拒绝从我国东北撤军，留日学生500余人集会于东京神田锦辉馆，召开拒俄大会，声讨沙俄侵华罪行。会后，决定成立“拒俄义勇队”，杨毓麟积极参加。5月2日，拒俄义勇队改名为“学生军”，通过12条规则，杨被委任在学生军本部办事①。由于驻日公使蔡钧横加干涉，5月11日，学生军又改名“军国民教育会”，以“养成尚武精神，实行民族主义”为宗旨②，并提出鼓吹、起义、暗杀三种革命途径。其开展的具体革命活动是：广泛开展宣传发动，练习射击，学造炸药，派遣“运动员”回国策动武装起义、组织暗杀等。也就在5月11日军国民教育会成立之日，杨毓麟自认为“运动员”，愿意负责在江南一带策动武装起义③。回国之前，他又与黄兴、周来苏、苏鹏等六人在军国民教育会中密组一暗杀团。又由冯自由介绍，杨与横滨的梁慕光取得联络，学制炸药，“研究爆发物十余种”④，因制药失慎，一眼被炸伤。“党人能自造

① 冯自由：《癸卯留日学生军姓名补述》，《革命逸史》第五集，第35页。
② 冯自由：《东京军国民教育会》，《革命逸史》初集，第111页。
③ 《军国民教育会纪事》，转引自《黄兴年谱长编》第48页。
④ 冯自由：《新湖南作者杨笃生》，《革命逸史》第二集，第117页。

炸弹，自守仁始”[①]。暗杀团为履行其职责，杨又与周来苏等密携炸药回国，邀约张继、何海樵等主张暗杀者同赴北京，于草头胡同租屋一间，计划在故宫内城或颐和园内一举炸毙西太后及朝廷命官。居京数月，往返于京、津之间，终因戒备森严，无从下手，失意南返，旅居上海。

1903年12月，杨毓麟应邀回长沙，参与华兴会的筹备工作。翌年2月15日，华兴会召开正式成立大会，杨被邀出席，加入华兴会，并被派往上海，任华兴会外围组织爱国协会会长，章士钊任副会长。接着，黄兴、刘揆一与哥老会首领马福益共同议定：“计以十月十日清西太后七十生辰全省官吏在皇殿行礼时，预埋弹药其下，以炸毙之，而乘机起义。”[②] 爱国协会拟在上海响应长沙起义，但这次起义因奸人告密而先期流产，黄兴、刘揆一、宋教仁等华兴会主要骨干先后逃往上海。

1904年11月7日，黄兴、刘揆一、杨毓麟、章士钊等四十余人在上海英租界新闸新马路余庆里召开会议，决定“即日分途运动大江南北之学界、军队，起义鄂、宁等处”[③]。不久，又因受万福华刺王之春事件的牵连，余庆里机关遭到破坏，清兵在余庆里机关搜出手枪、炸药、名册、会章等物品，清吏按册拿人，捕去黄兴等十三人，清吏还在搜寻物中发现杨毓麟名片多张，杨只好改名杨守仁，以避侦者耳目，于12月上旬与宋教仁等一道逃亡日本。

经过此次失败，他考虑到在东南沿海发动起义“不如袭取首

---

① 曹亚伯：《武昌革命真史》前编上，第371页。

② 刘揆一：《黄兴传记》，《刘揆一集》，华中师大出版社1991年版，第163、165页。

③ 刘揆一：《黄兴传记》，《刘揆一集》，华中师大出版社1991年版，第163、165页。

都收效之速”，于是，“继乃变计混迹政界，以从事中央革命”①。他再次回国入京城，在管学大臣张百熙（长沙人）的帮助下，出任译学馆教员。他以教员身份为掩护，秘密策动暗杀活动。

1905 年 7 月 16 日，清廷颁发谕旨，派载泽、戴鸿慈、徐世昌、端方等分赴东西各国考察政治，稍后又加派绍英参与其事，凑成五人，称五大臣出洋考察宪政。杨毓麟获此消息，来到保定，对吴樾曰：“清廷伪为预备立宪，遣五大臣出洋考察政治，以愚吾民，恐中国永无再见天日之会也。”吴樾慨然曰：“彼五大臣可击而杀之也。”② 吴提出与其先杀铁良不如先杀五大臣的主张得到杨的首肯，但杨考虑到自制炸弹无电动开关，实施者终不免于难，因此，又不忍心让吴樾去执行这一计划。他作为“北方暗杀团”的团长，毅然力争担任炸手。吴起而制止曰：“樾生平既自为中华革命男子，决不甘为拜服异种非驴非马之立宪国民也，故宁牺牲一己肉体，以剪除此考求宪政之五大臣。”又曰：“樾请为诸君子着先鞭，更愿死后化一我而为千百我，前仆后继，不杀不休，不尽不止！”③ 并建议杨毓麟设法打入载泽幕中，以收里应外合之效。由于五大臣行期提前，吴樾急不可耐，遂于 9 月 24 日怀揣炸弹，乔装成皂隶，从容步入北京正阳门车站站台，登上五大臣专车，准备将五大臣炸毙。当机车与车厢挂钩时，因车身震动，触发炸弹，吴樾当场死难，五大臣中仅载泽、绍英受轻伤。早在五大臣出访之前，杨已预先谋得载泽随员一职，以为内应；事件发生后，清廷当时并未怀疑他，故仍以五大臣随员身份同行。五大臣因此延至 12 月 11 日启程，杨作为随员，顺利抵达东京。从吴樾谋炸五

---

① 冯自由：《新湖南作者杨笃生》，《革命逸史》第二集，第 117 页。

② 曹亚伯：《武昌革命真史》前编上，第 373 页。

③ 《烈士吴樾意见书》，《民报》第 3 号。

大臣的过程可知，杨毓麟自始至终参与了谋划，诚如时人所云："吴樾之中国炸弹第一声，即守仁之秘谋也。"这一惊天之举给清政府以当头棒喝，使清朝重臣威风扫地，狼狈不堪，影响不可谓不大矣！

杨毓麟抵达东京之前，同盟会早已成立，亟待发展。杨与黄兴、宋教仁等人会晤后毅然辞去随员职务，并于1906年6月25日正式加入同盟会，协助黄兴等人扩展同盟会组织。不久，其姊寿玉病逝，杨"归慰先慈，家居七日即返沪，自此不复履三湘故土"①。复在沪设立正利厚成肆为江海交通机关，用以扩充组织。这年秋天，杨获悉魏蕃实与汪康年私将湘矿售予德国人开采，订约数年，屡起纠葛，约不能废。对于这种出卖利权的行为，杨深恶痛绝，于是邀约留日学生易本羲、王延祉、唐支厦等力主废约。而在沪志士童尧山、陈家鼎、廖秉衡等则主张追讨魏、汪，公推杨与魏、汪抗争。他不负众望，径赴魏处，佯称需阅条约全文、研究内容，魏不明其来意，将草约交出，杨遂将草约带走，由陈家鼎、王延祉等人将草约送交驻日公使杨枢，并报外务部，使这一草约终于得以废除。

1906年12月4日，萍浏醴起义爆发，杨毓麟准备在上海响应，但因起义很快失败而未能如愿。1907年1月，受萍浏醴起义株连，湖北日知会案发生，刘静庵等九人先后被捕，柳继贞亦被囚禁于长沙。杨四处筹措经费，托王延祉营救被捕诸人。终因王原与刘静庵密谋在湖北荆州起事响应萍浏醴起义，不便出面而作罢论。

几乎与湖北日知会案发生的同时，清吏在南京亦大兴党狱，

① 曹亚伯：《杨笃生蹈海》，《武昌革命真史》前编上，第369页。

同盟会员杨卓林、孙毓筠等人相继被捕。杨卓林坚贞不屈，视死如归。孙毓筠畏祸动摇，供出王延祉等多人，王被两江总督端方悬赏通缉，杨毓麟又设法通知王延祉，使他安全脱险。在沪期间，杨除参与收回利权斗争、响应萍浏醴起义、营救受难同志外，还用主要精力协助于右任倡办《神州日报》，继续致力于革命的宣传发动工作。

四

1907年4月2日，《神州日报》在上海创刊，它是继《警钟日报》之后，革命派在国内出版的又一份大型日报，是这一时期同盟会在东南八省进行革命宣传的重要言论机关。杨毓麟任总主笔，于右任担任社长（当时称经理）。《神州日报》虽然没有公开标榜为革命派的言论机关，"以沉郁委宛见长"，但"顾名思义，就是以祖宗缔造之艰难和历史遗产之丰富，唤起中华民族之祖国思想"，"激发潜伏的民族意识"，隐含反清革命思想。该报创刊仅三十七天，因邻居失火而连带受灾，机器设备付之一炬。火起时，杨还在伏案疾书，烈焰封门，他只好沿窗外电杆而下，仅以身免。遇火当天，《神州日报》被迫停刊。在严重的困难面前，报社同仁并未退缩，他们将这次火灾当作除旧布新的吉兆和事业成功的转折，以积极向上的态度从事恢复工作，仅中断一日，又继续出版。杨在担任《神州日报》总主笔的一年多时间里，一直"风风雨雨，夜以继日，四处奔波，可谓至苦"①。先后发表过近十万字的政论

---

① 于右任：《吊杨笃生文》，《于右任辛亥文集》，复旦大学出版社1986年版，第196页。

和时评文章，他“以其坚确之辞义，抒其真挚之情感”，“欲天下哭则哭，欲天下歌则歌”，深深打动了读者，成为办《神州日报》“最努力的一个人”①。

从杨毓麟在《神州日报》上所发表的文章看，其主要内容有如下三个方面：（一）痛陈民族危机形势，号召国人奋起反帝到底。（二）宣传“排满革命”，揭露清政府政治黑暗，官吏贪鄙残忍。（三）痛斥清廷“预备立宪”，揭穿其虚伪本质和荒诞措施。

五

1908年4月20日，杨毓麟被留欧学生监督蒯光典聘为秘书，随行至英国。翌年冬，蒯因故罢归，杨亦辞秘书职，转赴英国苏格兰泥北淀大学，专攻英文及生计学，借以“探社会学之奥”②。

1909年秋，孙中山流亡伦敦期间，杨毓麟曾与孙中山晤面，10月21日，他曾向孙建议，设立欧洲通讯社，孙表示赞成，并致函当时在布鲁塞尔的同盟会会员王子匡，嘱其帮办此事。孙中山在《致王子匡函》中称：“昨日笃生兄来谈通讯社事，弟甚赞同其意。此事关于吾党之利便者确多，将来或可借为大用，亦未可定，兄宜共同担任之，切勿避嫌。盖吾人若不理之，必致落于他人之手，则此物又可为吾人之害也。幸为留意图之。”③ 这一时期，杨还担任同盟会驻英国的联络员，以欧洲特约通讯员的名义为《民立报》、《中兴日报》等刊物撰稿，向国内读者介绍西方各党派的

---

① 于右任：《如何写社评》，1940年《新闻季刊》第1卷第2期。

② 佚名：《蹈海记者之痛史》，《民立报》1911年8月30日。

③ 孙中山：《致王子匡函》，《孙中山全集》第一卷，中华书局1981年版，第417～418页。

政治活动。

1910 年 3 月，汪兆铭、黄树中等谋刺摄政王载沣，为加大炸弹的威力，在北京骡马市大街鸿太永铁铺铸造了一个可盛近 50 磅炸药的“铁西瓜”，由黄树中、喻培伦于 3 月 21 日晚将其埋在什刹海附近的银锭桥下。23 日晚，被人发觉，事泄，经西人化验，里边的炸药出自苏格兰，系由杨从英国购办①。可见，他仍然关注国内的反清革命运动，仍未放弃“中央革命”和暗杀主张。

1910 年夏，杨毓麟利用暑假到英国农村作调查，并有闲暇偕杨昌济一道到巴拉特度假，使他有机会接触英国社会的下层群众。与英国城市相比，他看到的是另外一番图景，据他记载：“英人财产分配不均，富者占山泽连数十里，贫者仅蔽一椽。环那诃赖嘎湖皆贵族麦铿济氏产也，财产专属一人，而地力复硗瘠，村居者掘泥炭御冬。”② 而挖炭者形容枯槁，颜色憔悴。英国社会严重的两极分化，使他想到资本主义社会并不能消灭贫困和解决社会危机，从而使他陷入深深的矛盾和苦恼之中。他既不满现实，又对未来感到失望；既赞美“铁血”革命，又感叹用“铁血”革命换回的社会制度并不令人乐观。这一时期，从他所写的诗文分析，已充满着深沉悲切的情调和无可奈何的心境！曾几何时，他也吟唱过充满豪情的诗篇：“山河破碎夕阳红，只手擎天歌大风。莽莽中原谁管领？龙蛇草泽尽英雄。”③ 而今却是另外一种心情：“去国意未忍，回辕当此时。津梁疲末路，醒醉动繁思。世事真难说，余心不可移。平生凄恻惯，宁与白鸥期。”④ 深沉悲戚，茫然无奈

---

① 曹亚伯：《武昌革命真史》前编上，第 375 页。

② 杨毓麟：《那诃赖嘎湖》，《杨毓麟遗诗》，载《甲寅杂志》第一卷第四号。

③ 江左下工来稿：《杨笃生小史》，《民立报》1911 年 8 月 19 日。

④ 杨毓麟：《步华生先生韵》，《甲寅杂志》第一卷第三号。

之感溢于字里行间。

1911 年 4 月 27 日，孙中山、黄兴等革命党人精心筹备的黄花岗起义失败了，损失惨重。消息传到英国，杨毓麟悲愤交集，忧伤过度，“精神痛苦，如火中烧”①。当时社会上误传黄兴已在战场上牺牲，他深受刺激，夜不成寐。后来，他收到冯自由从加拿大寄来的信函，证实黄兴仅伤右手，断两指，生命无恙，稍感安慰。复阅英文报刊，知“列强有实行瓜分之说，神气沮丧，旧病复发，头痛浮肿，愈不成眠”②。加之他特别提倡的暗杀活动屡遭失败，又苦于远隔重洋，海天万里，未能返国“寻二民贼死之”，心中痛苦无法自解。此外，身体又非常虚弱，“原因出于年长失学，好作繁思，感触时事，脑病时发，贪食磷硫补品，日来毒发，脑炎狂炽，遍体沸热不可耐”，“愤不乐生，恨而之死，决投海中自毙”③。于是，留下遗书，托石瑛、吴稚晖两人将留英数年积蓄 130 英镑中的 100 英镑转寄黄兴作为运动革命之费，余 30 英镑转寄其老母，以报养育之恩。1911 年 8 月 5 日（农历闰六月十一日），他愤然赴利物浦大西洋海岸边投海自沉，死时年仅 40 岁。遗体于 8 月 7 日傍晚“由一渔父觅得”④。翌日，旅居利物浦华侨为杨毓麟召开追悼大会，以彰义烈，并厚葬于利物浦公共坟园。

噩耗传来，举国震悼。黄兴闻讯，悲痛不能自持，他在致友人信中称：“适得杨君笃生在伦敦自沉消息，感情所触，几欲自裁。”⑤ 民国建立，南京临时政府不忘革命先烈功勋，于 1912 年 3

---

① 曹亚伯：《武昌革命真史》前编上，第 373 页。

② 冯自由：《新湖南作者杨笃生》，《革命逸史》第二集，第 117 页。

③ 《杨君笃生绝命书》，《民立报》1911 年 10 月 11 日。

④ 佚名：《蹈海记者之痛史》，《民立报》1911 年 8 月 30 日。

⑤ 《黄克强先生书翰墨迹》，第 213 页。

月，陆军部呈请以南京太平门外玄武湖端方私宅建祠，专祀杨卓林、郑子瑜两烈士，并附祀吴樾、熊成基、杨毓麟、陈天华四烈士。陆军部呈文中谈及杨的史迹称："杨笃生，湖南人"，"痛黄花岗之大功不就，于英岛蹈海以殉，亡身报国，与杨、郑二烈士先后合符，事同一律，可否援例共祀一祠。" 1912 年 3 月 6 日，孙中山以临时大总统名义，下令批准，令中云："按民国缔造之功，匪一手足之烈，睹兹灿烂之国徽，尽系淋漓之血迹。以上诸烈士，或谋未遂而身赴西市，或难未发而瘐死囹圄，或奋铁弹之一击，或举义旗于万夫，或声嘶去国之吟，或身继蹈海之烈，死事既属同揆，庙食允宜共飨。该部所请，事属可行。"[①] 对这位"亡身报国"、"蹈海以殉"的革命先烈给予了充分的肯定和高度的评价。至今，杨毓麟的纪念碑仍然屹立于英国利物浦公共坟园，纪念碑上用中文刻着"中国蹈海烈士杨先生守仁墓"。纪念碑上的一块用花岗岩制成的座石上用英文刻着："中国烈士杨守仁，因政治思想而死，死时40 岁。1911 年 8 月 5 日。"[②] "据我驻英国大使馆查告，杨烈士墓位于英国利物浦 ANFIELD 公墓，保存良好。"[③] 每逢年节，旅英侨胞经常去此地扫墓，以表示对这位伟大的民主革命家的深切怀念。

本书根据杨毓麟在《湘学新报》、《游学译编》、《神州日报》、《民立报》等报刊杂志上的撰著编辑而成。按内容分为论著、时

---

① 孙中山：《令陆军部准建杨、郑二烈士专祠，并附祀吴、熊、杨、陈四烈士文》，《孙中山全集》第二卷，第 183 页。

② 吴建华：《蹈海烈士杨守仁》，《湖南文史资料》，第 28 辑，第 22 页。

③ 中华人民共和国外交部领事司 1982 年 4 月 17 日复湖南省政协函。转引自毛注青撰《黄兴年谱长编》，第 196 页。

评、书信、诗词、小说五大类。编排以发表时间先后为序。原作未署日期者，由编者考订鉴别，置于相应之处；难于考订而发表于当时报刊者，按发表日期编排。题下所标日期均为阳历，行文中有用阴历者，不予更改，一仍其旧。集主的某些提法，如对我国少数民族间有污称、表现出大汉族主义倾向，抑或对农民起义的某些描述带有偏见，因系历史资料，为保存原貌，未作改动。集主在《游学译编》、《民立报》等刊物上发表的文章中有一部分是译作，但译作中又有不少自己的见解，带有“夹叙夹议”的性质，作为附录附于书末。集主所议日本小野塚喜平次博士《政治学大纲》单行本亦能反映其政治思想，一并附于书末。此外，由于集主一生积极从事革命活动，常年奔走在外，时有所作，文稿散佚亦不在少数，诸如《江防海防策》、《汉族光复史》等文，虽经编者到处寻觅，至今仍不可得，仅存的部分文稿复见于海内外报刊杂志。编者因见闻有限，遗漏舛误，实所难免，敬请读者谅解。

本书各件，一律由编者重新分段、标点，并作校勘。作者原注，仍予保留，行文中以（ ）标明；错字后加［ ］订正；脱字后加〈 〉补入；字迹漫漶无法辨识者，以□标出；少数确属明显排印之差错，则由编者径直改正，不另加说明。

本书曾于2001年9月由岳麓书社出版，其出版缘于我的一项课题研究成果，即《〈杨毓麟集〉整理与研究》，系由全国高等院校古籍整理研究工作委员会批准立项课题。我当时所带的1997级在读硕士生李日也参加了此课题的工作，他协助我做了大量的资料搜集、整理工作，并誊正了全部书稿。本书的问世，可以视为我们共同的劳动成果。此次修订增加了部分新发现的材料。在修订过程中，湖南师范大学历史文化学院李福泉先生、李绍平先生、中共湖南省委党校霍修勇先生为编者提供了帮助。在读硕士生郝幸艳协助编者搜集、打印了部分资料。此外，中央电视台编导王贵亮先生、记者孙杰女士、湖南省社会科学院陈珠培先生、广东省顺德职业技术学院李霞女士、湖南师范大学科研处梁钢女士等均为本书的出版提供了资料或工作上的方便。对于所有支持本书编辑和出版工作的同志们、朋友们，编者谨致以最诚挚的谢意。

饶怀民

2008 年 9 月 10 日

目 录

论著

时评

书信

诗词

小说

附录

论著

述长芦盐法[1]（1897年10月26日）

本朝缘明制，颁引行盐之旧，以场任丁，以引任商，以法任吏。天下产盐之区，曰长芦，曰山东，曰两淮，曰两浙，曰福建，曰广东，曰河东，曰四川，曰云南，曰甘肃。长芦引地，自直隶迤东，至山海关，西连山西，濒河而左转渐及山东北境。岁行引最多至九十六万六千四十有六，课银一百五十六万。淮北引地，由淮安徐海上及河南光汝。淮南引地，沿大江上下包湖南北，地势袤三千里。淮南岁行引最多至百三十九万五千五百一十。淮北岁行引最多至二十九万六千二百有八。淮南课银五百八十余万两，淮北课银三十余万两，以三洲之地输课六百万两。故论天下之盐课，以长芦、两淮为最；而韫利生孽，亦惟长芦、两淮为剧。综核整理调剂之法亦最详，而浙、闽、川、粤之事体稍后焉。

国初灶课盐课，大抵因循前代。康、雍之间，休养生息，涵濡沐浴，物力丰盈，繁殖饶衍，商富力足，盐利大丰。或涎厚获，请增引额，引额虽增，商不为病，颇有中饱之数。

朝廷行核实之政，悉取而归之公。百吏畏法，小大率职，染指既绝，商人乐业。其后纲商习为奢汰，自放于无等之欲，一餐

---

① 本文自《湘学新报》第二十册起开始连载，该报自第二十一册起改名《湘学报》，本文至《湘学报》第二十三册续完。

之费数十万钱，一衣之费数千百缗，土木绨锦，狗马粱肉，酣嬉宴衎，笙歌琴筑之声，阗溢闺闼。稍稍出其赢余，以佐公家之急。输课之外，岁有贡，贡之数，数十万，在公之费，百数十万，其间大正役、大师旅，复有加斤，有加价，有捐输，本重而值昂。而产盐之场，行盐之地，场吏以至运司，岸上卒役以至守土之文武大吏，处脂膏，牟沾益，群起操切商之短长，益嘬食之。岁运一纲之盐，获利二三百万耳，而无名之费，乃至二三千万，而商乃病。商困不起，悬引不行，逋课至二千万。若千万，而国课亦病。故道光中，长芦盐政大蹶。至特遣钦差查办，清厘积弊，稍纾商力，而两淮亦蹶不支。

朝命裁盐政归两江总督管理。江督议改行票盐，淮南、北公私员役，乃轰起而交持之，造言流谤，百计摇撼，几龁不行。当事者勇任之，始改行淮北票盐。淮南迁延十余岁，益大困。后乃复仿淮北改票。粤逆乱后，长芦盐利稍复，两淮课额求如昔日之盛盈，不可复得。近数十年来，法亦少窳矣。当纲商之未蹶也，持盐政者，稍稍立法，整理调剂之。欲官盐之行销，则有缉私。私之途多端：有船私，则商船之船户水手为之；有邻私、枭私，则邻境之私贩为之；有功私，则缉捕所得之私盐贩出不输课者为之。淮、芦大抵相同，而一二殊异：两淮则有漕私，回空之军船为之；长芦则有口私，辽海与塞外之私贩为之。而尤莫盛于场私与商私，盐有余产，而商有积困，不行之引，场丁私售，虽严刑不可禁。议者乃规恤灶丁以弭私，卒不得净。而商私，则商贿吏而自为之，其所售之数，且溢于额引数倍。私行而官益滞，然而吏不能捕，官不能问，吏黩而课重，纲商不得已而出此。上下盼盼相视，无可奈何。则且执“缉私”二字，为营私便己之术，利不归民、不归商、不归国，而归于无底之溪壑。于是司计之臣，反复厘剔，知商困之本，由于耗蠹过多，课额太重，则请免积逋，禁陋规，带征积课，加斤加价所以裕商者，不一而足。商纲积捐，曾不得苏醒。至东南兵燹，淮纲堕地，而昔日丛奸蕴毒之薮，根株盘亘，窟穴深邃，不可爬梳抉剔者，亦一扫而尽。而芦盐引地，经捻匪之扰，局面颇变易。逮兵事肃清，淮岸北为芦私所浸灌，西为川引所搀夺，邻私益张，厘金益重。三十年来，中饱之徒，颇复营构窟穴。有名之费，若厘金、捐款之属，十增四五；无名之费，若陋规匣费及罢士游客之搜刮，亦十增四五。而长芦事体，参差不一。官商捆运与商运并行，规费之属，侵渔愈甚。然而欲行综核之政，使涓滴归公，则他端益出，牟夺益巧，纲商票商，皆将大病。而引额益悬，支持数岁，必仍蹈道光中芦、淮覆辙。欲筹恤商裕课之法，则私盐充斥，补苴缝纫，百孔千疮，弥复渗裂。相涎之利薮，经公私涂炭之后，易世相师法，如出一衣钵。守此不变，虽竭庙堂之经纬，百尔君子、宏达雅材之擘画，无以善其后。虽然，为变法之说者，国朝得十数家。摭亭林顾氏之余论，李雯之旧说，刘晏之成规，习闻之而称愿之，达于朝，谂于吏，而持盐政者，必驳斥沮坏之。不曰场地广而漏税，则曰灶户贫而逋税；不曰场官之职卑，而稽察难周，则曰场地之被灾，而课额无着；不曰豪商居奇增价，而惧远地之不能得盐，则曰场官之辇运太烦，而忧场地之不能置库。言变法者则曰否，否，是无足虑。

孙鼎臣氏曰：是数说者，皆未当理。诚著为法，以场商之有亭池自煮盐者为盐户，予以执照，编之册。其有亭池煮盐之灶丁，愿为盐户者告官，一例予照编册。其贫无力，以亭池鬻于富民，而自为灶丁者，听。命督抚举廉能州县官为场官，而优其品秩，税银之征解考成，视地丁钱粮例，运司总其成，余官皆罢。其税则通核一岁旧征正课之数，与各场一岁产盐之数，均之而酌其中。每百斤定税若干，必划一，毋畸轻畸重。其旧征之杂项勿计。盐户自煮盐，盐成告官开市，场官稽其数，而监其买卖，按所卖之盐，依税则纳银。税毕，场官给税票，贩商运盐出场，关津验票而行，不问所贩之地。贩商不问何人，先于所在州县领照赴场买盐，无照者禁，州县每三月具其数，上之运司。盐之价，毋官定，税则必划一者，均轻重，以绝趋避也。勿计羡者，有盐即有税，盐溢税亦溢，盐无所为余，则税无所为羡也。许颁丁以亭池鬻之富民者，通颁富以重盐户。顺丁之情，勿强也。举州县为场吏者，吏选慎，然后盐政清。刘晏用士人之意也。罢余官而总于运司者，一事权塞利孔也。场官给税票者，利商旅讥盗窃也。贩盐必领照而具其数上运司者，稽匿漏防侵欺也。盐无定价者，产有衰旺，物有高下，市易之道，不可以法齐也。天下无无税之盐，而私贩不必缉；盐随出，税随入，逋课不必督，大商小贾，人人得出。财自运盐，而盐无地不通，垄断不必虑，淡食不必忧。官少而费省，价轻而售易，盐之利尽归于场，不必优恤，而盐户自饶，不必厉禁多取，而岁入自倍。诸弊去，诸利兴，因利利民，而国亦赖焉。此也孙氏之议，径直可用。而持行票改引之计者，又以就场定税，非本论，用之必偾盐法。

冯桂芬氏曰：余尝修《盐法志》于扬州，又躬履盐场，始知顾、李之说，书生之见也。淮南盐价每斤约银五六厘，课约银一分；淮北官定盐价每斤银一厘五毫，课约银六厘，是所谓一税直，俄顷而举盐价一倍之五倍之也，谁则愿经此一税者？利之所在，人人趋之，灶户、商户、船户、兵役、百执事等，无一非漏私之人，官能防之乎？况官亦庸足恃乎？滨海数百里，港汊百出，白芦黄苇，一望无际，村落场灶，零星散布于其间，不漏于近署，漏于远地矣；不漏于晴霁，漏于白昼，漏于昏暮矣。何地可禁？亦何时可禁？

国初虽无帑利，而课额已不少，其时百物皆贱，盐价必有贱无贵，情事宜相等，李氏乃为此说，毋乃傎乎？票盐原于明，近于就场征税，特不能不问所之耳。陶公澍、陆公建瀛行之淮南、北而大效。然纲领是而条目非也。今议盐法，舍是更无良策，亦于票盐中求其尽善斯可矣。其法有四：一廓清窠臼，凡事委曲繁重，皆弊薮也。票法已从简易，然尚有可议者，减引而转带乙也，挽上六闸也，仪征改捆也，桐城等江运八岸，仍归专商也，宜一切铲除之。于三江营一带，相地立局为交税，及场船交盐、江船受盐之所，每纲仍用旧额一百三十九万余引，加八岸七万余引，并入淮南。每引四百斤，分两包就场定捆，以后经卡掣验，永不改捆。酌定正杂课经费一律定额。其湖运淮北天长一岸，亦宜归并淮南，照高宝食盐办理。运商凡招三种：一自场运江，一自江运岸，一自岸运各州县。无论官绅军民，皆准承运，凡旧商旧引，概不轇轕，一平减赋。则票法宗旨在于轻本敌私，能敌私则前纲早竣，后纲继之。盐出于海而无穷，与稍多何害？利归于官，而不能取，稍少何害？若如刊册课目斤税，几及一分，实已过重。（原注：辛亥改章，亦以其过重，每引加带一二百斤，然票盐仍不获利。）为今之计，莫如奏芟帑利参价二款。帑本早没于旧商，帑利转责之新商。旧商税整，可以分参若干两；新商税零，不能折参若干分，徒出价，出商资，参归官橐，必应删剃，以轻成本。一制造洋船，洋船载重，舟尾系舟，即全纲可举。窃以为冯氏之说，雄于辩矣，恐非事实也。

今夫孙、冯之论，皆为盐政计，为课额计，而未深筹民食之大要与商情之利害者也。盐者，自然之美利，民生之所必需也。

故计行盐之多寡，以引地丁口之数为率，丁口若干，则行盐销售有定数，举天下核实之，则得食盐之口数与销数可知，税则极大极小，与中数之界限，而后可以定税则之数。过大则病食，过小则病课，宜酌定中数，而设划一之法。税则既定，所有余盐溢课，当悉弛之，以厚商本、便民食，不当为竭泽而渔之计。计长芦、两淮、两浙、闽、粤之盐，煮海而成，事体大同，税则宜为一例。川盐成于井，河东、云南成于池，衰旺无常，且山险崎岖，道路差难，宜为一例。其轻重之则，盐出于海者，运道由江河入内地，差便利；产于池井者，卤苗足供近郡，不能灌输天下，僻邑小县转输复窒，故海盐可视池井税则重十分之一二，适使二者成本之轻重，价值之低昂，得平而止。

朝廷宜遣通解盐法之士，遍历各场，访悉盐产历年之衰旺，而知其中数；引地丁口之多寡，而知其实数；盐商成本之轻重，运费之多少，运道之异宜，而知其详确之数，然后权其大要，而后海盐、池井二者之税则可定。至于场税之法，长芦、淮南、北场，宜各设煎盐公司，煎盐、运盐、包办课额、编盐户、积余盐、缉私、建仓各事，可任公司自为之，官不必问，售盐于贩，纳税于运司场官，可不必设请领执照之法，不必用冗员繁例，皆可一举而空之。公司年清年课，运司综其税则而已。直截简便，无逾于此。芦淮若是，浙闽川粤之事，皆可仿办。又何患厘价之不同，私盐之害官引也哉？今度支告匮，谈盐法者，颇谓宜留意综核之政矣。窃以为无益名实，虽有归公之近效，涎食益剥肤，后必大绌，徒使商纲扫地赤立，视诸淮芦已事可察见矣。因辑述国朝盐法之梗概，而标举通人之议，折衷私臆发论如下方。密县王守基治盐法书，最有端绪，辄删其繁冗，撮著大凡。王书终同治，今取光绪以来可见者，略述一二事，取备不贤识小之义，为目有九，曰长芦，曰山东，曰两淮，曰浙江，曰福建，曰广东，曰河东，曰四川，曰云南，以俟天下之商榷盐政者，纠治其纰缪焉。

述长芦盐法

长芦，今沧州。五季以来，即于此设盐司，故直隶之盐以长芦名。国初，巡盐御史衙署在崇夕门外，每年春秋两季赴芦东巡视，天津设有行馆，而运司分司，皆驻沧州，仍其旧也。康熙七年，御史孟戈尔岱巡视芦盐，始改驻天津行馆。芦盐向设批验二所，北所在天津之小直沽，南所在沧州。自盐场裁并以后，北所掣盐十之七，南所掣盐十之三，运司等官，亦以天津掣盐为便，遂改驻焉。长芦历辽、金、元，皆二十四场。明隆庆间，因有场无丁，裁为二十场。国初又裁为十六场。雍正中复裁并为十场：曰兴国场（在天津县高家庄），曰富国场（初在静海县碱水沽，今移在天津县），曰丰财场（在天津县葛沽），曰芦台场（在宝坻县芦台镇），为天津分司所属；曰越支场（在丰润县宋家营），曰济民场（在滦州柏各庄），曰石碑场（在乐亭县石碑庄），曰归化场（在抚宁县盐务镇），为蓟永分司所属；曰海丰场（在盐山县羊儿庄），曰严镇场（在沧州同居村），为沧州分司所属。其丁户分隶于附近各州县（裁并之利国、利民、富民、阜财、海盈、海润等场，籍隶沧州南皮、盐山、庆云、青县、宁河、河间、交河、东光、冀州、衡水及山东之海丰、乐陵等十四州县境内者久已弃去滩池，不业煎晒，惟户口、田产仍系灶籍，应纳钱粮，由州县征收解交运库，归入灶课奏报）。有事则聚于场，无事则散于籍，其灶课名目甚繁，有额征边布银六千五百四十五两二钱五厘（前代灶户，皆按丁征盐，商人纳粟于边给引报支，是谓边盐。其有场分窎远盐无商支，堆积消耗，令八百斤折交布三丈二尺，后改征银三钱，是谓布盐。国初摊丁于地，按亩征银，而边布之名，则仍其旧额）。白盐折价银二千三百六十三两四钱七分九厘，砖盐折价银一百八十五两三钱六分八厘（长芦每年例办内府、光禄寺青白盐及各衙门食盐，共九十余万斤，内应造砖盐六百六十七块，每块重十五斤。康熙中，将各衙门食盐裁撤，只贡内府、光禄寺青白盐二十万斤，余盐每百斤折银三分三厘，盐砖每块折银二钱八分，解部充饷）。京山银七百五十二两四钱七分（明代京山、顺庆、柘城、汝宁、嘉定、新昌、太和、景宁、建德、太康、阳夏、德平、荥阳、庆云十四藩府每年各给芦盐若干引，每引折银一两三钱三分三厘。顺治十三年，查出此款，分派各场征解）。节省银二千二百六两零（盐官俸、工役食及一切办公等费皆系征解于场，场官历经裁并，康熙七年，又将运司等衙门用费，大加减损，节省银两，归入灶课解部）。滩价银八百四十二两七钱八分三厘（晒盐之滩，每亩征银八分、九分不等）。锅价银五十三两四钱八分九厘（煎盐之锅每回征银二钱、三钱不等）。卤水银三两四钱八分（明季旧制应纳光禄寺卤水二千四百斤，因无用处，每百斤折银一钱六分，由运司捐解）。食盐变价银一百六两六钱四分九厘（京山各藩食盐以外，有赵藩食盐一款，未经摊征，后更名食盐变价，每年在私盐赎变项下拨补，嗣因徒罪以上归臬司审理，改由运司捐解）。皇盐厂地租银五十八两五钱，白盐厂地租银十五两六钱（皇盐场，在天津府城北，白盐场在西沽，皆存积贡盐之所，嗣因废弃不用，附近居民渐次侵占，修盖房屋。康熙十六年，部札行查，居民愿输租纳此数焉）。灶地坍涨靡常，故历年升除不一。同治中册报，共征银一万三千一百二十三两八钱七分九厘，其黑土课米银二百十七两八钱六分四厘（沿海居民刮取黑土煎盐，后沦入海即舍盐而渔，令认纳课米，现在折银），则由天津同知征解藩库，于十场无涉。十场产盐，由煎而成者四：为石碑、济民、归化、越支；由晒而成者五：兴国、富国、海丰、严镇、丰财；半煎半晒者一：为芦台（丰财、越支旧亦半煎半晒）。煎盐形散曰末盐，晒盐形颗曰盬盐。盬盐味少逊，末盐为上。煎盐周十二时为一火伏，可成六锅，锅得盐百斤。旱则潮气下降，亭场土燥，盐花不生；雨则客水浸淫，亭场沾湿，摊灰反致消耗（煎盐必摊草灰于场渗取盐霜）。晒盐则开池，自高递下，放潮而曝卤，积盐隙地，其高如墉，泥封而待配运焉。

芦盐行销直隶、河南两省。直隶惟宣化府属之永宁卫、保安州、西宁、怀来、宣化三县，裁去引目，改食口盐，征纳包课；及蔚州、赤城、万泉、龙门、怀安五州县，承德府属易州属之广昌县，向食口盐，并无引课，其余一百三十一州县，旧州、采育二营皆销芦盐。河南开封、陈州、彰德、怀庆四府，卫辉府除去考城一县，许州、直隶州及所属临颍、郾城、长葛三县，南阳府属之舞阳一县，共五十二州县，仪封一厅，俱销芦盐。配盐有定场：海丰、严镇为南场；兴国、富国、芦台、丰财为北场。越支、济民、石碑、归化尤处极北，产盐无几，而丰财、芦台四场独旺。故直隶、河南引地多配盐四场者（永平府之芦龙、抚宁、昌黎、临榆、滦州、迁安、乐亭七州县配盐越支四场；沧山、盐山、南皮、庆云、景州、东光、河间、宁津、吴桥、献县、枣强、青县、静海、交河、阜城十五州县配海〈丰〉、严镇，其余直隶、河南引地皆配丰、芦四场矣）。丰、芦尤为芦盐精华，故每遇潮灾，常不惜数万帑金，借给灶户，俾资修理以护惜之。商人入场配盐，席筑成包，皆先运赴盐坨。南坨在沧州西门外，有内坨、外坨之分；北坨在天津东门外，海河东岸，有新坨、旧坨之分。盐包到坨，储外坨、旧坨，谓之生盐。赴司告掣运司发批验所，查点引盐数目，具结申司详院，盐政亲莅过掣，掣过抬入新坨、内坨，谓之熟盐（南所六引为一码，北所九引为一码，数十码为一垛，皆编列号数，委官信手掣第号签，即称第几号盐包。每掣一包过一小筹，掣二十包过一大筹，掣过抬入新坨、内坨）。而芦龙等县配越支四场及芦台场，行销蓟州、遵化、丰润、玉田、宁河、宝坻、三河、平谷八州县，引盐赴津，路远则由蓟永分司或委员就场监掣焉。

明季芦盐岁行大引二十三万九千八百五十道，每引载盐六百五十斤。国初剖一为三，共引七十一万九千五百五十道，每引连包索重二百二十五斤，征银二钱六分五厘，共征课银十九万一千二百二十四两四钱一分二厘五毫，而增引增课则有顺治中顺天、永平、正定、河间四府州县，包课改引、增引三万五千四百五十三道，征银一万一千一百十九两零（地邻场灶，旧系包课，顺治二年一律改引）。顺天、永平二府，增引三千六百道，征银一千一百二十九两零（十八年增）。康熙中，开封府属之杞县、陈留、通许、兰阳、仪封改食芦盐，增引一万三千一百八十九道，征银五千五百二十八两零（旧系山东引地，康熙五年改）。通查各属丁口，计丁加引五万三百九十九道，征银二万六千九百四十二两零（十七年增）。怀庆府属改食芦盐，增引三万七千二百五十一道，征银一万七千四百三十五两零（二十四年，河东池盐缺产改）。陈州、项城六处改食芦盐，增引二万四百十九道，征银九千五百二十两零（二十六年，淮盐不到，价昂病民改）。大兴、宛平增引三万五千三百十三道，征银一万六千四百七十两零（五十八年增）。康熙、雍正中，迭增蓟、永引，共五万五千零七十二道，征银二万四千八百四十四两零（康熙四十七年，雍正十年、十二年迭增）。不加引而增课，则有顺治十三年题定正改引目，每引增课银四分七厘零（长芦纲引，谓之正引，蓟、永、正、河谓之改引）。

按明旧制，查出宁饷（因宁夏用兵，加征每引银七厘）、酬商（许多带盐斤加征，每引该［课］银二分五厘）、滴珠（倾镕课银之火耗也，每引纳银三厘）、缺额（当初起科，比明制每引缺银一分三厘零），四款每引共增银四分八厘三毫零，余引带课匀入通纲正引，增银五万一千七百五十余两（前代备用大引，犹今所谓余引也，以兵饷浩繁，亦剖一为三，计引四万五千道，又按年加引十二万道，共征课银五万一千七百五十余两，派纲商行销。后盐壅滞，商人愿带课而不行盐，遂匀入正引，每引约银三分五厘零，而改引不与）。康熙中，蓟、永、正、河引课增银每引四分（改引与正引斤重如一，而课则稍轻，故增之）。加斤增课，则有康熙中除去割没，每引加盐增课银七分（长芦初制，二百五十五斤为一引，商盐掣出多斤，议罪罚金，谓之割没。康熙十六年除去割没之名，每引加盐二十五斤）。乾隆中增课，每引约银四分五厘（雍正元年，商课积欠银九十余万两，设法调剂，每引加盐五十斤，不增课，以三百斤为一引，后欠清完，将五十斤加盐减半而增课）。通计加增，共引九十六万六千零四十六道，正引课银五钱一分三厘零，改引四钱六分六厘零，共征课银四十九万四千五百二十五两零九分三厘，外颁余引五万道，课银尽征尽解，而刷办盐引纸珠银二千八百九十余两，拟罪纳赎赃罚银三千一百两，陈西输租银一百六十三两（河南引地，卫辉府设立盐厂，引银入厂，岁输租共银二千五百二十三两零，系归入河南钱粮，不在引课之内，陈州府引不入辉厂，租银纳交运库）。怀庆府引旧纳池课，赈济一款银四百六十三两，昌平牙税银三百两（昌平良乡食盐向在通州发卖，应纳牙税，嗣商认引捆运，征税如故），皆非正课而入正课奏销，其不入奏销，杂款共征银十一万一千两有奇（铜斤水脚银七千四百八十五两四钱，捐解河工银一万九千五百三十两九钱二分，商人投具手本盐号费银九千二百十五两四钱八分，预备奖赏花红银一万一千二百八十八两八钱四分五厘，笔帖式盐规银五千一百七两七钱三分，拨解护军校公费银三千三百八十两五分一厘，都察院饭银一千三百七十四两六钱六分八厘，内阁饭银一百三十两三钱三分三厘，领引配盐领费银七千六百十七两四钱五分二厘，告运开船告费银二万二百七十一两一分，各官养廉银一万四千六百八十九两三钱二分，补银、平色银一千三十二两三钱六分四厘，滩池巡役银三千五百两六钱五分四厘，党口弁兵巡费银二千二百两，津坨厂地租银四千零二两。以上惟养廉一款系按正课百两交银二两七钱，铜斤水脚系按引地大小分派，余皆按引摊征）。多系相沿陋规，盐政、运司衙门乃至数万，故膺盐差者，回京以后，例有呈献，谓之当差。至雍正中，始彻底查出，严行裁革，酌留充公数目，定为经制，而积弊如法，盐法最为精详矣。

官盐之滞销也，每以私盐为累，而私盐碍引，以商船夹私及场私为最。津盐出坨以后，无关隘稽查，自运使某捐造海河浮桥，设立盐关，司察盐船，出入委员称掣，而引私颇净。其净场私，则令引商认定场分，预出资本，以助煎晒。灶盐皆归于商，商力不给，济之以官，使场无余盐。其净邻私，则驻扎弁兵于四党口，以堵截东盐（海丰、乐陵交界之四党口为东盐灌盐要隘），而解池盐缺。淮盐价昂，皆不足患。惟口盐价廉，界接永平，最易洒灌，故蓟、永之引课最轻，一切杂款，皆不摊派，以使官私价值相等，后使商添募巡丁，以分段堵截之。其净牌私（各场设有牌盐，准老幼残废负贩度日，然刁贩勾通此辈，挪运囤积洒卖，致碍官引），则令商捐款项，每日按名散给养赡钱二十四文，停其负贩。而引地有肥瘠，运道有远近，商力有强弱，则立融销（凡滞销之区，每年匀出引二三分，准于畅销地方，通融售卖，但须报官立案)、加耗(盐经风日,既易折耗,长途远运,舟车盘剥,抛散更多,成本攸关,故量道路远近为加斤之多寡,河南舟车再易,每引加盐十五斤;直隶舟车一易,每引加盐十斤,使斤重无损)、轮句之法(大兴、宛平,额引十万五千九百道,谓之京引,额大课重,多商伙办。先因历年积引,曾改行三引两盐后,将积盐销完,商人便之,却于乡、会试年代销外,加十余万包,借此影射多运,部议再加引三万五千三百道,停其代销,始复一引一盐之旧,而将加引匀今通纲分销,故芦纲皆有分认京引,众商共处一岸,难划分界限,黠者垄断,良商倒歇,因定轮句之法。京盐皆于张湾落厂,将商引分为十句,内城谓之内句,外城谓之外句。今于广渠一门,次第进盐,挨句轮卖,委员填发循环照单,以稽察之。天津衙地开府设县,割隶附近村庄,而城内居民,往来商舶,食盐归津售卖,价值甚贱,不纳引课,故作为公共口岸,众商轮办),取次兴革所以便民恤商者甚。至会当国家休养百年之际,财物丰阜,销盐甚畅,商力充裕,乃于完课之外,捐银约十余万两,以备弥补参商无著之款(每引捐银二钱,名曰参课),及充地方公事一切经费,捐造漕剥船一千二百只(运盐成本,水脚为大宗,南漕北上,封拿剥船,有碍春运,故捐造之),又于白水潭造船三百只,专运河南之盐,其水手工食,修舱岁费,皆于参课取给焉。津门跨沧海,逼近京邑,巡幸驻跸之所,行宫船坞,岁资经费辄巨万,而翠华莅止,供亿丰腆,冠袍他省,至遇大庆典、大军需,淮商捐输或数百万,芦东亦以百万为率,寻常捐输之费,不可胜数,苟有缓急,内府亦尝出数百万金以资周转,而天子亦顾念纲商,颇劳问之,或召对,或赐宴,赏赉优厚,拟于大僚矣。

商益奢僭,繁费无等,而销盐州县,花消益重,名为季规,或千金,或数百金,本重而利薄,则夤缘为奸益甚。夹私短秤,一切狡狯，无所不至。至掣盐法码由部铸造、校对，封交委员领回，当堂开用，亦贿通上下，加重数十斤，而官吏亦持之以为利，诛求无厌，商噤不敢声，浮费摊入成本，价贵滞销，课额悬欠。甲欠则展为乙年，积征历年积欠，又展为分限带完，愈积愈重。一年带交之款，浮于当年额课，虽强有力者，不得不颠蹶矣（一商任办重课，或亏至百余万，相继参革，至将四十七州县引地归内务府，按引出租，共九万余两，嗣减半交纳，故芦盐有内府租息银四万五千两一款）。

初，内府所发帑本，乾隆五十九年拨缴清完外，仅剩常川出息本银七十万两，其后逐渐加增至一百五十万。而河南之料价，直隶之水利，京外所发帑本亦不下百万。而帑利遂重，商人外强中干，遇需大经费，捐输空籍，其数恳请分限完缴，所完不过一二限，余遂流为积欠。芦纲积欠之多，盖由此也。

嘉庆十四年，南河大工加价，约加征银五十万两（每斤加价二文，是谓河工加价），旋以加价多欠，正课所完亦减，奏明停止（道光元年）。而道光五年，又因高堰大工加价，奏明三年以后将加价，一半归商，一半充公解部。八年以后将一半充公，一半归商贴补旧欠，而清查历年积欠，已千数百万矣，乃立加价减引并包之法（芦盐三百斤成引，连加耗、包索约重三百四十斤。道光元年十引改筑九包，减引一成，每引三百七十八斤。二十一年又再减引一成，照前改筑每引四百十八斤，脚费少捐，课额未减）。二十四年复奏停额引十万道，减课银六万余两，余引亦裁去，而商困如故。私盐乘之，势益张，乃设盐卡一百处，添巡丁一千五百名，增缉费二万两，通纲缉费有加无已，辗转愈困。道光末，商倒引悬，河南则二十州县、直隶二十四州县，未运积引至一百余万道，未完积欠至二千余万两。乃奉钦差查办之命，每引规费重成本需银五两有奇，岸价不过制钱八九千文，以钱易银，每引亏银七八钱不等，乃节浮费，裁陋规，就正课、帑利、杂款、积欠，厘为四项，正课不能减，除停引十万道，归并纸硃等项在内，应征银四十六万八千一百七十两四钱二分一厘，帑利内外共银二十八万八千六百八十五两一钱六分四厘，解费银一万八千四百五十三两五分二厘。帑利不能减，复减解费银五千六百六十八两八钱六分二厘。杂款头绪纷繁，连内府租息银在内，共银五十四万九千三百七十三两九钱五分二厘，复减银十二万五百六十六两九钱二厘。积欠则有商欠（本未完交），有库垫（已完在库又垫支杂款），连未销积引，新旧归并一款，共银二千三百四十三万一千四百零二两。今议裁去浮费，酌量按引摊征，应征十七万两，通计四款一纲共征银一百三十六万九千四百四十六两八钱二分五厘。甲运而丙奏，以免趱办，减价以敌私（每斤减去制钱一文），加斤以恤商（每引加十五斤），引地悬岸，则直隶二十四州县，限半年以内招商；河南二十州县，改行票盐，仿照淮盐之法，先课后盐，而旧制纲引、京引、蓟永引、内府官引，正课不同，杂款亦异，则统归一律，以应征一百三十六万九千四百四十六两八钱二分五厘之课，按现在额销六十，八万二千四百九十七道之引匀摊，每引该课银二两六厘五毫有奇。而积欠未豁，已悬之岸，人怀观望，现著之商参革相继，河南票盐，官商捆运，未能畅销，数年之间，捻匪、发逆间作，引地被扰，运道时梗，岸盐愈滞。

俟咸丰中，僧邸驻津设防，支费支绌，复征加价二文以助饷（名盐斤复价部核定外引交银五钱，京引交银二钱五分）。时实销引不过四十万余道，可征银十八万余两。而运道时阻，河南引岸缺盐，价值翔贵，涨落无定。官商捆运，岸费花消既省，颇获利市，而坐地引商，借官行私，居奇获厚利矣。

同治五年，河南巡抚以河防紧工，议行销河南引盐加价（每斤加二文，按实销引目约得银八万两），撤防即止。其后荥阳巨工耗帑百数十万，又将前款改为荥工加价，永远交纳，则查办以后又增征款三十五六万，而引地肃清，悬岸渐次招商，包额认办正课，虽不如额，所差无几，复价与在京帑利，每年完至七八成积欠，与在外帑利所完甚少。而积欠一款，自查办后，连岁未造入拨册。至咸丰七年，经部核实，始于拨册内列造，其余杂款，由外支销完欠，乃无稽考，而弊窦复出，墨笔科则名目多端，则名去而实留矣。

续龚定庵古史钩沉论[1]（1897年）

隆古以来，吾知之矣。大道沉冥，煦妪万禽翘然榛莽鹿豕之中，人种茁焉。蠢蠢沌沌，与蝡蠕肖翘侣生，积知相轧，角力而处，横目蚩蚩，智故萌生，将有综群生之材力，以宰割天下之是非，权量物力之兴废。其事主于魁杰之器，饮食男女之欲，群然恃以为耳目。盖皇古无君主之名，与夺威福，能者乐推，而更嬗抚位，不过数祀。君民道近，历时而易事，其能观于行事得失、揭众趋、牖民听、甄国是者，皆任为民主。其物，史事也；其志，史志也；其裁，史权也。是故史者谋之，君者由之；史者议之，君者司之；史者画之，君者诺之。史之为义大矣。乃在结绳之始，是故书契有作，史议尤博，沿流五三，名从其朔，揆厥所元，史即帝王之职。是以三皇年岁，邈焉辽阔。盖履位非一姓，循其职以静民族，而无易代之事。黄帝阪泉之战，无弋位之谤。虽然私

① 本文原载《沅湘通艺录》卷二。

天下之端，自五帝始，于是君与史分位而殊尊。天下为首出之神器，则史职贱；史职贱，则记注有成法，而圣智有绌数；圣智有绌数，浸淫案抑天下之聪明出于一途，而胥史之技，隶于官司，乃有私家记述，遥系其末胄，而史事有废兴。呜呼！世且以堕坏臣主之公义，专采尊主卑臣之条，排笮天下，为嬴政罪，而不知史职之异，史统之绝，浸寻沿于中古而不察也。昔者老聃为柱下史，瞷然欲绝圣弃智，剖斗折衡，觊圣人死大盗止，彼其旁魄于上古之根极，究观大道之本矣。瞀儒鄙拘，相与仇之，则且语以私天下之端，绝史氏之统，自五帝始，其谁信之？

史之为物，广矣，备矣！必将明于天地之纪，人事之原，幽明之故，死生之说，存亡之难，是以斟酌万变，埤辅大化。然而史统之系，属自五帝，后难言之。今夫黄帝以还，则有龙纪、鸟纪、云纪、水纪之属。颛顼以来，不能纪远而纪于近，是以上世之事则详于天，而乾坤六子之气，帝者奉为纲纪。及德既衰，切比于人事，仅仅卜筮，衍设神道设教之理，不可密傅而强说，此史事之异者一也。川谷牝牡广轮经纬之数，肩髀腹背之执，亥步隶算，不迷巧历。中世荆扬梁燕，画籓而守，弃为毡裘鼻饮之薮。昆仑比户，导山所名，铸鼎所写，荒渺阻绝，不可阅实，形方职方之图籍，寰中九千里，过此则不瞭，此史事之异者二也。迎日推策，察发敛合，不死名羲和，祖术必有密率，末世日卿失官，测圭置艺，单文孤义，纪星置闰，玑衡齐政，测验祖始，官礼缺焉。而阴阳禨祥小数，后起而夺宗，放散夸哉！此史事之异者三也。鸟兽草木，工虞命官，士训诵训，稻遂衡虞，官联治事，春秋蜮蜚蝗蝝，华实无麦禾，典守隳损，内外传所载，执简经典，无闻觉察，此史事之异者四也。虽然，此未为大罪，征其统绪绝续之会，又有四焉：洪水未发，地轴浑一，釜山合符，益极眚纮，传者忘其大同，彼土昧于礼义，自外为一洲部，使中土圣灵之窟宅，威德不旁烨，士大夫承习隘识，踶踶乏远见，则度地之统绝者一。亚当生人，种族用分。典籍故府，惟周郅隆。推原黄帝，得姓十四，从谀时君，示有代德，使三五世本暗昧。夫金匮石室，粗可檃括。帝系帝姓，儒者难言。使千百年乃有天皇天神之下治，怪蛇神岭之诞惑，乱民视听，实荒略式启，抑其奠系读诔，宗法靡存，而戎翟赤白，纠纷伊洛河济之间，种落腥羶，献令王会，沿革难稽，麕集兽骇，扰我卧榻，乃有窃驻瓯脱，吞并要藩，部属无征，戎心遂逞，此系本之统绝者一。画革左行，佉卢用创，象形指事，惟颉帜志。自洲带划分，忘其祖始，读书旁行，记于子家，儒者不详何说，好学之士，无所承授，学在四夷，译语华离，沿浅得陋，以缪相售，此考文之统绝者一。宗祝品节，史有官守，祷祠滥淫，是舞胡神，民志有瘥，莫敢谁何！原其祸始，职史之差，此事神之统绝者一。贡式节用，史司会计，门关之税，漏卮宏大，齐榷盐铁，邾鲁是毙，联事不举，谁职阶厉，此均财之统绝者一。积矩卧矩，畴人名家，乃飞车指南，不诏民以利用，使巧匠掉诡以售巧，鄙生拘方而妒异，冬官事典，卒失国闻，工艺之奇，遂沦奇肱，此考工之统绝者一。虽然，请贳罪而论功，均发均县，重心公理，体分于兼，原质是纪，化征在易，鉴景到植，墨经简古，尚存微学，地角不掩，是测天圜，以为经纪，绘地之原，大荒东南，曰有神州，黄河千里，案古图书，黄藋茹苇，手施八尺，埴墭物生，亦可识别。两木相摩，火生于虚，电极正负，略识权舆。是故摭其遗闻琐记，可备一官之掌故。求事物之原始，存诸子家，本于诸史之掌。然官家之局异，文法之敝胜，百王之末，方且操其督责操切一概之政令，引绳当世贤达之士，碌碌从事于纪录要删之职，抑首噤齿，安敢论皇古？然则谓私天下之端，即绝史氏之统，其谁信之？

客问文学曰：言史何必皇古？观射父、展禽、倚相之徒，大业无征，司马子长所纂录，班孟坚所绍述，原原本本，下流亦纠纷矣！亦有善酌古史之裁者乎？曰：否，否！古之为史，道器明而职守次之，职守明而记注次之，记注明而比辑次之，比辑明而考订次之。天子建官先六太，太史为太宰之亚。汉制太史公居天官不治民。天官冢宰，掌八枋、六典、九式、九贡之职，黜陟天下而史副之，然而不治民，则本坐而论道之文而失其职也。韩宣观书太史，仲尼藏书周室，则掌故之府，外史所达，瞽史所谕，将以服习国闻，参赞大教，亦其一隅。道焉者，史佚以后无闻焉。器焉者，则有智效一官，无废王事，于是比辑、记注、考订，则有山川州郡之图经，纪事之传记，政书之编〈订〉，外史之别录，末流至于厐呶繁杂，不足整理。我思古人，形而下乎？形而上乎？史统既绝，史事之废兴，尘垢茸阘，未易搔剔，故曰执简奉讳，史之末节也。左丘明之徒，益以怪梦神鬼、祸福迂诞之辞，瑰伟昳丽，使学者俎豆尸祝之。诸子百家，益往而不返，史统终绝乎？吾为生斯世者悲也。

汉成帝使谒者陈农求遗书于天下赋[1]（1897年）

蒙读《汉书·艺文志》，汉兴，接秦之敝，大收篇籍，开献书之路。迄孝武世，书简缺脱，礼坏乐崩，圣上喟然而称，于是建藏书之策，置写书之官，下及诸子传说，皆充秘府。至成帝时，

1 本文原载《沅湘通艺录》卷七。

以书颇散亡，使谒者陈农求遗书于天下，诏光禄大夫刘向校定经传、诸子、诗赋，而任宏、尹咸、李柱国校兵书、数术、方伎，向子歆卒其业。迹其崖略，窃有感焉。

夫蝌蚪姬泐，繁文增于史籀；简册剥蚀，名颂校于太史。故唐虞既微，莫详蜚提之纪；夏殷迭运，已删风雅之遗。周德衰落，礼乐不正；卫鲁环历，雅颂各得。望羊之谊，缉礤绪于瞽矇；风皇之官，读故训于夷国。道之难全也如此！重遭战国，孙吴术兴，孔氏道抑，暴秦烈焰，硎儒惨黩，设挟书之罪，行是古之条。汉接末流，去圣遐远。赤帝之业，得于马上；仲尼之道，绝于俎豆。叔孙礼仪，侪于城旦之律；陆贾称说，屈于绛灌之武。虽复济南女孙，略存北斗之文；洛阳高才，独授丘明之传。然而折朽散绝，萌芽颇出。臧绾经术，未足掞扬绝业；邹鲁先师，徒以笃守区盖。盖建立大学，罢黜百氏，稽古之迹，发于广川者乎？重值季世之宏规，集世主之所好，始复拾遗补艺，辅微扶弱。访购图籍，裒集方策，启发秘藏，校理旧文，乃东序之大训，麟阁之宝典，绝焉复辑，裒然可述。今其大指，具存刘略。盖道队于地，礼失求野，斯为道术绝续之会，师儒授受之绪，虽复临朝穆穆，古今博览，酋酋符采，父子继业，而大体仅具，道要破碎，岂不悲乎？昔太史公谈称说六家，谓同归而殊途，一致而百虑。阴阳儒墨，名法道德，此务为治，直所从言之路异耳。而刘略缀辑六艺，钩稽九流，辄能剖晰根叶，探索古始。既标颛门之业，亦鲜守残之意。是知金华诵论，擅称制石渠之长；封轺搜采，具承明著作之识。上有敦悦坟典之君，下有斟酌律礼之臣，是以甄述略备，叙列粲如者也。盖典乐教胄，体国经野，易象春秋，旧史所藏，六书九数，保氏所职。罔非世官宿业，诵数守法，是以家法所承，远有端绪。自古学阒宗，师说晦霧，然而推寻义例，其本可循，是乃训典之统纪，部录之要删也。爰为之赋曰：

惟汉十世，游意经艺，拒刷埃塕，紬金匮石室之藏，凿六际五官之空，将笼逸典于延阁，鸠秘文于演孔。使先王之训典，肆于时夏；辟儒之小辩，祛其尘曚。甄微学而广异义，冶枚马而铸晁董，喟然寤怀，懮然神动。谓夫费高二家之学，同中文而绝微；夏侯大小之经，酿脱简之嘲嗪。神输五子，实象系之支流；王史阴阳，亦经曲之鞞琫。河间王禹之记，莫探其忽微；邹夹经师之绝，孰擢其郁蓊？庶几斟蘸糟魄，搜牢汎泇，澄泾辨渭，拾珠舍蚌，原原本本，首首总总，钩盘盂之匹诂，震声响于鸿洞。且夫宏道者治也，理治者文也，举莫废者典也，久始备者勤也。《周官·考工》，求千金而不得；司成乐职，脱百祀而未焚。史篇《苍颉》之文，俗师易失；孔壁《孝经》之义，字读徒纷。巧议谰言，不传作者。南公张钜，莫识所云。虽复明堂刻玉，兰台聚芸，该河洛之藉藉，博甲丙之纭纭。索《泰誓》于河内女子，乞古文于侍中孔君。缁十二经于周室，求三亡篋于河汾。然而累牍数千，或篇第之褫落，旷年未写；或首末之横分，何以该洽古义？辩章旧闻，掞张大雅之宏达，揖天老，友地典，大谈高睨而与之为群。乃进谒者而诏之曰：

昔我武皇帝悼道之郁湮，劝学兴礼以化四方，鬲鬲盱盱，嚣嚣与与。是以四方之士，涤瑕荡秽而竞太虚。问兒宽之朴学，采辕固之名誉，起公孙于徒步，征申公于蒲车。易说万言，授周王孙之古义；今文二九，涉秦博士之《尚书》。越我孝宣，踵武而起，定议奏洞神指而镜古初。是以褚大东嬴，绎胡毋生之条例；申章胡尹，接江博士之襟裾。藏广内者，百二国书之观周藏；发金缄者，七十二代之禅石闾。然而元包赤制素文之纪，不登于录；大度总德西方之册，未富其储。何以通古今之忞忞，视秘府

之渠渠？子大夫何以佐朕之不逮，而益充天禄之书？

于是谒者陈农承制而求焉。五十副本，轴以琉璃；二千余两，韬之赤缇。服杨韩蔡之《易》，后孙齐鲁之《诗》。大史百三十篇，副之冯商之续；孔子徒人图法，益之闭房之奇。大古以来，编为年纪，封禅群祀，著彼朝仪，训纂杨杜，雅琴龙师。名法则毛公游棣，儒墨则随巢孙尼，小说则虞初周考，纵横则国筮秦仪。锜华东曨之赋，妾冰子哙之词。权谋形势，伎巧阴阳，列为四种；蓍龟数术，神仙图谱，赅乎百为。撮四名五志之精，率多异本；骈慎墨季惠之说，侯其袆而。乃使光禄析经传之微，校尉纠兵书之谬。数术则会其要归，方伎则理其杂糅。六艺五学之用，事俪于五行；万言五字之回，穴砭其纰缪。若夫游意仁义、以明教化，则司徒之守也；秉要执本、清虚自守，则史官之旧也。理官议官，钩鈲缴绕者之所囿也；议官稗官，漫羡小知者之所售也。农稷之流以并耕为悖，清庙之守以尚俭为长，鄙蔽者之陋也；顺昊天而泥小数，擅专对而尚诈谖，拘诞者之诟也；侈丽闳衍，九能之余胄也；正守奇用，九伐之御寇也。统综术艺，解剥师授，条其流别，理其缦斗。斯则九家之繁赜，诸子之肤腠，虽水火之相灭，亦智能之毕究，通万方之殊略，角异长之竞奏者欤？洎大道之诊离，乃微言之无述，官师别而政教分，家法亡而道真窒，乱清言于正始，仇圣证而兴嫉，道学之名立而儒林已衰，性理之说兴而颛门乃黜。岂知画卦演易，盖设教之权；正謨摄诰，乃宜民之术？七情五际所以总政要，五始七缺所以理天秩。是以三易非卜筮之书，五观异记言之帙，风雅贵厚伦之器，春秋严刑书之律。揽中垒之遗业，通守官之情实。庶几五是六沴，识定君阳武之征；三科九旨，勘弊狱淮南之密。乃知尊六艺而别为经。绝百氏不通其术者，斯陋儒之末学，何暇诵论其为六为七哉！咨洊世之崇文，乃学殖之未落。甄礤简之恖闻，拾遗牒之賈箨。东海溲中，曾传宣曲之经；北地班游，乃擅副书之博。遂使黄车使者，载九百之珠英；驰传中郎，启千秋之秘籥。况复近征洙泗，颇接岁年；遥溯缁帷，可探述作。岂徒虞志荀录，漫别部居，阮略王部，徒珍囊橐！此承学之士，所当穷研奥恉，遍探坎井，而未可粗窥其大略也。

苏若兰璇玑图叙[①]（1897 年）

若夫浮云似帐，夜夜栖乌；芙蓉作船，朝朝别鹤。屏风屈膝，空望君怜；网户琼钩，可怜人意。是以羁雌迷雀，写裁红点翠之愁；玉柱朱丝，飞急调上声之曲。洞房明月，萎绝蘼芜；绮井余香，凄迷豆蔻。蒲萄锦帐，零落红颜。玳瑁金钗，缠绵黄蘖。君心顿异，忆开帏对影之情；妾坐自伤，诉执袂成言之愿。莫不单思慷慨，孤绪萧差，引泣雕梁，飞尘黛碗。况复纷纶妙制，组织华词，绵楚调于针神，眷情绪于华缕！赋脉脉生啼之句，憔悴羞持；诵盈盈不语之诗，别离瘦损。虽复将缣比素，手爪徒工，转绿回黄，剪裁无定，东飞伯劳，相见何时？妾食鲤鱼，长思空寄，然而袖中纨扇，真成捐弃之恩；锦上交龙，竟结合欢之字。此则扶风制锦，独擅雕华，南阳捣衣，倍添韵事者矣。夫其玉台妙选，金钿娇姿，当风柳絮，少小能诗，出水芙蕖，自然不染。于是持荷作镜，笑注双波，施障申谈，花迷俪影。金龟早嫁，不负香衾，玉砚随身，便裁清颂。然而画眉深浅，永爱玩于香奁；半臂寒温，已差池于粉镜。看殷茜画图之面，讵不生嗔；对桓姬芳泽之容，

---

① 本文原载《沅湘通艺录》卷八。

何能无恚？渡江桃叶，但自殷勤；堕溷杨花，谁为颠倒？遂乃西陵松柏，苦吟骢马之章；子夜菖蒲，空唱乌啼之曲。蒲葵窈窕，依懊谁知；黄葛蒙笼，欢闻何许！天涯芳草，盼王孙薄命之缘；陌上柔桑，断远道同心之缕。未免自怜石阙，最苦碑衔，取次飞龙，真成骨出。缀清辞于赪粉，辑哀拍于流苏。十色玲珑，五光披拂，四时夜度，泪辑鲛丝，一曲长干，肠回罗蹑。旁行斜上，如读班姬续表之文；反复周流，欲循伯玉铭盘之制。念欢的的，照通理于银犀；脱手绵绵，咒牵丝于瑶虎。讵拟行缠罗绣，空说趺妍，系腕丝绳，寄言肤白。花花叶叶，但镂鸳鸯，屑屑飘飘，仅工黹绣。得毋机丝得络，颇忆绵连，针线缝新，未忘纳故，东南孔雀，过十里而徘徊，篋笥茱萸，怆单情而拂拭者乎？或者谓流沙远戍，晋书著迁客之文；襄阳留镇，武序纪缘情之异。事迹乖违，纪序差互。书年如意，既昭依托之真；载记梁成，尤验踳驳之迹。是则崇贤选注，要可据依，山谷引援，借知缘起。盖杨中啮雪，实有去帷之妻；梁客羁游，或有不偕之妇。况乃戍边不返，还汉何年？怨结衣兜，魂消笳脆。而乃缠头封帛，自铭待子之魂；啮血题涛，几化望夫之石。尤足掞张坤灵，回皇闺章，何必著贞妇于妒记，偏小说以诬词？不知宓妃濯发，亦传妻羿之文；畲山开石，实闻候禹之异。事既诞而不经，言以诬而成韵。况夫夷甫清流之冠，或歉宜家；茂宏名相之门，难言逮下。重以娶娃珍髢，或乱华丹，帷簿前鱼，又伤淄蠹。愁来剧瘦，易减腰围；梦里恒啼，谁搔背垢？遂以流黄束素，纬捉搦之断歌；凤篙龙文，纂回波之苦调。九华七采，愿长照夫夫容；绣袜香囊，几殉情于凄魄。宜夫青牛帐里，竞珍芍药之名编；朱草窗前，便代萱苏而蠲忿。推上下而求音律，或有愧于小儒；摘神旨而镜渊微，或无嗤于大雅云尔。

国朝骈体诸家赞[①]（1897年）

懿夫烟景丽瞩，则山川亦灵；荃荪振馨，则金石流韵。是以楚骚赠奇，挹香兰而引泣；风诗歇咏，睇浮云而凝怨。情韵之作，自昔无沫，体备于战国，藻遒于西汉，唐宋而下，嗣音殆绝。求之国朝，馨逸斯远。漱其芳腴，则琼珮在握；抱其灵想，则霜葩媚秋。川谷沉郁而朗以清光，风雨徘徊乃扶之元气。标举倜荡，得八人焉：曰陈维嵩其年、吴锡麒谷人、孔广森撝轩、孙星衍渊如、洪亮吉稚存、胡天游云持、袁枚简斋、王昙仲瞿。

八人者，体制各殊，渊源斯别，要皆摘艳于萧《选》，树干于汉《京》。或取径任沈，或揎采王杨。譬之锦缋殊丽，各绚临风之采；筝笛异均，自擅穿云之响。若夫代马思秣，矫飏旦而哀嘶；老鹤警霜，刷素羽而清唳。白衣寒水，时激幽并之声；青眼穷途，自沉嵇阮之愤。此湖海楼之选也。明月入座，便流清辉；幽篁倚窗，微咽虫语。奇怀遏于密韵，澂蓑淡其平虑。此有正味斋之旨也。和缓之调，奏以激亮；典重之质，游以余刃。朴而不俚，华而不缛，此仪郑堂能之。劲翮凌霄，回翔而有鸷气；逸足临道，蝶躞而多壮姿。纬之以经心，绚之以风雅，则芳茂山人亦能之。岷江万里，束以崩云之峡；华岳千仞，时现回鸾之车。海云蓬蓬，倏忽而异态；秋月盈盈，寂历而逾皎。此卷葹更生之都为集也。仙禽下风，应瑶磬而赴节；祥鸾映日，俪班虬而簇景。此石笥山房之杰也。轻衣一袭，远姚丽质；良玉径寸，不掩瑕照。此随园之文也。据地狂踊，亦缀蜡珠；升屋高叫，自击腰鼓。此烟霞万

① 本文原载《沅湘通艺录》卷八。

古楼之异于众也。要皆自成一家之言，独有千载之虑，抗心躡古，贻躅晞来，既夙嗜俪词，弥追景芳佩。辑辞为赞，用识爱恋云尔。

髯陈落落，豪气郁鞅，酒悲入云，绮梦通想，引屈证泣，拉庾贻响，美人翠袖，时倚珠幌。

惠心照人，白云在天，荫柏晞发，诛茅引泉，凄咽幽响，徘徊轻烟，时堕空磬，微参冷禅。

珠玑琅玕，灿然在目，错之金缕，佩以芳馥，卓然经师，袭此奇服，东原坠魄，招之以哭。

少蜚英声，晚遁考据，组织俳词，卓荦英驭，春阴万重，飘飏飞絮，不涴香泥，与风来去。

披发叫阍，箠魄青海，枕戈未熟，乃搴江茝，笳云之气，风生髭颏，铸金供养，睇之灵宰。

风言径绝，云气林深，以彼玮抱，寄此冲襟，斫玉雕字，屑金驻吟，既尽夏费，乃赋秋霖。

通天神狐，醉或露尾，瑰逸之步，表表斯伟，花月游衍，人天欢喜，碧空古苔，时经屐齿。

自伤骫骳，弥嗟诋娸，誉项摅愤，哀萧积悲，师门三书，羽翰不飞，弥怀慷慨，无驻雄姿。

新湖南[1]（1902 年冬）

目次

---

① 本文据癸卯年（1903 年）六月单行本（第三版）。

第二篇　湖南人之性质及其责任

第三篇　现今大局之危迫

第四篇　湖南新旧党之评判及理论之必出于一途

第五篇　破坏

第六篇　独立

第一篇　绪言

太平洋客著《新广东》，三户之愤民，读而韪之。有顷，见康氏所为《辨革命书》，反复而读之，忧沉沉而袭心。某之言曰："凡物合则大，分则小；合则强，分则弱，物之理也。毕士麻克生当欧洲盛言革命之后，近对法国盛行革命之事，岂不知民主独立之义哉?！而在普国独伸王权，卒能合日耳曼二十五邦，而挫法称霸。嘉富洱乃力倡民权者，而必立萨谛尼亚为共主，合十邦以为意国，卒能列于强大。使二子者但言革命民主，则日耳曼、罗马纷乱数十年，必永为法、奥、俄所分割隶属而已。夫毕士麻克、嘉富洱苦心极力，合小为大，以致强霸。吾中国革命诸人，号称救国者，乃欲分现成之大国为数十小国，以力追印度。人不分割我而我自分割之，天不弱亡我而我自弱亡之，何其反也！俄罗斯所以为大国者，岂不以旁纳诸种之故？满洲之合于汉，开蒙古、回疆、青海、卫、藏万里之地，为中国扩大之图，教化既益广被，种族更增雄厚，乃有大益于中国者也。"

三户之愤民曰：唯唯，否否。夫今世界既入二十世纪之舞台，则第二等国以下必不能于地球上有插立国旗之地，此稍知时局者之所同认也。白祸之倾注于远东，以江河两流系为归墟，非吸集同洲种族以堤塞之，力薄精殚，终于复绝，此亦稍知时局者之所同认也。顾欲达此目的，必寄之地广人众、形势优胜者，乃能集合权力以造黄种之幸福。环顾大陆，非中国莫与属焉。而中国权力操之满政府，以满政府为可寄乎？此则非可确认之受验书也。

康氏之欲熔铸满汉也，以其占旁纳诸种之位置，则吾请得而剖析之。凡吸集民族者必有其实力，而实力又有辨：一则为亲和之实力，一则为混合之实力。亲和之实力生于自然，于同种为最著。混合之实力生于现在过去之事会而混成于历史，其组织而凝集之者，必缘于政治上之调和与宗教之融结力。其混成与否，当以何等原则规定之，此颇为复杂之问题也，而要视其民族根性之厚薄。其根性厚者，于未至混成之过渡时代，必常呈解散之形状，且虽几于混成，而权力不底于平，亦必呈解散之形状，如芬兰、波兰之于俄、德，匈牙利之于奥地利是也。其根性薄者，非苶然同化及被他种所蹴踏而澌灭，亦必终至于解散。至于调和融结而无散释者，必其根性厚薄相等而权力适剂于平，俱不失优等之位置者也。今满洲之吸集蒙古、藏、卫也，持宗教以笼络之，虽然，如满人者，宗教思想最薄弱者也，特恃为射雉之媒而已；而政治之调和，日日见其失败。故两蒙、两藏皆有脱离衔轭之势，乌能混合之哉？彼既不能调和而融结之，旦夕之间为白人所役使，将为封割汉种之先驱，不及今而备之，岂有及乎？若汉种之与满族，其调和融结之术，似较蒙、回、藏、卫为胜之矣。虽然，此岂彼族之本谋哉？不过汉种膨胀之力，使彼有不能不且前且却者耳，故阳为一家，阴相摈弃。乃彼白人者，窥寻间隙，思得而利用之，知吾族势力未及成长也，乘其幼稚而摧折之。戊戌之事，英、美大国无一伸公论者，其情可知。吾族不能自伸其势力，而待满政府徐徐为立代议士，何其傎也。夫彼日耳曼联邦、罗马民族，由自然亲和力之发生，而成德意志、意大利优美之结果耳。今以汉种生殖之区域，较之德、意，无所不及，顾不离绝满政府，则无由凝固其吸集之力，不能吸集而伈伈伣伣，必与顽愚迷乱之满政府，同毙于白种人鸩酽毒脯之下，日日安坐而望满政府，则亦日日安坐而就屠割。夫所谓十八省为十八国者，非未来之现象，而已往与现在之现象也。内部之吸集力与外部之刺激力相触而生者也。以排满与排外二重之刺激力，迸入于汉种之心目，乃可以言吸集。汉种能自相吸集，而后能提携满、蒙、卫、藏，使自相吸集。汉种能自相吸集，且能提携满、蒙、卫、藏使自相吸集，而后能集权于亚洲中央政府以抗御白祸。夫提携他族使自相吸集者，决非满政府之素心也。纵令如康氏所言，复辟之后，设施何若？夫以今日之事言之，被玩弄于权阉奸相股掌之上者，亦岂有复辟之理？吾见椒饼就御而宫车晚出耳！且必使吾种人放弃责任，而禁其自谋，此何理也？日本以区区三岛一跃而入头等国，汉种以十八省之地而必待指挥于满政府，谓如含乳之子，一离保姆必不自存活者，岂非过虑欤?!

康氏之言曰：汉种之于满政府，不得以奴隶论。虽然，以野蛮民族翘然为天下共主者二百六十年，是以奴隶而据主人之室也。奴隶而主人者，则亦必奴隶其主人，此又无可自讳者也。吾湖南人也，欲谋中国，不得不谋湖南。湖南，山国也，交通绝不便利，自长江接洞庭而上溯，行浅水汽船者五百里，自秋末迄冬初，率阻浅不得上驶，南隔岭峤，接两粤，皆山险也。其民朴陋贫瘠，而暗于外事特甚，以排外闻天下，野蛮暴动，贻外人口实数数然也，而奴性亦未甚深固。

太平洋客曰：广东有自立特质四：一曰人才众多也，一曰财力雄厚也，一曰地方扼要也，一曰户口繁殖也。广东之事，则诚然矣。吾见边东海各省，若闽浙，若江苏，风气早开，通外事而知世界大势者，不远下于广东；物力丰厚，生殖繁衍，不远下于广东；扼扬子江、钱塘江、闽江之流域，地形便利，不远下于广东；然则奋袂攘臂为天下先，剑及屦及，而沿江负海，皆自立国旗之所飘漾也。然而志士太息于下，而国仇民贼慆淫荒宴于上，莫敢发难者，则岂非调停满汉、迟回审慎而重为戎首者欤？虽然，需者事之贼，时乎不再来，过此以往，虽欲如今日之仰视天、俯画地，以睥睨天下事，而载胥及溺、维倾柱绝求一片土为立脚地，岂可得哉！微广东倡独立，吾湖南犹将倡独立焉。乃者，庚子实试行之，举事不成，奋为鬼雄，而"种界"二字劖入湖南人之脑中者，如压字机器之刻入纸背焉。然则广东倡之，吾湖南和之；广东鼓之，吾湖南舞之。吾于广东，如骖之靳也。苟有赤血，苟有热肠，勿以其身家性命为奴于白种者之重儓贱隶，勿以其财产土地为奴于白种者之包苴箪笥。奴吾者，吾仇之；干预吾事、抑制吾之脱奴籍者，吾仇之。湖南者，吾湖南人之湖南也。铁血相见，不瀎不涑，此吾湖南人对于湖南之公责也。抑亦吾湖南人对于汉种之公责也。作《新湖南》，用遍告湖南中等社会，以耻旧湖南人之甘于为奴者，以谂旧湖南人之不愿为奴者，以待十八行省之同褫奴服，而还我主人翁之位置者。

第二篇　湖南人之性质及其责任

诸君在于湖南之位置，实下等社会之所托命而上等社会之替人也。提挈下等社会以矫正上等社会者，惟诸君之责；破坏上等社会以卵翼下等社会者，亦为诸君之责。下等社会吾亟亟与之言，故必亟亟与诸君言；上等社会吾不屑与之言，尤不得不亟亟与诸君言。诸君，诸君！湖南之青年军，演新舞台之霹雳手，非异人任也。

诸君，诸君！湖南有一大纪念事，知吾人之入奴籍在于何时乎？事始于故明甲申国破后之二年九月，满政府遣兵入湖广，其后二年三月遂克长沙。于时，吾湖南父老子弟方秣马厉兵，以随何腾蛟之后，思保全疆土，以存中原文献于西南一角弹丸黑子之地。兵气不扬，内讧迭起，然而湖南人之扶伤更进如故也。何腾蛟既殁，继之以堵允锡之役；堵允锡既殁，继之以李定国之役，至明祚既斩，死灰不燃。而吴三桂以愚暗之姿，盗窃名义，犹足以倾我湖南人之观听，盖倔强洞庭、衡岳之间，冀得仰首伸眉者，出入顺治、康熙，垂数十年，满政府乃痛惩而狝夷之。哀我孑遗，自兵事休息以后，乃十室而失其九；故我湖南户产至今尚多标业。出郭门不十里，墓田葬地往往有所谓标业者，外府州县标业之占粮籍十居八九，盖兵锋所至，几于刬地而一赤之矣。当日遗黎所著，有《下元甲子歌》，托于青盲弹词，以写兵祸之惨黩，首尾数万言，读之令人痛心酸鼻。所谓“呕起几根头发气”者，村农里妪，至今能讴吟之。湖南既当滇、黔、两粤兵事之冲，草剃禽狝，生齿寥落，榛莽多而居人少，吏役无所得攫噬，而边地苗、獞、猺、犵所出没林菁深阻与山鬼争席。遗民逸老乃得展转栖息于虎豹蛇虫之窟，以寄其天倾地塌之悲，所至则诛茅数尺地结庵以居，樵夫牧竖皆以其跰手胝足所得欢迎而阴饩之。至今吾乡中数百丁之旧族必有一庵，庵不必供佛，供不知谁何之神像，或并其祖先为一庵而供之。其像若披缁为头陀状，若黄冠为道士服，若袒背戟肘为武士状。凡一姓之庵，子孙必世守之，盖皆畸民烈士之余痛也。诸君试披《楚宝》及《沅湘耆旧集》，所载遗闻轶事，焄蒿凄怆，为何如哉！王船山氏平生所著书，自经义、史论以至稗官小说，于种族之戚，家国之痛，呻吟呜咽，举笔不忘，如盲者之思视也，如痿者之思起也，如喑者之思言也，如饮食男女之欲一日不能离于其侧，朝愁暮思，梦寐以之。虽以黄梨洲之刚侠，至其沉酣没溺，持此为第一义，谛为毕生归根立命之所。或尚未之及，其遗集所传付，不在王氏子姓之家，亦不在其故旧亲戚之家，而往往于破寮废刹中遇之。故种界之悲剧流传于我湖南人之脑蒂者，最为酞深微至。当未与湖北分闱以前，达于朝者寥寥焉，盖洞庭以南，自为风气，而独以其庞民耆献之学说，展转相传播。自分闱以后，则利禄之途既启，而种性亦少劣焉。然而微茫灭没于吾人之心目者，亦无往而不遇之。盖士庶之家非食禄于朝者，其丧葬率用前代之衣冠，名为唐巾，询其故，则有所谓“生降死不降”之说。咸同间，号称“中兴”，湖南悻悻然以名业自见矣，而巴陵吴敏树暮年不乐应曾文正之招，其卒也，亦以前代冠服殓，其余名士尚多有之。缠足，恶习也，而湖南人保守之性特强，叩其所以，城市之人不能言其故，乡里之氓又往往有所谓“男降女不降”之说，取其与满政府为反对也。悲夫！以如此悖教害礼之薄俗，而托之以为深痛巨创之一纪念碑，吾湖南人曷尝一日忘奴僇之耻哉！诸君，诸君！出苦海而上天堂，以洗二百数十年之积耻者在今日。展贩卖鞭驱足踏自甲家而鬻之乙家者亦在今日，是在吾人之自为之。种性不灭，则两戒山河涌起平地。种性既灭，则万劫不复，沉沦九幽，吾岂敢煽起杀机以菹醢我父老子弟之性命哉？吾抑岂忍汩溺世法，以任吾父老子弟之沉眠酣寝，席薪火以待焦灼哉？诸君，诸君！谓我何求，或亦未之思耳。

且我湖南有特别独立之根性，无所表现，其影响仅仅及于学术而未大显。盖前则划以大江，群岭环其左而负其后，湘江与岭外之流同出一源，故风气稍近于云贵，而冒险之性，颇同于粤，于湖北与江西则相似者甚少，盖所受于地理者使然。其岸异之处，颇能自振于他省之外，自濂溪周氏，师心独往，以一人之意识，经纬成一学说，遂为两宋道学不祧之祖。胜国以来，船山王氏以其坚贞刻苦之身，进退宋儒，自立宗主。当时阳明学说遍天下，而湘学独奋然自异焉。自是学子被服其成俗，二百年来，大江南北相率为烦琐之经说，而邵阳魏默深治今文《尚书》、三家诗，门庭敞然。及今人湘潭王氏之于《公羊》，类能蹂躏数千载大儒之堂牖，而建立一帜。道咸之间，举世以谈洋务为耻，而魏默深首治之。湘阴郭嵩焘远袭船山，近接魏氏，其谈海外政艺时措之宜，能发人之所未见，冒不韪而勿惜。至于直接船山之精神者，尤莫如谭嗣同，无所依傍，浩然独往，不知宇宙之圻埒，何论世法！其爱同胞而甚仇虐，时时迸发于脑筋而不能自已，是何也？曰：独立之根性使然也。故吾湖南人之奴性，虽经十一朝之栽培浸灌，宜若可以深根而固蒂也，然至于今日，几几乎迸裂爆散，有冲决网罗之势。庚子之役，唐、林、李、蔡之属，诛锄酷烈，萌芽殆尽矣，而今岁乃复有贺金声一事。金声平生之志事，想诸君之所素闻也。以一诸生躬耕于闾里，慨然有扶义而起之思，率其弟子，苦身力作，散金帛以收民望。倾荡其家资及其弟子之产业者数数矣，而来学者益亲，排满与排外二者交迸于脑蒂，欲乘时飚起，徒以策略疏阔，为贼臣所夷灭。夫以雄城巨镇，拥旄仗节者之所不能为，而唐、林、李、蔡以徒手为之；唐、林、李、蔡殒身灰骨曾不几日，而贺金声复以徒手而继之。以如许之头颅，易无端之斩斮，前僵后仆，无所于悔，诸君何必让人独为君子哉？呜呼！诸君不可不深长思也。满政府之栽培浸溉吾奴性也，以顺、康之间数十年之长枪大马耕之，以孔有德、济尔哈朗等数十万之雄师种之，以何腾蛟、堵允锡诸君子臏胆抽肠之热血溉之，湖南人之奴性固未尝勾茁而萌达也。满洲人知汉种之可以饵也，无端以无足轻重之秀才、举人、进士、翰林粪而壅之，无端以谬为恭敬之孔教、虚加崇奖之朱学藩而垣之，扶而植之，君臣之义，如日中天，而盗据神器、虔刘华夏之穷凶极恶，则遂无人敢目忤而唇反。顾吾湘人，则未至熟寐而沉醉也，在援旗击鼓而发扬之耳。呜呼！诸君，诸君！不可不深长思也。

且我湖南人对于同种之责任，其重大有远过于诸省者，诸君亦尝闻之乎？咸同以前，我湖南人碌碌无所轻重于天下，亦几不知有所谓对于天下之责任；知有所谓对于天下之责任者，当自洪杨之难始①。谭嗣同曰："中兴之役，湘人自以为功，吾日夕思之，铲灭同种，以媚胡族，实负天下之大罪，吾日夕痛之。"吾读其言，流涕不可止。以湖南人遇洪杨之难，而忝窃节钺，算入满汉名臣，功绩传之混帐糊涂簿籍中，实湖南之大不幸也。虽然，吾尝求其故，则亦有说。洪杨之举事，虽能震荡天下，实龌龊无远略，其用兵殆同儿戏，而其掳掠焚杀之惨，几几不减于前明闯、献之所为者。自粤来围湖南时，吾乡实受其荼毒，至今父老言之心悸。其掠人也，常喜刳腹屠肠，刽其肝而食之。一父老言，见一酋为此，在傍得赐一脔焉。投小儿高数仞，而承之以枪，或自腹出入背，或贯其颅而出；尤恶书籍，用之入厕拭秽。吾里中某处为刳腹所，某处为竿首所，言之历历。当粤兵至湖南时，侦探绝不明，城门尚未闭也，过其前仅隔一街，而不知突入。至城南，踞书院。中有某生者，奇谲士也，干之以策，令自鄂分二道，一入蜀，一趋河南，入关乃下太行。粤酋懵然无所晓，但聚妇人群饮为乐。某生佯起如厕，逾墙而走，几折臂焉，常为乡里所笑。故曾国藩作檄及军歌，而乡里子弟呼噪而起，盖湖南承前明遗老之风声气习，痛恶流贼之暴乱以致此也。又洪、杨剽窃天主教之绪余，天父、天兄，称名诞幻，与湖南士庶闻所承用之学说，格

① 指1851年洪秀全、杨秀清领导之太平天国农民起义。

不相入，故湘、粤之哄，虽谓带宗教之性质可也。及其株守金陵，不能遣一旅北渡，外援不固，内衅旋作，智愚而知其有亡形矣。不然，虽有胡、曾、左、彭之伟略，其将奈之何哉？虽然，湖南人如胡、左二公，固非无度外之思想者也。胡公与官文大隙，而终竟得官文之助，传者谓胡公善处危疑之地，而亦济之以术。顾以余所见胡公与其属吏手札若干事，则胡公之志为官文所扼者不少。自鄂出师至蕲黄一札，言之尤为愤慨。盖胡公至是知非大有所革除，不足以庇生民之命，而满政府决非可与图事，故其建议欲使曾公节制数省，布置宏大，亦常以非常之业微语曾公，顾曾公不之许。热河之难，湘军当北援，濡滞不前者，实胡公有所谋，而曾公柅之。故曾公尝诮胡公一生脚跟不定，实为此也。而胡公乃怀抱郁郁，呕血而卒。左公暮年，亦颓唐衰落，薨时语其家人曰："朝廷待我固不可谓不厚"。少间，又语曰："误乃公事矣，在当日不过一反手间耳"。此言故人子弟多闻之者。桂阳陈士杰，以功至开府，其生平宗旨实与马殷、边镐略同，特于湘人为后起，噤不敢发。彭公一生不乐秉节钺任疆寄，郭嵩焘出使归径还乡不复命，皆有所憾者。吾尝察之，胡、左二公见之太晚，故不及发难；郭、陈二人所居地望，不及曾、左，濡忍而莫如之何。故余独谓当日所为负罪于天下者，在曾公不能定计而自取之耳。以曾、左、彭、杨之俦，左提右挈，收粤捻而为之用，内政外交，规画粗定，逐胡人而放之辽河之外，直至灶上扫除耳。徇书生之小节而忘国民之大耻，此其最可惜者。至以湘人而置洪杨麾钺之下，则其势必有所不能，故其罪不在于破粤也。西谚曰"以血洗血"，此惨憺哀痛之言也。吾湖南负罪于天下也，以血购之，欲求所以揃雪前耻而开辟新世界者，亦当以血偿之。谭、唐、林、李诸人血矣，向道隆、何来保、蔡忠浩之徒血矣，贺金声亦又血矣，特其造端也尚微，其结果也尚不知在于何日。虽然，迫矣，蹙矣，亡无日矣，过此以往，啜其泣矣，嗟何及矣。以不知谁何之人与不知谁何之颜色，取吾湖南之地图而一染焉，再染焉，三四染焉，何如以我湖南人之血染我湖南之地，为庄严而美丽乎？进而上之，以我湖南人之血，染我中国之地，是以中国染中国也。吾四万万人之血，尚足以没胡人之顶，请自我湖南始；吾四万万人之血，尚足以熏白人之脑，请自我湖南始。

诸君，诸君！我辈对于湖南之责任为如何乎？胡、曾数公之遗策余画，当其末流，实为国民重膇之疾，而我湖南受之特深。当军事之盛时，湘人负戈荷戟，东际海，西极天山，恪守奴职，日夜黾勉，无所告劳。军兴既毕，欠饷最巨，政府间岁则增秀才额或举人额数名以示报酬，所欠则以"乐捐"二字了之。故湘人之进取于场屋者，常不免动其衽金寝革之积惨。而散勇之流落不归，遭法于有司者，遍天下。陕甘以西，嘉峪关以外，为丐及盗。入川则与哥老会为一家，入江苏则与盐枭为一家，入山东、直隶则亦厕身义和团、大刀小刀会诸党中，出山海关则入红胡子，在广西则为边法界之流勇。而地方官吏则亦借此铺张掩捕之劳迹，以换其翎顶，掠索以肥其姻戚，故湘人之散勇无得归返，亦无得生活者。而厘金一事，流毒东南数十年，及今尚未得解除。然湖南人陆挑水运，呻吟于水深火热之下，生计萧条，骨髓枯竭，壮者散四方，老羸转沟壑，则已不可救药矣！畴昔协饷横被数省，而今也，一二县之偏灾，非借外省之捐助，则阖户而待毙，岂非厘金之朘削使之然哉?！然则"中兴"以后数十年来，吾湖南人无日不在黑暗地狱中也。"中兴"诸公所操之政策，所成就之"名业"，其结果为何如哉？徒足驱迫我湖南人，弱者为沟途之饿殍，强者为绿林之豪客而已。故近二十年来，下等社会劳动之生殖益穷，而秘密社会之势益盛。出郭门十里多为盗薮，如南门外之金盆岭，如省河对岸之望城坡，白日行劫，入夜则篝火狐鸣相啸聚。由湘入粤，行宝庆一路，由湘入黔，行辰州一路，由湘至江岸，行澧州一路，行客不戒，则贸其首。附郭之县，若长沙、善化，闾里之间，日日闻愁痛声，岁穷腊尽，烟火寂寥，春帖几至数百户无一新者。视十年前繁瘠异况，其相去如行大西门墙根而想象上海四马路也。逆数至三十年前，则如坐死囚牢槛之中而思伦敦、纽约之皇居帝室矣。危险忧愁，如此其极，而益与外患相接近。教堂林立于都市，租界连亘于口岸，弥州历县之矿产划入他人势力范围中，而觊觎攫搏，惟其眼光所注，不得不止。下等社会知觉无几，一切举动绝无意识，但隐约闻说膏血为洋人所吸取，权利为洋人所侵夺，不知所以自救之术，以为今日杀一洋人，明日烧一教堂，足以殄绝其野心而杜塞其来路矣。衡州一案赔款至三十七万，辰州一案则至八万镑，再出教案一二事，则举全省地皮鬻之而不足以偿也。因矿山之交涉而有教案，将复因教案而成矿山之交涉，矿教二事，相缘无已。杜兰斯哇以矿产而亡，况于湖南，其民智、兵力无一足与杜兰斯哇相提并论者哉！

今日救亡之策，将待湖南大吏从容而展布之乎？则彼大吏者何人？固匍匐俯伏于李莲英、荣禄厕牖之下者也。日日捕缉志士，屠戮新党，使人不敢结党会，使人不敢谈时事。刘高照之顶戴，人人知其以志士新党之血，三淳五沃，染而红之者也。故湖南无一独立不羁之报馆，无一临时出席之会场，以是民智益塞，民气益郁，举国皆无耳无目之人，举国人之议论行为，皆为无规则、无团体、无方针、无目的之傀儡。过其朝，则嗫嚅之声蘉蘉然；入其塾，则诨笑之声谪谪然；适其野，则气息怫戾，容色愁惨，时时有涕泣之声，抑时时有愤怨之声，抑时时有耰锄戈戟交作之声。万一义和团出于江湖岭峤之间，我辈虽欲自命为湖南人，其可得乎?！今日起而为之，虽不免有万一不成，断腰绝领之患，然孰愈于在大师兄、红灯照出现之后，大书特书曰“某国顺民”四字，以迎八国联军队将之旗乎？以湖南人士诊湖南人病症，利害之势，洞若观火，存亡之机，间不容发，非独忍此而不为也。抑亦明白而言之，而听者方若闻若不闻，若欲信若不欲信。以现象如今日之离奇俶诡，而诸君不悟，任下等社会之俶扰，而不思所以提挈之，任上等社会之淫荒沉湎，而不知所以改造之，天虽欲胙我湖南人，抑将奈此无骨无血无脑气筋之视肉何哉！湖南者，吾辈之家室也，一旦为他人所盗据，将托宿于何所？出国门而乞食，亦何以见九州人士乎？诸君，诸君！所望能投袂而起者也。

第三篇　现今大局之危迫

湖南人不知湖南之祸也，实由于不知中国前途之趋势；不知中国前途之趋势也，实由于不知欧美各国对付亚东之政策。故欲知湖南之祸之决不可逃，非确知欧美各国对付亚东之政策不可。

诸强国之谋我中国也，不遗余力矣。湖南人之所惊者，彼外交家手腕之敏捷，军事上形势之强盛耳。至其已往之历史，所为远因近因者何若，未来之历史，所为得尺得寸者何若，固往往不及详察，而实指其所以然。

夫所为历史上之远因者，何也？则民族建国主义是也。所为历史上之近因者，何也？则由民族主义一变而为帝国主义是也。民族主义之前，固已有所谓帝国主义矣，顾其为此主义之原动力者，或出于世主一人之野心，或出于武夫健将一二人之权略，而非以其全国人之思想为发生之基本，非以其全国人之耳目为运动之机关，故其末路往往丧败不可收拾。民族主义变而为民族帝国主义则异是。其为此主义之原动力者，非出于政府一二人之野心也，国民生殖蕃盛之力之所膨胀也；亦非出于武夫健将一二人之权略也，国民工商业发达、资本充实之所膨胀也。发生之基本，则全国人之思想也；运动之机关，则全国人之耳目也。故其风潮之猛，若倾海水而注之大陆，而吾国民乃无一著不失子，无一处不退步矣。而其所为未来之历史者，则尤为彼族至华美至瑰丽之舞台，而吾国民至凄恻至萧条之枪林剑树也。是何也？彼族以东亚为二十世纪工商业竞争之中心点，欲反客而为主，目营而心醉之也久矣。

俄国之帝国主义，以西伯利亚铁路为成立之骨干，而其注射于亚东南部者，则有攘夺旅顺、大连湾诸要害之事焉，有攘夺东三省之事焉，有浸浸攘夺内外两蒙之事焉，有浸浸攘夺前后两藏之事焉。是何也？曰：以此中心点故。

英国之帝国主义，其发生于印度、埃及、南非诸地者，固已磅礴积极充满大宅之势矣；而其注射于亚东中部、西部、南部者，则有九龙界线之扩张焉，有威海卫海军根据地之确定焉，有扬子江流域势力范围之划出焉，有横贯波斯经印度达四川大铁路之经略焉。是何也，曰：以此中心点故。

德国之帝国主义，其发生于小亚细皿绾毂之道与南美诸国实业之场者，亦已羽毛丰满，有摩霄振翮之势矣，而其注射于亚东东部者，则有胶州湾海军根据地之攫取焉，有山东全省铁道、矿产之攫取焉。是何也？曰：以此中心点故。

美国之帝国主义，以攫夺古巴、夏威夷、菲律宾群岛为横亘太平洋海面之势，以凿通尼喀拉加运河、沉设太平洋海线为缩短大西、太平两洋海线之势，而其注射于亚东南部也，则有湘粤铁路之承办焉。是何也？曰：以此为中心点故。

夫此中心点者，我民族利用之，则可凌斥八极、抗拒欧美民族之竞争，而摧落其牙角也；彼民族利用之，而又知其决不可以使吾族把持势力也，则其所以跆借之者，何如乎？亚美利加之土人，被圈禁于山谷，种族殆尽；夏威夷之土人，比白人未至时其生齿之减少，相去乃数十倍。是何也？曰：惟他种所侵蚀之故。然犹曰：此非文明之国也。埃及之权力入于白人之手，而累然行乞于街市者，皆文明国之旧民也；印度之权力入于白人之手，而恭然受役于外人，无得主持政治上之机要者，亦文明国之旧民也。然犹曰：此非同洲与同种也。波兰之见分于俄、德也，禁用波语，禁用波文，其有产业者、为地主者，尤为俄、德人之所排斥，必欲倾其产、罄其蓄积而后已。彼其于同洲同种者尚如此，于吾族则何爱焉？俄国之虐待犹太人，而犹太人无所申诉也，曰：惟无国故。然今吾国虽危亡在旦夕，然此国名者固犹在万国统计表中也。乃如夏威夷之焚烧华人街，损失资财数十百万，吞声忍泪，莫之敢校也；俄兵之入东三省，驱同胞六千人为黑龙江之溺鬼，山哀浦思，莫之或恤也。以今亡而未亡则已如此矣，况其利用此中心点，俨然为中国之新主人翁，其为贪残酷烈，岂可思议乎?!彼族之于种界也，畛域之坚，厚于地壳。伯盖斯之著《政治学》也，充民族主义之极，必欲逐土耳其于欧罗巴外，以其为黄种也。亚美利加之拒绝华工，澳大利亚之拒绝华工，虽日本亦几在例禁之列。彼其所以自营其生计、自殖其种族者，其侵略他人之权利不留余地，毒害至于如此！然则中国前途之趋势，虽筑太平大同之垒，隆之以至于天，导兼爱平等之波，汇之使澄于海，尚不足以消此急劫，度此群生矣！

若夫列强所以施行此帝国主义之方计，则以殖民政略为主脑，而以租界政略、铁道政略、矿产政略、传教政略、工商政略为眉目，用以组织此殖民政略，使达于周密完全之地。其推行之实际，又有可以言者焉，列强之耀兵力以索取商权也，其始但有所谓通商主义，而无殖民主义，其后一变而为殖民主义也，则英、俄二国权力之所炫耀也。俄为欧陆所禁闭，不得出黑海，亟亟欲得一不冻之海岸线，又亟亟欲得一最佳之海军根据地，目营四海，得二要害焉，中亚细亚之极端，则有波斯湾，东亚之极端，则有辽东半岛。谋波斯湾而不得，则指亚东东岸以求之。西伯利亚铁道发端，而亚东东北之为俄国殖民地，已如南山之不可移矣。英国殖民地，遍及于美、澳、菲、印，百事成立，别无所私其攫納，见俄人之心雄而手捷也，亟亟为英俄协商之举。于是各国皆一变其从来之目的，悍然以殖民政略行之矣。始之所谓租界者，虽有治外权之损失，尚无所谓土地所有权及先得权也；政略既变，则虽有租界之名，而实则土地所有权及先得权，俱已包含于其中矣。始之所谓铁道者，虽有资本灌入之损失，尚无军事上之关系及政治上之关系也；政略既变，则虽有合同之名，而实则军事上之关系及政治上之关系，牵连轇轕轶出于包办之外矣。始之所谓矿利者，虽有洋股附入之损失，尚无圈划全省地面及垄断数十百里矿脉之事也；政略既变，则虽有地主之名，而实则圈划全省，垄断连州，疆吏不敢争，枢臣不敢问矣。始之所谓传教者，虽有民教交哄之损失，尚无借此以掠夺要地，劫取海权之事也；政略既变，则虽仅以保护为名，而实则掠夺要地，劫取海权，国际公法不得而持其平，太平弭兵会不得而听其直矣。始之所谓工商政略者，不过支支节节侵入内地，输出巨镪，如捧漏卮以沃焦釜，尚不至以工商势力圈限囊括政治圈限也；政略既变，则以工商势力圈限为其名，而以政治圈限为其实，招牌未改，而数百年之老店已盘顶于他人；堂构依然，而数十世之家居，已重典于异姓矣。凡各国新闻笔锋之所指，雄辩家舌剑之所摧，外交家眼球之所射，武备家枪针炮准之所拟度，政治家之所以绞脑浆而早作夜思，以及实业家、地学家、宗教家视远镜之所窥，德律风之所谈，象限仪、纪限仪之所测，罫纸规笔之所绘，其有出于亚东殖民政略之外者，无几矣！然而其手段愈高，其方法愈巧，其议论愈精，其规画愈细，于是以扶植满洲政府，为兼弱攻昧之秘藏，以开放中国门户，为断腰绝膂之妙术。满洲政府为之伥，而列强为之虎；满洲政府为之囮，而列强为之罗。使吾国民援戈相逐，则借满政府之兵力以锄之，正其名以告天下曰，此盗贼之行径，野蛮之举动也；使吾国民戢翼而处，则借满政府之赔款以蠹之，正其名以告天下曰，此所以维持国际之安宁，保全外交之睦谊也。而吾国民则如中蛊毒，脏腑蚀尽，终必死亡；如遇鬼妻，精髓日枯，立见僵踣。此则彼民族之所为徘徊四顾，踌躇满志，以为世球上最有光荣之历史无如我白民者也。白人有言曰："世界者，优等民族世袭之产业也，优等人族斥逐劣等之野蛮人族及衰微人族，夺其领土盘踞而蹂躏之，此天赋之权利使然，犹人之斥逐禽兽出。禽兽以充人类之庖厨为天职，劣等人族以供优等人族之牺牲为天职。"彼优等民族之为此，实天演强权之适当而最无惭德者也。以此为历史，以此为道德，以此为文明，以此为教育。其用之于我民族也，始则显避其名，而巧取其实；今则隐据其实，而并不惜显被其名矣。俄人之踞东三省，英、美新闻之论之者，不以为恶名，而以为正义也。英人以辰州教案欲袭用德国胶州之手段，英字新闻之论之者，不以为暴行，而以为公理也。以日本区区岛民，日日研究支那问题者，亦悍然以染指大陆为正当应行之天职矣。顾列国之操术也，不以迫蹙而以舒徐，不以刚强而以柔媚。利用我土地以为其外府，则且利用满政府以为守藏之胥；利用我权利以适其阴谋，则且利用满政府以为窃符之使。哀我生民，独奈何不痴不聋堕人罟护陷阱之中，无术以自脱也。

用是而求之，则彼诸国有劫夺我湖南之资格者，其对我之政策，果何如哉？以租界政略言之，则岳州、长沙、常德、湘潭及其他户口稍繁、交通稍便之处，皆列国所为瞠目而攘臂也。以铁路政略言之，则湘粤干路及其他支线以全长计之为三千三百二十四里，过于芦汉干路乃在九百八十八里以外，此英、美两国所为通力而合作也。以传教政略言之，则岳、常、衡、永、辰、沅，英法教会之所蔓延也。以矿产政略、工商政略言之，则英国势力范围之所圈及也。租界所及即主权所及，则沿湘、沅二水及资江流系之城镇，无不为碧眼虬髯儿之根据地者矣。铁道所及即军事与政治所及，则我湖南循干路自湘达粤，循支线西去自湘达黔，东去自湘达赣，西北去自湘之蜀，无不属于英、美军旗之下矣。至矿产政略与传教政略相辅而行，则尤为施于我湖南之特别手段。凡此数者，其一足以绝我湖南人之命脉者也。夫以湖南之贫瘠，既以重要利权太阿倒授，且复借赔修之名目以重累之，使万无生息之望，况乎有每年摊还之巨款，元气已尽于前者乎！如乳小儿而夺之哺，如廪饿夫而绝其粥，饮泉食槁，亦将无以资生，鬻子卖妻，尚且难乎为继。呜呼，噫嘻！发纷纷兮委渠，骨借借兮无居，此实我湖南人未来之倒影也。且彼族之对付湖南，岂特如此而已哉！我湖南人若非能一志合力以御外侮，则彼列强者，方将指挥不肖之官吏，以屠割我忿民；将指挥不肖之绅富，以钤束我懦民；将驱策不肖之教民，以歼灭同类为功伐；将愚莠不肖之穷民，以拥护异族为铺餟。于是，此县之人与彼县之人相仇，甲府之人与乙府之人相仇，此社会之人与彼社会之人相仇，以犬噬犬，以马踶马，以虎搏虎，以蚁杀蚁。赤君山之树，杞梓与樗栎同戕；

竭洞庭之波，鱼鳖与蛟龙共尽。彼白民者乃始掀髯大笑，今而后可以率我子姓歌哭斯聚族斯矣。悲夫！我湖南之险象如此其剧也。

然而诸君或且不之信也，则吾请得而证之。英人之于印度也，以印度人攻印度人，以印度人杀印度人。印度人之相仇也益甚，而抵抗英人之力乃益弱。迄今日犹且借印度人酋长之威力以钤制其国民，印度人虽悟之，而未可如何也。远东有战事，则以印度人为前驱，进战而死，犹弃狐豚腐鼠也。人口日渐消耗，比百年前十损五六焉。故印度人股栗胁息于英人鞭策之下者无他，英人以印攻印之效也。俄人之于波兰也，以波兰人攻波兰人，以波兰人杀波兰人。波兰人之构祸也益深，而抵抗俄人之力乃益弱。一旦借波兰之主权，斩杀其志士数百人，坐徙西伯利亚者又数万人，稚子弱妇，宛转顿踣于车轮马足之下，遂与普、奥裂地而自私之。波兰人裂眦泣血而未如之何，至今不得复其国名焉。故波兰人股栗胁息于俄人衔辔之下者无他，俄人以波兰攻波兰之效也。然此犹其远者，诸君之感情或有所不及动也。请言近事，联军之入京也，以教民为前行，奋斗而死，累然仆于地者，皆教民也。英人之得威海卫也，则练华兵。德人之据胶州湾也，亦练华兵。此皆将安用之哉？必不用之欧洲大陆也，又不用之于美洲大陆也，其必用之我中国也，决矣。然则吾国人不与人战则已，一与人战，乃自相斩刈以相寻于尽也。湖南之入白人手中也，则亦必练湘勇，以湖南人仇湖南人，以湖南人杀湖南人，湖南日日自相仇杀，而抵抗异族之力，乃烟消冰释，沦灭于无何有之乡矣。于是白人安坐而临之，而畴昔之出死力以为白人者，固非能见怜于白人也。苦工力作则吾湖南人为之，厮养下贱则吾湖南人为之，今日之巍然据高坐、称上流者，皆异日求得一刚巴度[①]大写之位置而欣欣有得色者也，非是则无所得衣，非是则无所得食。彼族之自尊自大也固宜有是，吾族之自污自辱也固宜有是。不受同化力，则必受反拨力；受反拨力，则必殄刈无遗育。虽受同化力，而亦必受无形之反拨力；受无形之反拨力，则亦永沦于异种而殄灭无遗育。虽然，此不足怪矣。吾湖南之自忘其种姓、自造此孽果而无所逭也。灵绶所著书谓：中国不及此五年自强，五年以后决无可措手。诸君及今日改造湖南之社会，吾犹恨其晚也。

第四篇　湖南新旧党之评判及理论之必出于一途

湖南无兼并之豪农，无走集海陆之巨商，无鸠合巨厂之大工业，诸君占中等社会之位置，惟自居于士类者成一大部分，而出入于商与士之间者附属焉，出入于方术技击与士类之间者附属焉。而主持全省之议论思想者，惟士林而已。吾湖南而为埃及，必有人为亚拉飞；吾湖南而为菲律宾，必有人为阿君雅度；吾湖南而为杜兰斯哇，必有人为古鲁家。若而人者，必出于中等社会无疑也。顾湖南中等社会之议论、思想，涣散而不统合，党仇交争，戈矛林立，则又何以御滔天之大祸哉？不知破除门户之见，而自生畛域之私，攘夷者以趋新者为仇敌，排满者亦以趋新者为仇敌，排满与攘夷二事并为一谈者，则又以攘夷与排满划分轻重者为仇敌，实则不及研究利害，闭门向壁而高谈阔论。一旦枪林弹雨，轰集于阶闼之前，枕藉而死，子孙无类，口沫未干，私忿犹在，而此父兄子弟之根据地，已为大力者负之而趋，生称亡虏，谥为至愚，悔何及乎？顾诸君之所以如此者，良有所蔽焉，不可不为

① 刚巴度，系英语 comprador 译音，意为买办。

诸君剖心析肝而陈说之。

戊戌以前，天下无所谓新旧党之名；有之，自牝朝乱政，掀翻前局始。戊戌以前，湖南亦无所谓新旧党之名；有之，自劣绅争权、学堂交哄始。为祸首者，实为王先谦、叶德辉。交讧互讼，见于《翼教丛编》及《湘报》中者，海内人士皆耳而目之。王、叶二氏之无行，此吾湖南人之所共知也，葵园之行乐图，叶麻之小品传，其所描绘，尚未及十分之一。王氏好利而忘在得之戒，叶氏好名而有行险之材，皆欲挟其经义史事、词章考据之陋学，以矜式来者，而以争名夺利之余力，轶而出于倡优赌博之间，在孔门为无忌惮之小人，在满政府亦为不守法之刁奴劣仆。至其晚节末路，将何如哉？波澜反复，情急计迁，执箪笥壶浆以迎非族，而呼大英、大美、大法、大德万岁者，即此人也。何也？知满政府之不足以死，故必不为之死，彼知湖南事势已不可为，则必不敢冲锋犯难，将袖手而不为，故其归宿惟有屈膝丐命，尚可借此以鱼肉同类而肥其身家耳。故如二氏者，吾决不屑与言，然为湖南大局计，尚不得不涕泣而与之一言，冀万一有天良发现之一日。

夫二人之所争者，个人之私权私利也。争个人之私权私利，而遂至牺牲湖南人之公权公利以从之，二人者固自以为得计矣。夫天下岂有公权公利被剥夺于他族，而尚得存有个人之私权私利者哉？台湾贱人某甲者，富至数百万，日人至台，执顺民旗以迎之，以为可以博他人之怜爱矣，然日人尽夺其资产，劫而徙之于东京，今尚在某市中，为他国国民所耻笑。王、叶之工于自为者，亦不过如台湾某甲之下场头耳。令彼二氏者回其强决之志，挥其明辨之笔，鼓其隽永之舌，以作新湖南少年之气，则挽回劫运，终将于彼乎赖之，故吾愿二人者，熟思而审处之。不然，既见摈于他族，又见贱恶于湖南人，障面自羞，复载之内，何所侧足？

往者不可谏，来者犹可追也。

又有孔宪教者，其嗜利无耻，与王、叶颇同臭味，而其知识愚暗，常为王、叶所揶揄。八比试帖小楷之积习，深入骨髓者相率而崇拜之，其徒党皆有妾妇行而桀跖心，思想至猥亵，议论至浅鄙。而无识之京官与慕羶逐臭之鄙夫，常徘徊于其径路，不入于王、叶，则入于孔氏，所争者在稻粱之谋，所执者在牛马襟裾之名义。诸君，诸君！幸能分别黑白者，则望其尘而恐自污矣。若夫超立离立于垢浊之外，而为湖南旧学精神命脉之所寄者，则湘潭王氏实为一大宗。其所治经说，类皆拨去汉宋诸家之榛芜灌莽，而自以其理想之所至，成一家言。顾其弊也，颇堕于厌世主义，而又不乐博观四海宗教学术之变迁。故其识解所及，犹堕于疏阔而暗于世宙之趋势。然振奇吊诡，秕糠利禄，终当以事功见者也。

又有如贺金声一流者，坚忍刻苦必欲不负其初心，而成见自封，涂肝脑以徇虚骄之意气而不悟者，所在尚多有之。悲夫，悲夫！此吾所得为揭鼓以求之，盛筵以飨之，鸣炮以敬之，而愿其一审观中原之急难而与共济于方来者也。

诸君，诸君！今日吾辈之所研究者，在存中国，在存湖南以存中国，苟有不必排满而得存湖南者，吾辈不必排满可也；苟有其不出于排满而必不得存湖南者，吾辈又奚为隐忍苟活坐视其亡也？苟其径情直行出于攘夷而可以存湖南者，吾辈径情直行以攘夷可也；苟其必用迂回曲折之手段而后可以攘夷、而后可以存湖南者，吾辈又安能以六十三州县之性命轻于一掷也？且夫言公权、公益者，则何党之足云？新党者，假借众人之所指目而以为名词耳。苟能以湖南公益为目的者，温和可也，激烈可也，进步可也，自由可也。新则何所谓党？所贵于新学者，不为一身之奴，不为一家之奴，不为一姓之奴，亦不为一学说之奴，不为一党派之奴。新学之真精神，如是如是，新学之真面目，如是如是。进而言之，则且不宜为湖南公益之奴，而必为中国谋；进而言之，则且不宜为中国公益之奴，而愿为同洲同种谋。

顾吾所必欲伸之理论安在乎？则曰民族建国主义及个人权利主义而已。十六世纪以前，欧洲人不知有民族建国主义也，故有以天下为国家之误；不知有个人权利主义也，故有以政府为国家之误。其知之也，则封建之弊而新国家之所由崛起也；专制之弊而宪法之所由以确定也。惟其以天下为国家，故爱国之公心，泛而不切；惟其以政府为国家，故爱国之热力，屈而不伸。欧洲之为政治学说者，务力破之，遂得成十九世纪竞长增高之国力。若是乎，理论之大有力于世界也。

民族建国主义何由起？起于罗马之末。凡种族不同、言语不同、习惯不同、宗教不同之民，皆必有特别之性质。有特别之性质，则必有特别之思想。而人类者，自营之动物也，以特别之性质与特别之思想，各试其自营之手段，则一种人得有特别之权力者，必对于他一种人生不平等之妨害；受不平等之妨害者，必对于他一种人生自存之竞争。故异类之民集于一政府之下者，实人类之危辀仄轨也。罗马政府集异族于一范围，此古世帝国主义之橐约也。政府之势力，不能无类败，而此异思想、异性质之民，各自求其托命，异者不得不相离，同者不得不相即。异者相离，同者相即，集合之力愈庞大而坚实，则与异种相冲突、相抵抗之力亦愈牢固而强韧。非此，则异类之民族将利用吾乖散睽隔之势，以快其攫搏援噬之心，此民族主义所以浸昌浸炽也。

日耳曼以独立不羁之民族，服属于罗马之宇下，其反拨之力最盛，久而久之，此义遂由日耳曼民族而倡佯于欧洲大陆。苟为他族所箝束欺压，则必洒国民之颈血以争之，掷国民之颅骨以易之，绵延数十载以至百年，必得所欲而后止。英相格林威尔用此以大造白里登，德相毕士麻克用此以大造德意志，意相嘉富洱用此以大造意大利，匈牙利烈士噶苏利用此以反抗奥地利。以此主义为之而不成，若波兰、芬兰民族之于俄罗斯，则天下哀之；若菲律宾之于西班牙、美利坚，杜兰斯哇之于英吉利，则敌国震之。虽然，此主义于建设国家之基础，要为有绝大之凝合力。以拿破仑之雄心壮志，欲冲决此主义之郛郭，而建立独一无二之伟大帝国，卒至身死荒岛，前图尽丧，岂非民族主义墙壁坚固使之然哉！今日地球诸国，所为凌厉无前者，帝国主义也，而此帝国主义，实以民族主义为之根底。故欲横遏此帝国主义之潮流者，非以民族主义筑坚墉以捍之，则如泛挑梗于洪涛之上而已矣。夫胡越之人，不能相为忻戚，天性然也。故民族主义者，生人之公理也，天下之正义也。有阻遏此主义使不得达者，卧薪尝胆，炊矛折剑，冀得一当而已矣，公理然也，正义然也。欲起国民之痿痹者，此其一事矣。

虽然，民族建国主义不得个人权利主义以辅翼之，其分子之亲和犹未密，其质点之结集犹未坚，其形式之组织犹未完，其势力犹未能达于全盛也。欧人之言政治者，疾专制之腐败，思有以大革除之也，乃倡个人权利之说。所谓个人权利者，天赋个人之自由权是也。霍布士、陆克诸人导之，而实光大于法国之卢骚。卢骚之说，以为人生而有自由权。此自由权，人与我皆平等，故不捐弃己之自由权，亦不侵害人之自由权。有自由权斯有责任，为有我故；有自由权斯有界限，为有人故。言自由则必言平等，为人己平等，两不失其自由故。人生而欲保护其自由权及增进其自由权，故不能无群。群之始成于所谓民约者，此国家所由成立之原理也。惟国家以民约集合而成，故以集约诸人之希望为目的，而不得以一二人之希望为目的；以集约诸人之幸福为趋向，而不以一二人之幸福为趋向。故政府者，为国家之一部，国民者，为国家之全体。人人为服从于国家之一人，亦人人为享有自由权之一人。故虽有时割弃其自由权之一部纳诸公益之中，即得增长自由权之一部于公益之中。虽有割弃，随有增长，既有增长，故亦无割弃。放弃其自由权者，失人格者也。侵害他人之自由权者，损伤他人之人格者也。失人格与损伤人格者，皆乱术也。是故主权者，国民之所独掌也；政府者，承国民之意欲而奉行之委员也。国民者，股东也；政府者，股东之司事也。此论既出，于是欧美大陆莫不公认政府与国家之分别，莫不公认人民之自由权，以为政府与国民共守之界线。于是而共和焉，于是而立宪焉，于是有人民对于国家之责任，亦有政府对于国家之责任，于是有人民对于政府之责任，亦有政府对于人民之责任。是故国家之土地，乃人民所根著之基址也，非政府之私产也；国家之政务，乃人民所共同之期向也，非政府之私职也；国家之区域，乃此民族与彼民族相别白之标识也，非政府之所得随意收缩裂弃也；国家之政治机关，乃吾国民建设大社会之完全秩序，非政府之所得薮逋逃而凭狐鼠也。于是以全国之观念为观念，以全国之感情为感情，以全国之思议为思议，以全国之运动为运动，人人知其身为国家之一份子，为公同社会之一质点，而公德发达，如晓日之升于天，公权牢固，如磐石之根于地，形式益完，势力益盛，虽欲不突飞于地球之上，不可得矣。是故个人权利主义者，非个人权利主义，实公德之建筑场也。故天赋人权者，生人之公理也，天下之正义也。有遏抑此主义使不得伸者，卧薪尝胆，炊矛折剑，冀得一当而已矣，公理然也，正义然也。欲起国民之痿痹者，此其一事矣。

则请以欧洲大陆之学说，对观吾中国之学说。孔子之作《春秋》也，内其国而外诸夏，内诸夏而外夷狄，诸夏之与夷狄，其畛域截然不可紊也，其称名判然不可假也。所谓称子称人，进退之大法，则以彼受吾同化力而进之，非以吾国民俯首帖耳于贱族劣种之下而进之也。民族主义之发达，昌矣明矣。自是以后，吾国民益腐败，五胡之乱，沦于左衽垂数百年，中国之士不耻被劣种之衣冠，中国之民不耻受劣种之鞭策，耗矣，哀哉！神圣之子孙奄然无气至于此极也。自唐至宋，胡族浸浸益猖獗，吾国民浸浸益柔懦，南宋诸儒虽大声疾呼，以复仇雪耻号召天下，顾其学说之界画，国家与世界混茫而不可辨，乃至朱学末流，若许衡、吴澄辈，转侧于顽凶淫肆之胡俗，不以为耻。自前明之末以迄今世纪，满人盗据天府，反借崇奉朱学以伸其压制钳束之大义于天下，遂至吾国民忘其所自来。闻欧洲人则夷之，不知彼贱种者，其声明、文物、学术、政理，且远出欧洲民族之下也。见欧洲人则惎之，不知彼贱种者，锢塞吾民之进步，攘夺吾民之权利，锄薙吾民之英杰，且乐奉欧人之馋吻，而自为其爪牙也。今日欲拔出于欧洲之坎窞，则不得不拔出于胡族之坎窞。欧洲之坎窞，借胡族以为入阱之隧。若不申明此义，而欲亲昵和会并为一家，既失独立之精神，而益与人以名义，使得挟制政府，以行其芟夷蕴崇之毒手，虽欲免白人之复压，不可得也。

吾中国数千年来，未有知政府与国家之区别者也。西方之学说曰：国家有三权，三权不分立者，其秩序必不安宁，幸福必不增进，是故立法、司法、行政三者，不得不分别部居，使各在于独立之地。虽然，三权者，由国家之主权而生；主权者，以国民全体为体，而以三权分立为用；是故主张此三权者，国民全体之意识也。立法权者，由国民全体付之少数之部分，以达全体之意识者也；行法权者，国民少数之一部分，受全体之委任而奉行主权之职务者也；司法权者，所以监督行法者与人民之奉法者也。奉行主权者不当其位，由国民之公意斥退可也，戮辱之可也。宪法者，以国民之公意立之，亦得以国民之公意废之，以国民之公意护持之，亦得以国民之公意革除之。是故宪法者，国民公意之眉目、而政府与国民所同受之约束也。政府者，在于国家为一部分；国家者，不独非一姓之政府所得私，亦非寡人之政府所得私也。故有政府亡而国家不亡者，有国家亡而政府不亡者，明国家之存亡，系于全体之主权之存亡，不系于政府之兴废。惟系于全体之主权之存亡，故印度虽有酋长而印度不可谓不亡；惟不系于政府之兴废，故播尔奔政府亡而法国不亡，拿破仑政府亡而法国不亡。吾国之学说，虽有贵民轻君之大义，而数千年服儒服、冠儒冠者，莫敢承用，但知元后作民父母而已，但知尊君卑臣，辨天泽高堂陛而已。于是一不知谁何之人，若盗贼、若夷狄、僭据政府，则群国民而牺牲之惟命，生心外向，举主权、土地献媚他人亦惟命，而拘文牵义之士，从而为之囚，从而为之死，从而为之愤慨悲思，曰：名教然也。故夫吾国之所谓名教者，教猱升木，便利盗贼夷狄之利器也。匹妇为强暴所淫掠，已而为之守贞，已而为之殉死，曰：此名教然也。塞上之牧儿为夷狄所奴虏，已而为之服劳，已而为之死义，曰：此名教然也。此乃横行于青天白日之下，魑魅魍魉之学说也。以十八省四万万民族酣嬉颠倒于魑魅魍魉学说之下，而不知割断根株，澡雪狂乱，则以吾国民之性命供白人之菹醢，亦孰非名教者耶？亦孰非生人之公理，天地之通义者耶？虽欲免白人之复压，不可得也。

夫以吾国之学说尘霾若彼，则此二百年来所生之现象，吾人亦可以自思而得之矣。彼胡族历世相传之政策，何一非防家贼者乎？所持以为诒谋者，不过“汉人强，满人亡；汉人瘴，满人腴”之秘书密记。所挟以为威福者，不过摧折士气，解散民党之强权辣手。至于今日，执名义以正告天下，犹且曰：“汝国民者，食我之毛，践我之土也；汝国民者，二百年来，列祖列宗深仁厚泽之所复育也，皇太后宵旰忧勤之所扶植也。”自吾党观之，是恶可以欺小儿哉！二百年来之历史，皆爱新觉罗氏之罪状也。自光绪初政以迄于今，皆那拉氏西邸卖官之贸易所、梨园歌舞之淫乐图也。诸君试入学宫门，读所谓卧碑者，与周厉王之监谤、秦始皇之禁偶语何异？翻《大清律》一书，无一毫集会自由之权，无一毫出版自由之权。故十一朝之事实不暇详言也。观其对我国民之律令，阴谋毒计，如对照胆镜矣。那拉氏之淫纵，今亦不屑备举。试问纵拳匪以要大祸，使我国民负九万万之巨款，卖身鬻子不得偿者，谁之罪欤？青衣蓬首，走出水窦，国门以外，豆粥难求，可以惩矣！及至西安，则酣歌恒舞，连日逮暮。岑春煊以梨园一部得优擢矣，卖官鬻爵、需索进奉之事，迭见于阙下，刘坤一、张之洞之贡使，至以宫门费多少相比较，天下传为笑柄。回跸入河南，百姓走徙，如遭大寇，闾里为墟，知县办差，至被太监勒索而缢死，百姓老幼妇女，走避不及，悬缢林中者相望也。日进燕窝粥一顿，给宫监三百金乃得达，故李莲英、荣禄入京以后，富过于旧，此何从而得之哉？以那拉氏为之城社也。日日言母子一心，励精图治，其所图者何事？不过以数十万金修颐和园，为饮宴外国妇女地耳！白玉之床，洋酋酣睡，不以为耻，且以为殊荣奇宠而张大之矣。俞正燮记康熙中黑龙江立约事，谓使臣与俄女主订约于镜奁之下，今日之事，诸君亦知之乎？中国割地赔款之约，其不订于那拉氏镜奁下者，几何哉？呜呼！台湾之割于日本也，我国民之死于掠杀、死于复溺者数万人；金州、旅顺、大连湾之入于俄，我国民之死于搜杀、死于苦役、死于劫夺者数万人；广州湾之入于法，我国民之死于搜杀、死于炸弹者数千人；新安之入于英，我国民之死于格斗者数千人；东三省之构衅于俄，我国民之挤死于黑龙江，蹴踏于哥萨克马足，焚搜村落，灰烬于烟焰者数万人。此其为同胞之伤痛何如哉！顾彼那拉氏，则日日乐观此戏以为下酒物也。此何也？满汉之不相为苦乐，无怪其然也。华人在台湾避日本苛虐，相率航海入闽，某将军命炮沉其舟，无一生活者。是而可忍，孰不可忍？今试问土为谁氏之土欤？毛为谁氏之毛欤？吾国民之遗产为强梁所占据久矣，吾国民之身命为强梁所役使久矣，今日亦当泥首谢罪，以见还矣！然而，彼知大命不可以幸延、神器不可久窃也，念为吾奴隶所得，不如使吾友得之之为愈也。使吾奴隶得之，则逆僭而上逼，不如使吾友得之，豆剖瓜分，犹可以泄忿之为愈也。处心积虑如此，嘻其甚矣！遍数东南西北诸界线，割让他人，无少顾惜，共几千万方里，岂不以物非固有、置诸不足轻重之数哉？呜呼！以不同之民族，行无限之专制，学说不明，事至今日，尚欲求苏息于恐怖政府之下。诸君，诸君！吾则安能忍而与此终古欤？

夫以现象之危险如此，政府之不足恃如此，湖南之隶籍于他人，直转瞬间事耳。六十四州县，改渲颜色之图，已于黄昏黑暗时，高挂于白人之壁矣！能执一理论以图匡救之法，则彼民族者，尚未及牢钉而熟熨也。不然，则亦谓他人父而已矣，谓他人母而已矣。然且谓他人父，他人不见我父也，谓他人母，他人不见我母也。络马首、牢牛鼻，彼殖民家之长技也，欲自比于人群，岂可得哉！岂可得哉！

第五篇　破坏

夫理论既一，总合策力，以图建设，固已阳回阴薄，如蛰雷潜苏于九渊之下矣。虽然，有自立之方针，又有自立之程度。自立之程度何也？曰：破坏是也。改造社会者，不能仍旧社会而组织之，则必破坏旧社会而涤荡之。夫破坏者，宇宙之悲谷也，吾不忍于湖南见之，吾亦何忍为湖南言之？虽然，是乌可以已哉！苟可以不至于暴动，即毒蛇鸷兽，亦决不至于暴动也。破坏者，肝脑之庖厨也，衣冠之鼎镬也。如吾党者，抑岂独非此刀砧上之一块肉，匕箸间之一杯羹哉？顾吾以湖南之事观之，则无可以不至于暴动之望，即无可以不至于暴动之事也。

夫所以不至于暴动者何也？必有使湖南公益日日进步者，必有使湖南自立之根本日日稳固者。是将恶乎望之？望之鬼幽魄躁之官欤？则为湖南之大敌者，即其坐堂皇而巍然具冠带者也。非斩绝自立之萌芽，不足以护其顶戴；非吸取湖南公众之利益，不足以润其身家。见西客则如娼妓之媚人，见湖南士民则如仓鼠之变虎，行止动作，外人提其线而舞之，则中节而适度焉。望之求田问舍之绅士欤？则奄奄待尽，如就木之陈人，汲汲寻欢，如登筵之醉蟹，非老而不死之糊涂虫，则大愚不灵之顽固党也；非寻行数墨之冬烘学究，则斜簪散髻之风月闲人也。为琐琐姻亚谋膴仕，则腕捷而材高；为堂堂中国策治安，则心空而脑坏。燕雀处堂，不知突决栋焚之在于眉睫也。他人有心，予忖度之，吾湖南绅士之权力，其强盛实在诸行省之上，彼于官场最能有抵抗力。莫能为湖南肩大任者，其弊在于自谋其利，以为大局虽坏，吾囊中之预备金尚如故也，地皮上之不动产尚如故也。一切教育军备大计所在，则诿其权于官，出而干预之，则恐将破其居积之一二分也。充此类而推之，则卖祖国而以图其利，亦将无所不为者也。然非貌为关心时事者，不足以间执新学小生之口。于是官场言教育，则亦言教育；官场言工艺，则亦言工艺；官场言商矿，则亦言商矿。有利于私益者，则攘而归之于己；有害于私益者，则百计而避之，若将陨焉；至于湖南公益，现在之办法，当以何为目的，吾之所不计也，将来之成效，以何为期限，吾之所不计也。言外事则苍苍然如堕云雾之中，争闲气则断断然如涉洙泗之水。以湖南自立之大计望之此曹，犹画饼而欲充饥也。

然则湖南之公敌岂独在官场而已哉？彼日日坐大轿、掌纱灯，以出入于游戏征逐之地，称老师、拜大人，以雄长于厮养仆御之间者，皆是也。即有一二贤者，亦硁硁自守，以五十步笑百步而已。非隆隆炸弹，不足以惊其入梦之游魂；非霍霍刀光，不足以刮其沁心之铜臭。呜呼！破坏之活剧，吾曹安得不一睹之？破坏之悬崖，吾曹安得不一临之？

轰轰烈烈哉！破坏之前途也。葱葱茏茏哉！破坏之结果也。熊熊灼灼哉！破坏之光明也。纷纷郁郁哉！破坏之景象也。夷羊在牧，吾以破坏为威风之翔于天；旱魃行灾，吾以破坏为神龙之垂于海。西人有恒言曰：列国文明皆从流血购来。柏雷亚曰：自由，犹树也，溉之以虐政府之血，而后生长焉。吾亦曰：未来之湖南犹树也，溉之以顽官、劣绅、饳民、瘁士之血，而后生长焉。悲夫！求文明者，非独赏其价值，又须忍其痛苦。吾侪之求自存者，忍亦苦痛，不忍亦苦痛。不忍苦痛之苦痛，其祸迟而长，而其后且无以偿之；忍苦痛之苦痛，其祸速且短，而其后且有以偿之。吾闻物竞家之说矣，母之得子，天下至苦痛至困难之事，故慈母之怀不可夺子。惟国亦然。国民之权利，经天下至苦痛至困难之生产，则其得之也，亦必能有以护持之。故湖南人苟不知权利之说，则亦已矣，苟其知之，则惟有牺牲此不肖之官场绅贵以求之。愈苦痛，则前途愈坦荡；愈苦痛，则结果愈甘芳；愈苦痛，则光明愈灿烂；愈苦痛，则景象愈雄杰。荆榛塞途，一步不可以行，剃而掷之，则掉臂自如矣。乱丝在桁，一缕不可一织；斩而去之，则经纬自成矣。乌喙之毒，中人必死，而收效乃捷于参苓。夫孰知摧陷廓清之胜于委曲迁就哉！夫孰如腾掷跳荡之胜于从容濡忍哉！掊巨室之锁，可以为养军十岁之资；破蠹吏之囊，可以为购炮千尊之费。彼以不义得之，我以公义收之，一转瞬间，而可为多数之幸福，况建设之高尚公正百倍于现在者哉！

诸君不见英吉利之事乎？英吉利者，立宪之前辈也，独立之海王星也，其得之矣，以暴动而已矣。一千二百十五年之革命，惨矣烈矣，继之以一千四百八十五年之革命；一千四百八十五年之革命，惨矣烈矣，继之以一千八百三十二年之革命，而后有今日焉。最后之革命，最温和之暴动也，其间凶人之枪弹及于乘舆，数十万人之请愿书，呈于内阁，喧喧餍餍，不可一日以居，有陆沉之象焉。不如是，则英吉利必仍为奴隶国，不足以成今日之英吉利也。诸君不见法兰西之事乎？法兰西者，《民约论》之出生地也，自由权之演武场也，其行之也，以暴动而已矣。一千七百八十五年之革命，惨矣烈矣，继之以一千八百三十年之革命；一千八百三十年之革命，惨矣烈矣，继之以一千八百四十二年之革命。馘独夫民贼之首，以徇于巴黎市，举国之人莫不为之拊髀雀跃，而呼自由万岁也。三逐其君，十四更其宪法，糜肉流血，如沸如羹，有地狱之悲焉，然卒为强国。不如是，则法兰西必仍为奴隶国，不足以成今日之法兰西也。诸君不见意大利之事乎？内受那颇利诸国王之压制，外受法、奥诸国之凌逼，无复统一之期矣。然而烧炭党倾热泪以救之，加里波的、玛志尼之徒刳心钵肾以谋之，义旗屡举，喋血无数，卒收功于嘉富洱，而大业遂成。夫意大利者，民族建国盘根错节之场，而独立之枯窘题也，然而以“暴动”二字，摧坚陷阵，用为首功。不如是，必仍为奴隶国而附庸于奥、法，决不足以成今日之意大利也。至于日本，其立宪之宣告，可谓最安稳而容易者矣，然而国会未设以前，志士之著小说以鼓舞民气者若干事，译西书以摇荡人心者若干事，郡县之暴徒蜂起而抗官吏者若干事。西乡隆盛以维新第一人物，扬旗拔剑，问罪于政府，齑粉其身而不惜也。故日本者，仅免于大破坏而已。论谁为原动力者，则亦暴徒崛起之功也。不如是，则宪法必不得立，郡町村自治之制必不得定，不足以成今日之日本也。是故暴动云者，开辟新局面之爱牟乾也[①]，筑造新国家之塞门得土也[②]。且夫两利相形则取其重，两害相形则取其轻。今日不暴动，不能禁他人之不破坏我也。湖南之见破坏于外人，此亦必然之事，不可解之灾矣。与其他日见破坏于外人，何如发之自我，尚可以收拾之哉？人曰：今日之言暴动者，凶德也。吾党则曰：今日之言暴动者，立义也。人曰：今日之言暴动者，败群也。吾党则曰：今日之言暴动者，爱国也。人曰：今日之言暴动者，畔夫也。吾党则曰：今日之言暴动者，贞士也。他人之言暴动也，或与吾党异，吾党欲有所创立而为暴动，欲有所成就而为暴动。苟有所创立、有所成就，而不必为暴动者，吾党行之；苟有所创立、有所成就，而不得不行之以暴动者，吾党行之。

夫以暴动而后能有所创立、有所成就，此天下至艰至险之途也。虽然，诸君不必瞿然惊疑，诸君不必苶然沮丧。拿破仑曰："难"之一字，惟庸人字典中一见之耳。壮哉此言！夫当华盛顿畔英自立之先，亚美利加何尝见一十三色国旗之影哉？然而今日则且横掩太平洋海面矣。是何也？曰：惟不畏难而已矣。吾党今日之破坏，决无华盛顿之难，此可知也。彼不肖之官场绅贵，其手

---

① 爱牟乾，系英语 amalgam 译音，意为汞合金。

② 塞门得，系英语 cement 译音，意为水泥。

腕决不如英国政府之强，其兵锋决不如英国军队之精，其财力决不如英国国会之易集。华盛顿与英苦战八年，始足自立。今日湖南之官绅，尸居余气而已矣。虽然，是所难者，不在于破坏，而在于吾党主张破坏之精神。有破坏之精神，必又有破坏之条理。无精神而言破坏，是一跌而不复振也；无条理而言破坏，是一溃而不可防也。条理者，不可宣言者也；吾不可不言精神。

今世界各国中破坏之精神，最强盛者莫如俄国之无政府党。无政府党言破坏之渊薮也。斯拉夫民族之所以有此党人者何也？为社会阶级之制不平也，为官吏之腐败也，为司法行政机关之颓坏也，为学校教育之箝制也。以种种之原因，生种种之反对，以种种之反对，生种种之压抑，然压抑者，岂足以息破坏之焰哉！凡专制者，未有不恃压抑为墙墉者也；而破坏者，则又能乘墙墉而俯瞰之者也。压抑一次，则反对之风潮亦高一次，如加重力于压水柜，挤力愈紧，则喷起愈强，如掷皮球于地，用力愈猛，则跃起愈疾，故夫压抑者，反对之良友，而破坏之导师也。是故俄国之虚无主义，自革命文学时期升而为游说煽动时期，自游说煽动时期升而为暗杀恐怖时期，愈挫愈奋，愤盈旁魄，几使俄政府权力威命之所及，俱陷于盲风晦雨之途焉。在昔十九世纪之初，倡之者不过一二人；至十九世纪之中，而蔓延及于学校焉；至十九世纪之末，而蔓延及于军队焉。开革命党之协议会，发行民意党之纲领书，遂骎骎乎宣告皇帝之死刑。学校之青年，悍然与政府为国事之劲敌，斧钺在前，监狱在后，曾不足以戢其凶行十之一。至于学校教头、地方知事，被刃绝命，累累相望也。历山二世被狙击者至七次[1]，游艇下之水雷、铁道线下之地雷等未发见

① 历山二世即指亚历山大二世。

者，尚不在此数。如彼得堡御殿之爆发，观兵式辇路之炸弹，最为震动地球诸国之耳目者。其党人秘密活版所至数十处，爆发物兴造所、通券所至数十处。政府设备不敢稍疏，而党人之势力，乃如水银泻地，无孔不入。无政府哲学弥满充塞于国民之脑质中，至使妙龄之弱女，亦乐敝衣毁饰，杂于男子之中，冀得一达其目的，以为愉快。呜呼！何其壮也。故俄国今日不立宪，则亦必至于革命。以如鬼如神如天如地之政府，焦然坐于快枪毒炮之中，虽欲不许与国民之权利而不可得，岂非破坏之精神所为掀簸而摇撼之者哉？是故主张破坏者如炸药，破坏之精神如炸药之燃烧性；主张破坏者如镪水，破坏之精神如镪水之酸化性。此性不可灭，抑亦无能灭之者；此性不至无端而即发，亦未有当其适宜之度而不发者。既发之后，有绝大之分解力，即有绝大之生产物；而炸药、镪水之能力，已变为功用之后，散如飞烟，销如幻泡，则已不复存其原来之体质形状矣。是故主张破坏者，其能力之成迹止此，其功用之结果必不止此。此可言破坏即可言建设，则岂非仁人君子，精神魄力所留遗哉？悲矣夫，吾愿吾党，缟素苴绖以当破坏之凶门；笑矣夫，吾乐与吾党轩鼚鼓舞，以颂崭新之结构。

第六篇　独立

精神充矣，条理具矣，程度达矣，建天心阁为独立之厅，辟湖南巡抚衙门为独立之政府，开独立之议政院，选独立之国会员，制定独立之宪法，组织独立之机关，扩张独立之主权，规划独立之地方自治制，生计、武备、教育、警察诸事以次备举。以吾湖南为古巴，以吾湖南为比利时，以吾湖南为瑞士，庶可谓吾党得意之秋乎！然而吾党之言独立决不在此。

夫人人视湖南为公共之湖南，则湖南不能独立；为其如此，则湖南为质点排列之混合物，而非亲和力构造之化合物也。人人视中国为公共之中国，则中国不能独立；为其如此，则中国为质点排列之混合物，而非亲和力构造之化合物也。混合物者，如积沙然，遇风而扬，随流而荡，受外力不及锱铢，而已有离绝播散之象矣。化合物则不然，非依其本来亲和力之原则，决不足改变之。在公共之湖南中，必使各个人自任一部之位置，各个人发见其独体之亲和力，则湖南独立矣。在公共之中国中，必使各分省自任一部之位置，各分省发见其独体之亲和力，则中国独立矣。夫中国之所以致有今日者，非为其团体之不能结合耶？在亚洲中部而名之曰中国，在中国而有十八省，非固有之团体耶？如之何欲决裂而离去之？然混合之团体，决非所谓团体，以今之道，无变今之俗，中国散为十八行省，十八行省散为千五百州县，千五百州县散为四万万人。名虽集合，形虽庞大，而腐朽霉烂，终于瓦解。今日之集合，实所以胎孕分割之奇痛也。湖南者，中国之一部分；新湖南者，畔全体而裂去其一部者也。非能畔而裂之，则亦不能缝而完之。由吾党之说，则四万万分子，聚而为千五百分子，千五百分子，聚而为十八分子，十八分子聚而为中国。质点愈密，则团结力愈益强固，非自成为一部，必不能于全体中占一部之位置，不能于全体中占一部之位置，滋所以病全体者也。故吾党欲新中国必新湖南。

普通中国之思想，有最大之弱点，一曰见慑于满政府之余威也。夫当彼族之隆，安坐而定禹域，所以能慑服吾国民者，有四焉：法制简质，身臂相使，而吾国民窘束于刀笔筐箧之下，救过不给，一也；种族亲固，团结坚牢，而吾国民嚬呻于饥馑师役之中，内讧并起，二也；武力强盛，耐饥与寒，而吾国民狼藉于弓弦马足之间，戎车不竞，三也；权略兼资，知彼与己，而吾国民俦张于水火荆棘之内，大计全疏，四也。今彼以二百年之休养，间宴无事，种性愈失，其不足虑也决矣。以言法制，则袭前明苛碎之失，束缚绳墨，难以更张；以言团体，则成萧墙构祸之形，树立党援，自谋封殖；以言武力，则宴安鸩毒，肥马鲜衣，绵力薄材，而师干不试；以言权略，则孤坐穷山，引虎自卫，甘言厚币，而附骨为疽。然则彼族威力，其已熸矣，无一营之卒，不须召募华人；无一日之粮，不须取资于江河两流系；无一夫之械，不待给于江、鄂、山东诸省制造厂。浮寄孤悬于十八行省之上，而发祥重地置于饿虎之齿颊间，内外两蒙阴除羁绊，根实已拔，徒建空名，一旦华人起而乘之，如以乌获而推稚子，其僵仆也，决矣！

我湖南独立，彼族所以控制之者如何？川、粤乱萌方长，江海门户洞开，自守泛地，有所不足，所持者惟鄂、豫、赣、皖尚足资调遣耳，然俱不免有内顾之忧，不足畏也。一省自立，则满政府坠地矣。诸君亦闻英人之言乎？英人之论中国也，谓汉种卑贱屈辱，不足以居政府，惟满人尚高视阔步，有足恐怖汉族之形式，宜扶而翼之。诸君之言尊王也，欲有政府也，有政府以存国家之权利也，但求其可恐怖乎？何不刻狮画虎而崇拜之？何用彼东胡之贱种为耶？新湖南者，所以身当祸首而雪此恶谑也。故吾党欲新中国必新湖南。

普通中国之思想有最大之谬见，一曰惧引外人之干预也。夫外人之干预我中国也，岂自今日始哉？鹬蚌相持，渔人获利。虽然，罗者得鹬，渔者得蚌，苟在其所取，岂有见赦者哉？然则如之何？曰：在吾自立之力量耳。瑕则攻之，坚则辅之，瞰吾势力，以为伸缩，此各国之隐情也。然亦在目前则然耳。过此以往，英之波斯、缅甸大铁路，美之尼喀拿加运河皆已竣工，内地各国租办之铁路，亦已毕事，而列强扩张海陆军备，有加无已，亟欲乘衅一决雌雄，则其干预之强猛，视此三五年内，当百倍之。在今日而实行干预者，吾尚有可以支拄之力也；在他日而实行复压者，吾决无可以摆脱之方也。湖南深入堂奥之中，倔强一隅，事须及热。故吾党欲新中国必新湖南。

虽然，湖南之自立者，湖南人切实之问题也。吾言湖南自立，尤有所望于诸君一致之决心焉。今世立国于地球之上，不能无以党会为基础者也。是故有国会，有地方议会，有私人所倡立之政党会。国会及地方议会者，立法之机关也，自治之钤键也。私人所倡立之政党会者，于国会、地方议会外，以特别之性质，结特别之团体，主张一党派特别之议论，而欲施行一党派特别之方针者也。此特别会党者，惟其各以公益为主，则其所执之方针目的，不必尽同，而其维持公益则大同。能如是，则英、德、美、日诸国所以能占地球上高等也。匈牙利之见败于奥，而使噶苏士不得伸其志也，意大利之见败于奥、法，而使加里波的遁迹于美也，皆党人见解之游移、胆力之怯懦为之也。使彼党人，人人能为噶苏士，则匈牙利之独立不至重入烦恼之乡；人人能为加里波的、玛志尼，则意大利之勃兴，不待迭出于坎坷之境。然则为党人者，不可不刚强坚忍、安徐重固以图之也。图之则若为先后，若为奔走，若为游说，若为凶行，各如其意以行之。智者侠心，任侠心者组合为一朋；勇者侠命，任侠命者组合为一朋；富者侠财，任侠财者组合为一朋；贫者侠力，任侠力者组合为一朋；文儒侠辩，任侠辩者组合为一朋；妇女侠慧，任侠慧者组合为一朋。心与心竞，而经略出焉；命与命竞，而爆烈出焉；财与财竞，而资用出焉；力与力竞，而事业出焉；说与说竞，而流衍出焉；慧与慧竞，而奇秘出焉。此朋与彼朋，相扶相翕，而汹涌澎湃，有长风怒涛、疾霆震电起于天地之间，自由万岁、新湖南万岁之声，遍于国界矣。且夫以党人各自占其会党之一部分，则会党立；以会党各自占湖南之一部分，则湖南立。不能自占党人之一部分，而欲新湖南者，犹各省不能自占中国之一部分而欲新中国也，日日而言之，夕夕而梦之，岂有及哉？临渊羡鱼，网罟备具，不能濡足以求之于水；入林而誉果，俯仰取足，不能扱衽以入之怀。袖手而使人，被使者复袖手而有所使；玩时愒日，不如起而自为之。吾为旁观者，他人亦为旁观者，旁观者复呵旁观者，然则遍数湖南人而无一非旁观者也。吾自为之，他人亦自为之，自为者可与他人合而为之，亦可与他人分而为之，然则遍数湖南人，而无一非自为之者也。遍湖南人而自为之，新湖南之成立，夫岂远而?!

言世界民族之最强大者，必曰条顿人。言国力最饶富及领土之最广阔者，必曰条顿之英吉利人。此何以故？凡英吉利人，少数人口所到之海岸，必得纵横广大若干里之属地，此何以故？问其所以，则以英吉利人富于个人独立性。惟其有独立性，故能以少数人控驭多数人而驯扰之；亦惟有独立性，故能以少数人抚有多数人之领土而承袭之。美哉，独立性之作用乎！能使其国为头等国，能使其国民为头等国民。观地球列国之等级，可以知独立性之优劣焉。然则吾党所谓新湖南之事业，以何等程限为满足乎？吾党必曰：以制造湖南人得为独立性之头等国民为程限，以制造湖南得为独立性民族之头等国为程限。然则所谓独立性民族之头等国者，以湖南为范围乎？抑非以湖南为范围乎？吾党必曰：吾党必制造中国为独立性民族之头等国，必制造中国国民为独立性之头等国民。吾能不以条顿民族之独立性，制造湖南人，而以湖南人之独立性，制造湖南人；吾能不以条顿民族之独立性，制造中国人，而以中国人之独立性，制造中国人。中国人之独立性无程限，湖南人之独立性亦无程限。中国人之制造中国无程限，吾湖南人之制造湖南亦无程限。以是为满足，以是为程限。

呜呼！白云无极，苍梧邈然。作小朝廷之生活，举止羞人；接无政府之风潮，头颅顾我。南风不竞，恐残山剩水之无多；东门可芜，有秋菊春兰之未沫。知昨非而今是，羌含旧而谋新。悲夫！天方荐瘥，丧乱弘多，忼当以慨，为湖南独立之歌：

衡山高高兮，湘水沄沄，其北有洞庭八百里，佛貍饮马之所不能渴，苻坚投鞭欲渡不得问其津。夫何一塞外之游牧兮，是为乌桓贱族，肃慎之遗民。腰硬弓、手长箭、骑大马来窥此江上兮，岳云愁、湘灵泣、山鬼呼啸。白日而攫人，以杀戮为耕作者四十载兮，诉之帝释，帝释沉醉而伪若不闻。左陈刀锯而右施饼饵兮，乃复蛊我以俗学，梏我以俳优无用之文。使我聪者聋、明者昧、行者跛、谈者吃而以为天宠兮，如鹦鹉之在笼，猿猴之在槛。秋非我秋，春非我春。瞰其后者，倏然命俦啸侣而来袭兮，三战三北愿为之臣仆，拜舞呼导，以叩吾门。田宅丘墓不得自有兮，教堂租界、矿山铁道，惟视彼族之笑颦为奉承。拒之则为盗贼兮，听之则剥权失利，亡宗覆嗣，目不及忭而舌不及伸。然且问八十国不知名而坐谈时事兮，倡尊王、言锁港，逞血气以嗔瞋人。蜩螗沸羹而复如此兮，门户之争，未及止息，席卷而去者，已列在印度总督柴棍总督之下陈。不自立之祸，其后乃如此。谓余不信，祝融颓兮，湘水绝此恨兮，更千万世而不得直酌我酒兮。为君歌竹上，泪兮安可磨？吁嗟乎噫嘻，奈汝湖南人何？吁嗟乎噫嘻，奈汝湖南人何？

衡山之高高极天，西瞰峨眉太白，如在户牖；南望越南之大海，如瓶罍杯杓落于几案之前。清湘之水流若驶，一日下城陵矶，三日而出太平洋，与长江合流者四千里。其北有汝祖国之中原兮，其南有汝同胞南徙广阔辽远之扬州。惟此荆衡之南，五岭之北，驱豺而斩棘兮，乃汝士所食之旧德，汝农所服之先畴。一旦有强暴者移转而掠卖兮，奈何乎争之不得，誓当横尸暴骨率九世以相仇。不自由毋宁死兮，曰乾侯败绩，非吾孔子之所羞。万一有不败兮，是皇王帝霸，汉、唐、宋、明，衣冠文武之所遗留。固将左揭滇黔，右携赣鄂，后连粤峤，前援江北，以求此泗水之坠鼎兮，绲黄河南北、长江上下，以光复我金瓯。天诱其衷兮，鬼惎其谋。岣嵝之峰有天书陨而赤光降兮，曰汝能为民族之牺牲者，尔偿我值，我必如汝愿以相售。诏重华而相之兮，埤之以烈山之子，俾遏此横流。太平、印度两洋，波沸如山立，怪声砰訇如地裂兮，是汝曹得意之秋。常山宝符十二，捷足者得之兮，毋俾辱于非族。磨牙吮血为子孙忧，曰余稽首而承嘉命兮，斧腰膂碎心脑，出死以相求。五州之民各有其室家兮，余亦借此堂构，未雨而绸缪。西邻之责言所不得及兮，道旁之行客所不得谋。请自今以为始兮，子又生孙，孙又生子。子子孙孙无穷已兮，余亦不待夸娥氏之移所峙。

满洲问题[①]（1903年8月7日）

绪言

满洲第二期撤兵，惹起世界列强之注目，于兹三阅月矣。俄国不履行撤兵之约，而以新条约要求于满政府，知满政府之易欺也。厚币以诱之，甘言以绐之，英、美、日本知满政府之不足恃也。因势力平衡之利害，而各出于其所欲干涉之地步，荏苒数月，尚无归宿。夫满洲问题，非一满政府之问题，而世界各国经营极

① 本文原载《游学译编》第九册。

东者之问题也；非世界各国经营极东者之问题，而为亚洲大陆主人翁之中国民族存亡之问题也。中国民族不能自解决此问题，则必使欧美、日本列强取而解决之；使欧美、日本列强取而解决之，则为亚洲大陆主人翁者，将永无视息天日之下之一日。夫满政府外交界之现象，惟仰俄人鼻息之不遑，其必终出于让步可知也。列国知俄国主意之坚牢，清政府措置之蒙昧，不屑为无益之争，其必出于最后极平和极惨毒之一解决可知也。今日解决此问题，势必举黑山白水全壤而奉之于俄；举黑山白水全壤而奉之于俄，英之在长江上下游，日之在福建，德之在山东，法之在广西、云南、贵州，皆非见利而思义者也。吾国民于此问题，不可不知其真相，不可不思其究竟，不可不处之以冲决网罗之决心，不可不应付之以实行民族建国主义之手段。同胞乎！国民乎！请与诸君熟观外交之黑幕而详察之。

一、 俄国新要求之发见

庚子乱定，中俄两国所缔结之条约，六个月以内，满洲俄兵当作三回撤退。第一期线之撤兵，去年年末，名虽履行，然实止于挪移地域而已。第二期线，以本年三月十一日（阳历四月八日）为撤退期。俄国代理公使遂提出关于满洲统辖权之条件要求满政府。据日本《外交时报》所载，俄国新要求之要领书，译文如下（伦敦泰晤士北京通信员所电告本国者）：

> 俄国与清国，为二世纪以来之邻邦，其接境实长九千里。因他国之干涉，害彼此国际之交好，将使前日所协商之诸般事务，陷于困难之域。于是俄人以防遏外人之干涉为其义务，于关系满洲诸事无不然者，俄国为镇定满洲回复清国正当之官宪，不惜牺牲数千之生命、数百万之金钱。依战胜之权利，俄国固有可以并

吞此地之理由。虽然俄国不欲利用此机会，欲如千八百八十一年还附伊犁于清国之往事，如去岁还附长城、牛庄间地域之往事，故今又欲与清国为盟约，而还附奉天、吉林之两部及牛庄之条约港。

正条

一、还附诸地方，无论依如何的形式，不可移与别国。违此约时，则俄国当出强硬之处置。

二、现时蒙古之行政法，不得纷更。如纷更之，则视为动摇住民以纷扰俄国之国境。

三、清国不经俄国之承认，不得于满洲开新条约港，又不得许诺设置新领事。

四、清国行政衙门不问为何种衙门，有任用外国人时，其外国人之权力不许侵及俄国之利益优胜的北清事务。北清之事务当一切委托俄国人。例如，自外国佣聘矿山顾问时，此人之权力，不得侵及满洲及蒙古之事务。关系满蒙事务，当任用俄国之顾问。

五、俄国管理当北京、牛庄间电线之存续的全期间，必兼管理旅顺、牛庄、奉天间之电线，盖以此为北京、牛庄间电线必当延长之线也。

六、还附牛庄于清国后，华俄银行仍旧为税关银行，当如现时执行其业务。

七、当俄国占领期间，俄国臣民在满洲所获得之权利，撤兵后当一切仍旧享有之。

此外，复有长文曰：俄国为在铁道沿线有保持健康之责任，现在之卫生局必当使存续，以是税关事务官及税关医务官，当仍旧必用俄人。上卫生局，以以上二官、海关道员、各国领事、微菌学者、俄国铁道代表者及支办经费之道员组织之。

上文书有德布兰孙氏之钤印。其日为阳历四月五日（俄历十八日）。

俄人之提出此案也，实以为永久领有之准备。夫在满洲实际之经营，无一不在俄人之掌握中，无端取诸其怀而还附之原主，断然不可得之事也。然俄人既为此提议矣，其势必有利害关系重大之他国出而抗议。既逢与国之抗议，则必撤回所要求之新条件。顾虽撤回所要求之新条件，而履行撤兵之实事，固必不能行也。夫俄人之视满洲政〈府〉，固无有也。所畏者，独利害关系之他国耳。彼其视满政府无有，故敢断然出此要求。彼其所畏者，利害关系重要之他国，故以代理公使签名而徐收其后。夫果执行此条件，则满洲之主人翁非满政府，而为斯拉夫民族；满洲之统治者非满政府之将军、都统，而斯拉夫民族东方新领地之总督，固了然也。条件既出，而欧美各国新闻之议论，一大震竦。

华盛顿《斯达亚报》所论云：俄国对清国所提出之满洲新要求，所谓主权之宣言书也。俄国欲获得一定之新条件，而后履行撤兵之约。如此条约见许诺时，是与俄国以满洲主权，非独对于他国有该地之主权，即对于清国亦得有该地域之全主权。在此条约中，清国尚得于满洲有行政权耶？此不可得之事也。是满洲者，俄国所不许开放而独占之贸易港也。夫牛庄之海关收入，自是不纳于清国税关，而当新纳于华俄银行，是全省收入之掌管权归于俄国之手中也！满洲无论何部分，不能附与他国，是惟俄国将来于全地域有命令权也！非俄国人则不得任用为军政、民政之行政顾问官，是地方行政惟俄国全有宰制权也！且得以清国电线为己国电线之权，是于通信机关当与清国得均等之便利也！……抑因此条件让步于俄国者，是非独失满洲而已，又将举清国全部许俄国以全有之主权，俄国于北京恫喝清廷，他国虽如何相为援助，不能使清廷恢复其正当之权力云云。

二、俄人在东三省之举动

俄人既断然执行收东三省为领土之意见，其在东三省撤兵线内之举动何如？是吾人之所欲详悉者也。然而，吾国民身亲探险东三省者几无一人，吾国报馆特派检察东三省事情者无一员。如是东三省情事，苍苍然堕于云雾之中，无能道其详者。仅仅得于日本新闻纸中，盗窃一二，是吾国民之羞辱也。日人之探险东三省也，有所谓南部满洲之视察者，有所谓满洲踏查录者，有所谓北满洲素通记者，有所谓满洲最近情报者，而某氏满洲撤兵视察日志言之尤翔实，录要如下（闰月初二日大阪《每日新闻》所载）：

视察东三省第二次撤兵事，以四月四日（阳历）出北京。爰记昨春缔结满洲条约时，驻屯第二期撤兵线内之俄兵如下：

营口及牛家屯　东部西伯利亚狙击第四联队，取塔哥萨克第一联队第二中队，东部西伯利亚炮兵第一联队第三中队。

辽阳　东部西伯利亚狙击第十三联队，威儿奴停司克哥萨克第一联队之一半。

奉天　东部西伯利亚狙击第一联队之一半，同第三联队，累尔停司克哥萨克第一联队，杂巴依喀尔哥萨克骑兵第三中队，东部西伯利亚炮兵大队，同工兵第一中队。

铁岭　东部西伯利亚狙击第十六联队。

开原　同狙击第十九联队，同炮兵第一联队第一中队。

吉林　同狙击第十三、第十四、第十五联队，同炮兵第一联队、第十五及第三十队之一半。

老梢沟　同狙击第十八联队，同炮兵第一联队第四中队。

哈尔滨　同狙击第十七及第二十联队，乌苏里哥萨克大队，沿海海州龙骑兵第三大队，东部西伯利亚炮兵大队。

宁古塔　雅尔敦骑兵第一联队，东部西伯利亚炮兵第一联队第五中队一半。

珲春　东部西伯利亚炮兵第一联队第三中队一半。

伊通州　杂巴依喀尔哥萨克第二中队。

以上驻扎步、骑、炮、工兵合计约十二万。

四月四日，著牛庄。访该地俄领事新任民政长官格罗子赛氏。八日，第二期撤兵时日已至，营口还附，毫无影响。再访格氏有所质问，据云，假令营口今日不还附，决非违背条约。何则？该条约虽规定撤兵期，而营口之还附，惟于天津未还附以前不实行之而已，无规定之期。此撤兵与还附全为别一问题。又现在营口虽有若干之俄兵，乃因设有民政厅，在警察事务上为必要，驻在于此，势不得已云，其疏辩甚力。格氏以市费没一学校，募集学生三十余名，专教俄语，任俄人为教师。营口税关长尚以俄人为之。此人为喀罗哇鲁氏，尝在华俄银行，往年芬格罗得设立金矿公司，于外蒙古置清国税关时，喀氏自该银行为赫德之秘书役，因得入税关，以机敏为赫德所倚任云。

营口繁盛，为大豆、豆粕之中央市场，已增设厘金局于通江子、铁岭、三叉子，而尤要者为增设辽河畔之厘金局。事虽出于增祺，实为俄国所策划。以上营口及牛家屯。

四月十一日，著奉天。奉天城门，前日树俄国旗，以俄兵守卫之；今易以黄龙旗，以支那官兵为守卫。驻扎奉天之狙击第三联队、炮兵大队、哥萨克联队等已撤退，机器局已交还。自表面观之，奉天还附，既已毕事。是日访增祺将军，问撤兵与还附事。将军微笑曰：此外观而已，其实未也。余告以视察城厢内外，不见俄兵踪迹。将军曰：果然，不过外观而已。其实俄兵约七百名，借民屋而潜伏于此。复语撤兵前后之情况云："先年驻屯步骑炮工诸队，其后一年间，时时有军队往来，有一时步兵至非常之多数。尔后又渐次减少。四月三日，俄兵一旦出城外，集会于停车场。得旅顺来电，是晚复来，极为混杂。八日，但余现在潜伏之兵，其余全撤退。据所传闻，有变服装而赴通化县者，有赴旅顺者，又有招募马贼为卫植队，称曰森林保护兵，而派遣之于内地者。而未撤退之地方，奉天省中，所在多有。即如金州、盖平、凤凰城、营口、辽阳及铁岭等地，虽有多少增减，然俄军之驻屯，固为事实。惟在表面伪为撤兵还附者，但于奉天交还各衙门，换树国旗，交迭城门番兵，废俄国警察权而已。而俄国外交事务官、代理书记官、军事事务官，尚驻在于此。城内之电信局，虽未被封锁，而发暗号电信则不许。紧要事件电报北京政府则不达，不得已另建清国电报局于城内。"次面晤交涉局总办李聘三（牛庄道台），问营口还附、当履新任事。据云，虽任营口道台，当赴该地，未得俄国照会，引领以俟云云。余质以营口俄国民政长官之言，李道台未来营，不能还附，今足下复云须待俄国照会，彼此相待，其理安在？李言：俄国还附之期，今尚未至云。余问俄国欲得鸭绿江畔森林采伐权，事已成否？彼答以不知；又问通化县森林采伐事如何，彼亦言不知。其实李氏为死心塌地之俄国党。通化县森林采伐事，为增祺所拒。李至北京，为俄人运动，得如愿相偿云。以上奉天。

四月十四日，至长春府（宽城子）；十五日，至吉林府，访警察署长古却南；十七日，视察城内外，访问吉林将军长顺、交涉局总办吉林分巡道文韫、哈尔滨交涉局译官李鸿桂、俄国外交事务官柳巴雅、俄文学堂学监巴克谢可夫。

俄国驻在吉林省内之地域，以珲春、宁古塔、三姓、阿什河、哈尔滨、宾州、老梢沟、吉林、长春及伊通等为最重要。吉林府之俄兵，散屯东西门外、造兵场、炮台及城内。步兵为东部西伯利亚狙击第十四、第十六联队及第十八联队之一部，其它哥萨克骑兵一大队、炮兵二大队，合计约及七千之数。此将军长顺所亲言也。此等诸兵，皆当以四月八日撤退，然竟无撤退之影响。问之文韫，据云，长顺早报知外部，外部照会俄国代理公使。俄使云：当照条约撤退。惟吉林驻兵，为数太多，且军械器具亦多，自陆路归国，甚不便利。待趁松花江水归航去时，自当撤退，今则时期未至云。长春府尚有第十三联队、第十四联队之一部分、哥萨克骑兵若干，其数约千名。其东部西伯利亚第二炮兵大队，亦置其司令部，驻屯若干兵。过八日则撤去。又第十四联队之一部，其后一礼拜间亦出发，而警察权则依然如故。

吉林、长春间二百四十清里，道路险恶多沼泽。俄人为联络此两府，驻屯四分遣队如下：

第一分遣队，约兵士三百名，将校二名，在距吉林四十五清里之大水河。

第二分遣队，约兵士六十名，在距吉林百清里之股家头儿。

第三分遣队，约兵士三十名，在距吉林百三十清里之沉泥河。

第四分遣队，约兵士三十名，在距吉林九十九清里之牧牛沟。

以上四分遣队，于各村为暴行，大量牺牲妇女以肆奸淫。村民无不愤恨之，终以不能抵抗暴力之故，视污辱其景爱之妻女为无可如何之运命，无不吞声忍气，以受俄兵之凌暴者。

晤俄国外交事务官柳巴雅，问吉林不烦以俄兵守城门，警卫街上，妨行旅之自由。答云："俄国在本国如此，则在满洲亦当实行之。"更问俄国外交事务官何时撤去。彼云："永久不撤，且吉林为俄国租界，虽列国在此无租得市场，俄人亦当置该官。"此租界不知俄国以何时得之者。

二十日，著松花江驿（哈尔滨），视察同地码头。二十一日，著宁古塔。二十四日，返哈尔滨，视察该地新旧市街。于新市有东部西伯利亚狙击第十八联队之一大队，于旧哈尔滨有东部西伯利亚炮兵大队（炮二十门），于埠头有乌苏里哥萨克兵大队，而第五旅团长少将亚力启氏仍旧驻在此地。比之一年前，仅见步兵有若干之增减与撤去沿海州龙骑兵而已。现驻屯兵更无撤意，且于哈尔滨更置后黑龙江军团之第二旅团本部，系以保护铁道为名，新驻于此者，此非撤兵，乃增兵也。自哈尔滨至海林驿之铁路，沿途各处，有第十八联队之分遣队；于宁古塔，有同联队之一大队（自第一中队至第四中队）及哥萨克骑兵二中队，分驻牡丹江岸之衙门及西门外之民屋，城内外警察权尚为俄人所有。

老梢沟亦有多数之骑兵，此处有第二松花江岸之大铁桥，属要害之区域。以上吉林、宁古塔、哈尔滨等地。

二十五日，入辽阳。辽阳城内有东部西伯利亚狙击第十五联队第一大队，及后拜喀尔湖哥萨克骑、炮兵一中队（炮五门）。在停车场附近，有东部西伯利亚炮兵第三中队及哥萨克骑兵一中队，城内外警察权尚为俄人所有。

此次所视察营口、辽阳、奉天、长春、吉林、哈尔滨、宁古塔诸地，惟奉天略具撤兵之形式。又在铁道上，见铁岭停车场附近之地，有哥萨克骑兵约百名；距哈尔滨若干华里（五百四十二俄里）之写顿驿与奉天驿之间之某地方，见有张幕河岸驻屯之兵士，以夜间不能详其为何项兵队云。

又据日本各新闻纸，最近调查俄兵驻屯东三省之概数如下（五月中旬至闰月中旬）：

驻兵地	步 兵	骑 兵	炮兵	合 计
营口及牛家屯	二〇〇	——	——	二〇〇
大石桥及附近	七〇〇	七〇〇	——	一，四〇〇
辽阳、凤皇城等	一，五六〇	二，二四〇	三八〇	四，一八〇
奉 天	四〇〇	一四〇	一四〇	六八〇
铁 岭	二〇〇	四〇〇	——	六〇〇
公主陵及附近	六〇〇	九〇〇	一〇〇	一，六〇〇
长 春	八四〇	一四〇	——	九八〇
吉林及附近	五，〇四〇	五六〇	一，一八〇	六，七八〇
老梢沟	四〇〇	四〇〇	二〇〇	一，〇〇〇
哈尔滨、阿什喀等	三，〇六〇	二，八〇〇	八二〇	六，六八〇
乌吉密	四〇〇	三〇〇	——	七〇〇
横道河子及附近	一，三〇〇	一，〇〇〇	一〇〇	二，四〇〇
宁古塔	五六〇	二八〇	——	八四〇
穆 陵	三〇〇	三〇〇	一〇〇	七〇〇
齐齐哈尔	四〇〇	五〇〇	——	九〇〇
布哈特及附近	一，二〇〇	一，四〇〇	——	二，六〇〇
海拉尔	四〇〇	三〇〇	——	七〇〇
合 计	一九，一六〇	一二，六二〇	二，八八〇	三四，六六〇

俄国之新要求既提出，撤兵条约益益不履行；而完成满洲经营之事业，益益进其步武；准备领有全地域之行动，益益增其敏活。概括东报之所言，有曰俄人促举兵营建筑及其他建筑诸工事者；有曰努力改善凤皇城通鸭绿江之道路、以增进交通机关之便利者；有曰吉林省之驻屯兵不依撤兵条约之限制，在吉林则集一师团之兵于一中将之下，在吉林宽城子各要所增驻多数之军队者；有曰以去五月十九日（阳历）自辽阳向凤皇城输送百四十辆之军器与百辆之马粮者；有曰浮汽船二艘于辽河为巡逻之用，更浮小蒸汽船六艘为自哈尔滨转运之用者；有曰雇佣支那人为兴安岭以

西运转之用、自哈尔滨至辽河口为敷设铁道之准备者；有曰用怀柔马贼之策、招集多数贼目使为俄国用者。亟亟于满洲之经营日戒不怠，欲一举而据领有之实权。其脑筋所想象，常对于所要求之第二国而为牢固之根据，对于外来干涉之第三国而□开战之预防，固有席卷长城以北以轰发太平洋岸云垂海立奇哀激险之壮势。

三、欧美诸国对于极东事件之态度

俄人之对满政府也，日以财贿结贵戚近幸之欢心，欲以暖昧成之。而其对于干涉极东事件诸与国也，则以且前且却之势，避激烈之冲突，投之以所觊幸之便利以赡其欲，使勿败吾事而止。当新条件之初起也，首先抗议干涉，而牵制满政府与俄使之行动者，则有日英二国。日本之于满洲事件，与中国关系之最亲密者也。而日英同盟既成立，英国平素所主持之保全开放主义，亦与俄人独力进取有相妨之势，于是举全力以防遏□俄新协商之成立，谓其蔑视日英同盟之宗旨也。虽然，英国固不欲在极东与俄人以强硬之刺激。惟俄人之占领满洲已成为事实，则英国亦必索得相当之代价而已。如《德黎纽士新报》所论云：美国在满洲要求一自由港，为俄人所反对。彼等之斗争，非吾人所与闻也。在亚细亚与俄人妥协者，吾人之利益也。若俄人于印度不妨害吾事，则吾亦不妨任满洲之折入于俄。

观以上所云，则英人所目营而心醉者，在乘俄人东下之势，在支那南部以和平之局得领有主权之事实可知也。其以日英同盟之主义而生干涉者，不过因此为索取新条约之计，非如日本之必须为一决战也。于是日本颇疑日英同盟之不固，而在野之议论，稍稍为之一动摇。

载孟绿主义飞渡太平洋而干涉极东事件者，则有美国。美国于东省事，但于通商上有密接之关系而已，非如日英二国牵连而兼有政治上之主义也。虽然，美国棉花工场恃牛庄为门户以通贩运于满洲者百分之五。当庚子事变，贸易杜绝，美商为之大失利，满洲贸易之杜绝，固必感非常之苦痛者也。北清事变之终局，清俄和约之成立也，俄人以防卫满洲之秩序为口实，得续屯兵队之利益。美国即公然送质问书于俄国，使俄人与以实行满洲撤兵之凭证，固知俄人外交手段之不可端倪也。及是而美人外交界运动益敏捷，遂一跃而得插入东三省之舞台。

新条约案之提出也，美国率先送质问书于俄国，且主张满洲之开放，于牛庄一港外，更要求奉天、大东沟为贸易场。盛遣舰队于渤海湾，游弋芝罘、大沽、牛庄之间。于是俄人于日英同盟之外，更逢一劲敌，千方百计以买美国之欢心，而前日振衣攘臂与日英两国为协同运动者，一变而有静如处女之势。

质问书略云：闻在清国领土内，取得矿山开掘权、铁道布设权及其他实业上之特权，与某公司为如何之协商，此美国政府所大注意者。如此例外之独占，若被准许时，是阻碍清国与列国所缔结之条约，抑制正当之贸易。又如此行动，伤清国之主权，损清国执行义务之势力，且使他国要求清国以他项之利益，其极必至打破全清帝国贸易及航海上各国均沾之利益云。

俄人见美国之急起而反抗也，则命驻美公使喀希尼氏与美国国务卿赫氏协商，证明俄国在满洲决不妨害美国之商务，且当保护之。又许诺美国所要求的满洲通商之特权，决不以同一之权利与他国。先是，喀希尼有开陈满洲事件之意见书，揭载于某新闻纸曰：

> 知满洲之现状者，必知该地域建筑物必需用美国之物品。是故俄国希望该地域之发达，欲取增进俄美两国贸易之道，断断然

也。美国之钢铁、木材、棉花诸类及诸种之建筑材料，固俄国之所必要也。俄国当保护美国在满洲的商业上之利益，固为明确之事。……开放满洲新贸易港，非该地之利益。若全为商业上之问题者，乃别一问题也。虽然，于满洲开放贸易港乎，抑闭锁之乎？皆必生政治上之争论，增平和之危殆者也。满洲有一贸易港，可迅速增加美国之商业者，莫如牛庄。……合众国于满洲，当保持特殊之利益。又合众国于世界，但有商业之关系，而无领土之关系。保持该地域之平和，一奋其势力，虽属美国政府份内之事，然俄国之愿望，亦在平和，决不在扰乱。为此目的，北京之满洲协商正在进行中，是乃所以确定撤兵之条件，而使该地域安固，不再起千九百年之暴乱也云云。

圣彼得堡某新闻之政治记者耶得里金氏持强硬之论曰：

吾等用武力而取满洲，其战争非自俄国开之，实自泰西列国之宣教师及商人等开之。满洲者，用二十万人之军队之全力所取得也，而为战争投身命者二万人，费国库之资财，至数百万之高价，乃始得之。俄国于该区域保持秩序及幸福，一变其无政府暴乱之风，此仇视俄国如英国之泰晤士新闻纸所尝叹美者也。据此而观，则以正义之权利言之，满洲者，诸凡一切最良之权利，固当属于俄国者也。对于满洲而有要求，如对于俄国在满洲之权利、财产而为攻击，自日英两国为之犹可也，自美国为之则愚矣。

美国既得俄国之辩言，及开放奉天、大东沟之要约，遂直接与俄国政府协商开放之事，而顿失其强硬之态度。其新闻纸愤俄国外交界之反复者，亦不用激烈之反抗。柏林之《佛兰希赫咱意争格》新闻纸论之曰：

合众国者，非如日英两国之所期望而为协同运动者，惟以保护美国所当保持之利益，为解决满洲问题一定之宗旨也。……合众国于千九百年扰乱之际，其态度既一定，协同运动，为彼所不欲。又自特殊之点观之，于极东直似极尊重俄国之外交者，故合众国特采单独之态度也。彼于满洲之统治者，固不问其为清人与俄人，惟满洲与彼有经济上重要之关系。苟不损害通商上之事业则足矣。保全支那帝国领土之思想，非华盛顿政府之所计及。彼政略中视满洲早已脱离清国之怀抱，而为已绝望之决论矣。

折冲樽俎、立谈坐啸而消释意外之波澜者，及是遂徐徐对满政府以求达其最终之目的。法国与俄人为同盟，无毫末之异议。以法人于支那南部欲谋一定之利益，势不得不袖手于北方之事，一听树立猛鹫国旗者之所为也。而德国于满洲，但有通商上之利害，无论何人握持统治主权，不以为意，比之英日两国有直接的利害之感觉者悬殊。惟以开放门户为目的者，则从而扶助之，其势与合众国无大差异。于是极东问题狂风横雨激剧之气象，一变而为凄清暗淡之天，而抟抟大陆，已于酣眠沉醉中，削除其一角。先是，纽约之《雅堵雅儿德杂》新闻纸论之曰：

英美日三国攻击俄人，不过出于纸上之议论而已。日本民间之愤激，虽达于高度，若俄国欲慰安日本，认许日本在高丽之主权，则日本政府必不敢出于一战。日本既然，英国亦从而靡，合众国亦惟计及满洲商业上之利益而已，外交上之抗议亦当不迫切。是故日本虽派舰队于牛庄，自是以后，俄领亚细亚之地图，必于黑龙江南岸附加一极有价值之新领土，更无疑义。

又《波斯顿新闻》亦有论曰：

俄国内部如不起革命者，则领有满洲之事，到底不能防遏之。俄国虽有贯彻此目的之兵力，观其过去之政略，终当自外交上达其期向。俄国今使牛庄之关税收入不纳于清国税关，而纳之于华俄银行。夫收入之所在，即统治之实力之所存。虽然，无论何人固不得使俄国弃置此权利也。日本之感情，虽甚为激昂，而俄国当变更面目而益巩固其根据，欲驱逐之于满洲境外，岂可得耶？

俄国欲以外交定极东领土之主权也，欧美列国皆心许之，非独心许之，抑将相助而各谋其所，安坐而获之天宠。而满政府之对此问题也，付诸等闲，欲以俯首帖耳、敷衍搪责［塞］了之。俄人亦利用满政府之痴聋，而以华俄银行投例外无名之款项以蚀荣寿公主及亲王大臣之心肝，而摄老佛爷之魂魄。国民梦梦相视不发，于是以五洲注目之大事件而举国噤吟，不闻人声，仅仅有大学生呈奏、出洋及内地诸学生义勇队一二事，如闲花弱草点缀于平沙断岸之间。而日薄崦嵫，苍苍黄黄，大陆无光，以趋就于九幽之长夜。

四、新要求之变态

新要求之被质问于美国，惹起世界之议论也，俄国于圣彼得堡极言其非事实。俄外部复美使书，但谓华俄银行有近今新提出之私约而已。而其催促满政府之协商决定也益急，满政府之答之也，选耎无气力；日英则时时警告，使直为拒绝，免生弥天之祸害也，久之不得满政府之要领。始俄使雷萨归朝，命代理公使提出之。既见协议之不能决定，且恐有被拒绝之势也，则亟亟复入北京。以五月十五日（阳历六月十日）访庆邸，续陈前议。当雷萨之未归也，华俄银行职事璞科第氏密见庆邸，庆邸时以病假拒英日公使之接见者数日矣，而璞氏及俄国代理公使则数得密晤。璞氏之见庆邸也，更以四事，反复陈辩，危词以动之，以为雷萨设辞之地步。雷萨既见庆邸，遂言曰："前约既被撤回，今日所议者，四事而已。此四事者，贵政府所不难承认，各国所不至有烦言，诺否惟在足下，乞勿饰辞以为推诿。"庆邸答曰："诺否在朝廷，本大臣但有协议之权，无决议之权，且此事关系大局，徐熟议之。”雷萨之辞去也，庆邸遂仰敕裁于颐和园。所传提议四事者如下云：

> 第一，扩张华俄银行之营业权，于东三省一带地方，清国之官业及华俄共同之事业当补给资金之事。
>
> 第二，营口之税关事务，今后二十年间当委托华俄银行，但因时宜得延长其年限。
>
> 第三，于奉天、吉林两府，设置修交局，以清俄两国之委员组织之。凡关于两省之政治、军事、经济、卫生、司法事宜，当使相互协商共议。
>
> 第四，自北京过张家口、库伦达恰克图之蒙古铁道敷设权，当特许华俄银行。

于四项外又有添加者，则在西藏之西北部施行清俄协同之行政制度也。俄使之提议四事也，谓是仅得谓为撤兵之善后、策补前约之未备而已。夫前约之所未备，固无终极，今若许诺之，则后日又将有前约之未备者复将提出新案件，以补前约为口实。且列国在中国立约多矣，皆以前约为口实而提出之，举中国以奉之，而列国之未备者如故也。中国之地有尽，而因缘前约为事无已，战国策士所谓抱薪救火，薪不尽不止者，固无以逾于今日。然而顽冥不灵之满政府固犹将曲徇之也。

五、 日本主战论之沸腾

莽莽神州，奄奄大国，遂有息窒脉绝之一日。然而有嚣然而聒之，愤然而斥之，而举手揶揄之，而瞪目屏营之，而顿足号呶之之一国焉。见邻人之失火而狂呼誉者，非为邻人也，知其将延缘而焦吾之栋也。彼日本者，对于满洲之不撤兵，最为愤恚者也。

德国新闻纸论之曰：俄人于千八百九十五年，曾与他强国相提携，以妨害日本辽东攻战之成业者也。今取其所为妨害日本之事业而实行之，此日本之所为激昂也。诚如此言，中国国民于东三省之感情若何，幸免掠夺而复被转卖，如之何其可忘也。转卖之后，复为掠夺者之所怜伤，又如之何其可忘也。然而为日本者，则已骎骎然有唇亡齿寒之惧，乃怫然戚然投袂而起。

虽然，发言如循环用兵，如刺蜚之，俄人岂漠漠然任日本之狂呶猛喝而不以为意哉？嘻嘻，左执干戈，右陈玉帛，无端而有俄国陆军大臣克罗特巴金东游之一事。克氏之出圣彼得堡也，实在新要求发现之日，以五月十七日（阳历六月十二）到日京，或曰视察日本经济及实业上之势力，而谋俄国实业之开发也；或曰欲连终［结］海参崴与旅顺，谋于高丽领土内得一良港也。及二十一日克氏赴大阪，而有晴天霹雳震动日本全国之头脑者，则有日俄和约成立之报告。新闻纸之非难之者，曰臆测也，捏造也。而传之者，则自夸其机敏，谓必将见诸事实云。所谓日俄和约者如下：

日俄两国，为在满洲及高丽两地，避政治上及通商上利害之冲突，以不侵害彼此之权利，而增进两国之利益，使将来益加亲厚之谊为宗旨，立假定之约如下：

第一，俄国当依对清条约，迅速从事第二次撤兵，即撤退盛京残部及吉林之驻兵。虽然，为守备东清铁道，及保护现今所获正当权利之故，但不害清国之主权，不害日本之贸易，得存留适当之警察队。

第二，俄国于开放奉天、营口及大东沟，供日本及他国之贸易市场，并无异议。又日本人民以后旅行满洲内地，因土匪之逼迫及其他之事变，遭遇危难之时，俄国警察队当恳切叮咛、执援助之劳。

第三，因第二条前段之宗旨，日本欲设置领事馆于该三地时，俄国不得反对之。

第四，满洲之行政组织不得变更之。但不妨害日本人民正当之自由及利益，又不越俄国所制限之程度，可默认日本得移民满洲之事。

第五，俄国认日本在高丽势力之发达，但不损俄国人民之便宜，则日本获得下项利益，俄国必益无异议。

一、京义铁道敷设为日本所获得之事。

二、高丽之最高顾问用日本人之事。

三、郁林岛伐木权俄人让与日本之事。

第五［六］，本和约意见书，暂为假定，其调印，当在圣彼得堡俟俄国外务大臣与日本全权公使完结之。本约未调印前，如两国意见相同时，得加改正。

日俄和约之成立，固不可信。虽然，俄国于美国许以特别之协商既奏其功，则以同一之手段，转而施之于日本，避急激之狂流以济一时之覆舳，固非必无之事也。虽然，满洲者，清国之领土也。俄与日本在满洲同在第三国之位置，俄国在满洲之行动与日本在满洲之行动，无相承诺之理。日本苟认清国为正当之满洲统治者，直接与之缔结满洲行动之条约，何故受俄国之协议而许诺满洲之处分案耶？俄国视满洲为自己领土之案件，而与为协议，是直承认俄国有满洲之主权也。又从而承诺之，是直全然以俄国之意志处分中国之事也。然而满韩交换之论，因此遂呼噪于国中，而主战之高潮，益益有腾上之势。日本愤慨之士，倡立对外同志会，以近卫公爵为中心。而富井政章、户水宽人、小野冢喜平次、金井延、高桥作卫、中村进午、寺尾亨七博士，率先倡主战论，上意见书于总理大臣桂太郎及外部大臣小村寿太郎，且公之于新闻纸。而头山满、神鞭知、常柴四郎、佐佐友房四氏，亦上意见书于当道者，日本之战争论强硬益强硬，激昂益激昂。反顾亚东大陆主人翁者，颓然筋柔力尽，无复有蹶起之能力。

七博士之意见，其略云：俄国至今日，不举行撤兵之事实，足以为开战之理由。日俄之间，早晚不得无战争。欲为战争，则不可逸失千载一时之期运。当局者，欲熟察英美之态度，然后决之，是昧于外交之事者也。且如英国助日本而与俄宣战乎？则法国亦必与俄人共其事业。果然，则此战争非独满洲而已，将延而及于东欧、西亚及亚非利加，为一大争斗。英国于满洲之利益，非有如斯大争斗之价值者，虽法国亦然。况如美国单以开放满洲为目的，不问统治之者之为清、为俄将又为日本者耶！英美两国，固不足恃，若恃此两国为最后之援助，是束缚己国行动之自由者也。且所关于日英条约者，惟日本与他一国为敌时，英国当守严正中立之义务而已。自撤兵期限迄今已二月，英国之行动固无可疑也。或者有满韩交换之说，是又大谬者也。欲守朝鲜，必不可使满洲归于俄国之手。且极东问题之解决，必以保全满洲为解决。若以朝鲜为争议之中心，将一举而朝鲜与满洲并失之。纵令俄国政治家以满韩交换之甘言诱我，终不可以出于姑息退让之策，要当以决心定大计也。

七博士及四氏之外，进步党之为主战论者，则以大隈伯为领袖。大隈伯之论云：我国民认扩张军备之必要，忍租税之苦痛，甘公债之负担者，岂非欲举卧薪尝胆之实耶？今战备粗完，对抗俄人，实力尚足，然我当局者牵制于阁外之元老，或顾虑胜败，将逸去千载一时之机会，甚可惜也。俄国对我之战备，尔来大有所经营，到底不能急速完成之。故不幸一旦及于开战，以我军备之实力，国民勇武之特性，且又得全世界之同情，胜败之数，历历可见。俄人自知不敌，故立不战之方针，而试外交之敏捷，我邦一无所顾虑，折冲大敌可也。徒警告孱弱之清政府而诘责之，有何意味耶？

夫日本之于满洲，非有存亡之痛也。失之满洲，而取偿于高丽，又非全然有失败之忧也，而感愤若此者，知危则思奋也。满政府之不知危也，无怪其然。郭开进而赵亡，黄皓横而晋入，尚书铜臭，姹女钱多，饮鸩自甘，亦固其所独怪。吾国民之对此问题也，泛泛然如股掌之上，失一秋毫也。夫俄人之要求也，何为而生出主权之关系？一东三省于俄人而有主权之关系者，中国全土必因此而生出无数主权之关系也。俄人所要求之见诺许也，何为而生出某国平衡之代价？一某强国而生出平衡之代价者，中国全土必因此而无一不交附平衡之代价也。此主权之关系，非满政府受其奴辱；受其奴辱者，吾十八省之同胞也。此平衡之代价，非满政府膺其刲割；膺其刲割者，我四万万之同胞也。呜呼！我同胞可以愤，可以怒，可以缞绖长号，可以剑及屦及奋斗而死！

六、国民之前途

痿痹乎，割之则必动；甘寝乎，鞭之则必痛。不动不痛，顽然如木石者，枯骨也。植满政府之枯骨以为四万万人之代表者，是四万万人皆枯骨也。呜呼！吾国民今日对此问题而尚嗫嚅焉，而尚次且［趑趄］焉。谓此为满政府之所当处分，非吾国民之所当处分也。吾四万万人，其果无心胸以视息者耶？夫俄人生此问题，五洲各国固公认其为主权之宣言书也。虽然，此主权之宣言书者，视满政府之承认与否。满政府而不承认其有主权，虽百俄国，安能夺吾主权者？今视满政府之举动，果承认其主权乎？果不承认其主权乎？不承认其主权也，则当大声疾呼，叱强俄之无礼，沥血以告我国民，以求吾四万万人之同意焉，以求吾四万万人之致死焉。为满政府所负于吾国民之义务则然也，为满政府所负于吾国民之恩泽之责任则然也。又且大声疾呼诉俄国之无礼，驰书以告万国弭兵会，以求世界列国之同意焉，以求列国会议之公断焉。为满政府所以列于世界列国中之资格则然也，为满政府所以列于世界列国中之权利则然也。如是，则吾为国民者，固将举四万万人以满政府之名义联同意之决斗以争主权之存在也。今满政府不能为此，而卖吾国民焉，而卖其与〈别〉国以加吾国民之祸害焉。被要索之国之催迫，则展转迁就，阳离而阴附之；被邻国之诘问，则依阿澳涊以为之应对。夫不拒绝他人之侵主权者，是默认他人之主权也；默认他人之主权者，是公然捐弃己国之主权也；公然捐弃己国之主权，则已丧失其统治该地域之资格。无端默认他人之主权，则且甘心降黜其统治全国之资格，而形成为一无国家之资格之民族。夫中国主权，非满政府所私有也，国民之公主权，一家一姓，不得私有之；不得私有之，亦不得私与之。满政府卖国民而私与之，吾国民固不当公认之；吾国民既不当公认之，则争主权之存在者，为吾国民之所自担任，为吾国民之所自把持也。是故满政府不与俄宣战，吾国民当以四万万人之同意与俄宣战，满政府禁制吾四万万之人之与俄宣战，吾国民当以四万万人之同意与满政府宣战。且吾国民毋视主权之问题，仅仅在此满洲一隅之地也。吾今日承认俄国满洲之主权，则欧美列强侵入吾政治区域之范围中者，若英、若法、若德、若美、若日本，皆将强吾政府承认其所指定之地域之主权。满政府既默认俄国满洲之主权，则又不得不公然捐弃英、法、德、美、日本所指定之地域之主权。满政府将吾国民生命、土地、财产、安全、幸福之主权，处处卖我而捐弃之，吾国民亦听满政府之相卖而捐弃之者，是自捐弃其生命、土地、财产、安全、幸福，以即于流离僵殕、以灭绝其种性也。吾国民不欲自捐弃其生命、土地、财产、安全、幸福之主权，以即于流离僵殕，以灭绝其种性，则断断不可公认他国承受满政府所盗卖之主权；断断不可公认他国承受满政府所盗卖之主权，则断断不可不与英、法、德、美、日本指定地域强索主权者宣战；不可不与英、法、德、美、日本之指定地域强索主权者宣战，则断断不可不先与俄宣战。满政府而禁制吾四万万人今日与俄宣战者，明日亦必禁制我与英、法、德、美、日本宣战。故今日禁制吾与俄宣战者，吾国民盗卖主权之公敌也。吾国民不可不与盗卖主权之公敌宣战，则今日不可不与满政府宣战。夫今日不能与满政府宣战，则万万不能与俄、英、法、德、美、日本宣战；不能与俄、英、法、德、美、日本宣战，则吾国民之前途，其谓之何？

黑暗！黑暗!! 黑暗!!! 谁使我国民沉沦于十八重地狱者，则必曰倾宗覆社、日事淫乐之宫中圣人，城狐穴鼠、贪叨富贵之王爷、大学士也。苦痛！苦痛!! 苦痛!!! 谁使吾国民堕落于百万由旬苦海者？则必曰婉娈事人绸缪旦夕之野鸡政府、全无心肝不知死活之王八官场也。今日国民不摧灭此积秽之傀儡场，则为技师而舞蹈之者，环而相集也，利用傀儡场之威权以劫取吾国民之主权。故吾国民之主权可以旦夕间消灭，而傀儡场之威权，势不可以旦夕间消灭；消灭傀儡场之威权，则无以为垄断我国民主权之余地也。夫如是，则吾国民之主权与傀儡场之威权，两不相容者也。不消灭傀儡场之威权，则无以伸张吾国民之主权。且不急急消灭傀儡场之威权，待主权消灭之后，则傀儡场已同归于灰烬，而吾国民之主权万无可以复伸之一日。悲夫！傀儡场之威权与吾国民之主权，其相系联为如何之情态乎？吾国民不必尽知之也。

苟其知之，则不可不亟亟取傀儡场而消灭之。不取傀儡场而消灭之，则其事必将如日本某报之所言：

满洲之事，果安所决？清国欲与俄国，则断然明白与之；不欲与俄国，则毅然正色却之。既非与之又非不与，依违暧昧，二三其迹，以卖友邦诸国而图一己之安于其间者，是决非清国今日之得策也。

在今之世，而建国于列强环视之中者，惟实势实力得而左右之。举满洲而委之于俄人，在俄，则得；在清国，今日姑息之计亦未必为失。而以我日本、英、美诸国，则是以数大国为二国豪［蒙］无量之灾、陷不测之祸也。宋襄假仁而败，徐偃假义而亡，清国而欲举满洲与俄者，则断然明白与之。我日本、英、美诸国，亦各有求于清，而德意志、法兰西其余各国又各有所望。则二十二省四百余州分裂之祸，于是乎实见；五万万生灵陷于涂炭、流离颠沛，为亡国民者，于是乎实见；光岳气闭、腥膻满地，衣冠礼乐传自前古者，于是乎灰灭。然后，今清国政府始轩然大笑，为快于心乎？

悲夫！傀儡场之以全国之主权为儿戏也，固将有所快也。吾此傀儡场者，宁以之买欢笑于他人，决不以之造幸福于吾国民。以之买欢笑于他人，则吾可以偷得娱乐以穷吾目前之威福也；以之造幸福于国民，则恐国民妨害我傀儡场之娱乐、抑制我傀儡场之威福也。吾愿使汝为波兰人轹死于西伯利亚铁轨之上；吾愿使汝为埃及人行乞于亚力山大之市；吾愿汝为犹太人惨死于卑沙拿比亚之街头；吾终不使汝得发一言、得伸一臂以索得汝所应有之权利；吾愿使我所得之权利，消灭于汝种族被外人侵蚀尽净之时；吾愿以我祖我宗所加于汝之轭辖贻汝，使汝再负之于俄、英、法、德、美之民种之下。吾不赦汝，吾不幸福汝。汝主权早消灭一日，而后吾之威权从而消灭，吾亦乐为之。呜呼！是政府之素心也，是吾国民前途之实历也。

悲夫！我民族毋以此事为外交上之问题也。外交上之问题，可以外交为中心点而解决之。夫此问题，固纯然脱离外交上之性质，而生政治上之关系者也。生政治上之关系，即为政治上之问题，当以政治上解决之。以政治上解决之问题，舍主权之存亡之第一义谛外，无所为解决。欲解决主权存亡之问题，则吾请仰天大呼曰：独立！独立！！独立！！！

国民，国民！谛听，谛听！今日所当知者，满洲问题，非满政府之问题，而吾国民之问题也。满洲人之满洲，彼已经数次之条约，割弃之于斯拉夫民族矣，彼已拱手将该地域之主权贻与他人矣。吾国人而念及他国主权宣言之首祸，而忿而怒，则满洲之主权，满洲人自可放弃之，吾国民自当存续之。所存续者，非满洲也，满洲之主权也，抑非满洲之主权也，二十八省四百余州之主权之存亡绝续之绝大关键也。故今日论满洲问题，以吾国民主权之存亡为第一义谛。因第一义谛，则有第二义谛。满洲之主权何以与吾民族有关系？得满洲之主权者，非吾民族也，牵连而生吾民族全体之利害也。吾民族之主权何以与满政府有关系？把持吾民族之主权者，非吾民族，故彼一举手一投足能左右吾民族全体之利害也。吾民族不自认其主权，使满政府把持之，而生主权外市绝大之叛逆罪案。吾民族不可不自认其主权，则不可承认政府，使得仍旧垄断吾民族之主权。不承认满政府使得仍旧垄断吾民族之主权，满政府所外市之主权，他国不得以享有之；夺满政府以夺他国，而后吾民族拥护主权之势力，无往而不伸也，此为第二义谛。夺满政府以夺他国，而满政府之怙其强权而蔑吾主权也如故，他国利用满政府之强权以蔑吾主权也如故，则有第三义谛。吾民族拥护主权之思想不发达、财力不发达、组织不发达、精神不发达，则拥护主权也如不拥护。夫民族莫不有思想、有财力、有组织、有精神，而不切实履行之于事业，则终不得发达。事业者，所以冶炼民族之炉锤也。事业不倡起，则拥护主权也如不拥护。独立者，国民一切事业之母。一隅独立，则足以号令一省；一省独立，则足以号令全国，此为第三义谛。曰独立，曰独立，而依赖强援者，是独立之性质不完全也。菲律宾群岛倚赖美国，而为美国所夺；意大利萨替尼亚王倚赖法皇拿破仑，而为拿破仑所卖。一有依赖，则独立之根性不完全。不依赖满政府而倡独立，斯亦不依赖其他之何一国而倡独立。独立者，非独对于满政府，抑亦对于全世界，此为第四义谛。不自由，毋宁死。死者，购独立之代价也。华盛顿、亚剌飞、古鲁家诸人为之，以四万万人之生购奴隶，毋宁以四万万人之死购独立。有个人对强权者之死，有团体对强权者之死。非热心任个人对强权者之死者，抑不能热心任团体对强权者之死。先炼精魄，次炼技业，而后个人可以死，团体可以死。今日不及炼习者，则先以死倡之，是为第五义谛。吾今持此五义谛以贡献吾国民，曰死！死!! 死!!! 知死则蹈死，知死蹈死则可以独立，可以与满政府宣战而保存主权!!! 可以与俄、英、德、法、美、日本宣战而收回主权!!! 国民国民！听者听者！

续满洲问题[①]（1903年10月5日）

一、旅顺会议

克罗巴特金之自日本归也，熟察日本国民之趋向，以决定极

① 本文于《游学译编》第十一册至第十二册连载。

东之政略，因是而有旅顺会议之事。是时日本舆沦盛倡主战之说，而政府为示威运动，举行大舰队编制于北海。英国亦增派东洋舰队。克氏以闰五月初八日（阳历七月二日）著旅顺。雷萨自北京至，驻韩俄使巴伯洛夫自韩京至。关东总督亚力启塞夫，召合驻屯满洲各地之守备队长与上级参谋等悉集。驻在极东熟知军事之婀额克，乘急行汽车至。陆军省及参谋本部所派遣将校，自俄京至，而璞科第亦来。秘密会议遂定以七日间毕事。而满政府亦遣政务处某员衔特命参列。日英二使以会议之叵测也，遂对庆邸宣言，谓雷萨自旅顺归，如有新要求者，二国必当确执反对主意。会议之既开也，亚力启塞夫主张强硬之论，而克罗巴特金、雷萨、璞科第皆极唱开战之不利，谓经营满洲，当以和平手段攘得之。规划日俄开衅以后之情形，相持甚力，皆各有所恃。然璞科第、雷萨二氏，知满政府之易与，固可不劳而获也。旷延时日，以待根据之牢固与舰队之充足，则攫取渤海为怀中之杯杓，而日本亦不能与之角也，故主平和侵略之一派终得胜势。遂以十四日决议，俟归国后，徐定与日本协商之草案。传闻政务处某员奏陈俄人所决议，盖有四事：(1）与日本协商交换利益。(2）开放满洲之一部，以缓日英之反抗。(3）要求满政府缔结新约，含有东三省不割让他国，存置若干警察队于满洲境内，满洲电信归俄国专用，税关事务专任华俄银行诸事。(4）前条所决定之警察队，存置盛京、吉林两省者，当在一万内外，其他则撤退之。然此会议更以要件延期三日间，遂决定俟与满政府立约及与日本协商成立之后，当残留八千内外之铁道守备兵，其他则撤退之于西伯利亚方面云。会议既终，克罗巴特金以二十日北去，更与诸将校开会议于辽阳。而雷萨则以是日还北京，使李莲英宣言于宫禁中，谓不急与俄人缔结盟约，则俄人永不撤兵，日英不足恃，事宜速决。而满政府则有允许三事之意：（1）俄兵撤退后，东三省决不割让他国。（2）东三省及蒙古之行政，决不变更。（3）今后三年间，营口税务归华俄银行管理云。而是时，驻俄公使胡惟德电达满政府，谓俄政府当俟克罗巴特金至圣彼得堡时，而后解决满洲问题之方针与对日英二国之政策，乃得决定。以俄政府之内有平和论与强硬论二派，互相轧轹。而二三大臣有力者，主张平和侵略之说。克氏通牒既采平（和）主义，俟其归著后，大局可以徐定云。至是而撤兵履行一事，遂付之溟濛隐约之浓雾中，而满政府之一举一动益益牵掣日、英、美之视线矣。

《中外商业新报》载，会议时主张即时开战者二人，主张不得已而后开战者三名，主张非战论者二人，论旨如下：

> 开战论：（1）日本为远东新兴强国，不速殄灭之，则一切所经营，皆将受日人之反抗。（2）此次欧美列强皆已公认满洲之隶属于俄国，惟日本首先发难，现在以开放满洲强请于清政府者，惟英、美二国而已。非大挫日人，则俄国之利益，终难享独占之势。
>
> 非战论：（1）海军势力未充足。（2）日英同盟，非目前所能骤破，且英国亦将为日本之后援，避战斗以图安全，较为胜算。（3）西伯利〈亚〉农业尚未十分发达，有不能得粮秣之患，连兵不解，势难持久。
>
> 论不得已而开战者，则谓当进军西藏以牵制英国，集海军于对马海峡以阻止日舰之出洋面云。

二、俄人统治东亚制度之革新及藏相之更迭

克罗巴特金负俄国内外之舆望，抱运筹帷幄决胜千里之玮材，当亚东风云紧急之时，而徘徊他国，优游无事，此岂人之所置信

哉？其视察以后，必将有非常之措置，发现于圣彼得堡政府，而震动亚东海沙陆路之形势者，此固地球各国识时务者之所注目以视也。果尔克氏之入俄都也，不旬日间而俄皇遽下敕谕，以现黑龙江沿道总督府管内及俄国所谓关东州为一区域，设置俄领东亚细亚大总督府，公布于国中，而以现关东州总督亚力启塞夫为大总督，是盖克氏旅顺会议中内容之一部分。集驻在远东诸将校，熟思而审处之者，其陆续输送兵队于满洲，虽亦旅顺会议中之一事，然固会议以前之成算。而重要问题，劈头发现于事实上者，实在此统治绝东之大变革。俄皇所下元老院敕谕全文如下：

近时统治绝东诸种问题，至为复杂，不可不暂行设置最高地方文武行政府。是以合并黑龙江沿道总督府管内及关东州，设特别之一大总督府，其权限如下方之所裁定：

（1）极东大总督，不受各省之管辖，于其管内诸地方及行政诸部，委任以最高之权力，得专管与东清铁道有关系诸地域内之安宁秩序，又与大总督府接壤之外领（Territories beyond the boundary）中俄国住民之利益上有必要者，得直接该地域为临时之处置。

（2）统治极东诸州条例未定以前，大总督之权限及其责任，不论对于高级官及地方官，均据设置高加索大总督府时千八百四十五年一月三十日之敕令以为准则。隶属大总督府各官署与人员，非经由大总督府不许与其所属之本省本部直接交涉。

（3）极东诸州与邻国交涉之外交事务，一切归大总督府统治该诸州之事务中。

（4）太平洋海军及大总督府管内驻屯军队，大总督有指挥一切之全权。

（5）为使极东大总督所措置与中央政府各省所施设出于一致，故以元老院中所信任举用诸员组织一特别之委员会，朕亲为其议长。

(6) 即日命亚力启塞夫大将为大总督，且令据此次敕谕，编成统治极东诸州条例，以俟朕临时裁决。

元老院即日当施行此敕谕。

千九百三年七月三十日（俄历）在彼得堡

尼哥拉（俄皇亲署）

（中历六月十七日，阳历八月九日）

大总督原文为那每司妥尼克。那每司妥尼克者，直接于皇帝之代理官，东文或称之为副王。观前文不受各省之制驭，可知其权力之非常。又《朝日新闻》云：俄国近造一后黑龙之名词，总称满洲地方。其驻屯满洲军队称后黑龙军团，与黑龙军团相对。而敕谕合并黑龙沿道总督府与关东州，原文作黑龙及后黑龙地方，公然以满洲一带为大总督所管辖云。

俄人之为此变革也，一以去政略上之不统一，一以去委任上之不统一。夫所谓政略上之不统一者，何也？盖俄国之政界有二派者，互争权力：其一为武断的侵略主义之一派，其一为经济的膨胀主义之一派。迭出争胜以相颉颃。俄人威司特尼克奴罗比论之云："满洲问题，吾国政策时时有互相矛盾之现象，而不能一致。他国人目吾政策为不诚。虽然，此实别有意外之理由。盖与此问题相关系者，有三种权力，各为不相统合之运动：一为外务省之权力。外务省者，常欲避外国之葛藤，苟至外交手段不能圆活时，则向列国声明爱重平和之意。第二为陆军省之权力。陆军省者，常欲以实力拥护国权，故决不欲撤退兵力，时与外务省所声明者为矛盾之行动。第三为大藏省之权力。大藏省者，最注意东清铁道，自财政上之利害，而决定攻守之大计，故最取慎重之态度，欲徐徐撤退兵力。"又近日英国外务大臣对议会云："俄国虽为专制君政，而其内部有二派之潮流，其对于英国之处置，常自相矛盾。以何者为政府之本意，难以速断。实此二派潮流迸出而相撞着之故。”此言诚然，然此非自今日而始然也。前日俄皇以武备竞争，各国不堪其弊，乃开万国弭兵会于海牙，集列国会议员协商各事。然此念未终，而俄国忽增战舰，且急下征兵令，为列国所痛诋，评俄皇为阴鸷狡险之政治家。然此盖非俄皇之本心，其外观上，虽为独裁之君主，常以诸种之势力，阻遏其意见而不得施诸事实。故平和会议之发端者，俄皇之本心也。战备之增加者，俄廷一派之夙志也。俄国于外交上操反复之丑态，受不信不义之贬斥，皆此不统一之结果也。满洲方面之经营也，亦然。陆军省方下征兵之令，而外务省则示和战不定之态度，大藏省则指挥平和协约之经营。自他国视之，诈诡百出，不可端倪，其实则为政略之不统一。而实地当兵事之冲者，遂有不能确定方向之患。今以亚力启塞夫为独当一面之大经略，委文武全权于一人之掌握中，超然立于武断主义、平和主义竞争界线之外，免内阁与各省之牵掣，俨然以王者之权能，操纵万事。而俄廷诸大官百执事于东面之机宜，曾无所容喙焉。此其所以涤除政出多门之弊，而谋政策之统一者也。

夫所谓委任上之不统一者，何也？俄国绝东行政之事实，委任之于黑龙江沿道总督与关东总督。二总督者，立于平等之地位，利害得丧，既相均一，而以同一之权力，两分政治之局面，往往有互相扞格之虞。且黑龙江沿道总督，握陆军之指挥权，而关东总督亚力启塞夫仅有关东州地方行政及东洋舰队之司令权。关东总督，欲增加旅大附近之守备兵队，求派遣兵队于黑龙江沿道总督也。该总督以西伯利亚方面地方防备事宜为重，不肯应之，以是屡生冲突而有违误机宜之恐。夫事局之纠纷切迫如今日，事事必依中央政府之训令以为进止，则运转迟滞而不敏活。故综合二总督统治权与综合陆海军权，为绝东经营上之要著。此其所以涤除华离破碎之弊，而谋委任上之统一者也。

夫此敕谕上最足注目者，为第一、第三、第四项三项。而吾国人之尤当注视者，则所谓合并黑龙江沿道总督府管内与关东州为一区域也!!! 所谓专管与东清铁道有关系诸地域内之安宁秩序也!!! 所谓与大总督府接壤之外领，因俄国住民利益上之必要得直接为临时之处置也!!! 夫俄国所谓沿黑龙江总督及关东州总督之责任，固总揽东清铁道及旅大要港诸事宜于其范围内者也。今曰合并为一区域而设立地方行政府，是明明攫取东清铁道傍近诸地域皆为俄领矣。东清铁路所关系诸地域，即中国东三省诸地域也。东清铁道诸地域之安宁秩序，即中国所有东三省地域内之安宁秩序也。维持诸地域内之安宁秩序者，此满政府所派遣满洲地方行政官之责任也。东三省为中国之地域，东三省行政为满洲地方行政官之责任，固无所容彼族之代庖而越俎也。然而曰专管与东清铁道有关系诸地域之安宁秩序，以“东清铁道关系地域”数字代东三省，以专管安宁秩序代地方行政权，是明明埋没中国东三省地域于语言文字之间，而显露俄国东三省地主权于语言文字之上矣。与大总督接壤之外领，果安在乎？东三省既已隐括于俄领之内，名为外领，其实不为外领无疑也。且所谓临时之处置者，在目前尚仅仅求外领于东三省之内，在此后且将求外领于东三省之外。南则有高丽之接壤，西则有内外蒙古，二者皆有俄国住民，而内外两蒙之广漠饶衍，又俄人之所伸手而欲得也。因此而为临时之处置，则以时宜而攫取蒙古，事在指顾间矣。且直隶亦接壤地也，因此而为临时之处置。又以时宜直逼直隶，横扫黄河以北，事在指顾间矣。俄国《黑龙报》云：

沿黑龙总督府管理及该管区殖民地之关东地方，介在我领土（指旅大及西伯利亚）之中间，现今俄国经营文明事业之立脚地也。且与我军占有之满洲，关系最密，不能如从来之分划其统辖权，自黑龙江到直隶湾全地域，不可不要权力之统一及行政之统一!!!

如千九百三年七月三十日之诏敕，乃对于满洲问题为平和之解决者，俄国投数亿万之金钱，经营国家之利益，由此而益坚固。使我国人沿满洲铁道经营事业之大资本家，得最高权力之行政长官为之保护，其发达当益迅速。

又《斯威特报》云：大总督权力之重大，为俄领东亚所必要之处置，自不待言。就实地上得临机应变，解决重要之问题，已可挫折日本人敌忾之气，使俄国于满洲占得牢固之根据。无论何人，决知我国家于所已得之利益必无尺步退让也。

《罗司启里司特克报》云：吾人一瞥今日之时机，则今日所发布之诏敕，于内治与外交上有绝大之价值，可断言也。我国极东领地一跃而化为远东政治上及文化上之中心，与大总督府辖地接壤之边外领土，亦此中心威命之所凌驭。所谓边外领土者，在我国政治之下，为我国军队之所占领，只于公式上尚属清国名义之下而已!!!

日本《国民新闻》亦论之曰：“吾人读该敕令，不得不倾骇俄罗斯帝国大雄图之壮活，是直在欧罗巴俄罗斯帝国外崭新建立亚细亚俄罗斯大帝国也。西欧之事，以欧罗巴俄罗斯帝国操纵之；极东之事，以亚细亚俄罗斯帝国操纵之。缓急并得其宜，则斯拉夫人种大飞跃之舞台，于此东半球为独占矣。”呜呼！是数语者，是诚俄人之所拊掌而称快也。俄人既建帝国之基础于满洲，则满洲必不复为中国有，支那北部亦必不复为支那人种有。故俄人极东统治之变置，为满洲死活之关键，即为支那人种死活之关键。

第三条之当注意，亦为最要者。夫关于国际之事务，既总揽于大总督之掌握中，则前日驻在东亚各国诸俄使，以本国政府之命令为进止者，今后必以大总督府为中心。而大总督府一切得为敏活之擒纵，如清俄密约事，直以大总督一人之意识，而得制清政府之死命。俄国《威妥莫司取新闻》论之曰：极东大总督，握有国际交涉之权利，非独支那、朝鲜二国而已，即与日本交涉之权利，亦为政府所委托。夫为此直接之交涉者，以人种特异之国与吾国殖民地相接近，性质迥殊，利害相反，往往有不可避之冲突，不可不以英敏之手段，即时解决之，以整理国际上之关系，而排除后时失事之沮害。

夫俄人既以外交之权付与极东大总督府矣，则与满政府之交涉，益得以施其离奇变幻不可捉摸之长技。中国驻俄公使仅能窥测俄廷举动之十一，而于东三省交涉事宜，隐然脱离俄政府国际交涉之范围者，无从捕捉其影响。而驻华俄使则又展转支离，借大总督府与俄外部之歧出，以为恫喝饰说之余地。交涉之途，且益穷窘。而在俄人，见利则掠夺不遑，见害则延搁不理，即以唇舌之间，可以枯竭满政府嚣顽聋聩之脑汁矣。顾因此一事而又生有职权上之疑问。驻华诸使颇以职权一事质疑于俄使雷萨，且谓极东大总督，虽带有外交上何等职任，此为俄国本国之处置，非支那帝国政府之所关，清政府不必置极东大总督府于眼中。而驻俄英使，亦以此事质疑于俄外部。俄外部答言："此大总督府新职权，出于本国皇帝之诏敕，本部不与知。我国政体，无一事不待皇帝之亲裁，与贵国制度悬异。本部愚见，则据诏敕所言，各省事件必将以其职事之几分，付与极东大总督。"辞气之间，大为懊恼，于是英使窃疑俄外务大臣之或当至于辞职云。

俄京某新闻云：近日新设行政府敕谕上，第三项付与外交上之权能，各国政府有国际之关系者，必当生种种之推测。大总督既不受本国各大臣之牵制，但对于皇帝为负有责任，似得随意与邻邦修好，有协商缔约之权能者。邻国诸政府，于此权能当作如何之解释耶？夫直接与全权大总督商议，固为便利。如协议决定之后，为圣彼得堡中央政府所否认，则将如何？俄国政略最后之决定，必不得不在中央政府，则邻国政府要求俄国中央政府担保其议决条件之不否认，决非无理，求类似之例于英领印度，除邻国中承认英领印度总督无上权力者之外，非自英国政府立有委任权力之明文之协约者，决不肯与印度总督为何等之交涉。

日本新闻论俄国之二重交涉云：俄国之内部，虽设立何等之制度，此归于彼国之自由行动，而于国际上代表俄国者，不可不以本国政府内所有外务省为主题。国家与国家之交涉，当存于两国相互之间，不得与一地方官为平等之交涉，此理之易明者也。我国与俄国，用敌体之交际，无论何时，必与俄国外务省相谈判。俄国外务省欲决定意见，其取裁于关东大总督之意见与否，乃彼国内部之事，我国之所不理。惟俄国内部之举动，将关东大总督，离立于外务省外，既已见诸事实，则非通知关东总督之情愫，交涉必无圆活之望。故致我国之决心，于隶属关东大总督部下之驻日公使，使转达于总督，亦不可谓非外交方便之一法。然若将日俄协商事件，与驻日公使直接在东京交涉（日俄协商，有移于东京之说，详后），则彼公使者，不以本国外务省之训令为进止，而以关东大总督之指挥为进止。如此则代表俄国之外务省，于此等有重要关系之交涉事件，一无所与知。而我国毕竟与俄同一地方官为敌体，商议国际之重事。是不仅关于我国之体面而已，至其结果，与一权限不完全之全权大使商议事件者相同，不能直缔国家间正式之盟约，而必经本同政府之重行议决。故在俄国现制之下，于东京谈判国际要事，徒为无益，不过迁延时日而已。使关东总督立于本国官省之外，而指挥驻在东洋诸国之公使。此种制度，于根本上实有谬误。俄国发表该制度之际，我国政府不将满洲问题与总督交涉，而直与俄国政府交涉，固亦不承认该制度国际之价值也。俄国如改正外交机关，则不可知。若如现制，则所谓公使云者，其资格大可疑也。

又据八月初八日（阳历九月二十八日）《朝日新闻》特电云：沿黑龙江州之军队，悉隶属于极东大总督亚力启塞夫，直接受其指挥。而中、日、韩三国之俄国使馆所随带之武官，亦归极东大总督所管辖云。

亚力启塞夫之为人也，沉鸷枭桀，热心功名，常欲实行武断侵略主义，以突飞于亚洲大陆之上。而是时俄政府中最有权力之大藏大臣威子特氏所主张之政略，与武断侵略一派绝相反对，遂被转为大臣委员会议长（大臣委员会原文为 Committee of Ministers），而以布累司克继其后任。威氏之转任也，盖出于俄廷武断派之胜利，与亚力启塞夫之新任，相为影响云。夫威氏者，露国政略上之大人物也。当最近十年俄国财政奇绌之要冲，而挥纵横捭阖之手腕，欲以伸张俄国在欧亚二洲隳突无前之势力，故努力官业之扩张、租税之增额，以巩固财政之基础，使岁计增进著见非常之速率，十年间至增加二倍以上。而在内地，则以强制的保护政策，图工商业之发达；在外领，则经略中央亚细亚及满洲诸事业，倾竭全力，开发形胜。而其进行之路，则不以狼吞而以蚕食，循财力伸张之度，以谋国民膨胀之幸福。此世人所颂为理财家之怪杰，而亦近日俄国外交界之所奉以为进止者也。然其财政之所策划，不能尽如所期；而所挟持之主义，又不足以满斯拉夫民族猛鸷骁果之欲望。于是立于政界之大敌，所谓武断派者，为国民所瞩目。而威氏之人望既一转而倾注于彼方，不得不弃其前日之位置，而倚闲散之议席。而俄国政略上重心点，一俯仰间而遂有低昂易位之观。日本《中外商业新报》论之云：俄国藏相之转任，为主战论者之胜利无疑。俄国外交家所倾注之主脑，非巴尔干问题，固依然为极东问题也。俄国虽旧无总理大臣之职制，各省大臣，各别奏请皇帝，直接决定和战之机宜。然至近日，各大臣联合同负责任之念，渐渐炽盛。俄皇亦有委任内阁之指挥统御于一总理大臣之倾向。而前此极东问题形势之危迫也，威子特氏在各大臣中，实有总理大臣之实权，斟酌财政之状况，而终始主张非战论，故战祸因之暂谧。今也威氏既被投置闲散之地，为大臣委员会长，而不能干预政府之枢机。武断派之新运方隆，而文治派之威荣顿戢，不可谓非经济政略家之一大顿挫也。夫俄国之大臣委员会者，自表面上观之，固亦为大臣会议，而其组织之者，在十大臣及有与大臣相等之权力之一二局长外，有总督，有教务院总监，其他宫廷内之部长、国务院各部长并主马寮长等，亦在其内。故议员之半数，为无足轻重之人物。在皇帝专制之团，集合如此杂沓之分子为一议会，其无势力，比之国务院尤有甚焉。威氏之就新任也，不过逍遥于别邸，以卒岁而已。

《外交时报》论之云：俄国完成西伯利亚铁道及经营满洲，非常忙急，而行政上之编制，尚未确立，其于通商上及军事上必多不利。其所以不确立之原因，则以军人社会，欲以西伯利〈亚〉满洲铁道专供军事之用。威子特氏所持经济主义，则欲以此铁道为殖产之大机关，二者相冲突。于是俄皇先使威氏视察当地，奏陈意见；又使克罗巴特金视察当地，奏陈意见。威氏之权力不行于极东军人社会之间，故俄皇于极东经营，采取军人派之主义为根据云。

东京《日日新报》之论云：俄国之发达，属最近十年之事，其富力及其武力，有不可遽测者，非席卷宇内，囊括四海，恐不足以穷其进步之所至。或谓当起大破绽而自致灭亡者，非深知俄国之情事者也。俄人近年经营满洲甚急，或谓出于彼国历代相传，觊得不冻港之政略。然在俄国政治家，乃别有其理由。据前大藏大臣威子特氏所奏陈云：欧洲俄国人口，年年增加数越百五十万人，而内地适于农耕之土壤，甚为狭小，且饥馑洊臻，饿殍盈野，故不得不求殖民地于东方。然虽敷设铁道，整理森林，奖励移住，稍稍徙得二十万人，顾非扩张此事业，移住六七倍之户口，则前途必有异常之困难。威氏之志，盖与德意志以户口滋殖急取殖民政略者相同，而所择者为东北冱寒之地，其事甚难，损失亦甚大，其得失乃别为一问题也。

挪威名士伯伦苏氏近著一书，论俄国统一人民之难易，云：俄国公债百七十二亿五千万佛郎，其内八十六亿六千七百万佛郎，在内地募集；四十二亿五千万佛郎，在外国募集。此外俄股铁道公司投票额四十三亿三千三百万佛郎，概属外国之资本。然政府赋课租税甚急，国民负担力既达其极度，不能复堪新债。而俄国欲延长铁道，即营业费亦不能得，况其利益耶？观威子特氏在御前会议所言，足知租税之不能再增。即欲扩张海军与警察，惟有募集外债之一途。非得法国人供给巨资，则俄国之土崩瓦解将在今日。然俄国与其坐而破产，毋宁一战以图万一之胜。伯氏著论之当否，姑置弗论，如俄国公私债项之多，固欧人之所共危也。且其经营东方，所费虽不赀，而其成绩甚少，固昭然共见者。以此知俄国财政之胜败，不仅关于东方经划之胜败而已，直关于其本国之存亡。然俄国之岁计，多存于租税以外之收入。千九百三年预算，国家专占业收入五亿六千二百万卢布；土地、铁道、森林、矿山等收入五亿二千三百万卢布，以是等特别之岁入，支给公债费而有余。国民虽贫困，而土地广袤，多藏天然之富力，是皆威子特氏诸财政家振希世之手腕，以应国家无限之要求者。威氏既去，布氏继起，于东方经营，更有所厘革，必不致蹈悲观者之所云也。

夫威氏之经营东方也，其失败之主要者，盖有数端：第一、为东清铁道工事，费用不赀，而营业上有绝大之损失。第二、欲利用东清铁道以收中俄贸易之利，及增进俄国工商业之利益。然中俄贸易，依然自恰克图线而转运。外国贸易，则为日英美诸国所垄断，而俄国之利益甚微。第三、以青泥洼为自由港，适以速海参崴之衰灭；且于青泥洼使外国船舶得自由出入时，则旅顺之防备，归于无效，故军人中反对者甚为急激。而威氏之揽政权也，常与武断派相为进退。当布林士罗巴诺甫为外相时，威氏能驭用之，故得以经济主义压武断主义；及姆掌［拿］标甫为外相，则威氏之权力顿减。至姆拿标甫逝世，而拿姆司德罗甫为外相，其精悍不及姆拿标甫，计略丰富亦不及姆拿标甫，故为威子特氏之所抑制。布兰逊之提出新条约案也，雷萨实受意于亚力启塞夫，且得拿姆德罗甫之许可，而威氏不与知。及遇列国之抗议，始与闻此事，仓皇诘问拿姆司德罗甫，斥其不可，而强令向列国声明此事之无根据。夫亚力启塞夫者，实与姆拿标甫合谋占领旅顺者也。姆拿标甫逝，而亚力启塞夫自命为其后继者，彼其不能默默于中央政府牵掣之下，岂一朝夕之故耶？且以经济之胜利，而谋东方之事业；驯致以东方之事业，而累经济之发达。其亟亟谋势力之巩固，而利用强硬之处置者，又与经济政策之失败，相累而并进。威氏之不安其位也固宜，而亚力启塞夫之雄锐，既足以左右政府之枢要。彼其眼中，于列强所谓开放门户、保全支那之阴狡险贼之语言，且不屑为之置重，驱数十万之貔貅，而随之以快枪巨炮，压长城以北，而吐鼻息于太行山南面之平地，尚不足以餍其贪叨之欲，鸠涣散蒙昧之支那民族。而驭之以疲癃老悖满政府之大官，使当健鹘盘空之爪距，是殆天之所以骄宠武人者耶?!

亚力启塞夫之受新命也，最初所当措置者，为统治极东之规划。于是以八月初三日（阳历九月二十三日）开第二次之旅顺会议，设文武两委员会，以审议编纂极东之行政法。亚力启塞夫大总督自为总委员长，关东省副总督乌俄罗诺甫为军务委员长，那答诺甫中将为行政部委员长。极东俄领内之高等官，各由乌苏里铁道及东清铁道驰赴旅顺，参议一切。即今尚在会议中，固无以知其实际。然大总督府俨然既为一独立政府，则内治上之行政机关固不可不备具；而海陆军政之机关，与外交上之机关，亦不得不设置。且据高加索大总督旧制，则大要当废黑龙沿道总督府，将旧黑龙沿道总督管内分数军区为近于事实云。至大总督府之位置，或云当在海参崴，或云当在旅顺青泥洼，或云当在尼古利斯克，或云当在哈尔宾［滨］。俄国某新闻则云：旅顺青泥洼者，乃租借地，以租借地置此最高文武行政府，盖非理宜。宜以海参崴为得当。顾为此论者，亦所谓聊以解嘲云耳。夫俄人之所注意者，非在是非之上，而在利害之上。果以是非言之，安用此大总督府为耶？彼以大总督之职权，指挥外交上之事变，则取地形便利之处，不在旅顺，必在青泥洼。且知极其暴恶，则竟将置之于哈尔滨，驻东三省之中心，而扼东清铁道之脊干，以成常山率然首尾相应之势，亦将为所欲为。而亚细亚俄罗斯政治之中心，与太平洋西岸外交之重点，皆必随大总督府之位置以为移转。我支那民族者，仅值拥残余之面积，听命于此中心点之俯仰以为生杀。呜呼！满政府诚已矣。吾国民其奈此何？

七月初一日《时事新报》云：旅顺、青泥洼二地，于数日间有日俄开战之风说。华人陆续内徙，每便船至，引还者多则千人，少则二三百人。关东总督亚力启塞夫，因出告示以镇静民心，其文曰："大俄钦命总督关东事务、统辖陆军、督理太平洋海防军，为严杜谣言以安商民事。风闻关东商民辄有迁徙境外者，访其情由，类因市谣传，谓大俄、日本将有战争，致令惊恐之故耳。抑知此等无稽之谣，概系匪人捏造，煽惑乡愚，希图渔利。倘不出示晓谕，以杜流传，将贻害伊于胡底，为此示仰阖属商民人等一体通知。现值俄日笃交、两国太平之际，仰冀尔等处常安分，勿得妄信谣传，顿生疑惧。我大俄轸念商民，中外从无歧视。凡系隶俄之版、践俄之土，无论人分欧亚，罔不加意保护。自谕之后，倘再有捏造前言者，一经查出，定行严拿究办，决不姑容，切切特谕，其各遵照勿违。"为此示出而民心遂静，归者益少甚矣。吾国民之劣弱也，旅顺、青泥洼者，固租界也。租界云者，固伊然中国之版图、中国之土地也，然彼族居然大言不惭曰隶俄之版、践俄之土矣。然而，吾国民者，则亦帖然就范曰：此诚隶俄之版、践俄之土矣。岂惟旅顺、青泥洼？凡沿江海各租界中称大英、大美、大法不绝口者，触目皆是也。岂独治外法权不收回之故？吾国民中之脑质中，固无所谓独立自主之根性存也。如彼亚力启塞夫者，此后当遍施之于长城南北矣；如彼日、英、美、法、德无数之亚力启塞夫者，此后当遍施之于中原大陆矣。吾国民而自甘之，于人乎何尤！

三、 新要求之黑幕

雷萨之自旅顺会议归也，其举动益益沉静。而庆邸与雷萨之会晤，亦颇疏阔。为揣测之辞者，谓俟俄京之训令也。然无端而七月一日（阳历八月二十三〈日〉），日本各新闻纸喧传有第三密约之事，其约稿云：

（第一条） 简放东三省将军都统大臣及道府人员，当自军机处通知外务部，使与俄国公使协商。若两者无异议，则遵旨简用；有异议当请旨另简。

奏参东三省将军都统大员时，亦宜随时照会俄国公使，协议妥当之后，始行奏参。而佐领以下诸人员，则由东三省大员会同驻京俄国公使斟酌用舍。

驻扎东三省之清国官兵，均归俄国公使节制委用之，不准与俄国人寻衅。俄国官兵，亦各安其分，不与清国官兵寻衅。若两者有违抗之情形，各归本国惩处。

东三省地方，遇有教匪及马贼作乱时，先由清国官吏剿除之。若兵力不足时，可禀商俄国官兵会同剿灭。

（第二条） 与俄国通商之东三省诸口岸，但为中俄之通商地，不准与他国通商。若有别国前往同口岸通商时，俄国可问罪于清国政府。东三省开矿事，先由俄国照会清国大臣办理之，不准他国干预，亦不准他国在该省地域内经营矿业。

（第三条） 东三省税务，当由清国官员与俄国驻局官员协同办理。如有漏税情事，系未经照会者，由俄国公使订明罚款，按罪施行。铁道事宜，当归俄国，由俄国照会清国协同办理。自今二十年后，归还清国，由清国照会俄国办理。若在二十年以内，俄国不愿管理时，可使中国自主，但不许与他国会办。

（第四条） 东三省电信邮便，虽已归清国官员经理，尔后必与俄国官员会同办理。凡该件上重要事务，均归俄国驻局官员主管。若两国当事者有违误时，均归俄国公使订明罚款，按罪施行。

（第五条） 清俄定约后，或因此条约有与他国开战之情事时，清俄两国官兵当协同赴敌。若清国不肯应援时，俄国当以独力当之。惟战胜之后，清国宜将东三省全部归俄国之管辖。驻在东三省之清国文武官吏，当移之别省，另行委用。至该省居民，归俄国所抚绥，令悉仍旧业。（据东报译录）

上所有密约条件，为清俄两国合璧文字，起草于庆邸王文韶、李经义之手，而王文韶修正之，张之洞则至约成时始知。当调印时，在西太后前，强令画押。庆邸则于归邸后画押，瞿鸿禨在外务部画押，李经义、增祺、长顺则系庆邸代为画押。王文韶以闰五月二十八日午前十二时（阳历七月二十日）至俄使馆面晤雷萨为之画押。而李经义之参与，则以前年李鸿章清俄密约之事，俄人贻之以亿万之金钱，故此次俄公使请于外务部促令上京，使成此约云。然日本驻京公使内田康哉质问张之洞，张之洞则力言密约之必不足信。

《国民新闻》论之曰："吾人虽不能据信此传说之遂为事实，然观俄人不履行从前之约束，及其对于清国之行动，则缔结密约之谣传，不遽为无因也。夫两国之密约，与列国共通之政策，全不相容。极东全局之平和，固当陷于异常之危急，无论其为虚与实，与支那利害关系最多之一国，固万万不能作袖手旁观之态度也。"

夫此约之成立，固难据信。而其出于雷萨与璞科第之要索，则未必全无影响。盖其所传说者，非仅由窥探于满政府而得之者，在俄人亦尝漏言之。自此约暴露后，日使与英使，益益对满政府为严切之警戒。庆邸因此大有所危惧，应对俄使稍稍用强硬之辞气。而七月二十日（阳历九月十一日）则又暴发有俄国要求之新条件，其大要如下：（据《朝日新闻》）

（1）变更昨年四月八日中俄协约之期限，以盛京省全部俄国占领军队之撤退期，为本年十月八日事（阳历十月八日即中历八月十八日）。吉林省全部之撤兵，更以此后六个月为期限；黑龙江省全部之撤兵，顺次以往后之六个月为期限。

（2）为计松花江航行船舶之便利，俄国当于其沿岸新设码头。又为保护船舶之航行及剿除不时之匪乱，当在新设码头驻屯若干军队。

（3）现在盛京、吉林、黑龙江三省内所架设之电线，当归俄国保有之，且今后有必要通信之地方，俄国得任意架设新电线。

（4）为期望中俄两国贸易之繁盛，在清国不准以厘金及他种名目，对于陆路输入东三省之俄国商品，课现在设定以外之新税，且不准加课现在施行课额以上之税率。

（5）设置东三省各处之华俄银行支店，虽在俄国实行本约撤兵之后，不得变更。又牛庄关税收入事宜及检疫事务，均照现行成例，不得变更。

（6）俄国撤兵后，东三省全部，清国一切不得让与他国，及与他国立租借之约。

而别报所言，则又与前文稍有异同者，其大要如下：

（1）满洲地域，不论用何等名义，除俄国外，不许割让他国及借与他国。

（2）松花江一带所设码头，当以俄兵驻守之。沿松花江电信，归俄国专有。自齐齐哈尔至布拉郭悦式厘司克之道路，俄国当置哨兵守护之。（按：布拉郭悦式厘斯克，即阿穆尔省之会城。）

（3）满洲运输货物，当准陆路贸易章程，不得在现行税额上增加税额。

（4）满洲一带检疫医师，专归俄国官吏监理之。

（5）满洲内地，华俄银行所开设之支店，当以受过俄国训练之支那兵保护之。

以上为要求之大节目，如此约成立时，则当依下方之次序实行撤兵之事。

牛庄、凤凰城、安东县、辽阳四处，当即时撤退。

吉林、长春、伊通州、宽城子、铁岭五处，当在今后四个月内撤退。

宁古塔、齐齐哈尔、阿什喀、海拉尔四处，当在今后一年以内撤退。

《时事新报》论之曰：俄使去十五日（阳历九月六日）提出之新条件，比前日代理公使布兰荪所提出之条件，不仅无所违异而已，且更有进步之象。如满洲不许割让他国，其为包藏占领支那领土之祸心，自不待言，于吾辈所不关痛痒。至满洲到处有架设电信之特权，则比布兰荪案所要求范围更广。以前案仅指旅顺、牛庄、奉天之一部，此次则遍及满洲全部也。牛庄检疫事，亦为干涉支那行政权不法之问题，且妨碍其他外国人旅行居住及货物输出入之自由。至铁道输入之货物，不准在四分七厘以上更增税率，为不可之甚者。现在增加海关税则一事，正在协商中，乃依据列国协同之议定书，承诺七分七厘之附加税者，各国与中国，必将缔结同主义之条约。如俄国货物仅征四分七厘以内之税额，乃蔑视列国共通之利益。此中俄陆路贸易有特殊之历史，然与他国税率相去太远，不可谓非专横之处置。至松花江码头置兵，及齐齐哈尔至阿穆尔沿途置兵，是为履行撤兵条件之故，更得驻屯军队之利益。此约果得成立，则与东清铁道相交叉延长及二百里内外之松花江领域，为满洲腹地最要之部分者，不得不归俄人所占领；自齐齐哈尔至阿穆尔城与松花江平行之驻兵线，则满洲地域，苟人迹所至，无不见俄兵之壁垒者。不独撤兵条件不履行而已，且扩张其驻守之区域，举满洲内地之利益为俄人独据。清国政府果承诺此约，则结局大可寒心。此要求条件之发纵指示者，出于亚力启塞夫氏颇多云。

《中央新闻》论之曰：雷萨所提出之新条件，乃以盛京省撤兵为名，而将满洲要害吉、黑两省之撤兵，迁延时日。于实际上举满洲利权一切收入掌握中，以求达其最初之目的者，比前次提出之七条于形式上似较为退让，而其实则益益进步。且盛京撤兵，以十月八日为期，亦终归于不信。彼无餍之欲壑，固未易填；而老猾之伎俩，亦殊为见惯也。

俄人所要求，始终持一贯之主义，其对满政府也，则以无名之金帛诱之于昏暮之间，而以循环之恫喝，劫之于砧俎之上，作使西太后之威力以劫廷臣，而又作使廷臣之奔走以媚西太后。盖密约之几于成立者数矣，顾每每为日英二国所妨。雷萨之提出新案也，西太后命修正一二小小更改从速了结，遂有密谕令中俄外交事情，不得漏泄于日英二公使之旨。而日英侦探甚密，尽悉底蕴。于是英使直对庆邸，谓贵政府可早许俄约，中俄密约今日成立者，我英国国旗，即当悬插于扬子江流域之重要都会中，事幸速定，毋濡滞。而日美二使亦大有所刺激，庆邸顽昏迟钝之头脑，骤然异常被一打击，知手段之凶狠，难以收拾也。乃决议拒绝俄使之要求，八月初三日送复书于俄使，其大略云：

敝国常欲以信义保全两国之邦交，如今次所要求者，非贵国履行前日撤兵成约之后，则不能予以答复。

至是而满政府之态度，如稍有起色者，而外人之嘲之者，则谓公等碌碌，依人成事，非英美二使作其垂暮之气，则颓然面有死色，周章于西太后之阶闼，而次且嗫嚅于北京外交社会之间，左右做人难，诚不足为满政府诸达官颂也。雷萨受此复答之后，暂从搁置，若无事者；而阳开阴合之妙手，不日又将别有所发动，波兴云诡，夭矫不测，骎骎入八月十八之第三撤兵期限中，而第二次期限内层出叠见之机芽，尚不知所归宿。自此以往，满政府一举手一摇足，固无一不罥绊于罟擭陷阱之中；而吾国民未醒清梦，酣嘻沉冥，鼾齁呓语，不知有大力者负之而趋，投入无量数不可思议之黑暗地狱中，永无转大法轮以为之脱离苦厄者矣。

四、 华俄银行

亚尔夫雷得司特得氏曰："俄人之得信用于满洲也，非在其军队而在其银行之活动。彼以银行及铁道，代铁炮与弹药而征服满洲，俄国所支出者，仅五千万镑。若依兵力而取得此绝大之富源。至少须费二万万镑，然彼得安坐而享之，无恢复战后荒芜之用费，故满洲问题之可惧者，非哥萨克之军队，实东清铁道与华俄银行也。"呜呼！银行之灭人国也，固胜于兵力。兵力者，如虎狼然，以巨牙钩爪噬人者，人亦将以毒弩快炮制之。惟不为所制者，乃得尝一脔焉。银行者，如妖狐野魅，冶容艳服，以摄生人之魂魄，而监其心脑。鲜不昵就而乐于赴死者，以银行为之外蔽，而以兵力为之中心；以银行为之前导，而以兵力为之后劲，被妖狐野魅之面目，而作使巨牙钩爪之威仪，乃席卷千里，坐制他族之项背，而无与为敌矣。夫银行政策者，非独所谓贿赂而已，固实有操纵殖民地财力之命脉者焉。借贿赂之势力，以行之于宫闱朝宇之间；借经济之势力，以行之于农工商矿之上。所欲取者，忠其不盈；则所欲与者，患其不急。运同一之手段。于互相依附之二方面，左萦右拂，投之所向，无不如志。读吾国之历史者，如嬴秦之所以亡，六国炎午之所以锄蜀汉，禄山之所以倾唐室，金人之所以窥赵宋，未有不用贿赂以行之者也。至于假经济之力，以伸其开疆拓地之妙用者，固未之前闻焉。夫孰知国民经济之理论，昭昭揭日月，如今世界者，以区区阿堵物，经纬帝国主义之绝大事业，乃无不摧之壁垒，无不犁之巢穴哉！华俄银行之作用，以前一方面为表面上之大部分，以后一方面为里面之一大部分。吾国民之深知其情状者，盖不数数也，顾如外人之觇国者，则皆历历能言之。

东京《日日新闻》云：俄人在清国有二名之公使，一活动于

外面，一活动于里面。活动于外面者，俄公使雷萨也；活动于里面者。则华俄银行总理璞科第也。一则以格式与体面上与外务衙部门交涉为列国公使之一人；一则为注视清国之实相，投达官贵人之嗜好，而暗夜来往雍和宫、白云观及出入内廷，为特置外交官之一人。自清国交涉事宜上言之，则设置明白正当之公使，反不如设置藏头露尾之密使，为适应于机宜，且往往奏非常之功效。俄国对清政策欲得成功者，终不可不依赖此藏头露尾之密使的腕力。

华清［俄］银行北京支店，一名贿赂供应局，谓为经营商业者，不如谓为政略上之事务。而此变相之银行，以北京为中心，为机敏而有胆略之枭杰所管理，遂能伸张其威力，而布散于满洲地方。俄人之侵略他国若怀柔他国也，常以政治的势力与经济的威力，相为表里，以图根叶之繁茂。在中央亚细亚地方，则以波斯亚银行；在东方亚细亚方面，则以华俄银行。恃此二者，为陆军省之参谋部，或经营铁道、矿山、航运，或买收官吏，以黄金之魔力，达将来之期望，此事实之至明白者也。经营满洲，而使用华俄银行之魔力，夫岂偶然也？

在满洲设置华俄银行支店若兑换处诸地方如下：

（一）支店所在地：营口、旅顺口、青泥洼、哈拉宾［哈尔滨］。

（二）兑换处所在地：辽阳、奉天、铁岭、公主陵、开原、宽城子、吉林、齐齐哈尔、海拉尔、伊通州、珲春、伯都讷、宁古塔。

满洲枢要诸土地，到处无不有华俄银行支店。若兑换局之设置，其金融界之势力，全然为该行所占。有是等四支店十三兑换局，无一不仰鼻息于东方大总董璞科第氏，一面供给俄军，一面放散资本于清国官吏及诸绅董。对于俄国之事务，则有若东清铁道，有若满洲驻屯军队，有若掘采矿山，有若采伐森林，有若扩张河海航路，有若建设都会，有若修筑港湾，有若兴造船渠，有若制造船舶，其他俄国经营东方若团体之事业、若个人之事业，无一不投给资本，以增进俄人之势力。而对于清国之事务，则以投资于党俄派诸宵小为目的，勿论其人为将军、为道台、为知府知县，皆睊此曹之所急，乘机买收之，渐次遂得握清国官吏之死活。如奉天将军增祺，一时以百五十万两之巨款，颇有进退维谷之势。据本年四月增将军奏折，则将巨额减少为二十五万两，而风闻传说，乃俄国乘增氏之穷迫，给以五十万之巨贿，因获得绝大之利权云。所谓赠贿者，非必现金，不过抵销前日贷借华俄银行之缺数。俄国以此种手段擒获各将军、道台等，而徐徐显其狠毒之态度，虽欲不收得权利而亦不可得也。原来清国官吏之收贿，乃公然授受而不相忌讳者，上自督抚，下至知县。无一人不以收贿为生活。俚谚有云：总督三年富百万，道台三年富十万。足以察知其一斑。彼等生来天性上有收贿心，故不啻收本国国民之贿而已，虽敌国赠贻，亦不暇顾念收纳以后之结果如何，而即时纳入。近时在满洲各官吏，多成富室，固自朘削脂膏而得之，非必出于俄人之馈遗。然有多数确有收贿之证据者，如前营口道台李席珍、锦县知县阿厚琦，如承德县知县、通化县知县、金州知州等，为俄国势力之所驱使，死心塌地，后先奔走，固明白之事实。俄人买收是等官吏，其结果也，常以二倍三倍之债缺，而要索十倍百倍之报酬。一旦遭金钱之束缚，则俯首帖耳，缔结契约。而俄人受持契约，藏之怀抱中，徐徐窥北京政界之动静，而乘机飚发，蓦然将是等契约，施诸事实。昨年来俄国在满洲获得利权之手段，固无一不出于此术也。夫今日所谓对清政略者，固以金力及军力并用，为最良最上之手段。俄人之察勘清国人民，察勘清国官吏，察勘清国政府，确乎有超出列强之眼孔，固不可不亟为注意也。

大阪《朝日新闻》论外交机密费云：对于欧美文明国，不可不以绝大之机密费，利用彼国有力诸新闻纸，平居则以之侦察国内政权之趋势及列国关系之内情。国际问题发生之时，则说明我国所主张之正义，唤起彼国之舆论，利用政党竞争之力，以箝制其政府。而对于最接近之清韩二国，虽无操纵新闻纸之必要，而此两国之大官，多为铜臭所熏沐。俄国外交上之成功，以此为一大原因。我国及英国外交官，徒恃议论，而忽于暗地之运动，此其所以输却俄人一筹也。俄国设华俄银行，以为外交机关，其总董常出入北京之宫禁中，与李莲英及诸宦侍相结托，撒布黄金，以操纵政府之行动；挟无赖之术数，摄取老糊涂之魂魄，与我国相角逐于外交界。我国外交官，虽有如何灵敏之头脑，非利用黄白之力，到底不能操胜算，至明白也。且俄国外交上成功之原因，为能适合于从来之习惯耳。对于以黄金买官赎刑之清国，徒然主张条约上之权利，必不能得其要领，犹之对于以舆论左右政府之泰西诸国，独与政府相谈判而外视国民者，同为迂拙之至也。故吾人断言给与驻在外国之外交官，以巨额之机密费，或更别立名义，设立与华俄银行相似之特别机关，为今日之急务。

《二六新报》论云：英国政府东洋外交机密费，每年六十万圆。至今日以东亚多事，仅仅使用此数，不能应时势之理宜，因有增加定额之议。至于俄国，其需要之供给，绝无制限，每岁所出殆不下千余万。我日本之外交机密费，每岁仅仅二十万圆，亦何寒邨［伧］之甚耶？且二十万圆之中，同文会实每岁取四万圆，而所营之事业，除同文书院教育一事外，别无所见。外务省之机密费，惟用之于教育耶？政府于此固不可不负其责任。

而最近两月中，《朝日新闻》往往发见无数之事实，某日自华俄银行与清国内廷，为五百万金额之交涉，西太后所入四百万，李莲英百万。而本月初九日，又有授受百万两金额之情事。汇丰银行因之对于清政府，倡一种之异议，此金额为借款与否，尚不明晰。据切实可据之调查，则该金额非贷借者，乃一种特别之运动费。而日本人论清政府诸贵官，其争论满洲问题，党俄、党日两派分歧，其实不外汲汲于营私欲而争权利。至其结果，徒使外交上及行政上一切政策，酿非常之纷扰。因收贿之不平均，而生感情之刺激；因感情之刺激，而用倾危之手段。如庆邸、肃邸、王文韶、鹿传霖、瞿鸿禨、崑冈等，专以此种情事，致生轧轹，自相谗构。清廷外交之秘密，遂多为是等诸大官所摘发。俄公使知仅仅买收一二权要，未足以箝制诸人之口舌，消灭无限之波澜也。乃一切以黄金政略餍其欲壑，而驱策李莲英恳愿西太后，镇抚群臣之诟讼。彼等脂韦滑熟，但为黄白所左右。今日党俄，明日党日，蒲柳之姿，望风而靡，至如中原之大计，不知抛置何许。呜呼！我政府之情态，如此之离奇变幻，无他故焉。有孔方兄目挑心招于外，而又有妒嫉神援旗击鼓于内，披倡傲扰，不可方物，诚四千年历史之所未闻，而五洲各国之所未见也。夫以国母之尊，受天下之养，直以区区好作家计之故，而甘心为异族之所愚弄者，诚天之所以夺满政府之魄矣。顾吾民族者，则亦颠倒迷乱于此丧心病狂之潮流中，与之为无心肝则亦为无心肝，与之为无头脑则亦为无头脑，是则可羞痛也。夫满政府之断送其命脉，可言也；不顾忌满政府之覆灭，而因不暇顾忌吾种族之覆灭，不可言也。满政府之放弃其主权，可言也；不顾念满政府主权之存在，而因不暇顾念吾种族主权之存在，不可言也。吾国民、吾民族，欲收回三百年前已失之主权，则万万不可任满政府之贻与于他国民、他民族之手，亦不可自吾国民、吾民族追随满政府之后，以贻与他国民、他民族之手。吾国民欲革命，则革满政府之命，不可俟满政府已隶属于他人之宇下而后为之；吾国民欲问罪，则问满政府之罪，不可附和满政府，使甘心饮鸩酒以止渴、食漏脯以救饥，而后从而殉之。然而吾国民，为满洲之官吏者，其言论思想，足以增益满政府之病痛；其迷谬昏愚，足以传授满政府之衣钵。人格如此，适足以供彼国国民经济政策之所蹂躏而已，足以供彼国国民经济政策之所豢养而已。夫复何言？夫复何言?!

五、 日俄冲突之暗流及其战斗之实力

凡国土之消亡也，于其敌国之政治界、经济界增莫大之利益者，必直接于其主国之政治界、经济界蒙莫大之损失。是故在主国有绝对之苦痛，必有绝对之竞争，此固事理之当然。未有以主国之政府而立于不痛不痒之地位，以主国之国民而立于不憷不竦之地位，而坐视第三国之角逐，以与为起伏，与为啼笑者也。夫俄人之踞满洲也，曰殖民；日本之争满洲问题也，亦曰殖民。以

满洲土地之腴沃、物产之丰富，诚哉其宜于殖民，而当实施此殖民之政略，孰有如支那帝国者？当享有此殖民之权利，孰有如支那帝国者？然而，盗有支那帝国主权之满政府若不闻之、若不见之，岂其情哉？以满洲之丁稚坐食汉人之粮饷，以满洲之驻防坐制汉人之心腹，则固不暇以满洲人耕殖满洲。汉人之出关耕牧也，则以侵轶壤地为罪；汉人之出关采掘也，则以侵犯祖陵为罪；汉人之出关营业者，既为种种无理之制防所轭辖，旷二百年而不敢涉足矣。及至近世，稍稍从事垦辟，然而其官吏之残酷、禁防之苛细，使迁徙者无所自存活，悍然而自弃于盗贼。凡关外之所谓红胡子、所谓马贼者，皆汉人转徙沟壑之余生也。夫既不以满洲人耕殖满洲，又决不乐汉人之耕殖满洲，则固不得不禁锢天府之宝藏，以私之于枕函衣笥之间；既私之于枕函衣笥之间，则固不能禁大盗之挈箧担笥而趋，而更无颜面以诉同情于吾汉人之侧。而吾汉人者，若狂呼大叫，谓此为支那帝国之领土，则彼满政府者，固内度以为此吾家事，于奴隶何与？吾汉人既赧然世袭有奴隶之资格矣，亦自疑自愧曰，此渠家事，于奴隶何与？情态如此，历史如此，则宜乎惟第三国与敌国者，角逐于此殖民地，而各据一死力相持之势也。尾崎义雄曰："日俄之冲突，必不可避，支那大分割为日俄战争之结果。如救火场中遇一盗贼，剥其衣，剐其肉，无与怜者。故日俄战争之苦痛，实极东之大变局也。曰支那，曰朝鲜，不过为过去历史上之名词，其实体则已消灭。支那者，非支那人之支那，而俄罗斯之支那、英吉利之支那、德意志之支那、法兰西之支那也。夫日俄战争者，帝国主义之冲突，而极东灭亡之导火线也。"果若斯言，贻吾汉种以灭种绝族之痛者，实彼满政府阴鸷危险之压制政策，使吾汉种者，但得坐观外盗之争哄，以定分赃之丰歉而已矣。尾崎义雄又曰："郁勃哉！支那之革命，及今革命始激昂，及今分割亦顺利。”诚然，诚然！革命已晚，不革命亦又安归？

法兰西某文豪之言曰：美人以锹，俄人以剑，拓殖东西两大陆。呜呼！孰知今日之俄人，固左手执锄右手按剑，以拓殖满洲之广野耶？孰知负红色之肩章则为兵士，易绿色之组纽则为农民，以充塞极东海岸之舞台耶？自东清铁道以入满洲之内地，芳原绣甸，几千百里。长流巨浸，几千百道，固俨然大农国之规模也。而吾汉种人之里居与土人之部落，则寥落无几家，卑陋须窭，不立生计。其巍然破风物之荒凉，而显见无限之威荣者，则俄人铁道守备队之炼瓦兵营也。每驿道间必有二三营，每营中必有二三十人，若四五十人，营哥萨克之家族生活，而习用斯拉夫人种之风态。说者谓为俄国殖民地之初步，他日满洲农业上享有独占之势力者，将在于是。俄国策士常曰：“易东清铁道守备兵以殖民事业者，俄国之急务也。自清政府视之，均之铁道之守备队，为兵士与为殖民人，固无所为轩轾，而清政府又可征同一之租税。且以铁道沿路之土地贷与汉种与贷与斯拉夫人，并无差异。而贷与斯拉夫人为与俄人及东清铁道以安宁之保证，益以证明俄人之非包藏祸心也。”呜呼！何其立言之巧耶?！犬养毅之漫游吾国而归也，谓今日凡东清铁道之所达，其乘车之客位，无非军人之所充实；其运转之货物，无非军人器械粮饷之所麕聚；浮海之大舰巨舶，亦无非东洋军舰之旗帜与义勇舰队之帆樯。所有社会上之人民，除铁道技师之外，凡收票验票及下等雇役，无非军人。以搬夫之善于驭马，询其出身，则在预备，若后备之骑兵也。凡邮便执役之人，亦以军人充之，所见所闻，无非是物。夫俄国之殖民，何之而不用剑，抑亦何之而必用剑？阳言之曰撤兵则以锄，抗言之曰不撤兵则以剑，惟视其目的之所在，则不惮翻云覆雨以达之，要以确立其殖民政略之基础为主义而已。英人之近事评论有云：俄国在极东经济上之膨胀，与列国对清之动机大异。盖俄国占领满洲之目的，非为求商业上之市场，直欲移己国工商业之中心点，建设于彼处。彼国所执之政略，不仅在占商业上之胜利而已，实欲并有清国之商工业。故虽极力输入外资于满洲，而除俄人及清人外，不许他国人移住。

又有乌拉尔氏《现代评论》云：英美抗议之事，惟自道理上非难俄人之掩有满洲而已，不过为无欲之争论。支那人之拒绝俄人，亦迫于二国而出于不得已，非有求胜之心也。世人所注目者，为占领满洲之军队，而未尝注目于其民政。要其最要者，在此而已。俄国已于千九百年，移农民八千人于哈尔滨，立俄人村落，使之波及于四方。其现在所措置，有俄国之行政，有俄国之警察，有俄国之学校，有收税吏与银行员合体之官吏，奄有之实，无所不举，列国乃起而使之撤兵，多见其不知量也。

俄人之割据满洲，大势既定，到底非可挽回者。如云支那与俄国当战争于满洲之野，尤为妄诞之梦想。一旦抗议俄国，强使撤退，国际破裂，则撤兵之事益不可行，徒增进俄人之势力。且纵令俄兵果肯撤退乎，满洲地方人民沉深于俄国之同化力，已为不可掩之事实。俄人以其怀柔政策，勉使满洲人民甘心蜷伏于俄国帝政之下，随喜渴仰，与俄国相连锁相结合。彼根性薄弱、奴颜卑膝之支那人种，自支那官吏残酷手段之下奔逸而出，如雀之投林，鱼之得水。于是俄国之钞票，为满洲人民之国定货币；俄人之法庭，为满洲人民之国立裁判所。支那人之先天的奴隶性质，诚地球所未有之下贱人种。顾如彼斯拉夫人种之怀柔政策，谁不可惊耶？

满洲之为俄殖民地，其根据牢确，至于如此。能使支那人种亲和，能使支那人种昵就，能使盗有支那人种主权者，欢诺而相赠贻。吾支那人种之无根性，固为世界不思议之一动物；盗有支那人种主权者之无脑筋，亦为世界不思议之一动物。而以不思议之动物之舞台，演出斯拉夫人种不思议之政略，举手伸足，坐制东海，诚二十世纪劈头殖民史上之一大伟观，而亦二十世纪劈头人种哲学问题之一大惨剧也。顾彼日本者，岂能塞耳闭目高拱揖让。以坐待切肤之痛哉？岂能蜷手曲足，蹁躚不进以坐观事机之失哉？且为之妒，且为之羡，且为之食指动，且为之欲焰焚灼，于是蹶起。于是叫号。一则曰利害关系最切〈者〉莫如我日本，再则曰满洲殖民权利之所当分享者莫如我日本。而“满洲”二字，在俄人心目中，则成为有主之幼稚的新领土之一名词；在日本人心目中，则成为无主之荒芜的新世界之一名词。与彼支那民族者，固无复有丝毫权利之牵挂；与彼盗有支那人种主权之满洲政府者，更无复有丝毫势力之牵挂。

英人之近著评论云：日本人之欲望，非独输出货物于满洲而已，必欲与俄人同时占有殖民之利益。故日本之开放满洲，直为其人口之膨胀，与欧洲列国单为货物者，情势悬绝。日本为达此目的，虽至于战争亦所不辞。

俄人《关东报》之《非撤兵论》云：日本指满洲之经济的利害，为干涉之口实，夫此何独限于满洲而不曰台湾，不曰朝鲜，不曰菲律宾、澳大利亚，彼皆日本人所移住之地方，独于经济上之利害无所干系耶？台湾者，日本人殖民正当之驿路也。须移住于彼处，不可无资本，又不可不防备生蕃之蠢动，故彼等以趋赴于我国经营就绪之满洲为便利。

《日本新闻》之《日俄开战论》云：日本面积仅二万七千方里，而人口四千五百万，一方里有千七百人，耕地殆尽，而科学之作用，又不足以增加无限之生产力。一年国民之所生殖，不过十八亿万圆，每人均分，不过四十圆，以此四十圆为一人一年之衣食、纳税及教育子弟之用，大有所不足。贫弱如此，非发展国力于海外，不足期国势之隆盛。而以有色人种为欧美人所排斥，美利加、布哇、澳大利亚到处受迫害；而满洲之富源，吉林之沃壤，又为俄人所闭置，则将局蹐岛国下首低眉以踯躅于蜗角之小天地，而坐枯立槁。

而《俄国新闻》之《日俄开战评》则云：世人多以日本国土狭隘，不足容现在之人口，于事实则反是。日本之本岛中，适于耕作之地，过半未从拓殖。如北海道及千岛诸岛，面积九万五百平方启罗迈当，今犹空漠，现在之人口不过六十万人。察气候及土地之状况，足容一千万人而有余。而以日来［本］将来农业之方法，足容二千万人。然则日本国土非狭隘，唯人口达于现在二倍以上，尚足收容之。试开地图而观之，日本四十一万七千平方启罗迈当，四千六百五十万人，即一平方启罗迈当含百十一人，然和［荷］兰一平方启罗迈当含百六十人，英国含二百十五人，比国含二百卅一人，萨克逊含二百八十人。而日本之农民较之欧洲，以少额之食物而可足。且比国与萨克逊，皆工商国，日本亦然，移住朝鲜之四万日本人，皆营商工而非农业；散在西伯利亚及满洲之日本人，从事于农业及牧畜者，所不常见。然则日本人所必要者，非在土地之扩张，而在商工业之发达。若使富于良港之朝鲜，一旦落于日本人之手，则不仅满洲、乌苏里江以北一带为日本之好市场而已，自北清地方至上海，亦无非日本人之好市场。

是故满洲问题之冲突，为日俄两国民生计之冲突；满洲问题之竞争，为日俄两国民死活之竞争。且非独日俄两国民生计之冲突、日俄两国民死活之竞争而已，实黄白两种人生计之冲突、黄白两种人死活之竞争。而以日本为亚细亚秋拿尼安人种之代表，以俄罗斯为亚利安人种之代表者焉。夫人种竞争者，视其国民之活泼与沉滞以为动机，视其国民之伸张与退缩以为趋势，视其国民之团结与涣散以为成形，视其国民之坚强与楛窳以为实力。故以支那帝国国民当所负之责任，而日本国民得以取而代之；以支那帝国国民所当发之锋颖，而日本国民得以取而专之；支那帝国国民以聋以暗，以委顿于床蓐之间，而日本国民与俄罗斯国民者，以诅以诟，以鹰晴［睛］以虎视于枪机炮准之上。是政［故］日本之主战论者曰：西欧文明之压力加于东方者，当无所底止，然国民之精神，非因外来之势力，而容易屈服者。苟国民与人种之精神不至消亡，则国家必不至于瓦解。今日在亚利安人种外有健全之国家者，非我日本莫属，宜鉴历史之趋向以统一国民之思想。俄罗斯之主战论者曰：以亚细亚为亚细亚人之亚细亚之日本主义，非吾人之所取。吾人虽至发现确然与支那人分画划境之地点，犹当经营亚细亚之文明事业。虽然，恐吾人不能发现如此确定之界线，虽至吾人之子孙，尚不得在明白确当之条件下而划定之!!!日本之主战论者曰：物质的文明者，野蛮之遗物也。进步者所以琢磨野蛮思想，而琢磨野蛮思想之吞弱暴寡之文明，实恶魔之化身。日俄战争者，国家势力之冲突，即帝国主义之冲突，我日本人不可不承认最高最大之使命，以宣布于世界，立人类权利之大本。故与俄人战争者，为人道战，为帝国主义之国家脱拉斯脱战。俄人之主战论者曰：俄国之经营亚洲大陆二百余年，非纸墨之所能罄。每年自国库支出绝大之金额，损数千万之生灵，以拓开此大陆，扶植文明与人道，其经费与生命所失岂可量计？夫由俄国之金、俄国之血、俄国之汗所建设之殖民之根底，无端而欲攘得之，与欲取俄人心膂之血液相等。即此以观二国社会之情态，因国民之生活而成无限之欲望，因无限之欲望而生绝对之争衡。故国民之欲望者，非人道之所能调和，即人种之竞争者，非人道之所能调和。而二国国民作战之计划，遂乘间抵隙，各据其情势之赢绌，以为揣测，而军事上之动静，亦常为有形之对峙。

俄人之亟亟增军额也，无日不有赴战之势。自八月中旬后至此月来，有若乌苏里铁道旅团之编制（八月十七〈日〉《时事新报》云：从来乌苏里铁道，以一个大队为守备队，今以陆军大臣命令，更增一大队，编成旅团，两大队并依战时之编制）；有若大连湾、青泥洼、旅顺各地军队之移动（八月廿三〈日〉《读卖新闻》云：在吉林之东部，西伯利亚狙击步兵旅团司令部，及同第十四联队，以八月十四、十五日到著青泥洼）。在长春之同第十三联队，后拜噶尔炮兵大队之一中队，及东部西伯利亚炮兵第二旅团第一中队，到著于大连湾。在哈巴罗甫司科之东部西伯利亚工兵第二大队，到著于旅顺。而大连湾、旅顺兵力之新增者，别有步兵二联队，炮兵二中队，工兵二中队，渐次以满洲北部之驻屯军移之南方，而自西北利亚铁道输送二旅团以补充北部之要员。计驻屯旅顺者二师团，其他各地驻屯者，总计步兵约五十个大队，炮兵约三十个大队，骑兵、工兵亦有同数。又九月十六日，在哈尔滨之野战炮兵百五十名，率炮二十七门下旅顺；十七日，哈姆斯科军团之步兵二千名来辽阳，以无兵舍，造天幕为野营；十月九日，旅顺驻兵五百名出发驻何地，智多驻兵七百驻辽阳，辽阳驻兵六百人驻旅顺。十月十五日，始为关东州驻兵大输送，铁道线路之兵士仅留少数，其余并移驻于青泥洼。十月二十六日东京《朝日新闻》云：驻屯满洲之俄兵，有铁道守备队及占领军之二种，其守备队预定为二万四千人，又有所谓国境兵者，以后备兵及预备兵组织之。据最近调查各地之兵数：旅顺步兵，东部西伯利亚狙击第三旅团全部，即两个联队八千人；骑兵，西伯利亚哥萨克旅团、后拜噶尔式廛斯科第一联队之中一个中队百五十人；炮兵，东部西伯利亚狙击炮兵大队千二百人；工兵，关东州工兵中队三百人。要塞部队步兵，二个大队二千人，及炮兵二个大队二千四百人。配置于旅顺之各炮台，计一万四千五百人。大连步兵，二个联队四千人；自满洲内地特别派遣骑兵，西伯利亚哥萨克旅团、后拜噶尔式廛斯克第一联队之中三个中队四百五十人，计四千四百五十人。风皇城哥萨克旅顺骑炮兵第一中队，步兵第十五联队之中第二、第三、第四中队之三个中队，合铁道守备队约二千七百人。奉天铁道守备队，约二十名，驻停车场；城内则有军务司令官之护卫骑兵三十名，领事事务官之护卫骑兵三十五名，邮电局之护卫兵三十五名，合计哥萨克兵百名，其他佣用马贼百五十名。吉林步兵，第十六联队二千人，东部西伯利亚炮兵第一旅团第七中队三百人；骑炮兵第二中队（炮二十门）及领事事务官护卫骑兵四十人。长春少数之骑兵在城内铁道守备队驻停车场附近。哈尔滨以炮、骑兵组织之混成旅团约八千人，其他有少数之步兵，现在更自本国输送兵队来着，据俄人言，当输送十五万来。公主陵第五十一中队，驻屯兵铁道守备队二十人。铁岭铁道守备队三百人，炮兵一个中队。齐齐哈尔步兵第二十联队二千人，东部西伯利亚炮兵第二旅团第二中队三百人。宁古塔黑龙江哥萨克骑兵联队，海拉尔第三预备步兵大队。营口东部西伯利亚炮兵第一旅团第三中队。而据驻屯军通译官某氏所言，则满洲最近俄兵数：步兵，九万五千；骑兵，一万九千；炮兵，一万二千；工兵，六千；炮，百六十八门。内旅顺守备步兵分一万，奉天守备步兵一万五千，骑兵五千，炮兵三千，工兵二千云。十一月二十一日《国民新闻》云：俄人自本国启耶甫更输送大军团东下拜噶尔湖，以快空车放回，益频繁。而《泰晤士报》之俄铁萨通信员谓俄人满洲增兵，其陆军将帅，怂恿兵卒，兵役期满，当永住于该地，兵士从命者不少。大约东洋方面，俄兵期满者，每年不下四万人乃至五万人，故假令永住该地者得十分之二分五，则俄国于四年后当得预备兵五万人。有若雷艇及兵营制造建筑之忙迫（十月二十日《时事新报》：旅顺口水雷艇制造忙迫，本日竣工者十余只，容五六万人之兵营亦新落成。而奉天、吉林、哈尔滨、辽阳诸地兵营之弘壮，落成又在此前）。有若旅顺要塞炮台之建筑（《太阳杂志》：九月终，俄国自东清铁道输送口径六生的身长三珊之大炮十三门于旅顺要塞，以八门装置湾口馒头山之新炮台，以四门装置停车场北之鞍子山。椅子山炮台亦告成，鸦鹄嘴更筑新要塞，而扼鸠湾之两端之二洋头、三洋头，及双岛湾之直角之大洋岛，及老庙子之双对峰，凡筑炮台五所，并刻期明年三月告成）。有若陆军大演习及陆军检阅之举行（九月二十八日后二礼拜间，极东总督举行陆军大演习，十月十一日，检阅诸兵）。有若石炭及兵粮之买入（九月七日《出国新闻》：旅顺俄陆军入谷最巨仓库二十余栋，粮食充实，海军贮蓄亦富，而本月九日更预买入大麦五千三百吨，小麦八千二百吨，荞麦千九百五十吨；哈尔滨亦于二日买入荞麦一千二百吨，麦粉八千二百吨，马粮用大麦一万三千八百三十吨。十月三十日《二六新报》云：两三日前，俄人用诺威汽船积载石炭二十三万吨来，而牛庄岫岩、辽阳地方一带粮食买收殆尽。俄士官调查清国兵营，兵器、粮食、弹药，每枪但留二十出，其余悉没收之于俄营）。有若准备金之购藏（十月三十一日《中央新闻》译《伦敦新报》云：俄人为现金准备，借德意志人之手，买入金块极多，俄罗斯银行金额骤增，现今有

91,682,000镑，而昨年本季仅有83,147,000镑，且俄罗斯银行存放外国市场之金额，约八百五十万磅容易收回）。其备战之步武实重足而待驾。而舰队之动静又有大可注目者：九月中旬，俄战舰雷脱威撒等五只，装甲巡洋舰克仑波等二只，巡洋舰波额意等三只，涂换舰体，以二十日前后自海参崴拔锚，游弋高丽海面，以旅顺为集中。十月三日，在海参崴之一等战舰雷脱威撒等以下十一只，舳舻相含而入旅顺。是时俄国举行海陆军联合演习，为以攻击军袭旅顺而防守军抗御之之方略，极东总督为统领。而自崴港来之十一只战舰，假定为侵入军，港内之俄舰与炮台相待，为防御之事。演习终，各军舰集于司令官斯塔尔克中将指为［挥］之下，以旅顺为集中。舰艇总数五十七只，内除巡洋航水雷舰十只、水雷驱逐舰十八只外，军舰凡二十九只。而自五月至八月，增遣战舰三只，一等巡洋舰一只，二等巡洋舰一只，装甲炮舰一只，水雷舰十一只，水雷驱逐艇七只，或已到着，或尚在航洋中。九月三日，又增遣水雷艇七只。十月八日，增遣战舰一只，一等巡洋舰二只，二等巡洋舰一只，是为俄国增遣太平洋舰队之全数。而此等舰队之外，又有从事航业之义勇舰队之一部卖入海军省者，亦已编入太平洋舰队（因西伯利亚铁路开通之后，太平洋西北岸航业渐衰，以其一部航行地中海及太平洋新航路，一部卖入海军省）。俄舰既注全力于东洋，而日本常备舰队以九月二十二日分三十八只二部游弋黄海海面，二十八日朝日以下二十二舰游弋高丽海面。十月八日，各镇守府参谋长开会议于海军军司令部，常备舰队参谋长亦列席。亘四日罢议。而常备舰队，以佐世保为集中。十六日，吉野、敷岛等九舰为实弹射击出港，十九日归。再为舰队运动，游弋高丽海面，日俄两舰队，遂时时为角立之势。

战云惨淡，不可终日。然而狙伏却愿相持不发者，则亦有故焉。论海军之吨数，则俄略避于日；论陆军地形之利便，则日远不及俄。而二国之财力，皆有不能持久之势。日士论者谓中日交战时，和战终始，延期一年有十月。日本陆军、海军支出之费，其最盛时，一月实支出19,339,801圆，合计战局终始，支出总数实达200,475,508圆（据日人前日临时军事费决算表）。假令日俄战争延期三年，以中日战争一日支出军费最多数六十八万圆为比例，现在海陆军愈扩张，战术愈复杂，军费支出益增进。一日军费平均为百万圆，一月为三千万圆，一年及三亿圆，三年相续约当达十亿圆。中日战争时，最初以三千万圆之剩余金及商人献纳金支办，其后竟募集一亿余万圆之公债，且至增税。则此次战费所出，亦不出于增税与公债之外。而外债则病国，内债至二亿三亿，则国民经济界亦生非常之扰乱。而倍加现今之税率，一年仅得一亿三千万圆。故如今曰日本之穷困，十亿之战费，必非国民所能堪。而俄国国债，亦及百二十亿佛郎以上，即一法国已及六十亿佛郎。俄国国力亦无增税之余地，势不得不续募外债。即法人为保护信用，肯应俄人之军事公债，其财政困难又当甚于日本。此二国之主战论所以炽而复潜之一原因也，然而日本主战论者则又有说：

博士金井延论满洲问题经济上之观察云：我国财政虽薄弱，然鉴中央国家财政与地方财政之关系，改善租税制度之根本，而确立其系统，决非不能一战者。国民经济之状况，岁岁增进，普通银行之预金（存放之款），比年前殆四倍，贮蓄银行之预金达于七倍以上。一般银行之积立金（次第增进之实款）为十分五以上之增加，贮蓄银行之积立金为二十四倍之增加，是皆进步之明证。前日中日战役，一个师团支出之数，一月金二百二十万圆强。今日废人夫之制而易以辎重输卒，出征费用必减少，是北清事件所经验。而今日之作战，自运送里程、交通机关等之关系，更得减军费之一部（中日之战，运送佣给费五千二百万圆强，实占军事费全体三分之一）。故今回一个师团一月之出征费为二百万圆，必有余裕。今自前所假定之兵力而言之，一月军费合计一千六百万圆，即一年不过一亿九千二百万圆。战争假定期为一年，加以海军经费（假定为二十五万吨），合计不过二亿八千万圆。发挥大和民族之特性，节省物力，以为军人之后援，决非不得支办者。

《万朝报》论财源所以出及概算额云：（一）非常准备基金，即补充军舰、水雷艇基金、准备灾害基金及教育基金。此三者为蓄存清国赔款以备非常之财用者，金额达五千万圆。而此五千万圆中，一部放存四分利之英货公债，一部放存五分利之本邦公债，实际现金迄二千万圆。（二）特别会计资金缲替（缲替者垫用之意）。此款系以各特别会计需用之资金，以非常之事借给使用者。中日战役时，各特别会计种类不多，原资金仅得六千五百万圆。而以非常之变，垫用金额，前后达二千八百万圆。今特别会计种类增加，三十五年度预算，通固定资本，达二亿一千万圆之金额，实较前日三倍以上。假定缲替止三倍，亦得八千万圆。（三）缲越金流用（缲越金者，因事业迁延逾岁而生之款。流用者，通融使用之〈意〉）。因战后财政之变动，而继续事业及新营事业，有不能预定者，每年必生翌年度之缲越金。缲越额最多者，三十一年度，实出七千四百八十万圆之上。自三十四年缲越三十五年者，其总额犹不下四千三百万圆。此款虽不得为预定之财源，而因迁延扩张海军事业所生之缲越金，在三十四年度，实出二千五百万圆之上，实占缲越总额六分强，计其缓急而以一千五百万圆为战费，必非难事。（四）事业缲延（缲延者推下期限之意）。前项之缲越金，自前年度迁延而得之，本项乃将今后之事业推下期限而得之。事业费之总额，本年度实达五千九百万圆，明年度当不下四千二三百万圆。若更加第三期海军扩张各年比例之额，今年度当出六千一百万圆之上。明年度殆达五千万圆，通算两年度事业费，实达一亿一千万圆。除去政府所立整理财政缲延事业计划中今年明年合计约一千万圆外，而今明两年度不可不支出之事业费，犹在九千万圆之上。假令缲延两年度总额三分之一，犹得流用三千万圆以上。（五）国债偿还一时停止。停止国债偿还，于公私经济虽有大损，然以决战赌存亡时，亦不得已之一策。英国与杜国战争时，犹决行增税及停止四百六十万镑（合日洋四千六百四十万圆）之国债偿还，况不及英国之丰富者耶。据我国国债偿还预定表，三十六年度偿还额，国债元金九百三十万圆，三十七年度九百七十万圆。停还两年度之国债，得流用一千九百万圆。（六）一时借入金。前北清事变，供遣清军费，借入一千七百万圆，而第二次山县内阁补助各府县水害土木费，借入四百万圆。现内阁补足制铁所运转资本之缺损，借入二百万圆，皆经议院认可，况临时急用耶？现日本银行之现金准备，出一亿一千五百万元之上，发行钞票之余力，常在三四千万元之间，可举余款借入之以供战费。（七）募集公债。当废止借金政略之时，而募集公债，固为难事，然我国民殉外难，急公义，闻军事公债之名，应之者必急。中日战役时，初次募集三千万圆，应募总额出七千七百万圆之上（二倍半以上）。不出三月，复募集五千万圆，应募总额为九千余万圆（将二倍）。而募集价格，率愿入当局者所指定之三分之一以上。现今经济界，非独日本银行现今达一亿一千五百万圆而已。如公债标准之一般银行预金488,570,000圆，贮蓄银行预金44,020,000圆，邮便贮金27,970,000圆，一般银行积立金63,950,000圆，贮蓄银行积立金3,060,000圆，一般会社积立金101,380,000圆，合计729,350,000圆。而中日战争时，日本银行现金不出八千万圆，公债标准各种金，总计不过一亿七千六百七十三万圆，咄嗟之间，而举八千万圆之公债。然则以今日而举二亿之公债，决非难事。（八）有期限特定增税。英杜战争，为其一例。我国适于定期增税之事：（1）地租。（2）酒税。（3）所得税。地租增十分之五，得二千万圆；酒税以三圆之增率，得一千二三百万圆；所得税倍增之，得六百万圆。三者并增，殆近四千万圆，但当短其期限而已。概括上所举各项，计非常准备资金得20,000,000圆，特别会计资金缲替得80,000,000圆，缲越金使用得10,000,000圆，事业缲延得30,000,000圆，国债偿还停止得19,000,000圆，一时借入金得30,000,000圆，公债募集得200,000,000圆，期限特定增税得20,000,000圆，合计409,000,000圆。我之财政，试大战于极东大陆而有余。

而《报知新闻》论俄国财政云：威子特氏为经济界上大人物，而其政略则无非剜肉医疮之计。试举威氏聚敛之方，其始用间税主义，酒、烟草、石油、自来火皆课重税；以是为不足，则定政府卖酒之制，定铁道矿山运输事业官营之制，定政府专卖茶及砂糖之制，且不仅中央政府通夺民业而已，而各地方自治体，凡民业之电气铁道、马车、铁道、瓦斯、电灯、水道以及农具、种子、裁缝机械等，皆以之为公有事业。盖威氏之政策，在集全国费本于政府，而兴官营之各种事业。由是在农业则政府为地主而修耕作，以国民为使役之丁男；商业则以政府为股东，而以国民为使役之店客；工业则以政府为厂主，而以国民为使役之技师。取政府万能主义之极端，而国库得岁入二十亿卢布。在职十年，成七万里之铁道，增加制铁所、造船所、军舰、商船、矿厂、工厂无数，国内民业之受补助金者，及外债之收重利者，仰威氏如明神。而俄国岁计，十年前威氏就任时，九亿六千五百万卢布，本年度预算十九亿四千七百万卢布，增加二倍以上。威氏又发行十七亿七千万卢布之新公债，以扩张事业。据千八百九十七年威氏奏言，俄国之生产额，一年度三十五亿卢布，今既以其中二十亿卢布为政费，约费全国生产力十分之六，国民精力疲敝。于是，失败之罅，浸浸发见于社会间：（1）生产减少。自昨年度溯五年前通算之，农民生产额减少十亿卢布（据大藏省报告）。平均一岁减少二亿卢布。（2）直税负欠之增加。间税之烟酒，既课重率，则直税自减，日多逋负。据千九百年岁计，负员为预算之十分之一分有七。（3）食面包之数减少。比十年前，平均每农人每年减少面包数五十斤。（4）壮丁不合格。据征兵检查，不合格者比前七年间增加十分之一分有四五。（5）生殖停止。虽最殷盛之地方，人口亦不增殖。民力既已如此矣，而国力亦未见其充实。据本年一月，开财政阁议。威氏所报告，最有可惊者："（1）千九百三年度之预算虽岁入超过，是为一时之战争税及为北清事变增加关税之结果。若复旧时则岁入必生二千三百万卢布之不足。（2）国有铁道以前虽有多少之利息，而自千九百年度损失二百六十万卢布，千九百一年度损失三千二百九十万卢布，千九百二年损失四千五百万卢布，千九百三年损失六千万卢布。今后二年间，铁道全线尚当为损失八千四百五十万卢布之预算。（3）欲弥补以上之缺失，舍增税之外无他法。而民力已尽，万无增税之余地。"其现象如此，试举千九百三年度预算现计之所示：经常部岁入额1,897,032,687卢布，岁出额1,880,405,229卢布，岁入剩余16,627,449卢布；临时部岁入额2,500,000卢布，岁出额191,262,243卢布，岁入不足188,762,243卢布，经常临时累计，岁入总额1,899,532,678卢布，岁出总额2,071,667,472卢布，岁入不足172,134,974卢布，仅仅仰公债以免破绽，而国债元金已达于684,504,861磅之巨额。国债利息，年额30,288,917磅（一千九百二年实数）。而此外又有国库负担保证金额2,584,348,387卢布，合前国债元金约九千亿乃至万亿圆之债务。而俄国财力，俄国银行及国库存在银货额927,500,000卢布，金货流通额737,300,000卢布。俄国银行及国库存在银货额61,500,000卢布，银货流通额153,200,000卢布，俄国银行国库存在纸币额71,000,000卢布，纸币流通额559,000,000卢布。一旦有事而兑换纸币紧急时，则九亿二千七百万之金货，直减为三亿六千八百万圆。国力民力并见穷绌。据威氏政策所收之结果，万一辽东开战局，则威氏所假定军费为十三亿圆。而论日俄兵力者，则亦有利钝异形之二种观察，殆无所出。

德意志某新闻论日俄兵力之比较云：日本无论平时与战时，有近卫一师团及线列十二师团，各师团编制相同。自步兵二旅团（一旅团二联队，一联队自三大队而成，合计十二大队），骑兵三中队、炮兵六中队、工兵二中队、辎重兵二中队而成。于战时，一师团之战斗员，约一万二千五百人。此外尚有骑兵二旅团与野战炮兵六联队，而骑兵二旅团于战时编制为独立骑兵师团。故日本之野战军，为步兵百六十六大队，骑兵五十一中队，炮兵百四十中队。其战员，自将校以下，为十六万人，而以技术部队、纵列辎重、卫生机关附属之。而预备兵有步兵五十二大队，骑兵十七中队，炮兵十九中队，其战员五万乃至五万五千人。后备队及国民军之员数，二倍于预备兵。其外尚有若干之守备队及补充队。由此视之，则中日战争时日本战员当在四十万内外，即可以测知现在日本之兵力。

日本兵勤于训练，勇悍而守军纪，富于爱国心，然其将校之员数，尚有乏人之患。其兵卒身干短小，膂力脆弱，不堪困苦。视北清战役，兵数不过一师团，佣夫八百人，以补其缺乏，可以视其状态。日兵体格弱于俄兵，而俄兵愿欲寡少亦胜于日。

日本海军力。战斗舰七只。装甲巡洋舰六只，海岸防〈卫〉舰九只，于东亚欧洲列强之舰队中，可居第一，优于俄国极东舰队数等。以此之故，日本送兵大陆，俄舰当不克防止之。然俄舰亦非劣等，且富于航远之水雷艇。故日舰亦不容易追逐俄舰于尼哥拉乌司克、海参崴、旅顺、牛庄诸港湾内。日本海岸，亘数百里，难守而易攻，俄舰得不小试攻击耶？故日本势不能于本土毫无防御，而将劲旅悉送于大陆。而到著大陆，又必留守备队二万或三万，以守护兵站线路，以此加算于辎重纵列人夫之员数时。至少当上三十万口。而将无数运搬之器具与三四万头之马匹合计时，以日本现在船舶，悉数输送，尚须数次始毕。故动员完结至清韩一地点上陆战斗开始时。至少必须四礼拜或六礼拜之时日。

俄国于此时日间何为乎？彼必从事于集合部队。而目下驻屯东亚部队之大部分，无日不整战斗准备，已得大利益。千九百年来，俄国于东、西伯利亚（脱兰斯拜噶尔、黑龙江沿岸地、满洲），常置二个军团。二军团之队数，步兵四十八联队，骑兵三十五中队，炮兵十七中队。无论何日，得整战备。而此外尚有无数之补充队。特别要塞守备兵，第二次及第三次哥萨克兵，其队数，步兵三十五大队，骑兵二十二中队，炮兵九中队，要塞炮兵四大队半及技术队三大队。而满洲铁道守备队，至少在五千人以上。故俄国在拜噶尔湖东，有十一万之战兵；而满洲及旅顺、海参崴，防备亦坚固。日本虽合团，而旷日持久，终难陷落。

俄国以此兵数，尚不足颉颃日本，必征集西伯利亚之驻在军。以千九百年之经验，五礼拜内得达满洲。而自欧洲输送八九万兵员时，自莫斯科至满洲，至少须费九礼拜或十礼拜。而日本军自韩京达奉天时，至少亦须六礼拜。而中途有小战斗，到达目的地时，损耗必大，且必迁延时日。而俄兵大部分当已达奉天，日本亦不能骤胜。而日军后援甚弱，终被俄军驱出满洲，则俄军必入朝鲜。故日本若无英美之强援，必难制胜。

而日本《中央新闻》论之云：俄陆军虽精悍，到底不及德法。其在东方地形利便，组织简要，军源宏大，为他国所不及，而自欧洲输送兵员，贝加尔线路未竣工，送二十万之兵，须六个月；而我兵以对马海峡之炮台与佐世保舰队之拥护，自釜山上陆，其便利盖非可同日语。

俄兵于骑兵及骑炮兵。虽胜于日本，而日本兵食用省节胜于俄兵之非面包不吃，非肉不饱者。

俄国热心倾注全力，以伸张东洋海权。现在除海防舰、炮舰、水雷驱逐舰外，仅算战斗舰、装甲巡洋舰及巡洋舰，有十七只。十五万三千百三十六吨，加以近日增遣者，总计达于二十二只，二十二万二千二百五十七吨，汲汲与我舰队均势。然俄海军生产力之不充足，速力之迟缓，石炭库之缺乏，船渠之不完全，船舰操纵术之疏浅，视我军终当有逊色。假令彼陆续增加舰队，超过我海军势力时，我若据对马海峡，断海参崴与旅顺之联络，则彼海军立于孤悬之地位。若婴守旅顺，必被封锁于港中；退归本国，则被击沉于台湾海峡。

然东京《朝日新闻》日俄海军比较表云：本年九月中比较（本年一月，瓦里雅克、柳里克、虽巴士特波罗、伯累士威特、伯妥罗巴乌罗斯克、波尔塔巴、俄罗斯、克仑渡，八只共八万七千吨；至三月增雅士可尔脱为九万三千吨；五月增德雅捺、巴尔拿达、累得威撒、挪威为十二万二千吨；六月增波雅陵、波额衣尔为十三万二千吨；七月增波俾耶达十四万五千吨，不及日本一万五千吨；八月增遣禾斯拿彼亚、巴雅们为十六万五千吨，劣于日本者仅五千吨；九月增姐咱累威取为十七万八千吨；来年二月，亚力山大三世及禾罗拿来，合十九万二千吨。）

本年九月中之日俄海军比较表

炮、艇	日本	俄国	比较差	
			日（多）	俄（多）
十二尹炮	24	24		
十尹炮		12		12
八尹炮	30	14	16	
六尹炮	176	221		45
四七尹炮	38	18	20	
十二斤炮	220	284		64
水雷发射管	81	105		24
驱逐艇	18	32		14
水雷艇	58	14	44	
合计（吨）	170,757	199,001		28,244

（注：此处三个比较表系编者据原文内容编制）

来年一月中之日俄海军比较表

表一　日本海军实力表

舰种	舰名	排水吨数	长幅（呎）	吃水	速力	炮数							水雷发射管
						十二尹	十尹	八尹	六尹	六尹四	七尹	十二斤	
战舰	朝日	15,443	400	75 1/4	27 1/4	18	4			14		20	4
	初濑	15,240	400	76 1/2	27	19	4			14		20	4

舰种	舰名	排水吨数	长幅（呎）	吃水	速力	炮数							水雷发射管
						十二尹	十尹	八尹	六尹	六尹四	七尹	十二斤	
	三笠	15,362	400	76	27 1/4	18.6	4			14		20	4
	敷岛	15,088	400	75 1/2	27 1/4	18.5	4			14		20	5
	八岛	12,517	374	73	26 1/2	18.5	4			10		16	5
	富士	12,649	374	73	26 1/2	19.2	4			10		16	5
装甲巡洋	出云	9,906	400	68 1/2	24 1/4	21			4	14		12	4
	磐手	9,906	400	68 1/2	24 1/4	21			4	14		12	4
	浅间	9,855	408	67	24 1/4	18			4	14		12	5
	常磐	9,855	408	67	24 1/4	23			4	14		12	5
	吾妻	9,456	445 3/4	59 1/2	28	20			4	12		12	5
	八云	9,800	407 3/4	67 1/4	23 3/4	20			4	12		12	5
巡洋	笠置	4,978	393 1/2	48 3/4	19	13 1/2			2		10	12	4
	千岁	4,836	396	49	17 1/2	22 1/2			2		10	12	4
	高砂	4,227	360	46 1/2	17	22 1/2			2		10	12	5
	吉野	4,225	350	46 1/2	17	22 1/2				4	8		5
	浪速	3,707	300	46	18 1/2	18				8			4
	高千穗	3,707	300	46	18 1/2	18				8			4

表二　俄国[1]海军实力表

舰种	舰名	排水吨数	长幅(呎)		吃水	速力	炮数						水雷发射管
							十二尹	十尹	八尹	六尹四	七尹	十二斤	
战舰	伯累士威特	12,674	426 1/2	71 1/2	26	18		4		11		20	5
	波俾即达	12,674	426 1/2	71 1/2	25	18		4		11		20	5
	禾司拿彼亚	12,674	401 1/2	71 1/2	26	18		4		11		20	5
	伯妥罗巴乌罗斯克	10,960	369	70	26	16.8	4			12			6
	波尔塔巴	10,960	369	70	26	16.3	4			12			6
	虽巴士特波罗	10,960	369	70	26	17.5	4			12			6
	累得威撒	12,902	382 1/4	72 1/4	25	18	4			12		20	6
	姐咱累威取	12,912	338 3/4	76 1/4	26	18	4			12		20	6
	亚力山大三世	13,516	367 1/2	76	26	18	4			12		20	6
装甲巡洋	克仑波	12,359	473	68 1/2	26	20			4	16		24	4
	俄罗斯	12,195	473	68 1/2	28	20			4	16		12	5
	柳里克	10,936	426	67	27	18.8			4	16	6		6
	巴雅门	7,726	442	57.4	22	21			2	8		20	2
巡洋	巴尔拿达	6,731	406	55	22	20				8		24	3
	瓦里雅克	6,500	419 1/2	52	20	23				12		12	6
	禾罗拿	6,731	406	55	22	20				8		24	3

① 原文为“露国”。

舰种	舰名	排水吨数	长幅(呎)		吃水	速力	炮数						水雷发射管
							十二尹	十尹	八尹	六尹	四七尹	十二斤	
	波额衣尔	6,675	434	55	21	23				12		12	6
	德雅捺	6,731	406	55	22	20				8		24	3
	亚司可尔脱	5,905	427	49		23				12		12	6
	挪　威	3,080	360	40	6	25					6		5
	波雅陵	3,200	355	41	7	22					6		5

夫俄日海军力之不相上下如此，而陆军之根据坚牢，又非日之所敢望。至财力之窘迫，则适相等。日政府固不敢轻于一战。而俄人益伸张在朝鲜之势力，以为恫喝，遂一转而有高丽森林、电线诸问题。满韩交换协约之声息，循环前却于西国之外交社会间。虽日本人士操持主战论，稍稍激昂，固终不能回其内阁软化之力。而在清政府则一时待日、英、美之嗾使而呻吟，一时得俄公使之推排而噤瘁，席剥肤之大戚，而为醉眼之惺忪，鹑首赐秦，牛从孽赵，积四万万人之血泪，不足以涤除历史之污。而爱亲［新］觉罗之墓地与皇汉人种之家居，遂相将以俱尽。

六、日俄协约

日本公使以第一新要求之不可认许，警告于满政府也。满政府迁延复迁延，选软复选软。日人顾念东亚大局，不可与奄奄待毙者相提携也，遂取日俄直接交涉之方针，而使驻俄栗野公使与俄外部协商，其条件之大要：（1）承诺俄人在满洲之既得权，即敷设东清铁道及租借旅大等。（2）解除俄人现在占领满洲之事实，而开放都市为商埠。（3）改订日俄协商朝鲜旧约之一部，使俄人承认日本在朝鲜政治上之特权。而俄外部对日使谓：满洲撤兵事，当听清俄两政府之协约，不劳贵国过问。意虽颇坚决，然未断然拒绝也。亚力启塞夫之开府于极东也，实把持中日韩交涉之要领。俄政府欲以日俄交涉移转于旅顺，则知日政府之不承认也。遽命移转于东京，使驻日公使罗笙与日外部直接交涉。于是，在圣彼得堡，则日使与俄外部相往复，在东京则俄使与日外部相往复，跨两地以图解决，而逡巡于口舌言论之间。而亚力启塞夫又开会议于旅顺，罗笙自东京赴之。议毕而归，续与日外部谈判，往返提议，会见愈数数。新闻纸所据议者百端，莫得而据信之也。而《二六新报》言之特详。

十月十六日《二六新报》云：

日俄协商，渐就端绪，暂定议定书之概要云：

（1）俄国政府图极东之平和，且尊重日俄亲密之邦交。遵据昨年四月与满政府调印之还附满洲条约，自本议定书有效之日为始，直还附满洲行政权于清政府，并撤退驻屯满洲之军队。

（2）俄国政府还附满洲之行政权及军事权于清国政府之后，因别种事变及其他之事情，清国政府不能以独力保护东清铁道及铁道之职员，与居留满洲之俄国臣民等，俄国有知照清国政府及得清国政府承诺而派遣警备队之优先权。但派遣警备队时，当知会日本政府。

（3）日本国政府因居留满洲之日本臣民逢事变生起，清国政府不能保护其生命财产时，得清国政府之承诺及知会俄国政府后，有派遣适当之护卫队之权利。

（4）满洲之行政组织，准据俄国占领以前之制度。无日俄两国之许诺，不得任意变更之，日俄两国当向清国政府声明此事。

（5）俄国政府与日本国政府，于俄国还附满洲行政权及军事权于清国政府之后，彼此两国不依现定有效之条约，而在满洲独占特别之权利者，彼此互相反对。

(6) 俄国政府以开放奉天、大东沟及安东县供列国市场为目的，于清国政府开市之事并不反对。但开市之权利各国同等均沾。

(7) 俄国政府于日本获得韩京、义洲间之铁道敷设权，不为反对。

日本政府获得此铁道敷设权时，该京义铁道及现有之京釜铁道与铁道关系之职员，因别种事变及其他之事情，朝鲜政府不能独立保护之时，有知会朝鲜政府及得朝鲜政府承诺而派遣警备队之优先权。

(8) 上所记诸原则，后日若因他种事项发生而当重新商议时，两国政府当相互协商。

其附则与调印期日若批准交换之地方，尚俟协定。

《二六新报》论之曰：熟视新协商，不外一种满韩交换策。惟社会上所流行之满韩交换主义，乃以满洲付俄，以韩付日。而新协商之满韩交换主义。则稍缓其期日而已。前者可言积极的满韩交换，后者可言消极的满韩交换。所谓优先权者，不外于承认优势权。自优势一转而为占领。自占领一转而掩有。然政府既取满韩交换策，何故不取积极的主义，而明白了当领有韩境，使为我附庸，以早绝祸根耶？

而十一月十七〈日〉《中央新闻》云：营义案被撤回，俄政府提出修正要件三事：

(1) 委朝鲜内政于日本，俄人不干涉之。

(2) 京义铁道之敷设权，任日本获得之。

(3) 训练朝鲜军队，一切用日本人，俄人不干涉之。

《外交时报》户水宽人之论云：

罗笙与我外部交涉，多人无知之者。而外间所传我驻俄栗野公使本年八月十二日向俄政府提议之书：（1）日本驻兵于韩国，俄国不为反对。（2）俄国履行撤兵条约。（3）俄国驻铁道守备队于满洲。日本亦不反对，但当限制兵数。此外尚有一事：或云日本获得京义铁道敷设权，俄国不反对；或曰非也。而小村与罗笙协约，外间所传，大旨亦不外是。然在俄国，以日本驻兵于韩境，则满洲不得安枕，终当移满洲俄兵驻韩，以扶植其势力，则日本终必失韩。

而有贺长雄之论云：

日本在满洲之外交，彻头彻尾皆为失策。事至今日欲挽回之，虽有名之外交家，亦无能为役。当三国干涉时，我政府不提出将来无论何国不得占领满洲之条件，失策一；俄人租借旅大不抗议，而赞成英人租借威海，失策二；英俄协商，俄人承认英人在长江一带敷设铁道之优先权，英人承认俄人在长城以北有同一之权利，不思此事即为英政府承认俄人之经营满洲，而与英同盟，失策三；北清事件，赞同英、德提议保全支那之约束，而其后德意志宣言满洲在此约束外，熟视而无睹，失策四；开使臣会议于北京，不确定其基础，使俄国容易以满洲善后事宜归清俄协议，他国不能容喙，失策五。今俄人占领满洲之事业已成熟，而迫令撤兵，为无益之谈判。洞察事情者，知其难也。满韩交换，余辈不必谓非政策，但当确定在韩利益之基础而已。

视以上所言，则满韩交换，日俄两国公然为之，匪独日俄两国公然为之，欧美诸国，固亦必公认之。夫满洲者，谁氏之物？取他人之物之相交换，所谓主人翁者，固安在耶？为主人翁者，果谁氏之民族？取他民族之所有以相交换，则所谓民族者，果安在耶？夫满政府虽无保有满洲之资格，吾支那民族当自有保有满洲之资格；满政府虽无痛念满韩交换之感情，吾支那民族当自有痛念满韩交换之感情，吾支那民族而痛念吾大陆之前途。而痛念吾保有大陆之前途，则如满韩交换云云者，固即为饿虎之残骸，毒鳞之僵魄，虽欲不断发誓天、摽剑东指而不可得也。

七、俄兵再入奉天

俄使既得庆邸强硬之复答，则徐徐送警告书于清政府。其文云：

> 清俄两国为数百年来之友邦，国土相接，爱护平和。近时提议满洲事件，亦不外此旨。然则贵国承诺之，以成立两国间协定之盟约。然在满洲毫无权利之日本，不啻干涉两国间之协商而已，且妨害俄国自主之行动。事已至是，则俄国不得已，不可不取最后之手段。当此时如贵国蔑视友邦而有与日本联盟之形势，则俄国当以临机之处置对付贵国。（十月二十二日东京《日日新闻》）

词气强硬，不可向迩，而清政府之顽钝，固以为可迁延以就绪也。不数日而遂有因缘马贼案件而再入奉天之事。俄人之招募马贼也，常利用之于种种方面，牺牲一支那人种之悍民，而得无上之利益。以防备马贼林七为名，而驻兵队于韩国之龙岩浦；又以惨戮马贼林七部卒为名，而驻兵队于奉天。出言如转圜，用兵如刺蜚，而得支那人种之丧尽种族思想、丧尽国家思想者，以为饿虎之伥，贪数十卢布之月俸，而为之断头绝领，以为彼兴师报怨之名，未有如吾种人之可羞可痛者也。

东京《日日新闻》云：应俄人招募之马贼，概有四种：土匪、散勇、罪人、无赖是也。土匪者，漂子、红胡子等，或入山林，或居原野，出没无定，肆行残酷，尤为居民所疾恶；散勇谙习武技，故时时入匪党为头目，又与无赖汉为伍而为剽盗；罪人以旧恶为良民所不齿；而无赖汉赌博椎埋，乘世变而为暴横。其大头目如林七、林八、李金、田义本、杜立山等，自相联络。清国官吏，莫敢谁何。满洲人民组织一自卫团，勇丁数十若数千百，为连［联］合队，颇为贼徒所惮。俄人去年之计划招募马贼也，以陆军大佐马得略夫氏司其事。在吉林所招募约三千五百人，盛京约招募五千六百人，择其铳术精熟、骑马惯例而躯体壮健者，给与月饷，以充俄国军队之用。马得略夫之从事于此也，先着手于林七、田义本等大头目，赠遗丰厚，使呼款侪辈，引率部下，以受俄将之检查。营官（头目，五百人长）月给二百卢布，哨官（百人长）月给百卢布或百五十卢布，伍长（五十人长）月给五十卢布或七十卢布，兵士月给十卢布或三十卢布，长于武技而自有乘马者，优给二十卢布至三十卢布。既应募，则直以大俄国亲军马队为标识，意气扬扬，公然白昼临人民，睥睨清官若无物者。清国官吏稍强硬若铁岭知县赵臣翼、奉天东边兵备道袁大化，物色马贼头目在俄军中直捕斩之。又拒俄人募集亲军马队之通过凤皇城，与之交战，铳杀数十名。俄人遂迫奉天将军黜二氏。俄人既招马贼，派遣于各地，或保护森林，或为矿山守备兵。通化、怀仁派遣马贼二千余，安东、宽甸一千余，以防护马贼之侵害。用毒攻毒，相寻于尽。支那人种之自相鱼肉，为人作嫁，未有若是之愚者也。

十月二十七日，辽阳俄兵四五百人，启行入奉天。奉天俄国军务委员大佐塔以秦司启氏得报，着礼服，乘马车，出大南门之官舍，直入奉天将军府中。先是，俄兵撤退时，仅留领事及孔米萨尔督铁道守备兵，驻屯停车场左近。自团匪以来，大小官吏畏俄军之压迫，四年于兹矣。今闻孔米萨尔之入府，上下扰攘不安。孔米萨尔睆增祺之出迎也，直坐上座通来意云：

本年六七月之顷，署东边统巡三品顶戴即补副参领之乌尔棍布，及总巡安东县巡捕队花翎都司王良臣，要击我大俄帝国佣人之统领、大俄国卫植中军马步队参将、用花翎尽先游击林七兵队于沙河子，惨杀二十一人，侮蔑我国实甚。前事虽已了结，而阁下不加处分于加害之乌统领、王总巡，何其处置之缓慢耶?！(1)速刑乌而斩王。(2) 将东边兵备道袁大化免任。(3) 前日臣服我大俄帝国之马贼林七、李金等，近来顿背叛，不但扰乱鸭绿江及大孤山而已。近来盛京省内马贼出没频繁，阁下兵力不能镇压。我国为防卫铁道，当遣兵再入奉天，城外新筑兵舍尚未竣功，当暂借城内户部、礼部及他衙门为营舍。(4) 盛京省内，到处都府村落，团练民兵，各自携带兵器，彼等于平时可护乡里。一旦有事，必结合马贼，扰乱安宁。故此际为维持治安之局，当全废团练队而没收其兵器。

将军答之曰：

乌统领、王总巡之罪，果当处刑者，不待贵国干涉，我国自当依律治罪。至袁道之免官，当待政府之命，非吾辈所得专擅。又近来虽有马贼横行之报，地方巡捕队足以镇压之，何借贵国之兵力耶？奉天省城，为发祥重地，贵国再遣兵入城，余所不能诺许。地方团练，商民所恃以自卫者，解队之事，断难如命。

孔米萨尔乃急语增祺曰：

阁下不能诺许，当急电北京政府，我兵已自辽阳启行，二三时后着城之停车场，而兵舍未成，寒夜无宿所，当暂于城内衙门取暖。

将军旁顾交涉局总办李品三曰：如何而可？李曰：事体重大，当电知政府待复。孔米萨尔乃厉声曰：俄国无他意，将军自处断之。将军不答。孔米萨尔乃拔佩剑击案，铿然有声，蹶起促驭者归馆。而自辽阳来之东部西伯利亚第十五联队司令官已到城外，与传令骑相面。

明二十八日，天清日朗，奉天旧殿阁巍然高耸，碧甍黄瓦，与日光相映射。将军府之黄龙旗，北风翩然。午前九时，小西门闻人马声，间三十分，大南门呼噪殷合，前夜自辽阳来着停车场之俄军，蓦然遂入城中。士女殆无人色，相携出走，而俄兵入户部、礼部各衙门，从事修缮，驱逐人夫，发官署为营舍。

是时，将军晓梦初觉，有令骑鞭白马入府报俄兵至者，大小官吏，惊愕失常度。而道台朱某，俄党也，独有喜色。将军乃遣语孔米萨尔曰：贵国兵入城，余昨日已言明不能相许，请速退出。孔米萨尔复书云：既入矣，不可奈何，且延期三日间。俄兵既入城，遂占领各城门而揭俄国之三色旗。以一部占领电报局，禁止局长以下之外出及发电通信。将军乃称病入寝室，俄人设守焉，不通问者。（据东京《朝日新闻》）

清政府既得警报，急开颐和园会议，遣侍郎联芳诘问俄使雷萨。雷萨曰：此皆亚力启塞夫之命令，本公使不与知，竟不得其要领。于是袁世凯、张之洞极力主战，满人王大臣中，亦有附和之者。不数日而又有奉天撤兵之报，朝臣颇相庆矣。

《日本周报》论之曰："董仲舒云：天之为人性命，使行仁义而羞可耻，非若鸟兽然，苟为生、苟为利而已。是故春秋推天道而顺人理，以至尊为不可生于大羞大辱。是故为清国者，与其长贻恶名，随以亡国，加至尊以大羞大辱，孰若速下明诏，举国灭君死之大正，布告天下，倾宗以殉之，岂不亦荣且义乎哉？"夫亡国败家，举种族以殉之者，在彼种人固当然。而彼种人者，安危利菑，以亡为乐。则为此论者，固亦不足以倾清政府之听矣。顾念吾种人者，席牛马奴隶之旧资格，以事新主人。于是乎大移转，于是乎大惨戚。彼种族者，怀大羞大辱以即于颠覆者，自今伊始；而吾种族者，累迭次之大羞大辱，以即于永毕者，遂无有穷期也。

悲夫！我国民我民族及今而不悟也。

八、欧美列强国际上之活动及其对清经营

列强之言巴尔于问题也，曰维持平和；列强之言极东问题也，亦曰维持平和。夫近东问题之平和为突厥人种之平和乎？抑为罗马、日耳曼、斯拉夫诸种人之平和乎？极东问题之平和，为支那人种之平和乎？抑为罗马、日耳曼、斯拉夫诸人种之平和乎？夫果为突厥之平和，则又乌赖他民族之措手者；果为支那人种之平和，则又乌赖诸种人之饶舌者。是故近东问题与极东问题实世界人种竞争之决斗也。满洲问题者，极东问题解决之下手处也。欧美之论者曰：我辈今日以欧罗巴舞台移于亚东大陆，而登场奏伎者，则皆前日之旧乐师，即欧罗巴大国转为亚细亚大国是也。以今日情势言之，当以朝鲜为缓冲地，即支那亦为缓冲地。夫彼所谓缓冲地者，结局即为诸大国之领土。而拟议处置此缓冲地之方法，日益精悉，则协商此缓冲地之往复，日益亲密。故彼白人所谓平和者，固不过缓冲地之一代名词；所谓缓冲地者，不过未来新领土之一代名词。而欧罗巴政略之一步一趋，遂无一不与亚细亚之空气有冷暖涨缩之关系。

《日本周报》论欧洲之将来云：世界大革命，在吾人之眼前，为地理的革命，为商业的革命，而亦为政治的革命。往昔数千年来，地中海在列国中，为财力与权力之中心点。及新世界发现，而移于大西洋。至二十世纪，而更移于太平洋。太平洋者，遂将永远为世界财力与权力之中心点，岂非世界最大之革命耶？且非独最大之革命而已，又为最后之革命。文明之西进，既终其局，世界权力之王笏，移于幼稚之共和国，遂视望东洋而称霸。巴拿马运河开凿之后，实为世界最后之运河。苏伊士河之利益，又将

自英之美，而太平洋遂为天下列国之竞争域。据太平洋霸权者，即能握天下之霸权。试视太平洋周围，而察其土地未发之富源，若南北亚美利加，若澳大利亚，若西伯利亚，若支那，无一不待大开发者。美洲大陆之耕地，足养三十五亿之人口。现世界之人口，尚不过十五亿，以美洲之富，足养世界人种。澳洲现止四百万人。而西伯利亚则富于金矿、森林、耕地、牧场，俄政府奖励移民，一家族以二百或三百耶格之土地，贷以三十年间无利息之六百卢布之资本，其开发固当不远。支那人口虽密，尚未及法兰西。江西、广西之石炭及铁山，殆为天下绝伦之矿城，延长五百启罗密达，广百启罗密达，足供世界二千年之需要。统计太平洋沿岸诸陆地，足收容四十亿之人口。故太平洋大壑，遂当为文明之大湖水。而争此宝藏者，实为俄美两国。俄人背欧洲而进，美人亦舍大西洋而进。美人之言曰：桑［香］港与纽育［约］相距三千哩，不出六十年，横过太平洋之二巨人，当对面而为奋斗。视此大革命之结果，则欧洲之繁盛，移于亚东。半世纪前巴伦哈姆波儿特云：太平洋商业，凌驾大西洋之日，当不远其后。耶取宾顿扬言宰制世界之帝国，落于印度之通衢，常握此衢之商业者，即为掌握世界之帝国。而美国国务卿威廉姆耶取削雅得千八百五十二年演说云：自今欧洲之经济、欧洲之政治、欧洲之思想、欧洲之活动，虽如何发达，欧洲之同盟，虽如何亲密，必渐次消灭，而攫取太平洋沿岸若岛屿若大陆以为舞台。

夫世界开发之机运既已如此矣。白人知之而急起以迎之，利黄人之昏昧而使用纵横捭阖之手段，以图插足此极东之天府也，则国际间之亲密益异于畴昔。自今岁六月以来，若英国皇帝之欧洲旅行、若法国大统领之英皇访问、若德奥两帝之会见、若俄德两帝之会见、若俄意两帝会见之预期，玉帛樽俎，络绎道路。欧洲之天地，为帝国主义之窟穴。欧洲数月以来之日月，亦为主权者飞扬活跃之时代。彼其所以为此者，岂独帝王间握手为欢而已?! 各国国民之精神，固有相互交换之感情焉；彼其相互交换之感情日益接近者，所恃以疏通本民族之径路；彼其日益接近以疏通本民族之径路者，所以伸张本民族对于他民族之竞争。故欧洲平和之现象，实与亚东危迫之现象相为倚伏。

欧洲主权社会交际之频繁也，外交界与新闻界之拟议，纠纷杂错，不可方物。因英法二主权者之接近也，而生英俄亲善之风说（九月三日《二六新报》载路透社电报谓：英俄二皇帝会见于丁抹之首府，期以九月末），生英、俄、法三国同盟之风说（十一月十二日东京《朝日新闻》载德意志新闻所论：独澳伊三国同盟不解颓，则英俄法新三国同盟亦不得成立，然果以英法接近而得调停英俄之冲突，则德国国民固当欢迎之），生俄法同盟将破坏之风说（十月二十八〈日〉《中央新闻》载法国大统领罗卑大演习演说之望，因论法国外务政策，免避邻国之葛藤）。因俄法主权者之接近也，而生两国外部相依托、使法国干涉极东问题之风说（十一月七日《二六新报》译路果诺亚新闻所论）。其所以发生种种揣测之辞者，则实以人种异同之故为之根底，而以俄国《关东报》所鼓吹之议论为之波澜。

旅顺《关东报》之英俄亲善论云：东洋之将来，为泰西文明种族最当忧惧之事。亨理夫尔累安公所谓世界之运命，决于亚细亚者是也。朝鲜一隅，为现在列强外交之中心点。若使勤勉才智、勇敢精明之日本人，于此得展其骥足，即为日人移转于大陆之第一步。世界的政治，当开一新纪元。故东洋问题为政治家数十载不得安眠者也。吾人研究东洋问题，不得不与“黄祸”一语有忧惧之连锁焉，诚非无谓也。日英同盟，扶助黄色人种之霸权，独不与英国以危险耶？夫日本以改革支那为自己之天职，中日战争后，支那军事上之训练者，多用日本人。日本果实行支那改革之后，则当威压全欧，事至明了也。英俄两国之协力，比之俄法同盟，更为自然，此耶儿金氏之所痛论也。英人对清经营，但有经济上之关系；俄人对清经营，则有国境上之关系。趣向既殊，万无冲突之理。英俄外交界之歧出，适为不幸。亚细亚大陆不可使日本人有立脚点，无可疑者。俄、英、日三国于东洋波士波拿士海峡问题（以朝鲜海峡比于土耳其之他大尼峡，故云然），不可不待有关系之诸国之协议。

顾为此论者，非独《关东报》极端之排日主义而已。法国之亲俄派有然，美国之亲俄派亦有然。日本于此颇有疑英国同盟效力之冷却者。然各国之对于满洲问题，各自有应付之手段。而此手段，实以对清经营之政策为根本，乘手段运转之圆活，以为进取之势。盖英国之政策，在继续保全领土、开放门户之主义，以收取支那南部。而其对于满洲问题也，直根据英俄互认长城以北及扬子江权利之协约，故侧目而为旁视之呼噪（英下议院萨耶得华得格雷氏演说云：清国现局面，甚可危虑。泰晤士上海通信员云：极东与文明诸国之关系，无论何人，皆知保全清国领土，到底非人力所得为。然则英国政府察此情形，当持何种政策乎？第一点在维持保全领土政策；第二点在扩张境界而守御之；第三点在维持开放门户政策。万一清国不能保持领土时，英国及诸外国当计在亚细亚各个之利害以为收获。此列国政府之心中所洞察而默契也）；法国之政策，在建设印度支那帝国，实行侵略云贵、广西政策，而其对于满洲问题也，颇欲避俄法攻守同盟之纷扰（十一月二十八〈日〉《中央新闻》论法国外交之变化云：法国于俄法攻守同盟，有欧洲与亚洲之区别。在欧洲欲恢复亚尔萨士、罗伦二州，有俄法同盟之必要；于极东则利益不存，故取独立之行动，且输入巨资于俄国。日俄战争，则于经济界有不安之恐，故不与俄人为狂躁之运动）；美国之政策，在扩张大陆商权，为飞跃之根据。而其对于满洲问题也，不问领土之存于何国，而亦不许一国独占分割之利（纽约某新闻纸论云：放任俄人之侵略，即以老大帝国付之欧洲分割者之手，使萌芽幼稚之日本停止其进步。而俄人握亚细亚之霸权，则美国伸张商工业于太平洋岸之希望自绝。目前分割清国，于我国有百害而无一利。占有优先权之各国，必为俄、英、德、法、日本。若诸国在支那主权确定时，必排斥他国而行保护税法，且训练支那人种，以扰世界之平和，其危险且出今日之上）；德国之政策，在挫折英国亚东之势力。而其对于满洲问题也，则袖手以收最后之奇利（东京《日日新闻》论日、俄、英、德之干系云：德人在欧洲，自俾斯麦以来，有一大目的，在离间俄法同盟，而缔结俄德同盟，以杀法国欧洲之势力；在欧洲以外，则以之杀英国之势力。德国《半官报》频捏造圣彼得堡来电，谓日本对韩政略及美人抗议满洲二事，皆英国所嗾使，而乘克罗巴特金之东游，则发扬俄日缔结密约，以为间疏日英同盟之计。又论日俄开战之奇利云：日俄战机未熟，而德意志百方诱导，使之开战，固无足怪。德国政治家知日俄若开战，则英法必牵涉于其中。故当开战之时，收奇利者，实唯德国，此冷静之视察家所同认也）。是故视察殊异，争点殊异，进止殊异，而其啖取支那大陆之宝藏，欲囊括而席有之也则同。于是对于清政府外交易，演出种种之方面。在支那本部，则有铁路竞争、贸易竞争、矿产竞争、航业竞争；在支那别部，则有蒙古角逐、西藏角逐，而一切劫取之以兵力。

十月二十日《时事新报》列英国支那舰队之势力如下：

表　一

舰　种	舰　　名	吨位(吨)	速力(海里)
战斗舰	果来亚士	12,950	18
	阿西安	12,950	18
	亚儿彼温	12,950	18
	格罗里	12,950	18
	合　计	51,800	
装甲巡洋舰	累威亚撒	12,000	21
	克里削	12,000	21
	合　计	24,000	
巡洋舰	亚儿果诺脱	11,000	20
	安非意特来特	11,000	20
	布累拿姆	9,000	22
	耶得额	7,350	22
	耶克里布士	5,600	19
	塔儿波特	5,600	19
	俾　克	3,600	19
	亚那克里取	1,700	17
	腓雅累士	1,580	16
	合　计	56,430	

(注:此处二表系编者据原文内容编制)

表二(续表一)①

舰　种	舰　　名	吨位(吨)	速力(海里)
海防舰及炮舰	威士俾格尔	1,070	13
	亚儿姐林	1,050	13
	夫野尼克	1,050	13
	罗咱里禾	980	13
	眇 退 痕	980	13
	威士塔儿	980	13
	里那儿得	980	13
	布兰布尔	710	13
	布里妥马尔脱	710	13
	合　　计	8,510	
驱逐舰	火瓦以秦克	360	30
	禾　　塔	350	30
	夫 耶 姆	310	30
	嘴 那 士	280	27
	亨　　德	275	27
	哈　　妥	275	27
	塔　　克	250	23
	合　　计	2,100	
通计(含表一)		130,840	

① 表一、表二共列战舰三十一只。

此外小炮舰、河用炮舰十一只，仓库船一只，水雷艇九只。

而十月十二日，英国开东洋海军会议，召集支那、东印度、澳洲三舰队于星［新］加坡，三舰队司令长官及参谋长皆列席。盖议定三舰队协同动作之性质及作战计划，选择根据地。若战时东洋通航路，外海石炭积贮处，且与旅顺会议为对峙之形势故也。美国海军会议，则决议以军舰四十九只游弋东洋，使亚细亚舰队司令长官威笨士提督直立海军作战计划。而马尼拉新闻所论：现今在亚细亚美军舰，以菲律宾为根据，而游弋芝罘①者，有三十四只，以预防东亚搏战风涛之波及。而法国舰队，亦更迭司令官，而更定翌千九百四年度绝东舰队之编制。

列强之蓄谋分割也，以铁路为一奇凶极险之手段，而矿产附属焉；以银行为一冲锋陷阵之锐卒，而商工业附属焉；其各水路之航业，则以为利益均沾之点。

东京《日日新闻》论清韩铁道曰：前日列强见分割支那，不可遽见诸事实也，则竞争大陆上之铁道敷设权。千八百九十九年英俄协商之成立也，避弃惯用之势力范围语，而特用铁道敷设范围之语。近日铁道竞争益耸动世人之耳目。盖分割支那大陆，无急于攫取交通机关之先占权者。敷设铁道费用虽巨，而以贸易上之便宜，拓张政治上之区域，以证明己国权利利益之范围，为国家外交上及国民抵抗上必要之手段。且支那大陆，人口稠密，富源充实，最易收施设交通机关之利息。故德、比、英、法诸国，各为捷足先得之计。俄国在长城以北、法人在支那南部诸省，皆延长其领土之铁道，而取进于支那大陆中心之方向，固当然之事也。英国之划扬子江流域为其势力范围也，不外于获得铁道敷设

① 芝罘：即今烟台。

权。然扬子江流域，为大陆之宝库，经营商工贸易者，麕集于此，故实际上英国不能垄断此先占权。且他国经营铁道，必期达于扬子江流域，经营完毕之日，则扬子江流域势不得不为各国势力集会之地。近时英国势力消长之问题，盖为是故。

是故列强之铁道竞争，即实行分割之事业。而以实行分割之事业迫胁清政府，迫胁支那人种，则感情较逆；以实行铁道竞争要索清政府，以控驭支那人种也，则感情较顺。于是，各国皆以划定铁道范围为唯一之目的。近日英人之铁道竞争也，则有英使提议之四条（东京《日日新闻》：英国外务大臣蓝斯唐侯，令英人索取清国铁道。六月上旬，英代理公使提议于清政府：（1）清国政府对于北京公司所敷设自河南省渭水至山西省泽州之线路，当仿华俄银行正定太原铁道之例，自清国政府每年保证五厘利息——此铁道一部已经竣工。（2）清国政府既特许北京公司自山西诸矿山输送矿物于江岸，而法、比所营之芦汉铁道干线，南方已到延津——包含近日将着手之黄河铁桥——总当与以相当之利益。前日北京公司自黄河涉扬子江敷设铁道及铁桥，使联络山西矿山事，当令中止。（3）英国公司及北京公司敷设延津至扬子江南京对岸之铁道事，当即许可。（4）清国政府若欲自湖北至西安敷设铁道而需要外国资本时，最先当取之于英国。第三条自延津至南京对岸，有夺芦汉铁路利益之虞，为法、比所反对），有测量川汉铁道之运动（东京《朝日新闻》云：四川总督锡良建议敷设川汉铁路，一切不取外资，英使遣技师着手测量，锡良大反对之）。德国之铁道竞争也，则有山东道之建设（十一月二十一日《国民新闻》：山东铁道以千八百九十八年三月六日清德和约得之，为清、德二国共同事业，预定总资本五千四百万马克。最切［初］经营，以青岛为起点，过胶东潍县而达于济南府。自胶州分歧，经诸城、莒州，达沂州为一路，更自济南府过泰安、新泰、蒙阴至沂州，与诸城线联络。其后更自淄川至博山为一线。自济南至德州为一线、自济南至兖州为一线，自兖州至峄县为一线，且获得自德州至正定、自兖州至开封之敷设权。现青岛济南线已达周村，明年中必达济南，沂州线亦日见进步）。法国之铁道竞争也，则有云南铁道之协约（十一月五日东京《朝日新闻》云：法国以千八百九十五年六月驻清公使妲拿尔调印之条约，获得安南铁道延长达清国领土内之利益，是为经营云南铁道之始。千八百九十七年，得由红河上流东京境内之老街经蒙自达云南之铁道敷设权。同时又得谅山、龙州间之计划线得延长至广西南宁府之敷设权。据数日前西也，法外相德尔喀虽氏宣言云南、广西铁道新条约之调印，即议定自老街达云南及龙州、南宁线路之细目也）。俄国之铁道竞争也，则有西清铁道之计划（东京《日日新闻》云：《关东报》有匿名投书，主张敷设西清铁道者，其论云：吾人欲使东清铁道得于直隶湾、辽河、白河、黄河诸流域占政治上之优势，不可不讲竞争之策。阿伦布尔格、塔西坑特间二千俄里之铁道，去年蒇事，中俄接境，缩少三千俄里以上。俄国有名旅行〈家〉之探险云：自喀什噶尔至哈密尔间及罗布泊至支那东南部之苏州，敷设铁道，毫不见测量之困难，且地方尤殷盛；越天山而至喀什噶尔及哈密尔至罗布泊之间，茫茫旷野，虽所费甚巨，而自喀什噶尔至兰州，铁道通过地无大河峻岭，故西清铁道之敷设费，比之西伯利亚铁道当较少。越天山线路，费用虽巨，然凌跨天险，于军略上及文化、经济上利益无量。吾人所享有之利益，终必胜于所负担之劳苦。吾人由支那之中心与俄国中心作新联络线，为第二之两洋贯通路。俄国铁道占其西部，以黄河大水路为其东端，而以西清铁路为其中部。美人及加拿大作贯通西洋之铁路，固有前例也）。美人之铁道竞争也，则有支那拓植事业会社之设立（十一月十七日《中外商业新报》云：美国企业家巴修氏，先前得粤汉铁路敷设权于清政府，既组织美华启及铁道公司。近日纽约第一流之银行家并铁道业者，以投资于清国铁道及各种事业为目的，组织一大公司。十月十八日，以纽折尔西州现新泽西州之法律，得设立公司之特许，其名称为美国对清放资及土木公司，资本金暂定为百万佛郎，使清国内地交通运输，加一大革新，兼营各种商工业。派遣巴修与清政府交涉云）。比人之铁道竞争也，则有开封西安线路之契约（十一月十五日《时事新报》云：自开封至西安铁道，比国公司已与盛宣怀立约，昨日午后调印）。日本之铁道竞争也，则有营业铁道之计划（十月十八日《中央新闻》韩国铁道论云：京城、开城间之铁道敷设权，已为我有；开城、义州间线路，与韩廷交涉，闻已就绪；则联络韩国铁道、满洲铁道与清国铁道线之营口线，固为今日之急务。俄国占满洲铁道之敷设权，以千八百九十六年《喀希尼条约》。而其全占辽东半岛线，实以千八百九十八年《巴布罗福条约》。旅顺口为俄国经略东方之根据地，大连湾为西伯利亚铁道、满洲铁道之最终点。实在是时，俄人着手满洲铁道工事，不过五年，而第一自西境至哈尔滨六百五哩，第二自东境至哈尔滨三百三十五哩，自哈尔滨至旅顺六百十五哩，三区全长一千五百五十五哩，今已全部开通，其热心经营可知也。俄国以此为不足，更营三大线路，其一自黑龙江、上布拉郭悦式廑司克，经黑尔根，至齐齐哈尔本线；其二自管城子至吉林，更延长至阿穆苏；其三自辽阳或海城至凤皇城及韩境。第一线已着手，若全线开通，则满洲全部为俄人所垄断。吾京釜铁道，一何迟钝耶？夫京釜铁道，不与京义铁道连接，则失其为世界交通之极端停车场之资格。不与营义铁道连接，不能见世界经济要路之运用。而营义铁道不与满洲铁道及营榆铁道相连接，则亦无世界的铁道之价值。故京义铁道不可不连营义，营义铁道不可不连满洲及营榆。今试假定营义铁道与营榆铁道相连络，由关外连津榆达北京。在北京以南，则有德国之山东铁道，在海岸则有英公司之津镇铁道，在中央则有俄、法之芦汉铁道，迤西则有俄国之柳太铁道。由芦汉而联粤汉铁道，则至香港，由津镇则连英人之淞沪铁道而至苏浙。由我势力圈之福建线，亦走广东，广东至香港达法国之东京线。然则今日占京义铁道之敷设权，即于同时占营义铁道之敷设权，图两线路之连络，非所以使京釜铁道为世界的铁道、为大陆的铁道之一部分者耶？夫取纵贯韩国半岛线路归我国经营，以釜山港为东西两洋交通之极端之停车场，平时则利用满洲铁道、西伯利〈亚〉铁道为经济界之竞争；战时则出兵捣满洲，断辽东与俄国之联络，于对韩对清对俄诸政策，并为绝要。欲实行世界的外交、世界的交通，岂可不加意耶）。而吾国既成之铁道，与未成之铁道，遂几无一不在他民族之掌握中者。试撮举如下：

既成铁道：

一、东清铁道：（1）自西伯利〈亚〉经由哈尔滨至旅顺之本线，长一二四五哩；（2）大石桥、营口间支线，长一四哩；（3）大房身、大连湾间支线，长三点五哩；（4）自哈尔滨经宁古塔而至贺枯及拿尼且布与乌苏里连络线共计三六〇哩。以上既成一六二二点五哩。（5）哈尔滨、吉林间，长八一哩（未成）。

此线路乃东清铁道公司所经营，在俄国政府保护之下，资本金一亿五千卢布。

二、关内外铁道：（1）北京、通州间，长一〇哩；（2）北京、天津间，长八八哩；（3）天津、山海关间一七四哩；（4）汤河、秦皇岛间四哩；（5）山海关、营口间一七八点五哩；（6）高桥、杏村间（炭山线）五哩。以上既成四七四点五哩。（7）高帮子、新民厅间六七哩；（8）锦州、义州间三〇哩（以上未成，工事中）。

此线路，清政府以铁道作抵当，募集资本于英国，遂以铁道工事全部付之英人之手，资本金五百万磅。北京通州间线路，乃因义和拳扰乱后，英国为军事用敷设之，其资本在上文所记之外。

三、京汉铁道：经北京、保定、正定、开封、信阳等而至汉口之线路，长八一〇哩，既成四〇〇哩，未成顺德、信阳间四一〇哩。

此线路自两端起工：北京方面，则法人担当工事；汉口方面，则比利时人担当工事。北京、保定间之一部，自清政府支出银四百万两敷设之；保定、汉口间资本金，一亿一千二百五十万佛郎，比国公司所出资，铁道财产一切抵当之，约二十年偿还本金。其表面虽为比公司，而事实上为俄法联合出资经营者。

四、粤汉铁道：（1）广东、武昌间本线，长七一〇哩；（2）三水支线，长三〇哩；（3）岳州支线，长二五哩；（4）平沙、楳［梅］田支线，长六六哩；（5）湖潭支线七哩。总计八四四哩，未成。

资本金约八千四百万圆，内付五厘息；公债八千四百万圆，六厘息；公债四百万圆，应募者为美国美华启公司。铁道财产一切作抵当，偿还本金期限五十年，约三年成功。原来美华启公司总资本金一亿二千万佛郎，其中八百万佛郎为比利时人所有，故比人势力较大，其技师长为美国人，比、美之间，时有争论。

五、山东铁道：（1）青岛、济南间，三一〇哩；（2）胶州、沂州间，一一〇哩。未成二二〇哩。

此线路乃德意志以采掘石炭为目的而得敷设之权利者，资本金五千四百万马克。

六、沪淞铁道：上海、吴淞间，一三哩，全线既成。

此线路为清国所自设。现今怡和、汇丰洋行以五十万两买得之，遂入英人之手。

七、大冶铁道：自杨［扬］子江岸石浙涯至大冶铁山之铁道，长一八哩，全线既成。

此线路，清国政府投资五十万两，以采掘铁矿之目的而敷设者，工事成于德意志人之手。

八、泽怀铁道：自泽州至怀庆之炭矿铁道，长一五哩，全线既成。此线路英国北京公司出资敷设之。

九、萍乡铁道：自萍乡至醴陵之炭山铁道，长六五哩，既成三〇哩，未成三五哩。

此线路以采掘石炭为目的，在美人监督之下，清国政府自出资本。

以上在中国国内既了工事与未了工事，合计九铁道，哩数四千四百四十五哩（中里一万四千六百里有奇），内二千七百七十三哩（中里九千一百里有奇）既成；千六百七十二哩属未成者（以英哩计算，据《日本周报》所载）。而计划中之线路，其权利之确有所属者如下：

计划中诸线路：

一、津保铁道：属天津、保定间之线路。其敷设权目下为比公司所要求，英国以京津线路有敷设津保支线之特权阻止之，而比公司则谓有千八百九十八年李鸿章之口约，未决定——计百三十哩。

二、郾浦铁道：自河南省郾城至南京对岸浦口之线路。英国北京公司现今所要求，原来该公司敷设山西泽州至河南道口线，过半既敷设。而道口、郾城间，利用芦汉线路，欲自郾至浦，以扬子江为中心点，而比公司则以夺芦汉线路之利益，百方阻止之。

三、川汉铁路：自四川成都至汉口之线路，前驻上海英总领事伯伦布累兰氏竭力运动，归于华英公司之手——计一千哩。

四、河南开封铁道：此线敷设权，为比公司所得，计一百哩弱。津镇线路，自兖州至开封，自开封至河南，而自开封联络芦汉线，延长及潼关、达西安府者，皆比利时技师罗福马之力。

五、正定太原府铁道：自正定府至芦汉线之停车场至太原之线路，长计百三十四哩。华俄银行获得敷设权，比利时技师罗福马已赴该地。目的在采矿，资本金二千五百万佛郎。

六、津镇铁路：自天津经山东至镇江之线路，英德合同营设之，目下在商议中。此路延长六百三十四哩，资本金七百四十万镑，以五厘息募集公债。

七、沪宁铁路：为上海、南京间铁路，合之淞沪铁道，归于华英公司。此线延长百八十哩，经苏州、镇江至宁。其归入英人也，满政府欲杀“苏报案”六士，借此以市恩焉。

八、上海宁波铁道：自上海经杭州至宁波，延长二百六十哩，华英公司所计划者。

九、苏杭铁道：亦华英公司所计划，延长百二十哩，欲自苏至杭。

十、南京襄阳铁道：延长四百十哩，华英公司已得敷设权。自南京对岸浦口，经信阳至襄阳，欲自上海联络芦汉铁路。

十一、矿山铁道：延长九百五十八哩，敷设权属于英北京公司。欲为三线路：一自太原经平阳至西安，一自平阳经泽州、新安达襄阳，一自泽州经彰德联络芦汉铁路。

十二、九龙铁道：敷设权属于英怡和洋行。延长一百哩，自广东至九龙，欲在广东联络粤汉，缅甸曼德雷铁道延长线，□此线长三百二十三哩，自曼德雷经缅境至云南，敷设权在英人之手。

十三、云南铁道：此线亦英人亦欲敷设者，自缅甸姆尔眉因，延长经清国国境洪江及云南，达重庆，长六百八十二哩。

十四、龙州铁道：法人所敷设，延长二百二十哩，自安南凉山，经龙州、南宁而至北海。

十五、南宁三水铁道：敷设权属于法人。自南宁至三水，连接粤汉线，延长二百五十哩。

十六、东京延长线：长二百哩，自安南东京，经河南老街，至云南。法人所要求。

十七、义州铁道：长二百五十哩，自东清线辽阳附近，经大东沟，至朝鲜义州。俄人所经营。

合计各线路，共延长五千九百五十一哩。

吾支那历史，未闻有以商工业亡人国者，亦未闻有以商工业让于他人以自亡其国者，有之，自今前六十年间始；吾支那历史，未闻有以商工业上之运输交通事亡人国者，亦未闻有以运输交通之权让与他人以亡其国者，有之，自今前三十年间始。夫商工业之关系民族也，为其把持生计界之枢要故；商工业上交通运输权之关系民族也，为其垄断地主之权利故。是故六十年来，上半期之受祸，不如下半期受祸之深。上半期之受祸，可以兴起吾民族商工业以抵制之；而下半期之受祸，虽欲兴起吾民族商工业以抵制之而卒不可得。是故列强前日日言瓜分，而至今日则务避之，而言“铁道范围”四字，以为掩耳盗铃之计。因铁道敷设权而生铁道保护权；因铁道保护权而生地方政治权。夫至于发生地方政治权，则世袭此地域，民族尚得以此地域为所有物耶？不得以地域为所有物，尚得谓其非瓜分耶？然而列强则务避其名而阴受其实。然而，吾民族则亦甘受其实，而暂乐其不受此惨黩之名。呜呼！名实之眩，四万万人耳目也，岂独天地异位、玄黄变色而已！与人言瓜分则不信，与人言铁道、矿产之丧尽主权，则几微间又若尚为吾民族之故物者。夫吾国岂必待俄国亚东总督之莅任而后为瓜分？岂必待英国扬子江一带总督之莅任而后为瓜分？岂必待德国山东江北总督之莅任而后为瓜分？岂必待法国支那西南部总督、日本福建总督之莅任而后为瓜分？然而俄国则已设立极东总督，然而英国扬子江总督、德国山东江北总督、法国支那西南部总督、日本福建总督，旦夕间固必设置。然而俄国固不言分得满洲，然而英国固不言分得扬子江一带，然而德国、法国固不言分得山东江北及支那西南部，然而日本固不言分得福建。日以巩固铁路之范围而已，曰以保护铁道之安宁而已。铁道者，善用之则为兴国无二之利器，不善用之则为亡国无二之祸萌。然而吾国之眩于名实如故也，曰瓜分期已迫近，曰瓜分何时揭晓。夫孰知此晓之终古不揭，而入此期限来，已成为不治之痼疾耶？

铁路之外，则有矿产。若德之于山东、英之于开平于泽州，其他附于铁道者，屈指不可胜数也。言铁路权，不待复言矿产权。故铁道竞争之热度，与矿产竞争之热度，自为表里，而新为单独之运动者，则有日本之于直隶、四川、湖南、云贵，意大利之于安徽（九月四日）日《出国新闻》载清意近日新交换矿山试掘合同云：安徽商务总局总办代理布政使毓秀，奉到安徽巡抚聂移文，与伊太利公司之代表人锡尼都订立千九百〇三年七月三日即光绪二十九年闰五月九日关系办矿事宜之合同如下：

(1) 订立本合同之后，意大利公司当使矿山技师试掘凤阳府下之寿州凤台县、定远县、庐州府下之巢县诸矿产。

(2)意大利公司派遣技师试掘上文所列诸处矿山时，先通报商务总局，自总局札饬该地方官，命画适当之保护法。

(3)意大利公司欲行开掘之地域，不问官有民有，按定例与地方官及所有主议定租借卖与之价格，为稳当之协商，不得使受亏损。

(4)本合同订立后，以十四个月为试掘之期限。若至满期不试掘，则此约为无效。但为地方军事迁延时，不在此限。

(5)期限既满，意大利公司可择定曾经试掘各县可掘者，申请商务总局。商务总局检定后，更与该公司订立详细之合同。

(6)在期限内，意大利公司愿着手之事业，申请商务总局时，总局与该公司订立详细之合同，申请安徽巡抚，巡抚与外务部矿路总局交涉，得许可状，乃得着手经营事业。其他一切事宜，以清国现行矿务章程办理。以上各条件，英文、汉文解释有不同时，当以英文。

(7)本合同汉文二通、英文二通，商务局及意大利公司各持汉、英文一通)。

矿产之外，则有航业。近日于沿海，则有牛庄英商布有西商会，劝诱加拿大太平洋汽船公司经营清国沿岸航路中香港、直隶间航路事（八月十八〈日〉《报知新闻》）。于内河则有湖南航路竞争之事（九月十五日东京《朝日新闻》之《湖南航路》：气象益好，每回货物，必增加数量，怡和、太古竞运动购入码头地）。而日本政府与日商湖南航路汽船公司以担保五厘利息之特计，十月十二日日本所载十月八日调印之改正《中日内河航行章程》：

(1)日本汽船公司，得于二十五年间以内，自清国人民借受河岸之仓库埠头，可因彼此合意，满期限后，仍庸借受。若清国人民不肯贷与日本商人时，可由地方官与商务大臣商议，以相当之时价贷与日人，期限满后，仍得借受。

(2) 碇系船舶之埠头，不可阻碍水路及阻碍船舶之通行，当受最近地海关之检查，无故不得拒绝之。

(3) 日本商人所借受之仓库及小埠头，当与清国人民同课相等之租税。日本商人在汽船航行事务所内，不可不用清国代理人及事务员等。但日本商人虽得随时赴该地方检察贸易上之状况，必不得有灭损清国之主权及妨碍之事。

(4) 汽船航行内河，有伤害堤防及其他之工事时，当调查其伤害及因伤害所生一切之损失，而使汽船公司负赔偿之责任。又若河水浅涸，为航行汽船，而伤害堤防及附近之田地，依清国政府禁止小汽船航行，当照会日本官吏，于实地检查之，〈倘〉有伤害之事实，当禁止航行。但此时清国汽船，亦当同样禁止。不问清、日两国汽船于内河有水闸处，不得航通，以〈免〉伤害水利。

(5) 日本政府为清国内河航行汽船内外货物输送迅速，今后若内河航行汽船公司将汽船卖与清国公司，而揭清国国旗时，日本政府不得拒之。

(6) 内河航行汽船及汽船拖船与民船同样，不许搭载禁制品。有违反者，照违反禁制品运送章程处罚，取消许可票而禁止航行。

(7) 内河航行汽船，风气未开，内地居民不免骚动。凡从来不航行汽船之内港，为与商人之便利及船主所认为有利益者，当渐次航行。但从来汽船不航行之内港，为航行时，必先报告最近地之税务司，自税务司转禀商务大臣，会同该省督抚调查事情，便于迅速批准。

(8) 此条约之汽船，惟准航行海港及自一开港地航行他国开港地，又自海港航行内地，又自该内地地方回航海港。其航行中经过之各埠头，并搭载之船客、货物，当报告海关，但不得地方官之许可，不得专自一不开港之内地往来他不开港场之内地间。日本汽船之航行中国内河者，当量与清国邮便局以利益，搭载书信若小包邮便，其章程俟船主与清国邮便局协议。清国现在邮政局书信之外，不得搭载人民，若［或］商店之书信。但日本领事馆之书信及关于汽船公司运送货物之书信，不在此限。

(9) 不问客船、货物船，皆当为汽船拖船。拖船之水手人夫，当用清国人。又不问船主之为何人，不揭旗号，不许航行内河。

(10) 本条约乃以光绪二十四年七月订定之，补续章程第九章之派委员代收税厘之件，有不尽之处，故清国通知各省，照章办理，于本条约所订定，当依本条约。尔后倘会必要改定之处，无论何时，可协商改订。

足见日人经营内河航业范围之广阔也，其长江上下游及自直隶湾至东京湾一岸海岸线航路，为前日所遗之利权，在今日为无可措手之恶疽毒疹者，又无论也。商务之竞争也，日本、德意志为英人之后进，而在今日则已骎骎度骅骝前。而日本之注目大陆也尤切，其研究大陆商业之学校，若东京高等商业学校、大阪市立高等商业学校、神户高等商业学校、普通东京、长崎、京都之商业学校、对清贸易专门之商业学校——东亚商业学校、东亚同文书院、外国语学校之支那语科等皆是——无不注重于是。其著书言东洋贸易事情者，对清经营，居其大半。而吾国之经济界，一斫于英，再斫于日，已无立足之余地。而英、美、德、法之输入伸涨，至今岁较前三年，实超过十分之五，是增进有绝可惊者。而外国银行，遍于各口岸，金融机关为他族所操纵，与国民生计上之影响及精神上之影响，有绝大之关系。外币之流入，而民族独立自存之特性，消蚀于暗昧之中者，固不知其比例也。夫东洋经济膨胀之时代，在二十世纪。而操纵经济膨胀之权利者，决不得为十九世纪前日之旧主人。损失经济界之主权，即所以损失经济界之人格；损失经济界之人格，即所以消失种性之大原因。况夫所谓地主权者，几一切无有耶！

蒙古之角逐也，为日俄；西藏之角逐也，为英俄。而日本在于长城以北之势力，决不敌俄。俄人在西藏之势力，则以印度关系切近之故，终必为英所挤逐。二者之间，遂划分英俄权利之范围，俄人营蒙古则以测量及守护电线驻兵（八月十六日大阪《每日新闻》云：俄国以测量土地为名，遣军队进入蒙古，近来益增其数）。库伦则有后拜噶尔州、依尔枯茨克旅团所派遣之军队——计步兵三千，骑兵二千，工兵、炮兵各一千——建筑莫大之兵营，贮藏无数之衣服粮食。又乌里雅苏台驻步、骑、炮兵五千，噶顺三千，保护俄国商民。俄国遂以兵力威压土人，又给与衣食金钱等以怀柔之。其宣教师则集初等之儿童，予以宗教的感化。俄国前日与清政府协约中，有不许变更蒙古行政组织之条件，为是故也（八月十九日《朝日新闻》云：俄国自恰克图经库伦至迪化之电线，架设竟毕。以保护电线为名，逐驿驻兵）。而要求蒙古铁道之敷设权（大阪《每日新闻》论蒙古铁道云：俄国蒙古铁道之计划，不出于事实不已，或已就绪，亦未可知。夫张家口俄国专有租略之要求，固为其先驱。然则自拜噶尔湖一线南下，出恰克图，破荒野，断沙漠，达长城，经张家口入北京，以接芦汉线。其规模之大、交通之利，远非东清之比。蒙古铁道，比东清铁道入北京之路，减七百五十哩，又得出渤海湾。俄人既实有满洲，自当再施蒙古政策。况于贸易上有张家口及汉口，于政治上有北京耶）。日本与之角逐也，则亦在蒙古铁道（大阪《每日新闻》论云：俄国之对蒙古有二策：（1）天津、张家口铁道之敷设。（2）张家口之开放，当向清国迫令协诺）。而英俄协约既承认俄国长城以北之势力，其他诸国利害不相涉。日本于长城以外，亦无直接之利害，故蒙古终必为俄人所占领。俄人之于西藏也，自巴德麻耶夫谒见达赖喇嘛，开藏、俄交涉之关系。以千九百年秋发特使谒俄皇，藏俄协约成立，敷设铁道、开掘矿山之利益，为俄所掠得。而英人有利害之感觉，遂收得累巴尔、布丹两公国，直入西藏。至近日遂有英藏协约划定境界之事（八月二十九日东京《日日新闻》云：据伦敦近电，英领印度太守府占领西藏关门且俾流域至距拿萨百五十哩之哲姆耶，占领区域，甚为广阔。英国军队当遣驻焉。目下印度太守府遣员与清国及西藏之委员商议界划）。而俄国新闻纸非独不加弹射而已，且谓西藏为世界秘密国，于国际政治与他国无关系，英人此等行动不侵蚀何国之利益，以微示让步之意。盖英人之入藏也，欲与俄人入甘肃，相为对抗；而俄人亦以西藏任英人之处置，以缓和亚东大局之感情云。而环顾大陆腹心肢体，无一不在刳剔斩斫之中，茫茫禹甸，光岳暗然，而英德法三国将遂设置与极东总督同性质之官吏。鸟鼠异物，巢穴相容，于国家学上为无可位置之一种消极之人群，于国际法上为无可拟议之一种变形之公法。吾哭则泪枯，吾坐则心死。（未完）①

英国群俗摭余（1911年1月26日）

苏格兰十六世纪、十七世纪时，中小学校教习东修所出，其法甚怪，盖以斗鸡得之。每年各校必有斗鸡期日。至期，各学生及其父兄皆以鸡来。在校内隙地中斗之，鸡之怯不斗者，及斗而死者，皆归教习，以此当修脯。

① 《游学译编》自一九〇二年十一月创刊至一九〇三年十一月三日停刊，共出十二期，《续满洲问题》的剩余部分已无法查找。

十八世纪以前，美国各校体罚颇严，苏格兰尤甚。某教习当加学生以笞臀之罚。及卒业时，学生谓教习云："先生今日恐尚认不清我的面孔，因先生只与我下半身最为稔熟也。"现在英苏各校革除击脑及笞臀外，仍有体罚。

英国各有名之中学校，其初入校之新生，对于旧学生各有服从之义务。旧学生分管各新入生，而役属之，名曰 fag_ master，其新入生名为 fag，服役名曰 fagging.，新入生初入校时，不得不极力承欢 fag_ master，两三日以后则渐厌怠，一周以后则益倔强矣。

威士明斯特中学校，新入生每年当唱歌时期将到之前必有一恶剧。新入生不必能歌，照例应得两日练习，所歌为阿耶照像短曲 fatlae salarled taking photogranphs。

在练习期限中，各旧学生必用旧破书案一具，加旧破座椅于上，令新入生坐之，手持一蜡烛练习此歌。桌椅既旧破，摇摇欲坠，烛影复颤动，新入生多怯不成声。新入生上坐时，另以旧学生匿于他处，使听节拍。新入生既噤闭，则监督者大声诘之，其他诸学生复环而噪之："快唱"、"可耻"、"不做装腔作势"、"快些"、"好生唱"，众喙然，几至耳鼓聋闭。新入生益蹇缩，掷果饼示罚者，骤下如雨，而呼号声益厉，非唱完此曲不得下台也。

记英国工党与社会党之关系[①]

（1911 年 6 月 14 日）

耐可曰：觇民族政治能力之强弱者，必于其宝贵自由之习惯征之；觇国家政治现象之善否者，亦必于其国民个人自由范围之

① 本文于《民立报》1911 年 6 月 14 日至 7 月 8 日连载，署名耐可。

广狭征之。出版自由、言论自由、集会自由三大条件为十八世纪末、十九世纪上半期欧洲各国发生革命波澜之要点，而三大自由又实以思想自由为其本根。国民无破除一切腐旧心习之思想，则其趋向三大自由不急；趋向三大自由不急，则其革除暴政之能力亦脆软濡弱而不足恃，豆剖瓜分，祸燃于眉。神州万里，乃几若无一须眉男子能起而振之者。呜呼！天赋人权坠地久矣，宁待援顺民旗以迎谁某之师而始为大僇耶？

论欧洲近世纪革新政治之动机，必以宗教改革为其发轫。英人之革命，合众国之独立，其原动力始滋清教徒。然至十九世纪，由哲学思想孕育社会主义，每变益进，流衍迄今。所谓实验哲学（Positivism，现通译为实证主义——编者），所谓无政府主义，皆骎骎乎有欲与宗教代兴之大希望。实验哲学与无政府主义两家，虽曰苍头异军特起，然与社会主义实有亲族关系，且时时相接触。盖社会主义浸淫于欧洲思想界范围广博而印象深刻，非一朝夕之故矣。二十世纪欧洲各国政界将皆必有大革新，其建设与破坏盖皆将以哲学思想主持之。怀实验哲学之思想家，或将为建设者之前茅乎？怀无政府主义之思想家，或将为破坏者之健将乎？国人苟欲破除腐旧心习者，于此二家并不可不一汲其流也。

英人笃于守旧，其信仰宗教，颇过于大陆诸国。大陆诸国，社会主义进行颇急激，其主张无政府主义者，似与英人思想不相入。大陆诸国主张社会及主张无政府主义者，颇嘲弄英人，谓其少年头脑，为游戏运动所昏惫；老年人头脑，为牧师教义所昏惫。然英人政治现象特有优胜于各国之点，其国民能宝贵思想自由，而其出版、言论、集会三大自由遂亦完固，安全特甚。各国无政府党并恃英国为避难所，英国人吸入无政府潮流亦自然必至之势。然至今英人对于此事不肯轻易加以何等限制。盖政治家之远览深识者，知引导国民思想，使时时与进步及革新之方面追随接触，其利益胜于深闭固拒枯坐穷山者万万。故坦然而出于此，此其视外国矜炫国粹之贤者，其流风余韵不亦远乎？

万国无政府协会（International Anarchist Congress）会议有言：组织无政府弘道会，为吾辈第一目的。故其在英国也，实组织有弘道会，由会中发行无政府文学小册子，并向各地方演说。其无政府文学小册子，价仅每册值一本士。有时或仅出一单纸印刷物，此种单纸印刷物随时于演说场中发散，并不索值。其小册子亦有时不索值。弘道会者，专以传布主义为主，除演说及分散小册子外，似无他事者。然某英人有言：文学小册子及单纸印刷物，其势力实远胜于手枪炸弹。盖手枪炸弹不过无政府党人偶然之附属物，其作用为间歇的，其目的为简捷的，其范围为狭小的；文学小册子及单纸印刷物，其作用为陆续进行的，为沉默的，为效力确定的，其目的为深远的，其范围为普遍的。盖革新思想必取径于交换知识，而交换知识舍语言文字不为功。今国人热心于革新政治者，能着手小册子，印刷分散诸事尚不多见，则宜乎风潮之脆薄也。

据英人所记无政府弘道会开会演说情形，其结集、言论、出版三事之自由，颇有可惊者，今摭译大略如下：

自一千九百零九年至一千九百十年，在格兰斯哥即有无政府党人于六、七两月间，每礼拜日开会演说，听者甚多，售出文学小册子不少。其小册子中有巴内特氏无政府党共产主义说明书，议论极为透辟。在利物浦，则有无政府党人于五月中以礼拜日开会三次，以夜中开会者数次。其无政府党报纸名《自由》者及文学小册子，销售不少。在突厅，则有无政府党人巴内特氏于十月中开会演说。在斯屈老，则有无政府党人肯氏于十一月中集失业工人开会演说。其演说中，并激励诸失职工人以实行方法，或云有无政府党人实行方法，手枪炸弹只其方略中之一事。然其详不可得闻也。在内遂特尔则有无政府党人于七月间开会演说，听者以青年及妇女为尤众。在牛街沙，则有无政府党人于十一月中联合独立工党（Independent Labour Party）支部及社会民主政治党（Social Democratic Party）支部实行列队进行两次。在洼散们斯托则党人于十二月中开无政府党弘道会，会期延亘两月，会场则借独立工党之俱乐部为之。某国无政府党魁马拉退斯塔氏用英语述无政府及无政府主义。马拉退斯塔者，伦敦《泰晤士报》所指为最强悍、最危险之无政府党首领也。在配斯里则有无政府党人于十月中开会演说四次，售出文学小册子数百份。在爱亭堡则有无政府党人于十月中开会演说。在孟契斯德则有无政府党人于八月中每礼拜开会八次，以露天演说，明白宣言无政府主义及无神论，售出文学小册子不少。在伦敦海岱公园则有无政府党人于一千九百零九年五月开会演说，分散文学小册子至二千部以上，又一千九百十年五月开会演说，分散单纸印刷物至八千份以上。在伯明罕则有无政府党人于一千九百十年四月中开会演说，售出文学小册子不少。后又在格兰斯哥则有无政府党人退勒尔氏于千九百十年三月中开会演说，且由党人旅行游说，由配斯里至气日马拉克。在坎伯威尔则有无政府党人喀赖尔氏在独立工党支部演说，为该支部所欢迎，所有单纸印刷物，立时散尽。在卜赖卯斯则于十一月中由社会党协会欢迎无政府党员，开露天演说会二次。在里子则有无政府党人沙利得氏于九月中演说职工联合会应革新之理由、无政府主义之理想及无政府党实行方法。在伦敦日内金此公园则由伦敦北方无政府党支部开会演说，发售小册子。在拉畏治则于六月中，由退勒尔氏演说工党革命，并集各工党开一茶会。在里子则有无政府党肯氏以十月中完成英格兰及苏格兰内地旅行游说。以上只记前两年中无政府党在英苏运动情形。本年尚无可备征引之记录。

吾人观上方所载有可注目者，则独立工党、社会民主政治党与无政府党相提携是也。英国独立工党在议员中占有议员名额四十名以上，能操纵自由、统一两党。此党宗旨专在代表劳动阶级。而社会民主政治党宗旨则在建设共和政体、废黜王统及贵族，虽在议院中无势力，然能联络新闻纸三十余家，力图进取，将来势力正未可知。英国统一党为上流社会之中心，保守性质强固。而自由党则立于工党与统一党之间。自由、统一两党与社会民主政治党宗旨决不相容。对于无政府党之极端论旨尤无可以并立之道。然除独立工党之急进外，既有社会民主政治党，复于社会民主政治党之急进外，更有无政府主义党。而独立工党、社会民主政治党，颇复介绍无政府党人及无神论以警动国民。英国思想界之变迁极为复杂。目前上议院改革问题，特其影响于政治现象之发轫耳。

无政府党教义为崇信真理故，故排斥宗教；为主张绝对自由故，故排斥政治、法律；为排斥政治、法律故，故并排斥谬托之爱国心；为崇信共产主义故，故排斥私人财产权；为崇尚自然故，故排斥现今社会组织、排斥婚姻。每举一义，对于现今崇信之国家学说、生计学说、伦理学说，廓清摧陷，不遗余力。巴枯宁曰：假托爱国心者，乃一种狭陋之恶习。戈迈曰：吾人苟知假托爱国者之为诳诞，则吾人能开辟一坦途，以建设万国无政府、四海兄弟之黄金世界。英国无政府党，缘是著有单行本小册子，题曰《爱国心之威吓自由》。小册子封面绘一魔女持爱国军旗，践踏一少年美貌俯伏乞怜之自由神于足下。而一千九百零七年，独立工党年会报告中亦有语云：爱国心者，乃一种武器。此种武器常为民贼所用，使国人迷乱事实而颠倒其是非心。又去岁十一月，英国社会党青年弘道会在考克斯敦设一耶诞节售物所，为社会党礼拜日学堂筹款，并在该所中发行机关报纸所谓《少年工人》者，其中亦云：少年男女职工如为伪爱国家、无赖政客之虚假爱国论所昏惑，则其结果徒自掷生命以供民贼之奴使，摇尾乞怜于蹂躏自由之魔鬼窟穴中。英人或云：凡社会党青年弘道会所设之礼拜日学堂，无不奉此教义者。而利物浦无政府党所立之学校，即设在独立工党支部，鼓吹此义，为尤激烈。

耐可曰：无政府主义排斥国家、排斥爱国心，可谓巨怪矣。英国独立工党明明持有政府主义、持国家主义，亦排斥爱国心，可谓巨怪之巨怪矣。然无政府党所以趋向此义者，其目的全在建设万国无政府、四海兄弟之黄金世界。国家主义及爱国心为此绝大目的之障害物，故诋斥特甚。虽然，爱国心者与四海兄弟黄金世界之博爱心决非两物，犹释迦教律在出家修度，排斥我执锄除恋爱特甚。然又有以有情为种性，断绝种性即断绝佛种。是故在无政府教义中排斥国家为排斥蹂躏人权、刍狗国民自由之国家，排斥爱国心为排斥谬假政治学说迷乱生民之爱国心。苟其为恢复人权、力争自由、扫除旧政府、建设新国家以为四海兄弟黄金世界之过渡物，固当暂许为无政府党之发轫地。苟其人以恢复人权，力争自由，为爱国死，固当谓为无政府主义之佛种。故无政府与爱国心非不相容。又无政府排斥国家，乃不认此地球上有一个值得永续存在之国家，非于现在各国有所袒护选择。今日所谓头等强国，若英若美等等，皆非有正当存在之资格，何况钦定宪法若日本等等。自郐以下，故无政府党之排斥爱国心决非李完用一进会种种狗彘，所得假以自文，亦非无赖政客主张磕头立宪者，所得弹射。且吾人于此又可寻得发生国家苦痛之别一原因。无政府主义最先倡于俄国，而崇信此主义者实以波兰人、犹太人为最夥，此其故可思也。波兰人自俄德瓜分以后所受轧制，痛惨殊甚。波兰人之在德籍者，几尽失其财产权。寸田尺土皆非波兰人所能自由享受。其受俄毒尤为酷烈。而犹太人失国久，在俄国者常以宗教殊异，为俄人所惨杀，生命财产仓卒糜烂，不可胜计。此两种人者，感无国家之痛苦最深，而又自审收合余烬建立国家，在目前趋势，于彼等实有所不适。故不得不向于宇宙进化太平大同之坦途。自奋为急进先锋，冀一切摧破现行各国狭隘酷烈之国家观念。彼等因国家亡失，万死而不可赎，悍然为万国无政府、黄金世界倡导，固犹不失为勇决者之所为。然其不能自存一根据地，则亦宇宙之奇痛也。

今日东亚大陆，风云紧急。国人苟能援旗击鼓力图自立，即时改造，即时建设，竭尽心力而为之，衔石填海，必得一当，万国无政府党人，犹将举杯而祝之。不幸万一陆沉，则外来狭隘酷烈之国家主义将来永为子孙轧波兰、犹太，荼毒可睹。挟四万万人以与外来之国家主义奋斗，构造一黄金世界之发轫地非异人任。国民于此，固不必闻无政府之风流，而舌矫之不能。若彼英国独立工党之与无政府党握手交欢，则颇足以证明现今地球上矫伪之爱国论决不足以存立。政治平等如英如美尚不足以餍渴想自由者之欲望，何况摭拾钦定宪法，万世一系，种种胡说，斩铲吾人自由权利于偷偷摸摸、遮遮掩掩之间？尚屑与无耻者，从而为之辞，利用政党面孔号召国民共同作此卑劣事业哉？

无政府党排斥爱国心，乃其方便立论，非其究竟目的。无政府主义之究竟目的乃在改造人群，以全世界男女作无量数，共同集合之公益团体。其团体组织不论在物质方面或在道德方面，皆丝毫不复有强迫的权力存在于其间。苦罗巴特金有言："吾人悬想未来世界，应有无数亿兆之公益团体，其团体组织全由彼等自由为人类生活之需要而成立。今有无数小圆石于此，以小箱盛之，簸而摇之，各各小圆石皆将自然整列，成一雕嵌精细工作。此种自然工作，无论何种人力不能如是妥贴。未来世界自由团结不假政府统治，亦复如是。吾人当任各种社会发达展布，纯任自力。以自由团体之自由联合已立已达，不受他动，乃至不受何一社会管领。"又某无政府党社会共产主义之说明书有云："所谓共产主义者，乃人类中最有价值之战利品，即各个人之绝对的自由。在未来世界中，人类亲睦仁爱之本心，自由发达圆满，各个人恶劣之习惯及偏宕之感情，皆能自己消释净尽。其消释此种恶习及感情不由法律钤束，乃纯乎由人类爱情及崇敬他人之观念，充沛洋溢此种公益团体。一切脱离法律迷信、宗教迷信，不复有个人财产权存在；不复有公共财产权存在，亦不复有何种最高权存在。复次，彼时人类罪恶之源泉，若资本家、若宗教、若裁判、若政府，一切熄灭，则全世界人种无论为个人、为社会皆生活于自由改良进化之中。无饥渴、无缺乏，人类能力一切皆完全开发。知识、感情、志意三者最高尚之发达，皆由彼等自由受用。"无政府党既抱此绝对完善之黄金世界为究竟目的，其着手方法则在破除矫伪之爱国心、破除法律、破除宗教、破除国家，不认此地球应有国界痕迹存在，不认此地球上应有强权痕迹存在，不认此地球上应有宗教痕迹存在。苦罗巴特金《青年训》云："吾人当任世界青年热诚炽发。彻上彻下，纯是改革思想奋盈磅礴于脑蒂中，一遇专制恶魔，誓必以手枪、炸弹从事。有触即发，不碎裂仇敌，躯命不止。任诸青年摧陷廓清一切法律，凡法律以保护专制恶魔之尊严，拓张一人种、一社会及一阶级之权利者，皆为公理仇敌，即为青年仇敌。”凡无政府党之排斥法律及排斥国家皆据真理绝对以为言，自由必应绝对圆满。现在所有法律与国家，皆为妨碍自由绝对圆满之障害物。自由既绝对，则现在国家与法律皆不足以复存。其持论之根底如此，其进行方法则一以大雄无畏之破坏力出之。自有历史以来，改革论之直截了当，盖未有及此者也。

苦罗巴特金《青年训》发售于英国社会党礼拜日学堂者，为数不少。而英国社会民主政治党机关报名曰《公道》者亦有言云：吾人所谓公道者，非尚保守而恶言破坏，苟于事理所宜，则暗杀即为公道（There are circumstances in which even assassination becomes iustifiable，Justices）。又曰：人类中有一种蹂躏自由之毒恶物及危险物，此种恶人为人道之公敌，无论在何处遇着，惟有即时扑灭，不可稍存濡忍。又曰：脑筋昏聩如俄国皇帝等等，惟有用强烈破坏手段，断送彼曹性命（Justice，May zoth，1911.《公道》报，1911 年 5 月 20 日——编者注）。种种语言，盖几与苦罗巴特金所谓在无政府党人最和平公道之良知中，苟能歼除一专制恶魔即是作一功德者，如一鼻孔出气。盖英国社会民主政治党之渐渍无政府臭味如此。

无政府党人有恒言：吾人当排斥现在世界一切强权，无论其位置之大小、高卑，皆为人道所不承认。盖在无政府主义理想中，绝对自由，绝对平等，一涉“权力”二字，即为平等自由之蟊贼。故无政府党有一书名曰《强权之尖锥体》，专说此义。而马拉退斯塔氏著书说明爆药之用途，名曰《无政府党共产主义一席谈》者，则为排斥一切强权之实行方法。二书皆以一便士之廉价在英国发行。而马拉退斯塔书重印至第七版，无政府弘道会开会演说，无一次不介绍此二书。所谓以无数活动事业奉赠与国民，所谓在露天演说即时发售者皆指此二书言之。独立工党既有表同情于无政府党人之处，对于此种激烈印刷物，势不可以反对。故该党议论，对于世界暗杀事件，有时持论颇涉依违，若有欲表同情者，又若非表同情者，而社会民主政治党则颇激昂慷慨，有破除崖岸之意。英人治印度，近年颇不惬于印人少年急进之心，时时发生暗杀案。印度革命党人名曰萨洼喀者，去岁由谤贝高等裁判所宣言该员曾发售一书，说明无政府党预备炸弹及爆发物种种方法，决处重罪。英国社会民主政治党机关报名《公道》者，登录此案，题曰《印度思想高尚之学生》，且宣言：吾英治印度，无他长处，但能日日促迫此平和且驯顺之种族，使趋入无政府弘道会。吾人试思，无论何国及何人种，苟其受异族奴使，则除秘密结会及明白惨杀以外，更有何事可为？或言：英国社会民主政治党已决议将此宣言书译成印度语言，在印度本地发行。其果否？则未可知。然英人明白表同情于世界暗杀及革命事业者，非独社会民主政治党，实各种工党及社会党之通性。各种工党、社会党与无政府弘道会颇露出彼此联络援助之态度。方去岁，日本幸德秋水炸弹案发见时，由英国无政府弘道会机关报名《自由》者，集会抗议，宣言幸德秋水为正当之谋杀，且耸动英国工党及社会党设法援助，谓吾辈不应坐待日本处死此无政府主义实行家。方该会集议办法时，有著名英国社会党人在座，并列名于该抗议书中。又英国社会党报纸名《克拉梁》（Clanion，号角——编者注）者登载无政府弘道会广告题曰《日本之暴政》（Tyranny in Japan），且言：对于日本同党，宜速示以共同一致之行为。而社会民主政治党机关报名《公道》者亦宣言：吾人不可令日本同党受死刑，苟吾人能援助者，不应使资本家得胜利。及十二月十号，由独立工党发起万国示威运动会，开会于俄伯馆（Albert Hall），英国国会议员工党马喀道·老德氏及其他工党首领并列席其间。次日，伯赖发之独立工党支会议长安得孙氏宣言：吾辈有同党二十六人在日本，吾人知日本本以自由之血阻遏自由，终属无效，因无论何人，苟能舍生命为自由死，必有千百辈人前仆后继（They can not choke Freedom even with the blood of Free dom，For every man who falls a martyr to Liberty，a hundred will spring up to take his place）。以此事观之，知吾辈第一因缘已向日本传播云云。吾人观以上各种语言，不知所谓第一因缘者为工党主义乎？为社会民政党主义乎？抑为无政府党主义乎？扑朔迷离，颇难分别，毕竟歆羡绝对自由之心与矫伪之爱国心，彼此交战，难以知其胜负也。

无政府党既排斥一切强权，而警察者专受强权嗾使，谋不利于党人，故党人恨之尤甚。马拉退斯塔氏斥之为官吏中含有剧毒性之一阶级。盖自无政府哲理观念上及实行上皆与此物不可以并立，而英国社会党人对于此点亦颇与无政府党人见解相同。方去岁冬间，伦敦东方翰笛墀街俄国无政府党拒捕，枪杀英国警察数人，至调兵一小队环攻该党住屋，抗战历数小时。伦敦市民始大惊骇。本年西正月十四号，社会民主政治党机关报《公道》著一论云：此次无政府党人现象，一部分应归罪于伦敦警察之苦心经营，一部分应归罪于万国国事犯侦探之煽动。彼万国国事犯侦探者，时时欲破坏此万国国事犯之避难所，故嗾使伦敦警署为之。伦敦警察虽为防卫法律及秩序，牺牲性命，然因含有万国国事犯侦探煽动之污点，颇为可丑。又英国威尔士罢工事件，社会民主政治党机关报及工党机关报，并宣言所有此次威尔士损失人命及财产皆由警察激成，且分送单纸印刷物与下议院议员，题曰《警察之暴举》，其恶警察如此。

恶强权不可不扑灭强权之代表者，故恶官吏、恶君主。恶官吏、恶君主不可不扑灭君主、官吏嗾使之恶物，故恶警察、恶侦探。此四种人者，皆党人所欲致死歼除之物。凡无政府文学小册子往往举示此义。然官吏、君主、警察、侦探种种垢浊皆有所凭借以行。所凭借为何物，则今世界所矫伪之爱国家所崇尚之法律与秩序。是故，苦罗巴特金有言：吾人当蔑弃一切□□与法律之附属物，吾人当将此卑劣口吻、服从法律字样永远抛弃，大声疾呼反对法律。法律之为物，对于吾人丝毫无可以服从尊信之价值。因一切法律之生产不出于暴虐，则出于迷信；一切法律之成立，不出于拥护资本家及教士之利益，则出于拥护武人之利益、拥护贵族之利益、拥护征服者之利益。一旦人民知识发达、思想高尚，欲脱离桎梏，捐除束缚，则必取一切法律摧陷廓清之。一切法律实在归宿，除某种人用此为专制武器、鞭笞束缚多数者外，别无他事。是故改革家最要之第一着即在取一切法律拉杂而摧烧之，不使任何一阶级得借法律以愚弄人群、颠倒是非而偷取权利。

耐可曰：自近年国人歆羡日本立宪成功，于是，言宪法、言法律者雷同附和，如出一口。又有无赖政客提倡鼓吹，欲借是以侥幸所谓维新第几人杰之头衔者。于是，法律与秩序种种字样，迷乱国民常识日出而未有已。政府号召国民则曰：宪法！宪法！资政院群盲冒充国民代表则曰：立法！立法！议案盈屋，法典充栋，无赖政客知此种种不可以实行，则又号于众曰：如何如何，乃不成为僵石。不知公等究欲保护何人之利益，拓张何人之权利，乃如此趾高气扬，自命为活国良医。苟如公等所谓宪法云者，法律云者，秩序云者，不过颠倒是非，作卖国人之符券，则毋宁拉杂摧烧之为快也。

法律及政治上之权力，一切推翻，则无政府党对于社会又有事在。一在推翻一切个人财产权，苦罗巴特金名此为抛散（Exhalation）；一在破除现行婚姻制度，谓现行婚姻制度为非自然、非道德。破除婚姻制说，亦颇为英人崇尚社会主义者所欢迎。社会党人贝伯尔所〈著〉《妇人》一书，经社会党会员们特夫尔氏极力介绍，至在海岱礼拜日学堂作为教科书。然无政府党射石设羽之余力，尤在抨击宗教。苦罗巴特金有言，吾辈今日对于法律、权力及宗教三位一体之迷信，明白宣战。宗教起源，全由迷信，人智未开，心力薄弱，不能解释宇宙现象，此种迷信乃得成立。一旦斥弃迷信，则人伦道德之原则，自然明白认取宗教之为物含剧毒性。人类道德腐败根源有四，而宗教居其一。未来世界自由公益团体，其各个份子必将否定所谓上帝。无政府党既以此立教，而英国社会党首领亦颇鼓吹无神论。独立工党书记员魏哈君曾著一短论，谓宗教一无足取，因宗教根底全由假托神通，无一真实。一神教之广布于大地，只成一种祸根。《克拉梁》报销行盖在十万份内外，魏哈君之书已出再版，而社会民主政治党机关报《公道》登载女党员们特夫尔氏论文，持论亦与两氏同。其他社会党露天演说，持此义者尚不可胜数。

无政府党人之传布教义，固以开会演说等事为切要办法。然以笃时拘墟，心习蔽锢，在成人为甚。惟青年稚齿所受社会各种印象，执著较浅，于灌输新理想尤为易入，乃从事于广设学校，教育青年。在英国，成绩最优者为利物浦之无政府党学校。该校一切规则全依西班牙无政府党魁佛兰息斯惠勒尔氏成法，惠勒尔氏曾在巴黎建设万国无政府同盟会及各学校，又在西班牙建设自由学校多所，草定一种组织，善能鼓舞学生及学生之父兄戚友，倾向无政府主义。经历五年，惠勒尔氏学校在西班牙全国中拓张至五十余校，并崇信无政府教义。惠勒尔氏有言：教授青年子弟者，除最先拔除彼等于宗教信仰、矫伪爱国心及财产权利偏私执着之三重束缚以外，别无教育事业可言。惠勒尔氏党人称美惠勒尔氏谓为组成无政府教义之哲人，又谓其对于无政府主义思想上及行为上种种方面，皆为一最良之友，其见推重如是。惠勒尔氏所预期于其学校诸青年者，专在趋向绝对自由，脱离一切宗教及社会偏执，务从学生思想上为拔本塞源之计。利物浦学校一承惠勒尔学风。去岁，惠勒尔在巴遂罗拉（巴塞罗那——编者）以鼓吹革命被刑，利物浦学校诸生特加惠勒尔氏以殉道者之美谥。而及姆斯氏著论称赞该校学风亦言：吾人欲将无政府理想注入青年头脑，莫如用惠勒尔氏规则。青年志气澄彻，容易感受，鸠集无数少年男女，教之以政府及基督教义不值崇信，较之成人，收效弥捷云云。英国无政府党着手青年教育方始萌芽，然其造端弘远，植根深固，绝非东方伪立宪国轻薄污贱之党人，妄欲拥戴《钦定宪法》、劫制公理者所能梦见。试以漏脯救饥、鸩酒止渴之磕头立宪，语利物浦英国无政府学校青年，其当代我国民悲惭无地俯首刮席为何如。然而无耻者揭鼓而求之，无识者褰裳而赴之，民气扫地，人格扫地，曾不怀羞，则有以知神明胄裔奴隶之辱方长，而白人程度之不可遽及也。

耐可曰：无政府教义之在欧洲，亦几所谓平易近人，无所容其惊奇骇怪者矣。然以此语东方人，则或有如公孙丑所谓：道则高矣，美矣，宜若登天然，似不可几及者，即耐可亦甚怪之。虽然，吾人苟反复而思索之，无政府教义之基础安在？则在真理绝对。惟真理绝对，故自由。自由与真理绝对不可离析。是故自由亦绝对，不绝对则非自由。人生最终之目的，当以真理为归宿；不能以真理为归宿，则吾人知识、感情、志意三项发达不圆满。吾人既应以真理为归宿，即不可不以绝对自由为归宿；不以绝对自由为归宿，则吾人知识、感情、志意三项发达不圆满。吾人既以绝对自由为归宿，则吾人所以发达知识、感情、志意三项，以蕲达于绝对自由者，不复丝毫可以受他力；丝毫受他力，则自由已非绝对。故自无政府教义言之，其理论固自彻上彻下，无可颠扑。且夫吾人之趋向真理绝对，惟有二途而已矣：其一则悬一绝对真理于物质有情世界以外，如释迦之所谓净土，如耶教之所谓天国，是二者皆发轫于厌世观。然试问天国净土云云者，果可历证之以物质有情世界之事实乎？不能取证于物质有情世界，则绝对真理与物质有情世界仍暌绝不能合并，其势不可以不转入乐天观，佛教之谈大乘，几于所谓合并者矣。然一切物质有情世界障碍自由之陈腐习惯不能扫除，而徒恃心光以起灭之，又乌在其能合并者？故其又一法，则在将此物质有情世界铸成一绝对真理世界。无政府教义之所趋向，全在于是。彼其所趋向者，既在绝对真理世界，试问吾人，今日所谓国家、法律、权利等等者，果可奉为绝对真理之结晶体而不疑乎？毋亦时时有所谓真理之蟊贼、人道之仇敌，造作名字、惑乱生民者之所为乎？吾人既已窥破此真相，而复耽玩执著、展转增益以自绝于真理，亦何其以迷导迷之甚者乎。无政府党之推翻一切国家、法律、权利、宗教、伦理，吾人苟以为可訾议者，当据纯粹哲理上之研究以批评之，而不能据现在流行之政治、法律、宗教等等学说以批评之。区区挟矫伪爱国心及历史上偏私执着之种种惯习，以訾警无政府教义，乃如蚍蜉之撼大树，于无政府教义曾不足以动其毫末。故挟偏心隘识以攻击无政府教义者，妄也。虽然，无政府教义所趋向者，绝对真理也，无政府党人之所相与提携以趋向此绝对真理者，非绝对真理之本身，而只此物质有情世界之人群。物质有情世界之人群与绝对真理可预期其归宿之合并，而不能遽认二者之同为一物。由此以往，更历若干世纪，始可合并，或且毕竟至地球末日始可望合并，亦未可知。释迦言：历无量数劫，乃可成佛。无政府教义亦当合历若干劫，乃可完成万国无政府黄金世界。释迦言：不度尽众生，誓不成佛。无政府党亦当言不合并物质有情世界与绝对真理为一，誓不成无政府党。释迦言：众生亦度得尽，亦度不尽。无政府党亦当言物质有情世界与绝对真理亦合并得尽，亦合并不尽。由此以谈，故皈心宗教者，不因器世界之缠缚而不谈天国，不谈佛果。发心铸造物质世界为真理世界者，亦不能因目前之不合并而不趋向合并。虽然以生人根器之不齐一，遗传种种心习之不齐一，社会种种事情之不齐一，吾知无政府党无论以何神力，决不能使此地球上法界楼台弹指立现。而生存竞争、种国睽绝、惊涛险浪、途远日薄，不生活于本民族、本国民之政治、法律、权利中，则必宛转呻吟于他民族、他国民之政治、法律、权利中。生活于本民族、本国民之政治、法律、权利中，没世不闻绝对真理、绝对自由之黄金世界如何趋向，是谓大哀。又况本民族、本国民政治、法律、权利扫地失坠，而将展转贩卖于他民族、他国民政治、法律、权利之下，其为大哀，抑又如何？其为与绝对真理、绝对自由之黄金世界距离悬隔，抑又如何？故与其虚悬一理想之万国无政府黄金世界，不如自从本民族本国民之现在情状，大刀阔斧，改革建造。且如无政府党之黄金世界，苟其可以仓猝涌现，便亦不成为无政府教义。故抛荒目前真实革新事业种种活动而妄逐无政府玄谈者，愚也。

耐可曰：吾之译述英国工党、社会党与无政府党关系以告国人者，非欲进国人以悬想未来之黄金世界也。吾欲国人于此得五义谛：第一义谛，凡欲得自由者，一切当以自力。自由为政府所与，则亦可为政府所吝。赵孟之所贵，赵孟能贱之，自由万万不如是。以血得之，以铁得之，以破坏力得之，而不以要求得之，此地球上无人能与我自由者，亦无人能吝我自由者，何况区区稗政否德？贪夫贱竖，纪纲丧尽、廉耻丧尽而能久窃法权、高据名位以凌踏我。第二义谛，非以铁血种种自力活动改革，由国民自由良知上组成之政治、法律、权利，不成为政治、法律、权利。无论何种名义，若钦定宪法，若冒充国民代表、议定种种法，只是磕头打千，呼尔蹴尔，嗟来之食，决非有可遵守之价值。第三义谛，吾人当知人道只认自由，所有一切妨碍自由之恶魔恶法，吾人有随时随地挺身决战之义务，若断指，若割臂，若上书，若长跪，若高呼“立宪万岁”，种种卑劣行为，并是放弃责任，亏损人道。即如厌世派之拔刀自刎，投江自杀，亦是放弃责任，亏损人道。人道者，吾人当以公道正义，完全享受自由。不然，则当以苦战奋斗，完全恢复自由，舍此二事以外，皆非正当行为。吾人只知剪除民贼为国民天职，至于名位高卑大小，权力强弱大小，正其人应该享受诛戮之证据。位愈高、权愈大，其罪状愈著，其伏诛愈宜急。要求则为贱，自杀则为怯，此两种行为，皆为欧洲真立宪国民所不齿，何况今世界思想家更有高于立宪国民万万者。第四义谛，吾人当知，吾人以自力恢复自由者，非一革新后，自由便完全存在。尔时，既有由国民自由良知上组成之种种政治、法律、权利，而此种种政治、法律、权利者，历时未久，仍然与自由真理愈行愈远，终至全然离绝。吾人一面对于本民族、本国民恢复自由，一面即当知吾人应为构造未来世界黄金时代之预备。吾人所以改造一新国家者，系对于铸造绝对真理世界为一过渡物。所有一切政治、法律、权利等等皆必以最新之哲理思想组织之。所有稗贩日本岛民种种半立宪国学说，谬种流传，无可执着，必能对于世界进化程途多进一步，乃于对于世界享受自由之资格多占一份。第五义谛，吾人当知恢复自由者，须是时时将过去思想及过去事实革新。过去未久又有过去，革新未久又有革新。吾人对于此事，事后决无成功之可居。目前即亦决无艰难险阻之可畏。无赖政客，只是始终欲居成功，故最初标出保皇党臭名目，保皇不成功，又转为立宪，一谈革新，便觉得有法国恐怖时代，魂飞胆战，以为立宪必有成功可居。今日资政院开院，新内阁又成立，国事一落千丈，此辈坐享成功之好梦，悠悠未醒，却便要坑陷我国民，多享受奴隶资格一世纪。推其欲居成功，故怕破坏。吾人欲恢复自由，必须看破此关，乃有种种绝大活动力可以施展。

耐可曰：吾人苟能知五种义谛乎，则实行此事，途辙坦然。发散文学小册子，旅行游说，集会演说以及其他随时随地决死宣战，皆可由热心家自为。海内风云愈趋愈急，则国民事业当愈活泼愈光明。时乎时乎，苟有国耻者，投袂而起，义不返顾。彼白人者尚欲建立理想黄金世界，合殊洲异种以享此公共之自由幸福，何况吾曹为一国民之自由幸福计，而趑趄前却不能自振，岂真度量相越不可以道里计耶?！时乎时乎，请为君歌舍利《醒狮之歌》：

叔兮伯兮，唱予和何。
起起起，汝为人中狮。
汝起勿复迟，汝睡已失时。
多数在汝曹，人孰能侮之。
铁索绊汝身，乘汝酣睡时。
汝今一怒吼，掷地脆如泥。
多数在汝曹，胜算汝所知。
彼辈居少数，请公勿复疑。
起起起，汝为人中狮，汝今勿复疑！

论道德[1]（1911年8月）

有天然之道德，有人为之道德。天然之道德，根于心理，自由平等博爱是也；人为之道德，原于习惯，纲常名教是也。天然之道德，真道德也；人为之道德，伪道德也。余悲夫当今之世，士习竞争，人夸乐利，等道德于刍狗，借权术为护符，横流所届，将恻隐廉耻之心荡然俱尽，人类之祸日以酷烈。而抱残守缺之徒，又迂拘拙陋，不知昌明自由平等博爱之真道德，反欲吹纲常名教已死之灰。此无论其说之不能行也，就使能行，而伪道德愈尊，真道德愈晦，将世界进化之机益以窒绝，芸芸众生遂无有出苦海而登觉岸之一日矣。此其间诚不可不深长思也。

中国数千年相传之道德，皆人为之道德，非天然之道德也；皆原于习惯，纲常名教矫糅造作之道德，非根于心理。自由平等博爱真实无妄之道德也；非伪道德，皆真道德也。（中国古代理想，皆以道德为独一无二之绝对的，故董仲舒曰天不变道亦不变，其明验也。自欧化东来，始有创道德革命之说者，遂生旧道德新道德之别。余谓新道德不若称为真道德，旧道德不若称为伪道德。盖新旧不过判一时之好尚，而真伪足以定百世之是非也。）请举其荦荦大者而明辨之。

一、人民对于君主之伪道德也。原人时代，酋长政体未建立，无有君民之分。大同时代，无政府学说实行，亦无有君民之分。原始要终，既如是矣。则君主之为物，不过数千年历史上无谓之赘疣耳。既俨然以一人肆于民上，自念威福权力，皆由强取豪夺

---

① 本文于《克复学报》第二期至第三期连载，署名愤民。

而来，常惴焉有汲汲顾影之心，斯不得不创尊君亲上之谬说，以巩固其大宝。此人民对于君主之伪道德所由来也。盖非惟专制国为然，虽立宪国亦有之；非惟中国为然，虽东西列国亦皆有之（如德意志、日本行大权政治，皆以专制之实，饰立宪之名，其尊君之观念，不稍铲削。而日人自诩皇统万世一系，尤为无耻。即英为立宪祖国，以议院政治得名，似无所依赖于君主，而依然留此守府之孱王，享皇室之尊荣，则其君主之迷信，亦未尽袪也），而中国特其尤甚者耳。尝谓能代表中国人民对于君主之伪道德者，莫如唐儒韩愈。其言曰："天王圣明，臣罪当诛。"夫纣独夫也，文王圣人也，以独夫为圣明，称圣人有当诛之罪，无他，君主虽独夫，既尊之为天王，不得不谀以圣明，人民虽圣，既贱之为臣庶，不得不谓其当诛耳。又曰："君者，出令者也；臣者，行君之令而致之民者也；民者，出粟米麻丝以事其上者也。君不出令，则失其所以为君；臣不行君之令而致之民，则失其所以为臣；民不出粟米麻丝以事其上，则诛。"夫君何为而有出令之权？民何为而有出粟米麻丝之责，不出则诛？又何为而严酷武断至于斯极？亦无他，君民间之关系使然耳。夫以愈之所言，悍戾无伦，等于狂吠，而后世学者，称道弗衰，配食尼山，千秋俎豆。无识如苏轼，且称之为匹夫而为天下师，一言而为万世法，则直以圣人相推许。此亦可见愈之言适合于古人相传之习惯，而非徒一家之私议矣。滔滔狂流，往而不复，虽以异种殊族，临制吾土，黄屋左纛，久假不返，亦得以君民之分，箝制华夏之民，而民亦若崩，厥角稽首，罔有携贰。（种族之争，似非公理。但弱民族受制于强民族，而思排斥其统治者，即为排斥强权。排斥强权，即自由平等博爱之真道德矣。故强民族之民，饰爱国之名，以实行其帝国主义、殖民政略者，正孟氏之所谓善战者服上刑，率土地而食人肉，罪不容于死，其爱国当斥为兽性之爱国。若弱民族之民，固不当以爱国为罪也。）生民之祸，于斯为极。此人民对于君主伪道德之流毒也。

二、卑者对于尊者之伪道德也。天生烝民，万类平等，由真道德而论，非有尊卑之分也。有之，自中国之伪道德始矣。所谓卑者对于尊者之伪道德，其大别有二。在国家，则有尊卑贵贱之分。尊贵即官吏，卑贱即人民也。官吏之威严，虽稍次于君主，然因其为君主所信任，奉君主之命令以治人民，故人民亦不得而抵抗之。抵抗官吏，即视为抵抗君主之代表。语曰：投鼠忌器。又曰：城狐社鼠。言官吏之不可犯也。故人民之生死予夺，悉握于官吏掌握之中。残民以逞，莫敢谁何。朘削脂膏，则猗顿可为黔娄；颠倒善恶，则颜回可为盗跖。罗钳结网，罗织无辜，流血成川，号为“屠伯”，昔人称“破家县令”、“灭门知府”，岂不信哉！迨至民不堪命，铤而走险，戕官劫狱，即名为叛逆不道。文告张皇，天威不测，歼兹丑类，临以干戈，而兵锋所至，婴赤无遗矣。即或和平之士，弗向暴动，引吭长号，诉诸长吏，或峨峨魏阙，叩帝阍而陈词，彼君主官吏亦必自护其类，以抗官聚众为罪名，则大狱遽起，主者身膏斧锧，余亦郎当铁索，投诸狴犴之中，瓜蔓株连，不可究诘，而官吏之安富尊荣如故也。（康熙、雍正间，吴中抗漕哭圣诸大狱，比比皆是。）亦有罢官废吏，盘踞都邑之间，百足之虫，死而不僵，出其余螯，犹足以陵轹齐民。世徒咎官权之横，不知皆伪道德为梗于中。使非尊卑贵贱等夷名分之说，深中于人心，彼官亦何自而有权哉？其在家庭，则有尊长卑幼之分。自子女对于父母始，充类至尽，以及其他。尊长有命，卑幼不敢违，虽尊长杀卑幼，亦不罪尊长以死也。夫子女之当尽孝于父母者，以其有生我之恩也。然既生于世，则亦世界之公民矣，责以报恩则可，从而压制凌践之，使不得自比于人类则不可，况手刃之乎。祖父母伯叔，由父母而推本或旁及之，则愈益疏矣。尤无理者，舅姑之于子妇，后母之于前子，大妇之于妾媵，主人之于婢仆，此岂有丝毫血统之关系者，固完全人与人平等之交际也，乃亦无端受制于他人之手，叱之不敢怒，挞之不敢动，生服其命令，死不为复仇，庸非人世至可惨之事耶？孰谓尊卑长幼之伪道德，其祸乃一至斯也！（子妇受制于舅姑，前子受制于后母，此家庭专制之罪恶。妾媵受制于大妇，婢仆受制于主人，则贫富不均、资本阶级发达所致，经济大革命所由不容缓也。）善哉戴东原之言曰："自宋儒以意见为理，舍是非而论顺逆，尊者以理责卑，长者以理责幼，虽失谓之顺，卑者幼者以理争之，虽得谓之逆，由是下之人不复以天下之同情达之于上。人死于法犹有怜之者，死于理，其谁怜之？"夫戴氏之所谓者，即吾所谓伪道德耳。此卑者对于尊者伪道德之流毒也。

三、女子对于男子之伪道德也。男女之不平等，莫中国若矣。推原祸首，由于扶阳抑阴。扶阳抑阴者，即女子对于男子之伪道德所由来也。试举其证：男子妇死得再娶，女子夫死不得再嫁（再嫁律所不禁，而社会以为大辱。清门士族，慕守节之名，抵死弗为。劳动阶级间有行之者，而乡里无赖，从而勒索财赂，不满所欲，辄横生枝节，主者自慊为贱行，莫敢谁何也。足以见人心陷溺之深）；男子娶妾，女子无面首之奉，此婚配之不平等也。男子既娶而后室庐靡改，女子出嫁必弃己家而以他人之家为家，若无籍之民归化于大国者。此居处之不平等也。男子志在四方，太邱道广，王公厮养，皆在交游之列，即狎妓宿娼，亦自诩风流，不为恶德。女子以不出闺门为知礼，放诞飞扬，即遭诟病，嫌疑形似之地，身可死而谤不可消。此交际之不平等也。男子丧妻，持服仅及期年，等于父母之丧子女。女子丧夫，乃有三年之服，等于子女之丧父母，且有终身不释者。此服制之不平等也。（已嫁之女，为父母降服期年，而为夫则服三年。是夫反重于父母也，有是理乎？乃叹祭仲之妻，犹为知礼。）男子杀妻，罪不至死；女子杀夫，则有凌迟之刑。男子停妻再娶，不过笞杖；女子背夫改嫁，罪至缳首。（曰停曰背，轻重可见。）此刑律之不平等也。综是数者，孰非所谓女子对于男子之伪道德耶？故世俗之论女子，多为轻侮之词。曰必敬必戒，毋违夫子，以顺为正。曰无非无仪，惟酒食是议。一若女子之为女子，当自别于寻常人类之外，普通之道德不足令其遵守，必有一种特别之道德，为女子当履行之义务，不曰女德，即曰妇道。而所谓女德、妇道者，不过使女子放弃权利，贬损人格，蜷伏于男子万重压制之下，稍有逾越，即刑戮随之矣。卑之无甚高论，海上公堂案，此披阅报纸者所共见也。有夫控其妇，无妇控其夫，而裁判之官又必直夫曲妇，苟妄以为不守妇道者，直惩罚之耳。夫女子当守妇道，何男子独不闻有夫道之当守耶？女子以不守妇道而受惩罚，何不闻男子以不守夫道而获咎耶？亦至可怪矣。又有彩凤随鸦，遇人不淑，或夫也无良，弃家弗顾，或家庭诟谇，实不能容，为女子者不得已而入他人室，此亦事理之常，无足异者。彼官吏又必拘无罪之妇，而鞭笞摧折之，鞭笞摧折之不已，且举而还之故夫之手，则此后之凌侮践踏，尚可问耶！夫嘉偶曰配，怨偶曰仇，怨偶之不能强为配，犹嘉偶之不能强为仇也。一荏弱女子，非有宿慝，岂不愿从一而终者。憔悴仳离，至于斯极，亦大可怜矣。惊魂未定，浩劫重逢，狱新特而归故仇，堂皇南面者自以为天经地义，铁案如山，不可动摇也，不谅下堂之去，强为覆水之收，忍垢含羞，不如死之愈矣。（此即世俗所谓拐逃及和奸也。夫所谓拐逃者，男子以诈术给女子，或强力劫之，非女所愿，而偶堕其计中耳。若两人之合意，何名为拐？又巴黎某报论和奸曰：男女之真爱情，反指为奸。此语极确。旧律强奸斩，和奸并杖。新律减强者死，而和者罪如故，实大谬。）尤可异者，夫既死亡，再嫁之举，律所不禁，宜听女子自由矣，乃偶有与人往还者，其夫之父母兄弟又必起而干涉之，而官之所以裁判之，直与对有夫之妇无异，此何理耶！（又有夫之父母兄弟，贪贿赂而胁迫孀妇再嫁者，其罪正与此同，盖均为剥夺女子神圣之自由耳。）故常谓中国女子未嫁之前，视婚姻之关系为至轻，百年好合，关于父母之片言，而在己无顾问之权，今日陌路，明日衾裯，人尽可夫，爱情薄弱，若无所容心于其间者。既嫁之后，又视婚姻之关系为至重，生死荣辱，一听诸斯人之手，尊之如父母，称之为所天，偶有抵触，救死不遑，即至人亡政熄，而其父母兄弟，犹得执名义以制其死命。由此观之，女子对于婚配之问题，实为第二之生命，且视第一之生命，其关系不啻过之。苟危机一陷，即终身无自拔之期。（男女既订婚约，虽未嫁而女子欲废婚者，婿家必极力反对。是红丝一系，即入男子势力范围之下，又不待同衾共枕矣。欧美诸邦，婚姻自由，指环交换，出于纯粹之爱情，尚有口血未干，遽寒盟誓。彼人无论男女，咸性情高抗，苟为人所绝，即慷慨承诺，无所异言，不肯伈俔乞怜，亦不能卤莽强迫也。中国婚制，既大异外人，堂上一言，戋戋六礼，于女子自身固无丝毫之责任。爱情不属，即废婚不为无信，而为男子者必从而靳之，不肯和平解决。间有废婚之议，创自婿家，女子又引为大耻，不惜以死洗濯。此其纠缠固结，不可解脱。质言之，二者实皆足以丧失女子之幸福而已。）世界上恐怖骇愕之现象，孰有甚于此者乎？此女子对于男子伪道德之流毒也。

综是三者，所谓纲常名教，大经大法之所在，尽于此矣。中国数千年相传之道德，殆无有能逾越是范围者。而其惑世诬民，则直甚于洪水猛兽。昔人称空理酷于申韩，非过论也。抑又闻之，道德与法律二者不能相混，道德自道德，法律自法律，故郅治之世，法律可废，而道德终不可无。良以道德者，自由平等博爱之理，良知良能本具于人之天性，非由外铄，初不必刑驱而势逼也。乃中国独不然。以道德与法律混而一之，故曰出于礼即入于刑，又曰礼教与刑法相为表里。以向壁虚造之道德，附会而成司空城旦之书，其事苟为伪道德所非，即有峻法严刑以持其后，殆以为不如此则道德无推行社会之权力，且将为人所唾弃。（近法部定新刑律，议之者即斥其妨害礼教。夫法律本为桎梏愚民之具，况新律出于官吏之手，其良楛正不足深论。特既有以妨害礼教斥新律者，则新律稍愈于旧律，亦未可知。盖旧律最乖谬之处，正为拘守不通之礼教，如吾向者所言，最足为民害耳。居今日而犹欲保存此礼教，则其人之冥顽不灵，不待言矣。（余别有《非礼教》篇，阐发此旨。）夫道德而至于恃法律为保障，则此道德之为道德，其价值亦可想而见矣。此余之所以断然斥为伪道德也。嗟嗟，自今以往，不昌明自由平等博爱之真道德，则强者终臂而攘食，弱者摇尾而乞怜，世界亦不复成为世界。但欲昌明真道德，又不可不排斥伪道德。盖伪道德与真道德实有不能两立之理。语曰：明其为贼，敌乃可服。则余述此篇之微意矣。余岂好辨哉，余不得已也。

时评

《神州日报》发刊词[①] （1907年4月2日）

自古哲士哀时，达人砺俗，曷尝不以微言闳议，激荡民心，转移国步者哉！是以文致大平，垂经世先王之志；眷怀小雅，偏主文谲谏之辞。纫馨洁于九歌，托悲怀于五噫，亦有发摅至论，劘切群愚，仇国成书，罪言属稿。垫角巾而寤叹，揭留都而宵泣，邈然高躅，怆我先民。自欧俗中更，竞辟报纸，新闻之学，蔚为大宗，纂述之余，订为专律。十万毛瑟，惊法兰西霸主之心；七匝员舆，识美利坚文章之富。津逮吾华，条流粗具。于以挥政客之雄辩，陈志士之危言。澡雪国魂，昭苏群治，回易众听，纪纲民极。较之仰天独唱，众心不止者，厥用益宏焉。夫国闻间史，稗官杂事，抽毫而悉具，则陈一纸而汲众流，庄言谐论，良规俊辩，授简而并陈，则费寸阴而获拱璧。山川自古，方策犹存。顾瞻周道，鞠茂草以无时；惆怅新亭，庶横流之有托。此《神州日报》之所为作也。且夫赤县起于昆仑，白坟达于瀛海。文化肇造，实首此方，猗欤铄哉。三朝七曜，建黄中之极；五币九棘，垂丹书之制。方牙雅契，已有司海司陆之命；桑邱当璧，乃受鞑靼旄人之贶。观象察法，开物成务，视彼嵯峨金塔，想像声明，轶荡铜门，留传制作者，后先相距，犹以稚子而拟成人矣。粤自三季

① 本文由杨毓麟、王无生两人撰写，经于右任修订润色后以“函三”之笔名发表。

蜕嬗以还，渐有今不若古之诮。图箓灰于巨烬，绵蕝工乎霸术。履武蹈踵，禾绢既无其才；因陋就简，群盲竞扪其籥。坐使狼牻歧舌之众，遂成积薪后来之势。畇畇禹甸，渺渺余怀。痛何草之不黄，思古人而难见。矧以嫣黄惨栗，蛮触纷呶，觇国者既有其人，论世者因而夷我。遂令神明之宅，广漠之都，冠裳礼义所留遗，风雨阴阳所和会者，日损月蹙，患此沦胥。嗟乎！百王陵谢，小儒方索其珠；九州云雷，万马齐喑其口。文武之道，既坠于周原；龙蛇之灾，更延于大陆。岂不以民朴浇散，群德陵夷，朝廷有西园谐价之声，缙绅无北门终窭之守，处士鲜鲁连蹈海之志，细民缺周嫠恤纬之思。四维不张，一流将尽，用致此耶！而登墟墓者，必思德于九京；眷禾黍者，必兴悲于七庙。三宿之恋，未绝于枌榆；一姓之哀，尚崇于伏腊。况复出于皇王帝霸四千余载，绵历正统伪系二十余朝。服畎亩者，划苍梧紫塞雁门瀚海以为町畦；食名氏者，综七略九流四部百家以为藩匽。山崇岳峻，重瞳聃耳圩项骈胁之所降神；河曲江平，绿书赤字金马碧鸡之所流熠。教宗治理，萃儒侠魁祖圣神谟略之光华；物曲官能，极睿知心肝人工精英之创述。必有芬烈以康厄运，岂其天公易醉，而金策终沦；王气方收，而宝符不出。遂以秕糠前烈，弁髦惇史。伊川披仿，无所待于百年；宗国夷言，已先隳其五典。晋大夫之忘祖，徒袭衣冠；宋右师之卑祭，更无魂魄。将何以间馋慝存历谱垂三统持五运哉！夫徐舒雍壅，厥生秀民，羲画农耕，聿开神籥。指南有作，启阁龙觅地之图；活版初传，让路德操戈之隙。四游干运，开地动之先河；三正授时，契日轮之恒晷。西陵纤手，贻大利于全球；上国华虫，饰蜚英于百代。是为神州人种智慧之特色。搏搏大地，浑浑烝民，群姓既昭，宗法斯建。然而溺神道者，淆之以祭师；诬帝谓者，渎之以天使。静言欧洲政教分离之始，实为百年凶残遘会之机。此州自上古以远，民事昭晰，绝地天之通，罔有降假，废云鸟之纪，以奠阴阳。魂舒魄惨，识类性通德之宜；日薄星回，验育物位天之则，是为神州宗教观念之特色。封建既息，阶级遂平，卖浆织屦者，徒步而取公卿；揭竿斩木者，赤手而论大宝。故英伦贵族议院之改革，无所用其劻勷；日本藩阀政治之弛张，不足论其轻重，是为神州社会主义之特色。因仍宗法，以建国家，雷霆万钧，积重难返。然而立天顺人之微旨，磅礴乾坤；外夷内夏之大防，昭垂云汉。及其苍鹅已出，白马方来，则有握拳碎齿，激悲愤于倾辅；剖腹纳肝，担忠贞于末路。亦有岳岳贯虹之气，哀哀三户之谣，矢一瞑于黄冠，望归来于朱鸟。沉井中之秘史，干城上之浮图。汉尼拔之崎岖道路，蔑以加兹；玛志尼之憔悴生平，讵能相尚，是为神州国家主义之特色。建三世之神旨，恢大同之上德，圣心广大，仁智斯闳。乃若禹名所极，指大秦泰远而方遥；衍说所周，眇少海重瀛而毕具。建冠裳以会万国，崇封禅以召百灵。彼夫亚力山大之武功，该撒棚标之战略，沙力曼之盛业，拿破仑之野心，较厥岁年，瞠乎后矣，是为神州帝国主义之特色。文明法系，约有四宗，震旦一隅，渊源最古。三代以降，枝叶弥繁，周官六典，实职官通则之椎轮；王制一篇，具民刑诉讼之事略。治罪专律，邓析已定为竹刑；民法正文，萧何用悬于金布。刑名既黜，轨迹不闳。然而，检罗马法之成文，远在千年之后，守大宪章之契约，实为五誓所苞。洞天人之消息，久贵民权；观中外之会通，自宏邦礼，是为神州法律统系之特色。蹄远既瞩，文字以滋，主形主声，苍佉［颉］实分其道；行右行左，中西各适其宜。然而，东极蜻蛉之州，南旋马来之族，谚文假字，谚语苗歌，虽形体之大殊，实本支之相嬗。若其黼黻文治，棣通民俗，甄录之富，赫于琅环；流别之繁，溢于江海，是为神州文学思想之特色。环游瀛海，检探岛夷，披热带之荆棘，触寒门之冰雪，欧风所播，逸足相寻。然而，张骞凿空，实在西历之前；甘英持节，远临咸海之外。近世以还，华佣所觋，辟澳大利不丰之土，蔚为上腴；相美利坚通运之宜，致之远道。蒙犯霜露，嘉惠人群，援爵论功，应居上赏，是为神州冒险性质之特色。过此以往，更仆难终。实岳渎之骄子，天壤之俊民，非犹太、波兰、印度诸族所可同日语也。夫诵荷马神话之诗，希腊所由光复；读布氏英雄之传，意人遂以崛兴。斯拉夫民族，以一成一旅而蹶东邻；日尔曼森林，用再接再厉而摧强敌。况以开明夙擅，灵觋久甄，纵横二万余里，文轨方同；男女四百兆人，风霆易合。蕴秦孝之积耻，效勾践之卧薪。诉帝喾以敷诚，待皋陶而与直。何遽不可以负荷积薪，支持堂构者欤！然则指陈得丧，穷极端委，鞭策顽懦，导启贞元，匪劳者之自歌，实遒人之可徇。且夫训方问俗，地官之洪轨也；陈诗观风，太史之常识也。弃我取人，师善之夷徒也；演术通艺，知今之宝筏也，旁求四国，不无郢书燕说之功；俯仰八埏，大昭鹗视鹰瞵之象。谅有裨于颓运，或无诮于卮言。顾以简牍方陈，质文易眩，综其流极，厥有四端：繁词既骋，神鉴不周。既论甘而忘辛，亦无敌而放矢。竹素之林，或淆于坚白；箴［针］砭之术，无补于膏肓，此一弊也。鲁市有虎，传言者三人；淯渊斗龙，祷祈者万众。不疑盗嫂，鲁［曾］参杀人，采齐东之谩言，为中朝之故事，又一弊也。东邻生猫之事，奚裨于见闻；大官赐酺之仪，何关于惩劝。一则委巷谀闻之琐语，一则承平粉饰之虚文。录之者累累难终，闻之者昏昏欲睡，又一弊也。甘陵两部，迄成钩党之灾；蜀洛分崩，卒酿靖康之祸。当大厦将倾之日，昧同舟共济之箴。昵乡曲之宴私，淆品评于月旦，又一弊也。蓬心未化，症结弥多，是则宏达所深訾，亦惟吾党所不尚。嗟乎！即因求果，弥怀履霜集霰之哀；振聩发聋，宁辞披发缨冠之诮。欢娱朝野，悼燕雀之焚如；大好河山，怅蟪蛄兮盈耳。惕亭林匹夫之责，绎南雷待访之编。嗟我兄弟，孰非轩昊之神孙，请续阳秋，备纪中原之文献。空言可托，有痛哭流涕以陈辞；来日大难，冀喑口哓舌之有补。矫矫风云之气，会扶白日再中；昭昭天祖之灵，眷我皇图亿禩。

论本报所处之地位并祝其前途[①]

（1907年4月3日）

报纸者，国民思想能力之见荣者也。地球文明各国国民之思想能力，常因其历史之变迁流衍而有泄宣壅塞之不齐，故发行关系政治事情之报纸者，其实质具有高下。而其发轫之于报纸也，则又因国家事情、社会事情与报纸相关系之作用，其步武有径遂委曲之不齐。其撰述者引起国民注意之方法亦具有难易，故其昌明晦暗活泼消萎之气象亦具有高下。

今世文明各国报纸实质之高下，以本社同人学识之谫劣，非所得而衡论之也。虽然，尝试述其所闻。今世国民之程度，以英美为最高，英人用议院政治，其报馆所陈述之政见，大都为政党首领指挥进退国民之绝大主义；所记录之事情，大都为蜕生新世纪世界的国民主义之绝大经画，虎虎然以政党政治容纳万流而睥睨宇宙者也。美人以合众国体而用分权政治，其民笃于自治，故人人挟其自尊自重之性质，欲以当国家立法之冲；富于财力，故人人挟其进取敢为之希望，欲以当世界经济之冲，其载之于报纸，乃晌然以自治能力发扬经济政策而睥睨宇宙者也。其次之为德意

① 本文于《神州日报》1907年4月3日至4日连载，署名寒灰。

志、为日本，德意志、日本国民之尊重民权不如英美，而睊睊然挟其剽锐之国家主义以问鼎于世界，其国内政治，观所述载，颇具有纵横捭阖之机权焉。其次则为俄罗斯，其政府由专制而入立宪，其人民由黑暗而企文明，其载之于报纸者，乃多进退失据，勉强应酬之事业。

更即其撰述者之态度言之，英美既因实质最高之故，其报纸之指导国民也，关系于根本政策者最多，而关系于质［职］责行政者较少；其监督政府也，亦关系于根本政策者为多，而关系于行政行为者较少；其法律政治有以扶植报纸之势力，故其态度庄严俊伟，如释迦之说法。德意志、日本，政党发达不得完全，其实质犹在英美之后，故其报纸之指导国民，则以根本政策与质［职］责行政，时时错出；其监督政府，则以根本政策与行政行为，时时对勘。其法律政治，检束报纸，较为严密，故其态度修正端饬，如讲师之讲学。俄罗斯实质最劣，而其束缚报纸亦最严，其对于国民有所不能指导者焉，则微谕之；其对于政府，有所不能监督者焉，则阴掎之。当其哀也，则憔悴幽抑，如怨女之颦眉；当其激也，则慷慨凄厉，如壮夫之奋剑。

我国近十年来，所有日报始渐次有政治新闻之性质，而其所经历之程途，则犹在日本明治七八年以前、俄罗斯今皇即位以前发行报纸之时代，欲指导国民以责［职］责行政，而国民不之应，何论指导根本政策？欲监督政府之行政行为，而政府不之许，何论监督根本政策？而检束报纸之法律政治，则且有进行益励［厉］之情状。然则欲取吾国之报纸，与世界各国颉颃，其实质与其态度，意者将更待数十年以往而后可得为之耶？夫日本明治七八年以前、俄罗斯今皇即位以前之政治事情，不能不蜕入现在之政治事情；日本明治七八年以前、俄罗斯今皇即位以前报纸之程度，亦不得不蜕入于现在报纸之程度，或者在吾国亦不能遽有所异耶？且报纸之为物也，非独以之将随时势、抑且以之制造时势。吾国辛丑以后之报纸，为时势所制造；丙午以后之时势，又将为报纸所制造。二三同志，有鉴于此，因是有“《神州日报》社”之组织，自今以往，吾国之政治事情，不得不与世界各国相追逐，即吾国报纸之实质与其态度，亦不得不蕲与世界各国之程度渐次相接近；若是，则吾《神州日报》之责任与其希望有可言者焉。

吾国因日俄战争之结果，而蜕生考察政治之事情，因考察政治之结果，而蜕生去岁七月十三〈日〉预备立宪之事情，若由是而复有所蜕生，其为日本明治二十二年之实行宪政欤？其为俄罗斯〈一〉千九百零五年之解散议会欤？不可得而知。其并此而尚有所待，则为日本明治七八年以来之西南战争欤？为俄罗斯〈一〉千八百八十年以还之虚无党大活动欤？不可得而知。其并此而尚有所不慊欤？亦不可得而知。然而，七月十三〈日〉预备立宪一事，其在亚洲东部政治史上稍留一幻影，固自有不可不记忆者。其在下者，革命问题与立宪问题之激战，则既激战矣，种族革命与政治革命之抗争，则既抗争矣；其在上者，主张中央集权与主张地方自治之设施，则既设施矣，改设中央官制与改革地方官制之胡凑，则既胡凑矣。欲解释种种问题，诚未易以一部分人之见解而决定。然而，详悉研究者，盖吾国民之所当有事也。一日三摩挲，剧于十五女愿与海内善知识之士，捕捉此种问题而日日摩挲之，是为本日报对于国民责任之一。

虽然，国内政治问题乃国民内部之问题也。以今日之世运既驱，吾国民于世界各国龙争虎斗之活剧中，方且以吾国人之苦痛供世界各国之欢娱；方且以吾国人之衣冠供世界各国之牛马。自日俄战争以后，所谓东三省者，为我与日、俄二国共有之东三省，而即为世界各国均利之东三省，因是黄河流域为谁某谁某势力之所奄及，而世界各国国民之脑电齐注集焉；长江流域为谁某谁某势力之所奄及，而世界各国国民之脑电齐注集焉；长城以北、玉门以西为谁某谁某势力之所奄及，而世界各国国民之脑电齐注集焉；闽浙一隅、两粤一隅、川滇一隅为谁某谁某势力之所奄及，而世界各国国民之脑电齐注集焉。由是而吾国人民之一颦一笑、一悟一叹、一举手一摇足，乃无一息而不与世界各国国民之心力相搏击。非解释国民内部问题，诚不足以应付世界各国种种问题，而不研究应付世界各国种种之问题之方法，则所为［谓］解释国民内部问题者尚无着落。而世界各国排山倒海之潮流，已将淹没吾大陆，愿与海内善知识之士，捕捉此种问题而日日摩挲之，是为本日报对于国民责任之二。

吾国庚子以前之政府为与外国相抵抗之时代，庚子以后之政府为与国民相抵抗之时代。然而，国民常败，政府常胜。自预备立宪之声一出，以宪政之浮文，蒙专制之实体。政府以预备立宪四字，颠倒部臣疆臣，而其昏庸泄沓、贪污淫酷也如故；部臣疆臣以预备立宪四字矜炫国民，而其昏庸泄沓、贪污淫酷也如故。然而，政府则岸然自以为立于不可败之地位，部臣疆吏亦岸然自以为立于不可败之地位。盖用立宪饵天下，而以一切新政涂民耳目，其威可以自卫，而其术可以不穷也。夫如是则政府立于不受监督之地位，部臣疆臣皆具有不受监督之性质，所谓根本政策、所谓行政行为，皆非吾党所能赞一辞。夫亭林有言，天下存亡一介之士与有责焉。不可疾言之，未始不可徐察之；不可庄语之，未始不可婉述之。然海内善知识之士对于政府无监督焉，则亦无倚赖焉耳矣；无倚赖焉，则亦无希望焉耳矣。夫如是故，所希望者独在国民。

虽然，国民国民其又果可以希望乎哉？庚子以前，政府之弱点已襮白于天下，而国民之弱点，未尽襮白也。庚子以后，倚赖益倚赖，跳荡益跳荡，国民之弱点亦已襮白于天下矣。蜷伏之党人，隳突之壮佼，其能进行于改革运动之程途者几何？萃愚暗涣散、脆薄狡诈之群盲，而相与为呼号焉，相与为倡导焉，其果可以希望乎哉？夫改造国家、革新政治者，恃人与人之相扶，又恃人与人之相续，又恃相扶者、相续者之相与连缀而接近，其为之缝合者则国民意力成之。吾国民随政治事情之经过，而翕集一极坚强之意力，或者殆将于此数年中发见焉！何则？国内国外种种问题皆诱导此种坚强意力之物品，而感情知识之陶变，又为铸成此种坚强意力之模型也。且夫失败者成功之母也，海内善知识之士不必遽希望吾国民有急趋成功之意力，而当相与希望吾国民有忍耐失败之意力。政府根本政策不与国民所抱持之根本政策进行于同一之轨线，则国民失败；政府行政行为不与国民所拟议之行政行为进行于同一之轨线，则国民失败。然而，国民于此则已确立一所抱持之根本政策焉，确立一所拟议之行政行为焉。以前日之所无为今日之所有，而此坚强意力者，其容积将日以扩大，其组织将益以缜密，是为本报对于国民之希望。

嗟夫！以如此之希望、如此之责任为本报之实质，其与日本明治二十二年以前、俄罗斯一千九百零五年以前报纸之程度，或尚有不克相近似者耶！且以如是之实质而加之以国家事情、社会事情，与本报相关系之作用，则撰述者之态度，其又安能大谈高睨以趺宕于坛坫之上耶？是故对于政府则有呼吁而已矣，有问难而已矣；对于国民则有陈诉而已矣，有贡献而已矣。日本新闻家纯乎其有所指导、有所监督者也；俄罗斯新闻家则有所不能指导而奋愿为之指导者也，有所不能监督而奋愿为之监督者也。本报所执之态度或者尚未足以语此，不其葸耶？恫乎！恫乎！嗟我兄弟邦人诸友，莫肯念乱，谁无父母，沔水之思也。谓天盖高，不敢不局；谓地盖厚，不敢不蹐，繁霜之志也。夫是以用此为丙午七月十三〈日〉预备立宪以后第一年之出版物，夫是以用此为日俄战争结局、东三省平和恢复以后第三年之纪念物。

抑又闻之，日本当抃资莫斯订立日俄和约时，东京大阪各新闻社之被停止、被惩罚者数十家；俄罗斯宣布立宪时，圣彼得堡、莫斯科新闻社之被封禁、被惩罚者数百家。我国近十年来，业报馆者寥落可数，而在丙午七月以前报馆之被封禁、主笔之被拿办者若干事；丙午七月预备立宪以后报馆之被封禁、主笔之被拿办者若干事，其得罪之由，盖有难言者焉。由兹以往，则此寥落晨星之报纸当一切受范围于数十条之报律，而日日相与优游羿彀有必然者。虽然，以吾国民方惕然处于孕愁之城，颓然息于恁忧之木，则本社同人亦又安敢以矜情盛气、睥睨万物者为？海内善知识之士忧，然则由此而十年而百年而千万年，追逐吾国民政治事件之发达，而促成吾《神州日报》新闻事业之发达，可预期也。爰为祝曰：

报兮报兮，孕以丙午，生以丁未。言者无尤，闻者足愧，山河两戒，或蹊其田。与汝陟升赫戏，而叩彼钧天，宇宙一丸，实繁其族。与汝疏瀹种智，而奠其蛮触。岳岳黄胄，轩轩舞台，涤荡既往，导迎未来。鞭海水以西流，蹴醒狮使东立，不戁不竦，丈夫之必。重为祝曰：

报兮报兮，策政邮学，通情缮俗，豁乎其有容。与汝为破暗之烛，与汝为自由之钟。我国民其鼓吹以迎汝盘敦，以陈汝、教汝、诲汝、寝汝、馈汝！

未来之中国国家万岁！

未来之四万万同胞万岁！

未来之《神州日报》万岁！

预备立宪之怪象[①]（1907年4月11日）

自有预备立宪之新花样，乃有改革中外官制之新花样。

改革中央官制发表以后，似开明非开明，似预备非预备，俳优扰杂，粉墨登场。然尚明白宣言，以为某某职官究应作何改革也。顾其改革以后与未改革以前，相去不能以寸，如是梦想立宪者乃颦眉而相视。虽然，梦想立宪者则又转而觊倖地方官制改革之成立，以为地方自治由是而可以萌芽，司法独立由是而可以划定，地方财政由是而可以确立也。及各省复电指驳于前，鄂督抗论司法力诋于后，而地方官制乃求如中央官制之俳优扰杂、粉墨登场而不可得，如是梦想立宪者则又颦眉而相视。

夫中央官制乃不男不女之天阉也，其于人道为废疾，地方官制则为狐凭。中央官制乃非驴非马之骡也，其于畜牲道为异类冯生，地方官制则为流产。是之谓预备立宪之新花样，而又何疾首蹙额者为？

津镇铁路果能自办乎[②]（1907年4月11日）

收回津镇铁路之议，发起已及数年，至今乃克有先派鹿传霖、张之洞筹办，改派袁世凯、张之洞筹办之一日。记者窃于此更有忧焉。夫津镇铁路前日所以不能收回者，其一则为德人攘夺山东

① 本文在《神州日报》1907年4月11日“半哭半笑”栏发表，署名寒灰。

② 本文于《神州日报》1907年4月11日至12日连载，署名寒灰。

铁路敷设权之故；其二则为福公司欲据有由晋豫矿山通一线路以直达于镇江之故。德人之攘夺山东线路，其势与津镇线路不并立，而福公司所欲经营者，其南线亦与津镇铁路利益相抵触。若是则宜英德二国持之甚坚，而今则忽然降心以相从者，岂真慑于世界各国之公义而甘心退让耶？抑聊借开放门户、保全领土之膏言，虚与委蛇，而别有其术以相中耶？察其情实，盖有可拟议者焉。德人之对于亚东大陆也，自日俄战争以后，其武力侵略主义稍有所惩。德法素不相能，其海军之东略，尚不如俄国太平洋舰队，可资安南海港以为驻足之地。俄舰以勤远略而歼，则德舰之不必有利于太平洋面也可知，俄据旅顺天险而不能守，则德人以胶澳孤立不必能自守可知。而机会均等主义已为各国所心许，则又不容以一国独崇武力，彼其垄断山东铁路权，宜用财力以操纵之，而不宜用军队以胁取之。用财力，则见好于中国官吏，而可挟术以相愚；用军队，则未免见恶于中国士民，而或未必常操其胜算。其所以不遽坚梗收回之议者，大要不出于此。德人之侵略胶澳也，出于政府之主动；福公司之垄断晋豫矿产而牵及路线也，出于企业家之野心。而福公司在晋势力颇不免顿挫，现方极力求所以巩固之者，其对于铁道线路，既系旁及而非正文则不得不弛其所缓而操其所急。晋豫矿案愈急，则觊觎铁路线路之谋亦愈缓，其所以不肯坚持异议者，职此之由。

由是观之，则今日收回津镇线路，不可谓非一绝好机会，然遽谓英德二国竟肯敛手而退，则固有大谬不然者。彼其求所以到达此目的者，固亦另有其术焉。吾请以粤汉铁路之往事言之，又以福公司之近事证之。

粤汉铁路可以不用价买收而必买，既买以后则又可以不借外债而必借。未买以前则粤汉路权在倍次一方尚不过为私人债务之关系。既借外债以后则在香港总督一方更成为国际交涉上债权、债务之关系，当事者之为此，直可谓全无心肝者矣。然而外人所操之术，不过执一债权、债务之契约，而他无余事。津镇铁路延及三省，非得巨款不能动工。察此巨款之所从出，则不独国家无此财力，即民间亦未必容易筹此的款。则外债之说易于动听，而中国之达官贵人又乐以鸩酒止渴，漏脯救饥，而诩诩然自以为得计者也。西人筹之甚熟，故与其以梗议见恶于中国士民，不如明许收回而徐取之于彼达官贵人者之手，鹿传霖、张之洞、袁世凯筹办之明旨，其果出于直隶士绅公意之请求耶？抑别有牵傀儡者耶？盖不可得而知。然而此数公者，将实为外债之媒殆可必也。

福公司今岁在伦敦报告办事情形，因矿山交涉种种困难，乃有戴一华人为总办之说，有分给股份与华人之说。分给股份与华人之说，则于九广铁路实行之。戴一华人为总办之说，将于铜官山矿实行之。彼知华人之具有总办资格者，其人必贪图数十股之股份而不顾国家土地将来之归宿。而此人者其气焰与其手腕，当足以陵轹士民、违反清议以从其所以独利也，故此说遂为外人觊觎机会者之所同认。彼既放出巨资为内幕之主人翁，而于表面则戴一华人以为之伥。伥之者享有实在之地役权，为之伥者但彷徨于其厕牏之侧，分少许排泄物，而于土地主权之存在与否，则非其所计虑。彼其分出之少数股份者，则他年将以投机事业，一攫而仍入于外人者之手，而路权、矿权尽矣。津镇铁路如招外债为外人伥者，虽不知何人，然而其必有此辈藏头露尾于其侧，固可预必。何则？筹借外债既为必至之势，则奉戴华伥亦为必至之势，固非吾人之过计也。

夫如是，则津镇铁路收回自办云者，苟其出于外债，则必蹈粤汉铁路之覆辙；苟其出于外债而奉戴华伥，则必发见铜官山矿之近事。然则名为收回，而其实则贻赠也。既不能自办，安所云收回？顾倡言自办，款将安出？是则不可不考求苏杭铁路现在情事以论之。

苏杭铁路纯乎其为商办之性质，集股勘路权在士绅。开工迅速，成效可睹。以目前言之，固决无需用外债之理，即万一有洋股掺入其中，亦可决其于路权无所损失。何则？以苏省绅商士民办苏路，以浙省绅商士民办浙路，其对于社会之信用足以吸集资本，其对于路权之存在，足以排斥外缘故也。夫津镇铁路其地面既延及三省，则宜由三省绅商士民公议办法，划线分担。其集股办事，亦宜由三省绅商士民公选明达公正人士划线分担。今以津镇铁路筹办之权专归之二三人者，夫此二三人者，虽在本省为巨绅，在地方为大吏，然以吸集资本之信用论之，欲吸集地方资本，不可不组织公司、招集股分。欲组织公司、招集股分，则宜一依组织公司之条理使公司成为一法人，而成立此法人者，必一切出于股东之同意。夫若是，则决非可倚巨绅大吏以为重。而必倚现在三省依法律组织之商会、教育会使为发起人，从速订立章程、招集股份，定期开一创立总会，全然以公司为主体，而后兴工勘路，顺理成章，安用拥戴彼三数公者，成一不官不商之办法为？夫彼三数公者，以绅的性质言之，则即三省股东之一分子也，不当假朝旨以垄断办路之事权；以官的性质言之，国家既无巨款以办路，则欲用国有铁道纯归官办一法，实非今日之所宜。其势必趋入于官督商办一暧昧不明之方法，而寻其内幕中，则如前数节所云云者，固将在所不免也。

吾请正告三省绅商士民曰：果欲收回津镇铁路者，当纯用商办一法，急起而图之，毋徒仰赖朝旨所倚重之一二人，以贻大患。

津镇铁路果归商办乎[1]（1907年4月16日）

津镇铁路既有袁、张筹办之明文，又有奏归商办之风说，果能纯用商办条理，自是中国幸事。虽然，商办亦何容易？以今日各省铁路言之，纯乎商办条理而有成效可期者，惟苏杭线路而已。广东以商办而哄，湖南以商办而亦哄，江西、安徽二省，虽未至相哄，而勘路兴工现在尚无眉目。且安徽铁路至竟不哄与否，未可知也，然则商办大须研究。

湖南之哄也，为官之借绅以压制商会，绅之借官以侵渔路股；广东之哄也，在绅之借官以把持路政，商之借绅以扰乱路政，官之借绅商交哄以干涉路政，只缘于铁路之观念，皆以个人利益为目的，而不以铁路成否为目的，以参与路政之人（自然人）为主体而不以公司（法人）为主体之故。

虽然，彼绅与商与官，纠纷迷乱而不可整理者，固由此等观念中之。至其观念之构成，则一由不知铁路在法律上之性质，一由不知商办一事在法律上之性质与其组织。

夫各国经营铁路之方法有二，即其法律上之性质有二：一为国有，在吾国所谓官办，盖因缘国有一法而迷其性质者也；一为民有，在吾国从前所谓商办，即因缘民有一法而失其组织者也。用国有一法，则全系国家铁道作业局之经营，无所资于民间之股本。用民有一法，则当纯用公司之组织，而不宜以混合官商办法及混合绅商办法横生荆棘于其间。

吾国官吏对于经营路矿各事，惯用混合官商办法，美其名曰

[1] 本文以《神州日报》社论发表，署名寒灰。

官督商办。变其称曰官率商办。详官督商办之所由起，在未有农工商部、邮传部以前，欲办铁路、轮船不得不假官力以为之提倡，故不得已而有官督商办一名词，犹可言也。今日国民既能自进而经营此事无所事于提倡，农工商部、邮传部皆可订立监督民立事业之科条律例，无庸由官别置何人为之监督，亦无庸别加官督、官率字样，以淆商办之性质。何则？公司组织自可以商法处置之。其购地兴工有与各地方人民相关系之事，故自可由各地方官处置之。即不提出官督、官率字样，亦不能脱离官与民之关系，故官督、官率字样，以法理言之，全系冗词剩语，了无意义。必若另设督办大臣、筹办大臣，乃系明用国有性质。然即以国有言之，在今日为不应有之骈拇枝指。何则？督办、筹办独树一帜，实与农工商部之行政统一相妨，在筹办、督办为侵官；在农、邮二部为旷官，无一而可者也。袁、张筹办，其主张官办与否，无从臆决。即主张官办，其得失亦系别一问题，非此篇所论。今所论者，全在商办之带混合官商性质、混合绅商性质与否。

广东名为商办，主政者在一二巨绅之手。彼巨绅者不知公司为路政之主体，股东为组织主体之分子，卖弄手段以从其私，得官吏为之推波助澜，而路事大决裂。湖南名为官率商办，其主政者为官所派定之巨绅，其巨绅之恋栈者，并非组织公司之股东，建公司之虚名，而不履股东之手续，仰承官势，把持路政，而路事亦将决裂。夫商办必资股本，股本必须信用，而信用之存在，全系股本之着落如何。欲求股本之着落，全视公司组织之适法与否。尤视公司分子之能守法与否。今以不守法之分子，及非分子之官绅而扰乱路政，则信用无由而生，此粤路混合绅商办法之害也。以未及完全组织之公司，临之以非分子无责任之官绅，信用无由而生，股本无由而集，兴工、勘路无由而议及，此湘路混合官商办法之害也。循此以往，不至大溃败不止。何则？既不以法人为主体，则公司已失其存立之生命；公司既失其生命，则此商办之铁路，亦失其成长之生命。虽有热心任事者，无所措手也。

夫湘粤铁路混合绅商、官商之弊害如此，津镇铁路如归商办者，必从本原而廓清之。故宜纯用正式创立公司之法，其发起人全在商会，成立以后，则主持路政之行动，全以公司为主体，以公司董事局总理人、查帐人及股东合议为机关，其公司用人、行政之监督，全系公司内部之事，与非分子之官绅无与，其公司集股、购地、兴工、纳税法律关系之监督，全系农工商部、邮传部各主务官署之事，与非主务官署之官绅无与。由是则完全商办性质，斩尽一切葛藤，而后招股勘路，秩序厘然。如曰不然，则必谬言商办，而依然官商混合，依然绅商混合，必有不肖绅士，不肖官场狼狈相依以扰大局，湘粤前车可为殷鉴。吾未见商办之果有成也。

主张国有财产之异闻[①]（1907年4月17日）

叩盘而以为日，见蚕而以为蛇，知识错谬，所遇皆迷，此其可哀，实由官器，犹未至假至当之名义，以饰其迷谬之事业也。乃若嘉谟良策，展转陶变，以兴国利民之大业，为饰非救过之护符，如今日之所为者，实所谓求之古今，罕有伦比者矣。

邮传部之复粤督也，谓九广路为国家借款筑造，华洋一律，不能酌提股份。该商等坚请酌准附股，按之国家借款，筑路办法，实属不合。须知此系国家自办，出售债票，与商办集股不同，亦

① 本文以《神州日报》社论发表，署名襄灰。

非官商合办可比。方拟举商办之路，由官收回，未能以官办之路，又招商股云云。观其口吻，纯是国有铁道主义，一若树立此义，可以钤制天下之口者然。夫九广铁路果为国有与否，当问借债之性质。借债之性质，果无损于中国路权者，则债务与路政无关，债务为国家之债务，铁路为国有之铁路，二者不相妨也。如其借债之性质，而有损于中国路权者，则九广铁路已为国际上之问题，其路线为国际之路线，而非纯一之国有性质。如国有事业一一牵入国际问题，则又何贵有此种国有事业者耶？且其所谓不准酌提股份者，以谓免致英人请提股份也，夫路权既为债权所左右，则彼中英公司者，已居全路线持有者之实。其彼以中英公司发售票债、持有债票者，不得为中英公司之股东，但得为中英社债之持主，中英公司非对于股东负有责任，但对于社债持主负有责任。然以借票持主与股票持主较股票持主与全线路持主，较其权利奚若耶？夫以中英公司输入外债不足，以为但许发行债券、不许发行股票之理由，且对于中英公司未闻严立不准享有地权，但许发行社债之限制，独对于本国商人，则断断然持之日不许酌提股份，此何理耶？中英公司对于华商借票之责任何若，将来纠问此责任，应照何种手续，一切不能明白宣示，但须华商从速担认，华商此项资本究竟作何归宿，无乃邮传部直须借用国有一语代中英公司为之乾没耶？中英公司既经中国国家准许发行债票，以理言之，应有特别报酬之义务，则即由国家准予华商酌提股份，亦为彼所不能援例借口之事，安用邮传部之厚袒中英公司而力贬华商耶？既以地役权奉之中英公司，又必痛挤华商者，使不能占一中英股东之位置而后已。然则邮传部为中英公司私立之邮传部，而中国国家纯乎为国际上之一傀儡耶？是则记者所为百思而不得其故，而亦四万万同胞所为百思而不得其故者也。

夫国有财产为近世绝大政策，主张帝国主义者，必有取于是；主张国家社会主义者，必有取于是。记者亦甚愿乐闻此说，特无如献策者不先求一有责任之政府，遂至以此为专制主义之前茅，其挟持此术而御国民以口给者，又不以之为国家存立之良图，而以之为侧媚外人之妙术，吾且谓之何哉！吾且谓之何哉！

危哉输入外资之行政[1]（1907年4月20日）

国民日日言收回权利，日日言抵制外人；而政府疆吏则日日放弃权利，日日曲媚外人。国民与外人相撑拒，不可谓不勇；独于政府疆吏曲媚外人，则不敢制之于机先，而惟知叫号愤慨以随其后，不可谓不怯。政府疆吏于养成国民能力、发达国民思想之一切事业，必阳开阴合，多为之障碍，不可谓不怯；独于曲媚外人，损权辱国诸事，任心而行，不假思索，不可谓不勇。循此以往，不一二年，国亡种灭矣。记者今且妄言之，国民且妄听之，自今以后，受祸之最亟者，宜莫如外资。

夫外资者，非能灭人国也，而灭国者常假外资。则非独视其输入之道如何，尤视其政府人民之关系如何。日本近数年，努力输入外资，在国家有大规划，于外资乎取之；在民间有大事业，亦于外资乎取之。识者未闻其以为病也。何则？以其政府为有责任之政府，而其人民为有国家思想、有政治经验之人民，故不受外资之害而取其利也。然中国今日之事，决不得以日本论。

今日政府患贫殊甚，守土大吏亦患贫殊甚。至其理财之道，则必不能有所改革；筹款之事，则必不能有所得手，殆可以决定

① 本文以《神州日报》社论发表，署名寒灰。

无疑义。然而政府于此，未必不欲兴复海军焉，未必不欲扩张军械制造厂焉，未必不欲坐拥国有矿山、铁道焉。守土大吏于此，未必不欲办警察焉，未必不欲办教育焉，未必不欲振兴各种实业焉，彼种种事业者，诚哉其不可缓矣。然而辜权需要款项，将何所出？吾知仰屋窃叹，必触发一种思想曰：外资，外资。彼外人之持开放门户、机会均等主义者。必又设种种方法，以欣动之，作种种机阱，以诱进之。于是无论何种新政，一闻款源所出，必曰外资，外资。输入之数，罔知纪极，而国权抑且随之而尽。

若此云云，非记者凭空结撰之言也。以中央言之，主张赎回京汉铁路者何说也？曰国有主义也。然而借外资以赎入已有所闻矣。以各省言之，由地方大吏擅借外资者，实张之洞为之作俑，堤防一溃，相沿并进。端方以赈饥而借外资百万，袁世凯以办新政而借外资五百万。日本各新闻纸言之凿凿矣。其他如九广铁路曰外资，如新甘铁路曰外资，如吉长铁路亦将俯首听命曰外资。而邮传部以外资垄断全国铁路之风传，又且逼人而至矣。然则此后所谓行政皆外资之行政、所谓事业皆外资之事业，盖将有必至之势。试问国民所受利害何若？

夫政府而为有责任之政府者，则借入外资时，其损辱国权之实在情状，国民得而纠责之、驳正之。其消费巨款之各项用途，国民得而监督之、诘问之。其偿还方法，国民得而筹画之。其会计方法，国民得而检核之。如是则借入外债与国权之存在可以绝无妨碍。今则不然，政府对于国民不负责任，疆吏对于国民既无责任之可言，政府对于疆吏，又于擅举外债一事，全不过问，于是以疆吏举债更无可以纠问其责任者，政府疆吏凭借威福，既已如此，然则无论巨款如何虚糜，国权如何丧失，我国民将不得置一喙焉。衮衮诸公，日薄西山，苟延岁月，幸获无事，为计大得，愿以此重大之负担，贻我国民，将使吾曹他日敲骨吸髓，不足以偿，卖妻鬻子，不足以活。我国民若于此时隐忍不发，过此以往则虽咨嗟涕洟，将何及耶！

记者非谓外债一事如鸩毒之不可以入口也。以此无责任之政府，而大言恫喝我国民，不曰国家行政事宜，则曰国家所有财产。我国民若不能早制于机先，则将遗大忧于事后。然则制之于机先奈何？曰我国民自今伊始不可不干涉财政，不可不要求承诺内外债务。政府不受监督，则示之以摧破政府政策之决心，疆吏不受监督，则示之以抗拒疆吏行政之决心，必使政府负荷政治上之责任、负荷法律上之责任而后已焉。庶于外债一事，乃有善为控驭之法，不然既不能禁政府之不举外债，又不能力防外债之流毒而坐受其殃。苟有心知，何为出此？我国民其蹶然而起，毋贻后世子孙忧。

学务时论[①]（1907年4月23日）

今日中央教育行政较之未有学部以前何若？今日地方教育行政较之未有提学司以前何若？

未有学部以前，有三管学而无专责。既有学部以后，则中央教育行政有专责矣。未有学部以前，教育行政基础不得确立，方针亦不得确定。既有学部以后则基础既已确立，方针亦宜确定矣。然未有学部以前，既无专责，则其动机未有所定。有以为应办者，有以为不必急办者，天下之仰承贵人颜色者，无所专注。而热心教育者，亦尚无趑趄不前之意。既有学部以后，则其动机专属于

① 本文以《神州日报》社论发表，署名寒灰。

一人，此人者宗旨趣向所在，得以其生平之已事测定之。故日日言教育，而其实一切不举。盖其对于教育事业，既纯用消极之方针，则事业之进行，亦日趋于萎缩。所谓专责者如是如是，所谓基础者如是如是。

未有提学司以前，地方学务受成于督抚，与中央教育行政机关不相联属。既有提学司以后，则地方学务与中央行政机关相联属矣。未有提学司以前，地方教育行政机关不得成立，既有提学司以后，则地方教育行政机关已成立矣。然地方机关与中央机关，若相联属。若不相联属，将从前受成督抚之事业，一旦取而代之，

而旧有之规模，且日因之以破坏，是为骈枝，有地方教育行政机关之资格，而无供给地方教育经费之专款，则虽具形骸，实则柴立其中央，而一无所措手，是为槁死。盖其作用徒在虚张统一教育之门面，而不在实施振兴教育之事宜。所谓联属者如是如是，所谓成立者如是如是。

由前之说，则其弊不在机关组织（专就现在政体下之学部言之）之未完成，而在托处此机关者之思想动作，与机关本身之性质，阳合而阴离，终日敷衍，皆暮四朝三之伎俩，是为阻力之一。由后之说，则其弊不尽在托处此机关者之非其任也，其机关本身亦实有不合于现在教育行政之性质者。夫教育事业，为思想自由之一渊海，共和国如美利坚，君主立宪国如英吉利，其地方教育行政之组织全在各地方之教育会。美利坚中央教育行政机关不与大统领所任内阁诸人共同进退，亦饶有独立不羁之性质。即君主立宪自由范围稍狭小之德意志力以整齐教育步伐为事，而教育自由亦为宪法上之所公许。此种事情固与现在政体全不相入。然即就现在政体言之，既立一地方教育行政机关，则此机关本身事业上所恃以活动之经费，必宜切筹实指，故今日各地方教育行政事

务，非徒曰兴学兴学而已。尤以别筹的款为其重要责成（此但就现在财政未及更张以前言之）。夫机关本身事业上所恃以活动之经费者，非谓提学司衙门之岁费也，抑非谓提学司以下分职治事之行政费用也。地方教育行政机关系以地方教育为其目的物，此目的物上支出之经费，乃为机关本身事业上所恃以活动之经费，此项费用不得不取于各地方。欲自各地方筹取费用，不得不于地方官治之行政机关以外，加以地方自治机关之势力。然则非切实举办各地方之教育会，而寄以筹取教育经费与振兴教育事业之责成，安所措手？由斯以谈，欲责成提学司举办各地方教育，必以教育会成立之与否，为提学司之考成。而提学司则应以地方教育经费与教育事业责成各地方之教育会而指挥监督之。使教育会与提学司自为一统系，而离立于他地方官之外，使教育经费之筹取及其会计与提学司教育行政自为一统系，而离立于其他地方行政之外，则地方教育行政庶有端绪可寻，今各地教育经费不能离立于其他地方行政经费之外，而劝学所又为各地方官之附属物，而非直接与提学司成一统系，安能臂指相使耶？机关本身已不完全，托处者即得其人，亦有所不能竟行己志者，况往往非其人耶？是为阻力之二。

鸣呼！学部已成立，提学司已设置，而教育事业乃日趋于黑暗，中国前途庸有冀耶？革而新之，在政府欤，在国民欤？吾未知所属望也。

论大闹公堂案交涉事宜[①]（1907年5月1日）

近日风闻大闹公堂一案，有互赔之说，有会审之说，有由两

① 本文于《神州日报》1907年5月1日至11日连载，署名寒灰。

方举公正人查核是非之说，有交海牙万国平和会公断之说。互赔、会审二说，本社执笔人业已辞而辟之，今日万万不可互赔，不可会审，实为本埠商民舆论所坚持之铁案。至于由两方举公正人查核是非之说，亦于理有所不可通。敢剖析其所以然，以忠告当道者。

所以酿成大闹公堂一案者，其近因一由于领事公会给英捕房训条之处置失宜，一由于英陪审员之性情乖戾。而其远因则在租界市政之丧失主权。当此案初起时，非独咎不在我而已，且于彼实有蹂躏吾国国权之事实，及其触犯众怒酿成祸衅以后，损害吾国同胞生命财产不可胜计。以理言之，彼当偿给吾国救恤死伤、赔偿损害之费。然则今日索赔者，当在我；认赔者，当在彼，乃为公平正当之办法。虽然在彼非独当认赔而已，实当还我租界中立法权、警察权、课税权、种种行政权。在彼之攘夺此权，于事为强横；在我之索还此权，于理为正当。然则欲解决此事，不当以上海地方交涉事件解决之，而当以国权解决之；不当以南洋大臣行政范围区域解决之，而当以外务部行政范围区域解决之。在外务部，不应纠缠南洋不已，纠缠上海道不已；而在南洋大臣、上海道，亦不应仰承外务部诿卸仔肩之意，而放弃国权上种种绝大问题以从之。且以言根本治疗之法，则当持第一义与彼交涉，必令彼归还我立法权、课税权、警察权、种种行政权，以释本埠商民之憾。而本埠商民则酌给以损害赔偿之费，而不必索赔于彼，此一说也。如揣量事情，尚不及直截提出此种要件，则有第二义，按照吾国租界居民所负担诸款项，使本埠商民参加工部局立法部，使上海道派华官数人参加工部局行政部，其课税官吏及各捕房，亦由上海道委派华官数名参加其间，以便共同负荷维持公安之责任。而本埠商民，则酌给以损害赔偿之费，而亦宜相互索赔于彼，此第二义也。如又不然，则由彼偿给本埠商民以救恤死伤、赔偿损害之费，而此外则非所知，此第三义也。夫以在我言之，向彼索赔，已为最下策，况有所谓互赔者耶？有所谓会审者耶？

夫互赔、会审之不可迁就既如此，则胡然而有举公正人调查之说？谓调查损害情形耶？则我既不应向彼认赔，何为向彼认查？至于华人死伤损害之多寡，当以上海道照会所开示为凭，其如何查明之法，应由华官自主，乌用烦公正人之调查，谓调查事实是非耶。则此事发难之情形，及其经过之情状，中外俱知，凌蔑吾会审公廨官吏者在彼，而死伤损害之实祸在我，其为是非曲直固已了然，又何用查？且查明是非曲直云者，必非一查而已也，势不得不加以判断。夫判断此事之是非曲直，非判断本埠士民与外国居留人民之是非曲直也，亦非判断上海道与英领事之是非曲直也，其实乃判断中国国家国际行动与英国国家国际行动之是非曲直。即判断英国陪审官损害中国国权与否之是非曲直，判断上海领事公会攘夺中国市政之是非曲直。且公正人之判断云者，非道德上之判断也，必将有事实上之判断，此所举公正人者，何从而有此资格耶？即曰由两国官吏用复举法，亦不能有判断国际交涉之资格，何则？此公正人者，非坐临两国官吏之上，乃坐临两国国家之上，苟非有坐临万国国家之上之资格者，决不容有坐临两国国家之上之资格。然则万不得已，惟海牙和平会庶几有此资格。自此以外，无有可以为两国公正人之理由，即无可以调查此案之理由。夫所贵于调查者，以解纷也。调查而不能判断，则不能解纷。何用此调查为？然则承认调查，即不啻承认判断，如曰认查索赔数目者，既无可以认赔之理，即无可以认查之理。然则承认调查，即不啻承认赔偿，由斯以谈，则认查一事，如勉徇英使，必为所愚。迁就互查，即为迁就互赔、会审之根据，如江督而为此，则为甘心丧失国权；如沪道而为此，则平日所为抗直不挠者，无一而可信。敬告两公，勿忘第一义、第二义可也。

前日执笔人力言认查非计，以为承认调查，即系承认赔偿、承认判断。力言当事者宜持第一义、第二义以与英使交涉，系专就决定对外方针言之，乃一种政策论。今请将国际法之应用言之，以见其根底之所在。

英使提议两国选举公正人调查一事，乃欲以欧洲各国之先例，及千八百九十九年海牙议决书第三章国际审查委员诸条件，适用于此案，查该议决书第九条云："有国际纷争事件，与名誉及重要之利益并无关系，专由事实上见解之异而生者，如不能借外交手段商议妥协时，则纷争国以事情所得许为限而设国际审查委员，使用公平诚实之审查，揭破事实真相，以为了结纷争之辅助，在记名各国公认为有益者。"

俄国委员马敦斯说明提议此节之理由云："国际审查委员会并非向来所未曾有，在彼此和好之两国间，如发生争论时，常设此种委员会，使当其任，例如两国各派勘界大臣是也。如两国争论系出于意外，其事情真相殊难明白，则舆论愈益沸腾，盖为不知其纷争所起之原因，徒为一时的感情之所制服。故使国民心理分外激昂。吾人所为欲组织一委员会者，乃以阐明纷议原因，发揭事实真相为目的，而除去此种祸根，该委员会重大之责任，则在撰成一报告书，而不在构成羁束当事者之决定书。"

得堪博士说明书云："此事于实际上欲有效力，则有不可少之条件，即各关系国政府于设置此种委员会之约束，必须同意是也。其付托该委员会之问题与纷争国之名誉及生存上之利害，不当有关系，自不待言。"

由是观之，则此案之可交公正人与否，须论此案与中国国家名誉及重要利益之有无关系。夫大闹公堂、凌辱官吏，是为损伤中国名誉之最大者。会审公堂而可滋闹，会审官吏而可凌辱，是即为撤去会审公堂、排斥会审华官，而代之以完全外国裁判权之起点，是为损害中国利益之最重要者。此案真正原因，既已如此，则已绝对的不在设置国际审查委员条件范围之内，安得如英使所言，不查是非，但查赔款数目，轻轻撇去名誉利害重要问题。而以会查为迁就耶？

纵令让一步言之，姑且交付审查，然欲审查之有效力，必要两关系国政府之同意。今吾国所执之论点，宜在名誉利害，而不在赔款数目；而英使所执之论点，则只顾赔款而不顾吾国之名誉利害，此已绝无可以同意之理。在外交当局者，岂得以不查是非一语可以便其苟安畏葸之私图，而将国家名誉利害置之脑后者？夫此事之原因，全在英陪审员之傲狠无理以激成众怒，英巡捕房之放弃职守，以纵任莠民横行街市。至其后开枪轰毙华人，则直以吾华人生命财产，供彼族之蹂躏。此而尚待调查，则直以吾国外交官为儿戏，况其所调查者，又不在此而在彼耶？

计英使所以饵吾国当局者，系在但作报告不为决定一节。夫所谓不为决定者，但言委员无宣告裁判结果之权耳，非谓其不宣言解决此事之方向，特其最后之解决，仍当以两国政府任之耳。夫如是，则与其交付无归宿之审查委员，不如交付有归宿之仲裁裁判。且设置审查委员，必先订立审查条约，选定审查人员，遵依审查手续，其繁琐一切与仲裁裁判相同。而劈头以论点不得同意，已与审查委员条件范围绝不相容，又何选举国际审查委员之可言耶？

夫吾非遽谓海牙仲裁裁判之果可以解决此事也，以仲裁裁判性质言之，凡可以交付仲裁之问题，约分三类：一为法定交付仲裁之法律问题。凡解释法律问题，解释国际条约，而与纷争国之名誉及纷争国之利害有关系者属之。一为义务仲裁之法律问题。凡要求损害赔偿及以万国联合名义订立条约之法律解释，而不与纷争国名誉及利害有关系者属之。一为任意仲裁之法律问题。此乃扩张义务仲裁之范围，而以两纷争〈国〉之同意交付之者也。由是言之，则仲裁裁判者，非一切国际纷争皆在其管辖之内也。苟非法律问题而为政治问题，则仲裁裁判不得有管辖之权限。查海牙议决书第十九条云："法律问题，其中如解释国际条约、适用国际条约之纷争，在记名各国以为将此事交付仲裁裁判，为最有利益且最公平之办法。"

得堪博士说明此事云："专以法律问题为主，其中尤以解释条约、适用条约为主者。凡两国纷争，不能以法律的表明之者，不应在仲裁裁判固有权限之内。俄国委员云：仲裁裁判，以申明国际条约之善意为目的者也。"

由是观之，必系法律问题，乃为仲裁裁判之目的物，灼然可知。且仲裁裁判与两纷争国名誉及生存利害有关系之政治问题尤不相容。

俄国委员说明书云："凡两纷争国政治上利害之冲突，非可交付仲裁裁判者。"

得堪博士说明书云："两纷争国政治问题，必非仲裁裁判之所能解释。"

由是观之，则纷争国名誉及政治利害问题，不独非国际审查委员所能审查，即亦非仲裁裁判所能判断。试以大闹公堂事件求之，英陪审员滋闹公堂，其主义在撤除华官之会审权，而完全扶植外国裁判权。质言之，即欲撤除租界中华官仅有之会审关系，而完全视为一割让地，又特意不出于文明交涉以避条约上之葛藤，而出之以咄咄逼人之举动，使华官知难而退，固已离去法律问题，而完全为一政治问题矣。又况于华官在租界，无警察权，无派遣兵队权，一切保护之责，非华官所能任。此种问题决非可借解释条约以证明之，借适用条约以牵合之者耶。然则此事欲求解决于仲裁裁判，岂非所谓大惑者耶？

夫以执笔人私见言之，决非乐于主张交付仲裁裁判者也。然以中国事情言之，除交付仲裁以外，果有他法以解决此案耶？凡解决国际竞争，不外平和、激烈二法。平和之法，至交付仲裁裁判而已穷；激烈之法，虽有多途，而其足为吾国所用与否，大须研究。今日对于英国果能用报复法耶？果能用报仇法耶？果能用平时封锁法耶？如是种种，既有所不可，然则吾国当局者，其必至用不正确之任意仲裁裁判名义，而交付仲裁固可逆料而得之。若然，则吾有一言，果欲交仲裁者，莫如交海牙万国常设仲裁裁判所，而此外仲裁方法决不可用。夫吾非笃信海牙常设仲裁之能持公理以折服强权也，强权、公理之轻重，久矣不足以相颉颃。以俄国公法大家平和会委员马敦斯氏之明达，尚有主张撤消芬兰人割让条件之事，何况黄白二族气焰相取，势必护彼族而痛抑吾国。然以常设仲裁与特别仲裁比较而观之，则其利害又有不同。夫大闹公堂一案，既已发源领事公会，则凡在缔约诸国，皆与吾居于对手国之地位而失去其中立性。且索赔之发难，虽在英使，而其暗陬中，尚有无数国者，戢翼敛足于其下，即凡在缔约诸国，皆有要索赔偿之性质。以是言之，缔约诸国之臣民，决不足为此案之公正人，如是而用特别仲裁，是为至愚者之所不为。查海牙议决书第二十二条云（此条全与三十二条相同）：“纷争国于组织裁判部无特定之协约时，当用下开各法组织之：由两国各选仲裁裁判员二名，由此项仲裁裁判员，选出其中一人为仲裁裁判长。

选举票同数时，则由两国共同定指一第三国，委托以选举仲裁裁判长之事。如纷争国于指定第三国不能同意时，则由纷争国各指定一外国，由两外国协定一仲裁裁判长。”

法国委员于此事提议一条件云：“两纷争国所选定之仲裁裁判员，决不可以为与此事有利害关系之国之臣民及公民。”

兰马修氏提议一条件云：“选举仲裁裁判长，当委之于中立国之君长。”

由斯以谈，欲选举仲裁裁判员，必为与此案两无关系之国之臣民，议决书所谓第三国、所谓外国者，即系法国委员所谓两无利害关系之意，亦即兰马修所谓中立国之意。今以此案言之，凡在缔约诸国，孰可以为无利害关系者，孰可以为中立国者？既不能无利害关系不能为中立国，苟非乐就斧质者何所恃？而用此仲裁裁判员，即曰中人选非中人，英人选非英人，而此非英人者，固已隐具有一英人之性质，岂可视以为具有判断两国是非曲直之资格者耶？然则万不得已，莫如海牙常设万国仲裁，尚具有法定裁判员之资格。夫彼海牙常设仲裁者，固犹是有利害关系之国之臣民，犹是非中立国民，诚未知其孰愈也。然以常设仲裁之可恃与否，尚不可知，而特别仲裁，则已万万无可恃之理，则又安得不弃彼而取此耶？

且欲判决此案，必以国家责任求之，我无租界巡警权，不应负责任一；非国家行动，不应负责任二。而在彼，则滋闹公堂者为陪审官；开枪击毙华人者为西捕，皆有国家官吏之性质。即应以国家监督行政之故而负责任。然则其直在我，其曲在彼，我应索赔，应收回警察权，乃国家主权上绝大消息，即政治生存上绝大消息。吾国外交当局者，于此事一无所晓，尚可以言外交耶？今即欲付仲裁，其所裁判者，亦当在此而不在彼。

论高景贤事件[①]（1907年5月4日）

高景贤被格杀后，日本对于奉天将军提出种种要求，其最谬者，则以租借地之中国人，已出租借地，至中国辖境，而主张日本领事应有保护其生命财产之权利。奉天将军虽已严词拒绝之，而日本人饶舌不已。前日本报已论此事不可曲许，然窃恐当事者为强词所夺，不能力持正义以相抗也，故不辞烦琐，更申其说。

中国官吏之格杀高景贤也，在高景贤平日之罪迹，与其怀挟利器、凌犯官长之行为，固已罪无可逭。就中国之独立权论之，则中国官吏当场格杀，更无可许日本人容喙之余地。何则？以高景贤国籍言之，既为中国臣民，应受中国法权管辖；以高景贤犯罪行为言之，除平日租界中犯罪行为以外，更有当日怀挟利器、凌犯官长之犯罪行为；以其犯罪地点言之，除平日俦张租借地域以外，即以当日在中国衙署为其犯罪地点；且以在外中国人民归还中国法权辖境，虽使稔恶犯上不如高景贤者，如由中国官吏仓猝处以格杀，亦非外人所得过问。何则？国家者，有对于领域之主权，有对于臣民之主权。以中国法权辖治其还归本国之旅外臣民，乃对于本国臣民加以主权行动之制裁，为国际法上所公认，况乎其为罪犯明白者耶？

夫高景贤既在中国国籍，为中国官吏所得而格杀之者，固无容议。纵令让一步，在高景贤有隶入外国国籍之嫌疑者，然以平日犯罪行为及当日怀挟利器、凌犯官长之犯罪行为，亦得而格杀之。何则？以中国自卫权言之，应得以刑事裁判管辖处置高景贤

① 本文以《神州日报》社论发表，署名寒灰。文中着重号为编者所加，着重号上之字原为放大字体。

之平日犯罪行为。试以国际法求之，在欧洲各国，国际刑事裁判管辖权者，不仅对于旅居外国之本国臣民，得适用本国之刑法而已，即对于旅居外国之外国人之犯罪行为，亦得适用本国之刑法，不遑多引，略举数例如下：

万国国际法学会决议云："各国对于在其领域以外之外国人，如有违反本国刑法，及妨害本国国家之生存，危殆本国国家之安全者，如犯罪地无处罚之之刑法，有由本国惩处之之权。"（据日本高桥作卫平时国际公法所引用）

公法家何尔氏引欧洲诸国法例云："欧洲各国国内法，多设例使本国法廷［庭］得裁判在外国领域内之外国人之犯罪行为，或者于此事专以妨害本国安全及侵害特权为限，或者并及于个人之犯罪行为。在法国国法，则对于外国人在外国妨害法国安全及伪造国玺、货币者，并行处罚；比利时、西班牙、瑞士、荷兰四国，其原则皆与法国同；德国国法所谓外国人在外国之犯罪者，如外国人所犯与德国臣民所犯叛逆性质相等之不法行为，及伪造货币、文书等；奥国与法国同，惟处罚以前，须照会犯罪地所在国；意国与奥〈国〉大同小异；瑞典、挪威，亦以国王命令裁判外国人犯罪；俄国国法，如对于现在政府之谋叛及侵害俄国臣民身体、财产之权利，则处罚之。"何尔氏谓此事为即系主张与他国共同行使法权之权利云。

由是观之，则高景贤纵令有外国国籍之嫌疑，其平日在租借地域对于中国国家之犯罪行为，于中国地域内应受法权惩处。按之欧洲各国通行法例，无可訾议。况以当日情形言之，犯罪行为及犯罪地点，实在中国，以中国法权处置之，又非自卫权之说，而实为独立权之说者耶？

顾日人之所主张者，则以住居租借地域内之中国人，在日本不得视为纯粹之外国人，故其身家财产，在日本人得于某种范围而保护之。其所以为此言者，意谓租借地为变形之割让，而租借地之中国人为变形之归化者云尔。夫租借地云者，在吾中国无论如何应有要求复归之权利。即在彼国无论如何不得直视为自己之领域，况租借地之中国人，既未由国家公许削除中国国籍，则中国臣民之权利义务无论如何不能消灭，即享受他国人保护性命财产之权利，无论如何不得发生。果高景贤而挟日本以为保护者，是为叛逆，是为危害国家安宁之大罪。在我中国臣民人人得声罪而讨之；在我中国官吏随时随地得执法以诛之。日本人而挟此说以相难，其袒庇奸慝、包藏祸心，明白著见。我当局者当断然执坚强决绝之态度，而不得稍与以游移影响之辞，乃犹可以支拄阽危，存立纲纪。彼日人求欲无餍，而执言不轨于正，得尺得寸，无复可为让步者，处于理之所不可摇，鉴于势之所不得让，则舍正言驳斥以外，更无他术也。

夫以租借地为变形之割让，以租借地居民为变形之归化人，其用正式文字与中国官吏相往复者，于此事始。然而承认与否，尚在吾国。如不承认，则变形之割让，固不得完全成立。吾国疆吏若知此事关系之大，则除严拒日本、断绝要求以外，别无可以自处；吾国人民若知此事消息之巨，则除发愤建立国家、恢复主权以外，别无可以自处。不然则遍沿江沿海各口岸，皆已自行默认为变形之割让，遍各埠租借地居民，皆已自行默认为变形之归化人，不然则为无籍人。尚且靦颜食息对于世界曰：中国人，中国人，抑何其不自愧耻耶？呜呼！吾又孰从而语之。

黄勋伯诔词[①] （1907年5月5日）

华商体操会会员黄勋伯，以捕贼见戕，中外人士，崇敬悲悼。盖黄君为其邻而出，非有捕贼职守者，又非以己故，出而与贼相持，连中二十余刃，被重创不挠，遂以擒贼。黄君虽死，其嗜义之热诚，临事之定力，犹岳岳然植立天壤间，与从古国殇英灵毅魄相揖让焉。夫捕贼，细事耳，然而黄君为社会死，非为个人死，且其死也，以坚忍不拔得之，非以仓卒遇变得之，盖能贯彻其义心者。悲夫！以吾国二千年来，侠骨颓丧，武德陵弛，分别人我，以利相市，往往求一毫发相饶益不可得，即有一二浮慕公益者，则又骨植柔脆，小小事变，变色却步，不敢坚一趋向，以赴所期，况出躯命以谋之耶？

夫大陆风云，亦已惨黩，而创痛亦已酷烈矣。如黄君之苟有所见，一心并力以往，将使吾国军事界，人人可以为嘉理巴地，为西乡隆盛。吾国政治界，人人可以为麦马韩，为噶苏士。吾国文学界，人人可以为马志尼，为脱尔斯泰。吾国女子界，人人可以为若安，为苏菲亚。夫若是，则四万万男女，人人具一中国魂；四万万男女，人人奉一中国武士道，又乌知死之足畏、而生之足恤？既不知有死之足畏、生之足恤，在社会则必以其身殉社会、在国家则必以其身殉国家，又乌知个人之为先而社会、国家之为后耶？担责任，则以其身殉责任；尽义务，则以其身殉义务，又乌知利禄之为重而责任、义务之为轻耶？由黄君之苟有所见，一心并力以往，则神州大陆新舞台者，方且有无数贞民烈士之皮囊

① 本文以《神州日报》社论发表，署名寒灰。

血液，以庄严而藻绘之，岂其独为一闾里崇敬哀悼者欤？乃为文以诔之。其辞曰：

墨晦侠绝，千载无声，有嗜义若渴，健者黄生，匪创之为病，而搏贼之为急。苟恒干之未殕，与此獠以俱毕。执志坚凝，大勇所期，张脉偾兴，中道而隳。或呈图而变色，亦临危而气尽。间死生于一发，将溃成于逝隼。恃末路之不挠，遂初意之所求。颛此心于致果，拚一瞑以相售。在孔门曰良知，在佛祖曰舍忍，在大和魂为剖腹，在斯巴达为载盾。翳夫子之雄毅，载仁心而独往，起国魂于禹甸，舍斯人将焉放？重曰：魂兮归来，夏屋沉沉，有贼在垣，或窥其奥，而榻之鼾，借夫君之强固。援国旗以相逐，奋风霆于赤手，澹玄黄于大陆，谅鬼雄之所赞，借风车云马以前驱。望丹旐之翩翩，倘扬灵而诏予。

本报三十七号纪念词[①]（1907年5月9日）

昨日黎明，本社以池鱼殃及，不得不暂将三十七号延迟二十四小时，使读者诸君无端而生企待，又使读者诸君无端而生廑念。顾以国民前途之希望无穷无竟，神州将来之事业无穷无竟，则本社社员之责任亦与之无穷无竟。本社一切职事者幸未焦烂，即当重整旗帜，逐日出版，庶有以慰读者诸君之谨存，即以副向来之期望。

传曰：火者，所以除旧布新。今旧神州之黑暗将被扫除，新神州之光明将益发见，盖已于是乎兆之。昔者柳子厚有贺某京兆失火书，彼个人事业者，抑何足道？以吾《神州日报》与读者诸

---

① 本文原来署名。但据于右任回忆，此文为杨毓麟所撰，以《神州日报》社论发表。

君之关系，以《神州日报》读者诸君与我新神州、新事业之关系，讵不可贺也耶?！然则，读者诸君亦将更有以辱教之也。

论政界之滑稽[①]（1907年5月18日）

自古未有以滑稽立国者。国民对于政府也，以滑稽行之；政府对于国民也，以滑稽应之。自去岁预备立宪以至今日，朝野上下，以滑稽相市，愈演愈剧，乃成为近日政界之现象，恢诡奇变，如睹幻人之搬百戏，不可谓非一活动大写真也。

夫以庸劣贪鄙如现在政府诸贵人者，在国民固明知且不欲自强也，而姑语之以自强；明知其不能立宪也，而姑语之以立宪。此一滑稽也。

政府之应付国民也，则亦还以其术治之。与我言自强，则亦与之言自强；与我言立宪，则亦与之言立宪。此一滑稽也。

由是日日言自强，不必其果自强也，招权纳贿，丧心病狂也如故；日日言立宪，不必其果立宪也，紊乱行政，隳坏国维也如故。周荣曜纳贿之案未息，而黄庆诰纳贿之消息又被流传；黄庆诰纳贿之言未已，而杨士骧纳贿之消息又被流传；杨士骧纳贿之案方结，而段芝贵纳贿之消息又被流传。以与国休戚之人，而汲汲焉营家私以自封殖，此一滑稽也。

纳贿之术，为途亦多。然以特别之希望，必出之以特别之手段，乃至买妾置媵，可以易官，借床第之欢娱，承贵人之颜色。封疆之寄，贱于俳优；节钺之荣，售于奁镜，此一滑稽也。

衔命辽左，怆念河山，苟有人心，忍言行乐，而乃顾曲之欢，

① 本文以《神州日报》社论发表，署名寒灰。

浓于杯酒；亡国之痛，释于当歌，此一滑稽也。

自此以往，愈出愈奇，言官之抗直，必出于某尚书进言之后；某尚书之进言，又适出于某枢臣失意之时，消息相关，约略可辨，此一滑稽也。

舆论所激，不得不借查办以掩耳目。言官之得罪，纳贿之无凭，久为海内所能悬揣矣。窃意上谕于此，则亦惩黜之已耳，掩饰之已耳。然而朝廷若惟恐他人之不反唇相稽也者，而必以时事多艰四字激刺天下，必以赏罚至公一语钤制天下。若曰天下之所谓不公者，乃吾之所谓至公；天下之所谓多艰者，或非吾之所谓多艰。其言之也有惭，而其文之也益支离而不可诘，此一滑稽也。

夫在今日，而为此言，为此事，我政府其以此滑稽终古矣。虽然，非有此游戏神通之国民，不能豢养此游戏神通之政府；非有此游戏神通之政府，亦不能儿抚此游戏神通之国民。且以喜乐，且以永日，殆当由是，狂歌酣舞，相将以俱尽耶噫！

诮言官[①]（1907年5月19日）

嗟！汝言官，汝曹之失职者亦已久矣。偶一发难，曾不及损贵人之毫末，而汝已得直声以去，汝之名誉亦已高矣。汝知庆振之罪，罪在招权纳贿、全无心肝。不知庆振之招权纳贿、全无心肝者，谁实纵容而宽假之？汝舍其大而訾其细，不责宽假庆振者之得罪于国家，而但责庆振招权纳贿之得罪于国家，汝之轻重亦已倒置矣。且汝之责庆振也，以援引段芝贵一事，曾不知庆振所引用之私人，何止一段芝贵；庆振所收受之贿赂，何止此十万金！

---

① 本文以《神州日报》社论发表，署名寒灰。

汝知之而不具言，是为挂漏；言之而不欲尽，是为嗫嚅。汝之风节亦已萎苶矣，谓汝希冀富贵不得而出于娼嫉欤？汝岂不闻段芝贵之致身通显也，实有其方。段以无赖小人，觊觎节钺者，盖赖北洋之力。由北洋之援引，而得有亲近载振之机会；由亲近载振，而得有觊觎节钺之机会。汝不能外连督抚，内结亲贵，而徒盻盻然疾视他人之飞扬腾达，妄思摇笔伸纸以阻抑之，汝之伎俩亦已末矣。汝曹在松筠庵集议者几何人？与议而敢于继进者几何人？汝曹如继进，则陈义当亦较高，毋舍其大而訾其细，毋欲言而有所不尽。汝如不能继进，继进而不能畅所欲言，则汝曹有何面目以出入于松筠庵？亦有何面目以见天下士？嗟！汝言官，勇于排斥外官改制，而怯于纠问政治行为之责任者，乃汝曹之习惯耶？锐于阻止司法独立，而钝于弹劾紊乱行政之罪戾者，乃汝曹之知识耶？嗟！汝言官，汝今不言，汝尚何言？

誉杨翠喜[1]（1907年5月24日）

咄！汝杨翠喜，以一女优而为酿成政界恐慌之一怪物耶？汝有何力，而能使彼轻薄无赖之候补道乍升乍沉耶？使彼招权纳贿之枢邸乍喜乍惊耶？使彼亲近芳泽之天潢贵胄乍陂乍平耶？使彼无数衔口结舌之言官乍蠢乍灵耶？汝一出而搬弄一黑龙江巡抚如转丸，陵轹一亲王如转丸，摇动一农商部尚书如转丸，驱逐一言官如转丸，驯致将来移易二三军机大臣如转丸。盖非赖汝具此魔力，则大小臣工皆斛有声而无生气焉。枢府诸人有胸而无心，惟汝与之以互相争夺之证明；台谏诸人有口而无说，惟汝与之以论

① 本文以《神州日报》社论发表，署名寒灰。

列是非之笔舌。恨汝命薄，不为褒姒，以灭彼庭燎之光；祝汝美好，早从鸱夷，以相彼吴宫之沼。汝于国民为晦气，而亦为明星；汝于政界为魔女，而亦为化人。咄！汝杨翠喜，汝之位置卑劣，名誉污秽。然而以汝之关系言之，则已居然一历史上之人物矣。噫！

论大臣责任之根本治疗[①]（1907年5月24日）

士大夫政治知识之高下，可以其思想言论之有无意识而决定之。其对于国家生存，有必达之期向，而非借一人一事少快人意者，谓之有意识；其对于国家生存，无必达之期向，而但借一人一事少快人意者，谓之无意识。以近日言官之所为，几有朝阳鸣凤之概，然而对于国家，则直谓之为无意识之活动，政治知识卑劣至此，大可哀也。

夫台谏诸人，所以疾视庆邸父子者，岂非以其浊乱朝政、贻误国事之故欤？虽然，欲革新朝政者，当从其根本而治疗之，不当从其枝叶而治疗之。夫快心于一人一事，与建立国民自由权利之保障者，孰为根本、孰为枝叶，不待识者而可知也。然而彼言官之所为者，卒不在此而在彼，何耶？

吾闻建立国民自由权利之保障者，必确立舆论政治之基础，非是则期向无由而达。故欲纠问大臣责任，必以舆论纠问之；欲谳决大臣罪戾，必以特别组织之司法裁判谳决之。夫如是，则为大臣者，其在政治上之责任，不可不以舆论之是非为黜陟；其在法律上之责任，不可不以舆论之弹劾为纠绳。其在法律上之责任，

---

① 本文以《神州日报》社论发表，署名寒灰。

而入于刑事者，不可不以舆论宣告有罪之判决为信谳。夫如是，则欲纠问大臣责任，必先确立弹劾大臣制度及最高法院裁判制度；欲确立弹劾大臣制度及最高法院裁判制度，不可不先立国会，而附与之以弹劾大臣（下院）及裁判大臣（上院）之权力。今以反对司法独立、反对整理行政制度之人，而纠问大臣责任，岂非所谓不揣其本而齐其末者耶？

夫赵侍御之弹劾枢邸也，乃对于大臣服从君主之责任而为弹劾，非对于大臣励相国民之责任而为弹劾也。彼枢邸者，其所负之责任，乃奴隶于一人者之责任，而非对于国民全体之责任。其弹劾之者，亦奴隶于一人者之抗直行为，而非代表舆论之政治行为，而其责任既因一人之喜怒而负荷之，则亦因一人之喜怒而解释之。其根本既已若是，则虽谤书盈箧，荣宠如故，适为理所应然，乌在其有毫发之效力者。且赵侍御果欲言天下事者，不可不考求大臣责任之为何事。夫大臣责任以英国为最严，英国大臣责任制度之发生也，盖历经血液污秽案之发见及皇位继承法之承认，而后始得成立。而其血液污秽案之发见及皇位继承法之承认也，则又以国会君主累数次之要约而后始得成立。此外蹈袭英制而成宪政者，皆必确立国会弹劾大臣、裁判大臣制度，而后大臣责任乃以确定。今不汲汲从事于此，而猥曰吾能摧折亲贵、惩艾贪浊，纵令衔命查办此案者能尽情推勘、纤悉陈奏，而在君主亦能尽法相绳，要于国家根本制度无毫发影响。又况袒庇宗亲、轻视国事成为积习也。所以其结果无一可言，徒以昭文士大夫政治知识之凡下，岂非所谓大愚不灵者耶？

夫吾固亦无暇厚责赵侍御，纵令赵侍御以吾说对付现在政府，其与现在政府对待国民之主义，固有绝对不能相容之处，无益于事，徒受辱焉。然与其以快心一人一事而取辱者，何如以建立国民自由权利之根本政策而取辱？然赵侍御之知识，固未足以及此，则今日士大夫以“程度不足”四字强派在国民身上者，毋乃厚颜实甚，是则淳于髡所为仰天大笑、冠缨索绝者也。

社会慈善事业与国家救恤行政之比较[①]

（1907年5月26日）

国家主义与世界主义，对于其领土区域、统治权范围以内之人民孰为亲切？社会慈善事业与国家救恤行政，对于其领土区域、统治权范围以内之人民孰为亲切？不待智者而可知也。

记者往观万国赛珍会，而于心有戚戚焉。夫救荒一事，在吾国今日诚为一大问题。地方官吏以此为大忧，绅商士庶以此为大忧，降自倡［娼］楼剧馆，亦以此为大忧，忧之不已而卒无以解其厄。于是重之以外人之救恤，欧美各国教会之所捐助，日本人士之所捐助，锱铢积累，相厚无已，而卒无以解其厄。于是重之以乐善好施之伊德夫人发起所谓赛珍会者，而东西各国之慈善家更欣然起而和之。记者于此不得不为转徙沟壑之同胞额手称谢。然记者因此则有一种极奇异极痛楚之感触发生于脑蒂中，令人凄恻悲怀，不能以已也。

记者窃以社会慈善事业与国家救恤行政对勘而观之，不得不疑吾政府之用心。夫江皖之灾民，其应恻念，孰有如吾政府者。然而为灾黎请截留漕米，则迟迟然如有所靳，岂以江皖灾民之待哺，缓于京仓累积红腐之递换耶？为灾黎请磅余，迟迟然尤有所靳，岂以江皖灾民之性命，轻于度支部坐耗仓粟之□员耶？移民

① 本文以《神州日报》社论发表，署名寒灰。

则以部议而废，远犹导淮，则有议论而无事实。治标之法，既已如彼；治本之法，又已如此。然则恝视吾同胞之罪过，讵不有较然不可掩者。即以赛珍会一事言之，各国领事夫人不惮亲举玉趾，以役身于烦辱之事。试问京师王公亲贵肯降身为此者几何人？非独不肯降身而为之也，其肯垂念肉臭朱门、途遗冻骨之悲痛者几何人？取国家救恤行政与社会慈善事业比，观其轻重缓急悬殊之状，而深察其端倪，实有使社会慈善事业单独流行之状态。然则以社会待我同胞之厚薄，测政府待我同胞之厚薄，其将何所托命耶？其将何所托命耶?!

悲夫，悲夫！吾对于世界各慈善家，吾言之而忸怩；吾对于待命政府之同胞，吾不知涕之所从出也。

书赛珍会之所见[①]（1907年5月27日）

赛珍会开会以来，为本埠绅商士女善机之所煽扬，亦为本埠绅商士女视线之所注集。凡出入于会场者，皆必有所见以去。去而必有所言以与国民相感发。记者于此亦欲妄有所陈说，以箴吾国人之短，而策其进步焉。

第一事，见吾国人缺乏独立自营之思想。

赛珍会之发起也，由于伊德夫人，而本国官绅如两江总督、上海道盛宫保、沈观察诸公，皆在赞成之列。其执行开会式，乃由英国高等审判官主之，记者昨已言其失地主之谊矣。夫赛珍会之性质，在西人为贵妇人之慈善事业。在日本举行此等事情，亦质言之曰妇人某某事件救济会。本埠绅商诸公，果欲举行此事者，

① 本文以《神州日报》社论发表，署名寒灰。

宜由本埠巨绅、诸贵妇人自为其发起人，由本国官场诸贵妇人为其赞成人，不应反主以为客，追逐外国诸慈善士女之下风，而忘救恤同胞，应由本国人主持经理之天职。此间风气早开，习于西人礼俗者，亦能诩诩然。以男女同宴乐，为程度较高之证据，何为于此等事情，喜居人后而不喜居人前，毋亦程度虽高而根底则薄耶？是为吾国人弱点之一。

第二事，见吾国人缺乏随宜应付之知识。

赛珍会既为一种游戏文章之慈善事业，则与所谓博览会者，性质大殊。其发起既由慈善妇女，则其所售卖之物品，亦与骨［古］董商卖大殊。观吾国出品陈列所所炫鬻者，多系笨重昂贵之大件，其销路甚迟滞，不及外国诸货物销售之迅速。盖一为美术未及完全进步，彩色暗淡不足以刺激观者之眼帘；一为品巨价昂，不适于慈善妇女游戏文章之性质。即此一端，既于事情上不无窒碍矣。而其经理会场最失体面者，则为以下等幻戏插入文明社会之间，裸体敝衣、村容俗状，不知何所取义，而必翘此野蛮习俗以与彼族相形而自呈其顽劣。苟非常识缺乏之故，亦何至此耶？是为吾国人缺点之二。

第三事，见吾国人缺乏解决政治问题之思虑。

江皖水灾情形大致相同，而任事者似不无显分区划之情状，已难索解矣。而其最可忧者，则灾区既广，麦收无望，筹捐助赈，势必有所大穷。吾国人对于此事，终不可不求根本之解决。移民、导淮二议，倡之者有日，而和之者无几人，驱举国官绅士庶之心思材力，专注集于助赈之一途，而此外若无余事者然。此岂可以言远虑者？如国人对于同胞而果有热心者，则当挟全力要求政府解决移民、导淮二议。如其不然，乃奔走于乐善好施之个人名誉者之所为，其于同胞之困苦若何，乃能为最终之解决，固全然无所动于其心也。是为吾国人弱点之三。

以上所云，或者出于记者之偏心，而未必悉中吾国人之缺陷亦未可知。然使有万一近似于是者，则吾国人之程度大为可悲，而将来之希望，亦殊有不忍言者矣。吾国慈善士女，果取鄙言而一思之，或亦有可以自奋者耶！

论秘密外债[①] （1907年6月7日）

饮鸩酒以止渴，咽漏脯以救饥，虽至穷蹙者，犹且不为，以其舍生而即死也。今之秘密外债，何以异是？

自导淮公司昌［倡］议招集外债，颇闻此外何种秘密外债乃有相因而至之势。前日之秘密外债也，在政府；今日之秘密外债也，盖有不必在政府者焉。东清铁路之所以失于俄，京汉之所以失于比，沪宁、九广之所以失于英，滇越之所以失于法，实皆有秘密外债以饵之。以前日秘密外债，生种种失败，而必重之以最新之秘密外债，明知其为近死之途而乐就之，岂非所谓迷谬者耶？

夫今日之主张外债者，非必其无所恃也。盖将曰恃吾所以拒绝抵押之条项以为之盾而已，恃吾所以扩张事业之用途以为之偿而已。夫扩张事业之用途，既非债权者之所能左右，则拒绝抵押之术，宜若有效者然，又何用其畏首畏尾者为？

顾吾窃有询于彼者，借债之术恃手腕乎？恃信用乎？必曰恃信用。夫以吾国今日而言信用，非徒在个人有所缺，即在一私法人亦有所缺。然而债权者，遽以资本为之尝试，则其所视为信用者，将不在个人与法人，而在个人与法人所经营之事业。彼既视

① 本文以《神州日报》社论发表，署名寒灰。

该事业为信用，虽不明指为抵当物，固已实有一抵当物之性质。所恃者，以经营事业之手腕为之解脱而已，如曰不能解脱，则必完全成一抵当物。

解脱之道无他，在于偿还。偿还之源安在？在于赢利。赢利之途安出？在于营业之得宜。是故借入额数、借入方法、使用方法、偿还期限、偿还方法，皆与解脱此负担大有关系。而以私法人受此负担，则凡构成一私法人之分子，皆与此事大有关系。

夫秘密外债与非秘密外债之别安在耶？在政府，视有国会之承诺、监督与否，即此外公私法人恃有构成法人诸分子之承诺、监督与否。今彼之主张外债者，果有诸分子之承诺耶？有诸分子之监督耶？如其无之，则于借入额数、借入方法、使用方法、偿还期限、偿还方法，一切皆出于当事者之任意，而贻害乃在诸分子之全体，驯且贻害一地方，驯且贻害一国家。其为危险，不可思议，不可思议！

彼庸俗人之所持论，辄曰以政府借外债，故害国家；以私法人或个人，则于国家无毫发损夫［失］，岂其然？私法人借外债，必取偿于其事业，其事业关系国家大局者，即其利害关系国家大局。夺拉果主义，即今尚为国际法上未定之问题，其不演平时封锁之恶剧者，盖无望也。敬告国人，与其秘密，毋宁公其事而研究之。

论报律[①]（1907年6月11日）

欲观社会之程度，观其欢迎报纸之感情；欲观国家之程度，

① 本文以《神州日报》社论发表，署名寒灰。

观其约束报纸之律令。

报纸之为重于社会也，非报纸之为重也。以其为国民自由幸福之邮，而托于自由幸福以为重。社会之嗜自由幸福，有甚于饥渴，则其嗜报纸亦有甚于饥渴，嗜之则诚珍护之矣。珍护之，则诚存立之矣。报纸之为重于国家也，又非仅国民自由幸福之为重也，乃时时为国家三要素之梄，而托于土地、人民、主权以为重。国家以三要素为生命，则亦以报纸为生命之饮食物，欲翕受之以为生活者，非独不可以拒绝之，乃亦不可以窄［榨］迫之。夫如是，故社会之以挫辱新闻事业为能事者，其自由幸福之多少可知；国家之以窄［榨］迫新闻事业为政策者，其土地、人民、主权之位置可知。

吾国之有报律也，其萌芽盖已久矣。一见于民政部乙巳之拟议报律而未颁行，再见于内外城警厅丙午之揭示报律而未实践。其间则又参之以楚督、粤督约束新闻事业之种种条款。迄今民政部又以议订报律见告，一若新政中重要事件，除振兴警务以外，无如约束报纸者然。然欲用此以为新闻事业之障碍，则吾未见其术之果售也。

今世新闻家，为特别一阶级者，为文明各国所承认，其所以承认之者，非新闻纸所自有之势力也，乃社会心理所构造之势力，亦国家生活关系所养成之势力。今人欲破坏心理之公共建筑物者，非愚则狂；欲断绝生活关系之上等滋养物者，非死则病。狂与病不可以久也，然则报律之效力，其与堕韬解帙之机会，固时时相遇于咫尺之间而不可以终窒也。

论国民负担力之前途[①]

（1907年6月12日）

外债不足以亡国，输入新外债而不问国民负担力之能否，则足以亡国。

今之输入新外债者，其途甚多：一为由政府输入，如邮传部议借外债赎京汉铁路是也；一为由疆臣输入，如两江总督之借外债以赈灾黎，直隶总督、东三省总督、两广总督之借外债以办新政是也；一为别由一公、私法人输入，如导淮公司之议借外债，及各种营利私法人之借外债是也。由是以谈，则今日自上下［而］下无一不与外债为缘者。夫借债必计及偿还，其负担偿还义务情状奚若？则当以外债之性质定之。

详察吾国输入新外债之性质，大要不外国家债务、地方债务二种。政府借入者，为国家债务，其负担遍及国民全体，必视国民全体之能力。疆臣借入者，以其为地方行政经费言之，则应具有国家债务之性质；以其就本省筹还言之，则应有地方债务之性质。其由私法人输入者，乃别一事，不在本题范围之内。其别由公法人输入者，大要为地方债，如导淮公司其性质如日本之有水利组合是也。凡有地方债务之性质者，其负担当视一地方民力。

由是言之，则国民今日除旧外债归全体负担外，至少更将负一重新外债（新国家外债），或且负二重新外债（谓新国家外债及地方外债）。而欲论国民负担力者，当通观全体之负担力，又当析观一地方之负担力。

---

① 本文以《神州日报》社论发表，署名寒灰。

夫论国民负担力者，所恃莫如统计。今政府无统计，地方亦无统计，欲捕捉此种问题，固已全无墙壁可扪。今试以模略之辞言之，一为国民生产力之渐就减缩。一国生产力之表见者，不外农、工、商、矿、林、牧、渔业数者，百废不举，内力蹙缩而外竞益滋。现在农、林二者受外力逼迫尚少，而其他则受外力逼迫甚巨，攻取相乘，范围日益减削，势且大绌。一为国民竞争力之无从伸发。欲伸张民力者，必以国际贸易制胜。欲以国际贸易制胜，必设立种种机关。今欲整理国内事业，而各种机关尚难成立，何论对外？前日物力充足之时，则可立机关而不为；今日物力凋敝之时，则欲立机关而不得。观各省筹款筑路之现象，可以知之。有是二者，遂生二种现象：一为购物力减少，一为营业力销乏。夫国民负担力者，非恃有天然之富力也，而恃有人为之利益；亦非恃有固定资本之储存也，而恃有流通资本之营运。今现象如此，则以之偿还旧外债而尚有所不胜者，更欲以之偿还新外债，其谁信之？夫不问偿还与否，而遽言输入外债，是不啻割肉自啖，虽得一饱，亦且自杀，贻害方来不知所届将在此矣。

今世谈政治事情者，哓哓然欲监督政府已有日矣。乌有外债问题，而不亟起以为监督者耶？国民，国民，盍亟猛省！

禁烟善后[①]（1907年6月18日）

本埠筹防禁烟暴动之策，若劝谕习艺，若资遣回籍，若收买烟具，若联合营弁、巡警设防。地方大吏于此，盖亦所谓尽心焉者。然颇闻此曹窃窃私议，遣人附商轮上下，欲于沿江、沿海各

① 本文在《神州日报》论说栏发表，署名寒灰。

商埠中，一试其技。以为妨碍租界治安，牵引外人，生出交涉问题，可以掣动官吏。强迫禁制之时，其能集合与否，虽未可必，然设以穷而无赖之余，悍然而出于此，必将更于他埠搬演前岁公堂罢市之恶剧，以扰大计，则此事亦有足注意者。

夫本埠城厢内外，联合营弁、巡警设防云者，固将不能持械以入租界。租界之治安，既非本国营弁、巡警所能捍卫，则此曹固当伺隙以求一当，是非独本埠然也。沿江、沿海各租界中，或亦有甚相同者焉。夫以此曹疲窳羸劣，近死不阳，虽复暴动亦何足虑。果能尽仿本埠，实行弹压遣散，固当贴耳而伏。然以近日民生不易、失业者众，奔走衣食者，率以各部为尾闾。前岁租界罢市之野蛮举动，率皆由失业之民有以构成之。今之所为弹压解散者，不过少数之烟佣，而与此少数人相牵相引之无赖汉，其数实不可以胜计。彼其以烟佣失业为媒，而求逞于租界者，犹其夙昔御人于道之心也。其祸虽不必发于本埠，安知不发于他埠？虽不发于今日，安知其不发于他时？然则欲求善后之方，不可不注意租界治安问题；而注意租界治安问题，不可不预为之防。

预为之防如何？各租界中有与上海事情相同者，亟宜责成该埠中各商会自筹解散、收恤之法，责成租界外各营警力任防堵缉捕之劳。有以禁烟失业为口实而倡言聚众者，则资一业以收之，不率则严峻罚以随之，由南洋急电政府，通饬沿江、沿海各商埠，示人以不可犯，固将可以弭一时之患。夫租界居民之失业与否，为各商会之所能查察；其失业而敢于暴动与否，亦为各商〈会〉之所能查察。由租界居民自行编立保伍法，固非外人之所能干预也。由是则解散、收恤可以实施，而租界与租界外出入之通路，大要不过数处，指定处所设立防汛，所需人数当亦无几。稽禁既严，则暴动者自有所戢，固非有高远难行之说也。若夫本国营兵、巡警势力之所能及者，则更无持械设防之困难，又非本论之所必具矣。

论国民联合运动之不活泼[1]

（1907年7月2日）

察今世文明各国之所以优胜，与吾国之所以劣败者，必以国民之能群与不能群为断。质言之，即以能执行联合运动与不能执行联合运动为断。

夫文明国民之所谓联合运动者，其术亦多矣。而其事大要不外乎三级。

甲为国内之联合运动，其事发见于二方面：一为政治事情之联合运动，一为社会事情之联合运动。举其最近而易见者言之，如各国国民之议员选举运动，是属于政治事情者也；各国国民之劳动党联合运动、实业联合运动，是属于社会事情者也。

乙为国际之联合运动，其政治事情与社会事情应属于何一方面，颇不分明。然大抵以社会事情而获取政治事情之利益。举其最近而易见者言之，如日本在英、美、法、比设立两国人士联合协会是也。

丙为世界之联合运动，其发起也，有以政治事情为目的者，有以社会事情为目的者，而现在已经成立者，当以社会事情一方面为最著明，如万国棉花协会、万国医术协会等事是也。其属于政治事情者，则其成立愈迟滞，如万国平和会是也。从以上各事求之，约略可得六公例：

---

① 本文分别于《神州日报》1907年7月2日、6日、15日连载，署名寒灰。其中6日题为《再论国民联合运动之不活泼》，15日题为《三论国民联合运动之不活泼》。

（甲）凡群体之运动，其属于政治事情者，其进步较迟；而属于社会事情者，其进步较速。

（乙）社会事情一方面之进步，可以为政治事情一方面之前茅。

（丙）政治事情一方面之进步，必与社会事情一方面相提挈而不可以孤立。

（丁）社会事情一方面之进步，不必全然依赖政治事情而可以成立。

（戊）政治事情一方面不进步，不可以为联合运动最高尚之事业。

（己）非经甲级国内联合运动完全发达之后，不能躐入乙级、丙级。

记者于此，对于国民，窃有所怆念而不能已于言。夫乙级、丙级之联合运动，吾国民固不暇一心并力以趋之也。然则亟宜一心并力以趋之者，莫如国内矣。以国内言之，其属于政治事情者，宜为吾人最重大之责任。然或者曰尚有种种阻力为之窒碍，而不可以直达者也。然则亟宜一心并力而趋之者，盖莫如社会事情矣。乃一起而视其所谓社会事情之联合运动者，或者不免出于暂时之兴会，而不必出于持久之恒心；万一有悬一最后之目的以赴之者，则必出于一二憔悴堙郁不得志者之所为。而其人固非社会之所崇尚而扶掖之者也。否则浮慕乎改良进步之美名，姑与既其文而不必既其实者也。自抵制美货以至今日，禁烟问题宜最为吾人当务之急，而其成绩又当最确实而可恃者矣。然此事之成立，发之自上，在社会已失去其原动力之资格。且近事之能持久与否，在吾尚有所不敢知，即国人盖亦有所不敢知。自其一部分言之，或亦有其可恃之征兆；而自国民全体言之，则几几无人能起而任此大业者。夫以上海一隅，绾毂天下，苟有人焉，能发起一全国戒烟实施协会，其又孰不从而响应者，奈何如是其寂寂耶？然则过此以往，其又何说，其又何说！

吾国今日社会事情之有需于联合运动也，岂独一烟禁〈而〉已哉？以实业言之，则如全国商业协会、全国农业协会、全国林业协会、全国航运协会、全国铁路协会、全国矿务协会，尚无有也，其他种种事业，又不待言。以学术言之，如全国教育协会、全国体育协会，尚无有也，其他种种专门科学，又不待言。以习俗风教言之，如全国卫生协会、全国宗教协会，尚无有也，其他种种调查研究、革新进步，又不待言。夫社会事情与政治事情其相依为生活也，如脉管之与神经。社会事情吐纳万汇为补益政治之荣［营］养物，政治事情则吸取荣［营］养物之菁华，而以有目的、有统系之作用表而出之。是故国民者，由政治事情以制造社会事情之历史，亦由社会事情以制造政治事情之历史。有英吉利之社会，乃有英吉利之政治；有美利坚之社会，乃有美利坚之政治；有法兰西、德意志之社会，乃有法兰西、德意志之政治。未有政治槁落而社会得以单独而昌荣者也，则亦未有社会槁落而政治得以单独而昌荣者也。夫政治事情之进步，既常追逐社会之后尘，则其事不得不先责之社会。

今夫自然界之生物以微小分子相集合，而生民之以微小分子（即个人）集合为社会者，其微小分子本身之特质，大要必附加以四种性质之调融和合而后成一独立体：一为个人历史上之遗传性；二为个人周围事情之习惯性；三为该集合体历史上之遗传性；四为该集合体周围事情之习惯性，合是四者与其特质乃在一社会上占一分子之位置。今是个人者，欲图社会之活泼，而此四种性质者，常挟沉滞不动之潜势力以阻遏之，则虽日日以运动活泼相期望，而卒不得不归于沉滞。然则我国人之不能大施联合运动也，由于个人特质上所受之病痛者，盖居其十分之三四。由于附加性质上所受之病痛者，盖居其十分之五六。虽有贤者能濯磨其特质以自矫厉，而亦未必能自胜其附加性质之沉滞。然则社会事情固必无由骤进其联合运动敏捷之程度耶！

今夫鞭策社会者，非社会之能自为鞭策也，在为社会分子者之各自鞭策。凡欲为社会开辟一新生命以食其利者，必自进以当社会之冲。其始事也，必先养成指导社会之知识，凝固倡率社会之勇气，刮磨容保社会之品性；其继事也，则取社会之堙郁而疏达之，取社会之颓弛而振作之。始之则必期成立一有主义之小小根据，继之则必期成立一有秩序之小小聚落，继之则必期成立一有统系之大团体。其为术也，在发起时必设确定之期限以为预备；在进行时必依确定之步武以为趋赴。夫如是则联合运动敏捷之程度，由一人与其集合体互相策励而可以大进。

今日士大夫之热心社会者，固亦有见于联合运动者矣，有见于联合运动之需夫主义、秩序、统系者矣，然大都恍惚见之云尔。当其始事，则无吾所谓知识、勇气、品性者以植其基；当其继事，则无吾所谓期限、步武者以持其久。由此术也，宜乎其事可举可败，而不能不为附加性质之所牵掣。久而久之，无一人敢当社会之冲，而社会乃益槁落而不能自振，又奚待涉及政治问题，而始知前途之大可恸耶！

记者论国民联合运动，而詹詹焉以社会事情为急，以为社会事情进步必在政治事情之前，既如前日所陈矣。虽然，此亦不过就一方面言之耳。夫国民之所以为国民者，以其能以政治事情为目的物也。若非以政治事情为目的物，而专以社会事情为目的物者，是乃世界主义之作用，而非国家主义之作用。夫有甲因，必生甲因所生之果，以世界主义为因，必不能得国家主义所生之果，犹之以国家主义为因，不能得世界主义所生之果。是故欲得国家主义所生之果，必以国家主义为因，而以构成国家之政法事情为缘。故今日欲言国民联合运动者，虽在社会事情一方面，亦不可不含孕以政治事情为目的物之性质。

由是而言之，则吾所谓社会事情之联合运动者，但足以唤起政治事情联合运动之思想而已，但足以缓和政治事情联合运动与现在官僚政治之冲突而已。非能举现在官僚政治而大变革之也，亦非能举政治联合运动与现在官僚政治相冲突之症结而摧陷廓清之也。若然，则国民之天职宜其有所未尽，而国民前途之希望，亦宜其有所不得达矣。

今如欲举现在官僚政治而大变革之，欲举官僚政治与国民相冲突之症结而大扩［廓］清之，不可不以国民联合运动之全力趋赴政治事情。现在吾国民之对于政治事情其为联合运动者几何？其以政治事情联合运动为标帜而能实地从事者几何？吾人大略可以屈指而得之。以海外言之，当以革命、保皇为二大党派；以海内言之，除固有之秘密社会与海外革命党相勾结，其支派不可究诘外，其以立宪为标帜者，在上海有所谓宪政研究会，有所谓预备立宪公会；在京师有所谓宪政期成会，而此外盖阒焉无所闻。求其所以槁落至是者，其原因盖亦复杂矣。而穷极幽隐，则有一至大之关键堵塞于其间，则曰种族问题是。

种族问题之影响于国民政治联合运动也，以其在上者言之，则传嬗一凭借政柄，跆籍民权之密谛；以其在下者言之，则酝酿一窥伺时变，洗濯仇耻之感情。故从其在上者，则不利有普通明白之国民联合运动；从其在下者，则又不愿有普通明白之联合运动而不惜腐心碎首于秘密联合运动以相倡率。于是国民为其阴惨而不能为其阳舒，而政府则亦但求其不为阳舒，而不悟其驱国民以入于阴惨也。夫所贵于国民联合运动者，为其为政府之鞭策者也，为其为政府之赞助者也。其出于阴惨手段者，则非出于鞭策而出于蹂躏，非出于赞助而出于破坏矣。顾破坏与保全同时异进者也，苟欲以保全为心者，固将以其普通明白之联合运动易之。是故宪政研究会、预备立宪公会、宪政期成会者，其发生于今日，固亦国民秘密运动与政府种族思想相逼迫之生产物也。夫既已有此生产物矣，则宜其特具有此生产物之特质。何则？彼既已逼迫于政府种族思想与国民秘密运动之中间，而构成一团体形式，则彼宜一以解决种族问题之先锋自任。夫政府所据者，为种族偏益之不平等政治；国民所心恶者，亦为种族偏益之不平等政治，是其针锋相对，非专制与立宪之区别，而为种族平等与不平等之区别。今漫然欲以调人自任而不能于此事明白对政府提出何等条件，则上之不足以激刺政府因循之常态；下之不足以溶解党人怀愤之决心。是则对于二者，皆为两俱不成。夫彼所应有之特质不存，所以自成壁垒之精神不具，则其有与无，殆未必遽有关于安危轻重之数也。

要而言之，国民之所以能为国民者，以其有政治事情目的物之存在与否也。苟其不必存在，或浮游依附而不必有其特质，则亦与存在者等。虽欲以普通明白之联合运动号召天下，其遽足以任非常之建设耶?!

录某君所著恩中丞事略[①] (1907 年 7 月 10 日)

安徽巡抚恩中丞铭，在疆臣中碌碌无足比数，而竟以枪死，

① 本文于《神州日报》1907 年 7 月 10 日至 11 日连载，署名寒灰。

竟以革命党之枪死，竟以革命党而候选道而巡警局会办之枪死，且同时有营兵哗变、据军械所一事，而中丞遂得以身殉官守有闻于世。今世疆臣之名望、权力、地位高出于中丞者多矣，而与革命党俱靡独让中丞实膺首选。中丞之不幸耶？革命党之不幸耶？抑吾观某君所述中丞事略，则中丞生平致身通显，固实以侥幸为常者。然则又且以革命党之不幸为中丞最后之大幸也。

某君所述曰：

皖抚恩新甫中丞中弹殒命，此事之关系，乃纯然一满汉问题，当俟政客详悉研究。仆今不敢赞一词，惟仆与中丞曾有一日之雅，今愿以盖棺定论，就所知者言之。

恩中丞之为人，无真识，无定力，实一随声附和之人也。始以阿附荣禄、刚毅得放山西道缺。庚子匪乱，毓贤巡抚山西，大戮教士、教民，倚中丞如左右手。仆与中丞相识，亦在斯时，曾见其三日之间而杀教士、教民七人。毓贤盛称其功，中丞亦引以自喜，谓朝廷必大用我（此语亲闻于中丞者）。会联军入京，毓贤伏法。毓贤为人虽顽悍万状，然尚不失为□士，尽引一切杀戮教士、教民之举，以一身蔽之，毫不波及中丞。故中丞仅列名于二等罪魁中。此时山西外国教士十死其九，逃出者无几，不能知中丞为毓贤死党。故中丞因得以不与毓贤同死，此为中丞平生第一幸事。

及时过境迁，中外人士几不复忆及庚子罪魁中有恩铭其人者，中丞乃大施运动，得调两淮运使。中丞之到两淮也，挟西帮票号中人俱至，利尽秋毫，为历任所不及。又适其时，仪栈缉私甚严，官引畅行，故中丞所得尤巨。未几擢江苏臬司，中丞依恋膏腴，徘徊不赴任，幸得至二年之久。

铁尚书之南下也，中丞与连姻。不久擢江宁布政使，中丞自命有疆圻之望，乃即赴任，未及数月即简皖抚。中丞欲迎合铁尚书，未赴任时，即主张办新兵，遂由皖省学会保举陆军学生五人随中丞到皖，计中丞自去岁正月到皖，以至其死，他事无可言，仅仅有练兵一事，坐耗皖省金钱百万，幸得以将成未成之一混成协，强挂军籍。

其稍为皖省致力者，则有欲向英人争回铜官山矿产一事。幸皖绅始终坚持，中丞遂得以强硬自达。此外，则筹十万金开办农业，以所任非人，消耗与陆军等。

其大得罪于皖人者，则在纵兵虐杀霍山良民。当张正金案初起时，信任无赖武员李振标，任其残杀劫掠，赤地百里。事后，厚赏武员而参劾酿祸之地方官以谢皖人。幸霍山民气消阻，皖绅亦无起而议其后者，故虽淫威以逞而尚安于其位。

更有甚者，则以去岁皖北饥馑之亟，始则漠视，继则仅仅筹款十余万，稍事敷衍，以致饿死者不计其数。且皖固无款，独于华洋义赈，始终却拒，论者谓其排外之心犹未死焉。又中丞平生最恶张绅权，故于地方自治反对甚力。于各地学校亦不乐提倡，其振［赈］灾亦任官而不任绅，故皖赈之不实不尽，尤甚于江苏。而饥民之饿死者，视江苏殆相倍蓰，幸饥民为积威所劫，得以无事。

中丞与冯藩司如冰炭之不相得，嫌怨甚深，而与他人接晤亦多疑惧，盖尚有自疚之天良者焉。此次之死，事起仓猝，以惨毒终，抑亦诚不自意者。

某君所述如是。

记者曰：满员中以拳匪余孽结纳奥援获通显者，岂独一恩中丞？以中丞之贪墨与其顽谬言之，庸尚不如他疆吏之甚。且革命何事以中丞人物首末如此较量轻重，宜若不足以当革命党之一击者，然而遭会凶残不尽其命则以满人而皖抚故。

夫中国种族亦复杂矣，无恶于蒙，无恶于回，无恶于藏番，何独恶于满人？则以革命故。革命者，政治问题与种族问题不相待，何为以满人独承其敝？则以从来因缘种族思想低昂政治权力故。由种族思想而酿成政治上之不平等，由政治上之不平等而酿成政府与民间种种之接构。政府既显示国民以其畛域，又欲使国民不得复倡言其畛域之存在，又欲使国民不得不承认其畛域之存在，又欲使国民既承认之，复淡忘之；既淡忘之，复承认之。政府以万能播殖荆棘，以万能灌溉荆棘，乃幡然数责天下曰：汝曹何不铲除荆棘，将以种族思想与天下为儿戏耶？抑必柴立中央，而与其狭隘酷烈之思想以俱烬耶？盖不可得而知。

若然者，政府所得之利益如何，可视诸疆臣；疆臣所得之利益如何，可视诸皖抚。政府如决心以芟夷革命党为事，则必日日以其身家性命易革命党之手枪炸药；疆吏如决心以缉获革命党为事，则亦必以其身家性命易革命党之手枪炸药。夫政府、疆吏而果为此，是则天下之至危者也。然而苟欲口言立宪，心乐专制；口言调和满汉，心乐拥护强权；口言上下一心，君民同体，心乐摧抑民权，铲除士气。则非始终趋出此至危极险之途，不能贯彻其目的。然则若皖抚、若徐锡麟者，特其发轫，政府与疆吏与革命党，固将各得其所，欲前仆后继，蕃然以相殉而无所于悔也。若然，则吾侪又奚用其喋喋者为？

危言胜录[①]（1907年8月21日）

自日法、日俄协约相逼而来，高丽、越南覆辙相寻而见。吾国命运，已如拍浮漏舟于惊涛骇浪之中，稍淹晷刻，终就覆溺。

① 本文于《神州日报》1907年8月21日至22日连载，署名寒灰。

然而观吾国民所以应付之者，则依然迟回前却，无所变易。虽以日本林董子爵非常可怪之辞传播朝野，而亦未闻有披发撄冠以为之呼救者。意者吾国民于国家事势之流极，尚有所不能预决者耶？庄生有言，父誉其子，不如邻人誉之之见谓诚也。然则吾人之所谓危者，抑亦不如外人所谓危之见谓真确也。东报论吾国前途者多矣。择译一二于下，庶以见事机之急切，而悚惕我国民。

大阪《朝日新闻》论支那民族独立云：

> 此次韩国事件，足使清国有识者，自悟缺乏独立根性之可危。彼新闻之警告，大官之上奏，殆即韩国事件之副生产物耶？
>
> 夫人类之目的在增进其幸福。凡以一民族建国于地球上者，莫不皆然。处今日文明世界，执干戈，即戎事，以求增进幸福。为自卫计，于势固有不得不然者。
>
> 故为一民族者，不可不倾全力以谋本国之发达。若不幸他民族者以地势上及生计上与我有密切之关系，而无独立自营之能力，则当干涉而诱导之。我国对韩政策即由是而成立。韩国无政治能力，阻害文明之发达，剥夺人民之幸福，累及我国。百方扶植，不见成功，故不得已，而收取其政治上之独立权，以代为之谋。盖对于了无独立能力之国家，不可不出此手段也。
>
> 凡人类者，以自立不累及他人为义务，于个人有然，于国家有然，于民族有然。支那民族，苟不幸不能自治，致累及外国，则欧洲诸国与我国不得不起而干涉之。是虽有东亚骚动之虞、全世界混乱之祸，颇足为我日本民族之忧患。然以增进幸福为国是者，固不得不出于此。

呜呼！此论所言，即推演林董中国不自立、目前即为高丽之说耳。前数年，中国问题待决于铁血，然尚以连鸡俱栖之隔阂，而为祸尚缓。至于今日则欧亚外交皆以联合政策行其均衡主义，而其势益急。日法协约继日英攻守同盟而起，彼此共同尊重其势力范围，而首先划定南北瓜分之域（东报巴黎电，本约协定日本承允法国在南清各省之经略，法国亦尊敬日本在北清之展布）。嗣以英俄、法俄日即和亲，绝东问题方针已定，吾国命运固已悬于群雄樽俎之间，更何为高丽之足讳耶？以今日政府所为沉溺而不反，将见君主废立，大臣捕缚，楚囚对泣，一切由人，国民虽欲起而议其后，而事已无及。夫国家者，国民之大聚也；政府者，国民之公仆也。公仆之去取，当由国民自执其权衡。彼政府尊重民权与否、热心改革与否、损辱国权与否，国民当明目而视之，援鼓而攻之；否则我不自主，人将入而为之主。彼韩国之义民，

或且谥之为暴徒矣。呜呼！存亡之机，系于一发，日本人之所自言，吾国人或且恶其夸也，则请证之以俄人。

前月十五日，俄国《诺威乌列米亚日报》论中国当蹈高丽之覆辙云：“日俄战争以前，日本宣言所以与俄开战者，在巩固高丽之独立及自由。然及今日，则所谓巩固高丽独立自由云者，已抛弃之于太平洋大海水中，而将高丽收为日本之一县。

“中国，庞然大脔，难以独享。然日本并吞中国之准备，亦已切实进行。一千九百五年缔结《北京条约》时，约文明定外国人当在开埠地方居住，不得杂居内地，然日本则违约而强行之；约文明定鸭绿森林当由中日公司合办，然日本则宣言该公司当全依日本人之法律。此项事业，几若全在日本领土，而非在中国领土者。日本人对中国之态度，与对高丽之态度并无所异。

“日本对于欧洲各国缔结条约，无一非除去欧洲各国对华侵略行动之窒碍，而为中国土崩瓦解之准备者。极东形势今也益益纠纷错乱，将起意外之大事件”云云。

俄人此论，虽专对日本人言之，然欧洲各国与日本立约，其所为保全领土、尊重独立云者，固无一非日本对付高丽之故步也。

内地杂居，森林独有，凡日本人所施之于奉天者，固欧洲各国人所欲施之于江河两流域者也。如上海电车越界设轨事件，越界置巡警事件、越界收捐事件，如湖南英商要求城内杂居事件，如铜官山矿约，山西、河南福公司矿约事件。以视被［彼］森林条约，奉天开埠，孰为先后，又易明也。且日俄协约成立，更公然取保全领土、尊重独立之文字，循例而搬演之矣。呜呼！今日环吾国而处者，皆以高丽我中国之心，实施高丽我中国之事，搜俦索偶，互相奖劝。彼之遇我皆得以地势上、生计上关系密切一语施之，皆得以干涉诱导一种手段行之。是数国者固于我无所爱也。所不解者，我国民耳。我国民能知政府之罪恶，而不自知所以革除整顿之方；能知所以革除整顿之方，而不能一心并力以见之实事，岂其以屈伸俯仰坐受到割为吾人之天职者欤？抑尚有崛然急起直追之一日也？予企望之，予宁不悲！

《报馆暂行条例》之效力如何[①]

（1907年9月20日）

异哉！今日之所谓《报馆暂行条例》者，庶政公诸舆论之明谕，预备实行立宪之纶言。苟以欧美文明各国例之，应有何等生产物耶？必曰订立大宪章也，必曰召集人民会议也，必曰公许结集自由、言论自由也，必曰实行三权分立也。以日本劣等宪政言之，必曰设立元老院也，必曰开府县会议也，必曰克期召集国会也，必曰订定民刑法典也，必曰组织责任内阁也。今也不然，一切皆在所缓，而惟以发布《报馆暂行条例》为急务。政府对于舆

① 本文于《神州日报》1907年9月20日至21日连载，署名寒灰。

论之感情如是如是，果知有舆论之势力耶？抑果乐于承认舆论之势力耶？

今夫政府所恃以为口实者，岂不曰立宪诸国必设报律？固有欧美各国为之前耶？顾彼立宪国所谓律令者，与专制国之所谓律令者，异同奚若？立宪诸国之政策，即舆论活动之方向；立宪诸国之律令，即舆论结晶之产物。夫如是，故所谓外交，所谓内政，得以报律立［为］之限制；所谓国体，所谓风俗、治安者，得以报律为之保障，以示国民公益之不可侵犯，国家政策之不可宣泄也。今朝廷政策与舆论，无一事不相背而驰，而舆论与律令，又显然立于不相假借之地位。舆论所谓外交、内政之方向者，被政府诸公蹉跎复蹉跎，翻覆复翻覆，而有山穷水尽之势；舆论所谓国体、所谓风俗、所谓治安者，被政府诸公迷谬复迷谬，妨碍复妨碍，而有元黄惨黩之灾。所恃以稍稍宣泄群情、导扬士气、以餍饫国人之愁苦者，仅仅在此十数种有力之报纸。然则政府监督报纸，即所以宣示其与舆论挑战之行为；与舆论挑战，即所以实践其蹂躏国民权利之行为。然则在政府之抵拒舆论也，虽不过凭借一纸文法，以掣动其生长发达之机针。而国民之抵抗政府也，则必将以实力相从，以期于集事。政府愈骄，国民愈愤，则区区报馆条例之能推行与否，殆不足言。而推寻本始，即为政府存亡兴废之所由解决，具可知也。

政府亦闻俄罗斯之事乎？自前世纪以来，报律之严，无逾于俄罗斯；报纸之不发达，亦无如俄罗斯。然俄罗斯他种报纸不发达，而革命党报纸独发达，风行全国，至于数百万份，乃为文明各国所不及。俄民之贩卖革命党报纸也，常与手枪、炸弹联轡而入国门。其报律施行之所至，往往能诱导革命党报纸浸润之所不及，而为之开其先路论。其波荡弟［风］靡之速，俨然以政府报律为革命党报之前驱。又以革命党报为手枪、炸弹之前驱，于是乎俄皇与俄国官吏乃往往以报律自蔽。即今民政部之报馆条例，方始宣布，其能实行与否，殆不可知。然亦幸而未必实行，果其实行则不至直接为革命党报纸之前驱，间接为手枪、炸弹之前驱者，殆在不可知之数。然则政府欲自安耶？欲自蔽耶？抑于二者并无所择耶？固有令人大惑不解者。

虽然记者之为此言，在政府诸公或未必以是为忠告，而谬意以为妄人恫喝之词也。则请与诸公平心而论之。诸公所谓诽谤宫廷者，何所指而言之？诸公所谓军事、外交之秘密者，何所指而言之？诸公所谓国体、所谓风俗、所谓治安之妨害者，何所指而言之？皇室与政府不能划分，主权与个人不能划分，则全国之责任，皆宫廷之责任。法皇路易、英皇查理斯之所以负责任者如何？俄皇亚历山大之所以负责任者如何？凡历史上最悲最惨之活剧，皆此君主责任搬演而成。苟欲避危殆而就安乐，则必在分别宫廷、政府、国家之分际，而不在以“宫廷”二字，震悚一切。苟以“宫廷”二字震悚一切，则无前之大祸，方且有进于区区诽谤云尔者，仓猝之间，倏相奄及。如仅仅以一二事，为国民所指摘，犹其幸也。国际交涉事件，自海通数十年来，无一事不秘密，亦无一事不失败。诸公苟不能确定代议选举制度，取其必须经国民代表决定之部分而咨决之，而徒欲设报律以箝天下之口舌，同胞虽驽劣，岂能以眴眴禹甸，任诸公昕夕断送、无少顾惜者耶？诸公无故欲断送云南，无故欲断送广西，无故欲断送东三省。过此以往，将内地各省份皆可以诸公无意之中撇弃之。矿山、铁道、商工利益皆可以诸公无意之中遗却之。吾侪小人，幸得于报纸上发见一二萌芽，犹可补牢于万一，而忍缄默耶？国体、风俗、治安云者，苟非已经确定人民权利义务保障之后，则盗窃威福，妨害安全，实惟诸公实尸其咎。国民方当日日腐心切齿以数问诸公之责任，诸公乃以盗憎主人之手段，掩蔽国人视听，何耶？诸公之对于风俗也，舍捕雀、抽烟、宿娼、酗酒而外，曾不知有何种义务；诸公之对于国体也，舍忍受屈居三等之奇辱、骈肩高丽之宣言而外，曾不知有何愧耻；诸公之对于治安也，舍以国民为刍狗，视同胞如土芥，蹴踏凌践，无所顾惜而外，曾不知有何等责任！最近大同学校之狱不已，继之以同仁；同仁学校之狱不已，继之以韩半池、刘凤威。侦探遍于大陆，敲诈及于羸稚。国民方将凭借一二报纸，以与诸公研究治安二字之解释，诸公其果愿闻之耶？诸公而果准情度理以求之，当先自责以谢天下，岂其排斥正论，拒绝谠言，而可自托于消遏乱萌之大计者耶？且今日者，果以报律言之，则凡在道德上之问题，应由报馆同业自为防检，无待政府之代谋。凡在法律上之问题，应得国民代表共同采决，亦决非政府所能独断。乃既知报律之不能骤布，而遁其词曰《报馆暂行条例》，若谓此为临时处分者。然岂知非常命令、紧急命令，非所施于平时，而官司衙署文法之繁兴，非本于国民采决之法律，即亦无命令之价值。诸公乃欲以绝无价值之命令，羁绁神圣不侵之言论自由权耶？诸公试思英、法、俄诸国人民之所不能忍于其君主者何事？所不能忍于其官吏者何事？人情不甚相远，他国人民所不能忍者，亦必非吾国人民之所能忍，此易明也。

嘻！政府诸公以为《报馆暂行条例》而有效也，请勿复言宪政。政府诸公如欲言宪政也，请勿亟亟言报律，勿亟亟言《报馆暂行条例》。夫国会不成立，舆论不尊严，则政府所为威福玉食者，固已一切无法律命令之效力，而区区报馆，固当自有神圣不羁之言论自由权。诸公欲阻遏而破坏之，四万万同胞终当拥护而扶植之。然则诸公之为此僭越而已矣，特淫纵而已矣，犯天下之大不韪而已矣。及其终也，伤国民之感情而已矣，堕国家之威信而已矣。安危利灾湛溺不返，以自速其覆亡而已矣。苟以是而为《报馆暂行条例》之效力欤？以是而为报律之效力欤？则吾侪又乌从而知之？

论奉天发布巡警对待外人规则之损权辱国[1]（1907年9月25日）

自徐督帅到东以后，所有交涉事情，无一不丧失主权，损伤国益，为海内士民所诟病。日人知其易与也，志益亢气益骄。于是十间房一案，乃有结合团体干涉东省行政权之意。夫十间房事件，在日人言之，以为曲在奉天巡警。然在稍稍知东三省情事者，则可自种种方面，以证明日人之蛮横，而知奉天巡警非独无借端寻衅之意，且全然出于正当防卫，无毫发之可指摘。东督于此，苟其据理求伸，未必不可保存固有之警察权，而折强邻之骄恣也；计不出此，乃使警局发布一对待外国人规则，全然注重护持外人片面的权利，而不暇为国家警察权计，不暇为国民权利计，不暇为国家独立自主权计，不暇为国家领土权计，论其乖牾迷谬，乃大出情理之外。记者于此，有不能不一一揭出之，以冀挽回于万一者。

何言夫东督不暇为国家警察权计也？警察为国家行政权中之一事，运用国家行政权，当期至于完全圆满之域，则运用警察权，亦宜期至于完全圆满之域。夫警察之目的，在于保全社会之安宁秩序。凡在管辖权以内，其关系于安宁秩序之事，固无论其为本

---

① 本文于《神州日报》1907年9月25日至10月6日连载，署名寒灰。

国人、为外国人，当一以完全圆满之警察权施之。若是则决无可以为对待外国人设立特别警察规则之理。在当局者，岂不曰日本在奉天有领事裁判权，难以一例而施？然领事裁判权者，但为防护刑律别异之裁判而设，而决非为破坏内国外国待遇平等之警察规则而设。然则，领事裁判权决不足以妨碍吾国完全圆满之警察权。又岂不曰日领事、日军队在奉天有治外法权？然治外法权，但得施之日领事、日军队权力范围之内，而不得施之日领事、日军队权力范围之外。然则治外法权亦不足以妨碍吾国完全圆满之警察权。今特设对待外国人规则，是无故将外人领事裁判权、治外法权势力所不及伸张之区域，割让而与之。彼虽不直接干预我警察权，其实则与以警察权拱手而让之者无异，其不可者一也；设置巡警者，所以保全社会之安宁秩序，其人既为国家所任用，其权限既为国家所委任，则无论内国人、外国人决无可以对之而施以野蛮暴乱之行为者。何则？彼其为人，固代表警察权之活动者也。如以其人程度低下、不足以代表警察权之活动，则当委任人格较完全、程度较高尚者为之。若论其人格与其程度，既可委任之以警察权之活动矣，则决无可以缩小警察权之一部分，令忍受外人践踏凌虐之理。今以该规则观之，第三条外国即以暴行对巡警云云，第四条非有性命之虞时云云，则直认外国人有以暴行加于本国巡警之权利，直认本国巡警有忍受外国人暴行不得回手殴打、不得抵抗之义务。果其如是，是则使保全社会安宁秩序之人，日日立于外国人践踏凌虐之下。其为亵慢国家警察权，不已太甚乎？其不可者二也；警察之所以能保全社会安宁秩序者，非独以其调和劝阻而已，乃亦以其有强制力。今如第六条所谓不得竟行拘执、第十一条所谓任其自去，则警察权丝毫不得有强制力。其于保全安宁秩序，全然无何等价值之可言，其不可者三也。推寻所以有第二事、第三事者，皆缘于外人间接干预警政而起。此项规则虽名为普通对待外国人，实则专为屈意见好于日人。然则徐督帅乃以日人为东三省警察权之支配者耶？不然，则该警局非丧心病狂者，何为而出于是？

何言夫东督不暇为国民权利计也？国家之对于世界各国也，有完全享受平等待遇之权利，如国民之对于世界各国人民应有完全享受平等位置之权利。平等位置者，世界各国人民天赋权利之一事，即人人应对于他国人民之所要求所拥护者也。顾以人群心习之狭隘陋劣，往往有自尊其国而凌侮他国之第二天性，即有自尊本国人民而凌侮他国人民之第二天性。此于闭关谢客、夜郎自大之世，往往爱乐宝贵之，以为民族特性优胜之证据。吾国自咸同以前，犹未脱离此种心习。而现今世界各国所谓帝国主义、所谓铁血主义者，则又此种心习改良进化、发扬光大之一物。世界既非大同，则必不能脱离此种心习。然则国民对于世界各国，固尚有高自位置之理由，而决无可以过自贬损之理由矣。如以彼此平等要求言之，则亦各如其分际而止矣。

今世〈界〉各国政府对于国民与外国人民之分际，常以依法律条件，使本国人民于某某事情，独占优等位置为原则，而其他则以平等位置消息之，此理势之所应尔也。以警务言之，其对待本国人民与外国人民，应以平等位置为原则。然此事者，固不必以条件声明之，何者？警察为内政之一，但使不至故设薄待外人之差别，则其实际施行，固已含有平等对待外人之效力。至于薄待本国人而优待外国人，则为五洲各国国法所不容有，即为五洲各国巡警规则所不容有。乃以今奉天巡警对待外人规则观之，第一条所谓不得厉色叱骂，第二条所谓不得回手殴打，第三条所谓不准拔刀，第五条所谓不得竟行拘执，第十一条所谓索取名片任其自去，诸所云云，如以为巡警应守之通则，则当不论对待本国外国一律遵守，无庸特厚外人悬为厉禁；如以为非巡警应守之通则，而为对待外国人之特例，则试问对待外国人，不得厉色叱骂，不得回手殴打，不得拔刀，不得拘执，而对待本国人则固可以厉色叱骂，可以回手殴打，可以拔刀，可以拘执耶？对待外国体面人应索取名片，任其自去，对待本国体面人则不必索取名片，不得任其自去，而必加以何等之摧折耶？一比较间，相形见绌，有令人不可索解者。即其文义而推测之，直以本国人为有应受巡警叱骂、殴打、拔刀、拘执之义务，又以本国巡警为有应受外国人践踏凌虐之义务。本国人对于外国人之分际，乃居于第三重奴隶资格之地位，是而可忍，孰不可忍！东三省总督独非堂堂中国男子，而颠倒冠裳乖违如恶若是耶？彼巡警总局不过以为区区十一条之文字耳。然而破坏国法之常轨，堕落国民之品性，增长外人之骄慢，挑拨国民之恶感，其害乃至不可胜言！东督而可以认许之耶？

夫国法者，以保护本国人民为主义，常带有排斥国外强权之性质。以外国人民而居于本国辖境，纵令伸本国人民而抑外国人民，顺容人类心习以成法律，尚于国法本质无所违反；今乃蹂躏人类心习，又不惜违背人权公理，则其于国法常轨进退无所依据，不已傎耶？在当局者岂不曰此地方法律，非可以国法之常轨相绳者。然地方不能脱离国家之范围，则地方法律亦不应脱离国法之常轨明矣。国民品性之优劣，常视法律命令之影响以为进退。今既痛抑国民与外人相对之分际，又痛抑本国巡警与外人相待之分际，久而久之，因缘成习，则将胁肩俯首、奴颜婢膝，以伺外人之喜怒而忘其对于世界人民应有之资格，其为摇动国家根底，污辱民族历史者，消息甚微而成形甚巨。轩黄子孙、神明胄裔岂容有是耶？迩来外人对于吾国，媟嫚甚矣。人必自侮而后人侮之，国家官吏不以本国人民为土芥、以外国人民为帝天，彼亦奚敢为是？今不思所以挫折之者，而又助之虐耶？且既以立法不当而摧折人权、增长外侮若是，则国民之悍者，必且以巡警之贱而卑视之，继则反以巡警之傲而抵抗之，相率与巡警为难，则奉天警政，益不可治，又其必然之势也。出令一不当，则其见于施行者，无一而可，虽欲以是苟徇外人鹊巢鸠占之意气，以偷安旦夕，抑亦胡可得也？

何言乎东督之不暇为国家独立自主权计也？国家所以存立，在其独立自主权之完全无缺。国家独立自主权者，不受外来何种高权之干涉，亦不许外来何种权力之侵入，其作用乃得完全。如东督之所为，国民权利既已侵损，国家警察权既已间接被人干涉。彼二事者，固国家独立自主权范围内之一成分。今构成独立自主权之成分，蹙缩不得自伸若是。虽欲谬谓无损于国家独立自主权，其谁信之？且夫国家对外之独立自主权者，非对于外界之某一国而享有之也。其对于甲国与对于乙国、丙国位置相同，则独立自主权之侵削也，其对于甲国与对于乙国、丙国位置亦相同。以今奉天既开放为各国公共商场，其染指于商场者，有若干国，即其享受此特别对待规则者，有若干国。此若干国者，皆挟一优待之位置以临我，而使我国人民立于第一级身受凌虐践踏之地位；使我国人民立于第二［一］级身受凌虐践踏之地位，是因屈意见好于某一国之故，而致不得不屈意见好于无数国，则于国家独立自主权，固无日而获伸也。且东督亦仅仅知有东三省耳，国家独立自主权云者，必非东三省所得尽其区域，固包全国而举之。然其区域中某一部分受侵损者，即于全国必有同一之影响。东三省为自辟公共商场，即全国所有自辟商场将有同一事情、同一问题随之而发见。东督所得行之于奉天省者，即各省督抚所得行之于济南、南京、苏州、杭州、岳州、长沙、常德等埠。外人所得受之于奉天者，即其所得要求之于济南、南京、苏州、杭州、岳州、长沙、常德等埠，则是以一奉天所收之恶果，遍贻之于全国也。东督为此，人言啧啧，谓其订立规则时，实系抄示日领事，俟萩原认可后，乃始发布者，其言绝怪。萩原非东三省监督行政之长官，东督非受日本统治权驱策之奴隶，果其有此，其为国家独立自主权蹂践无复余地，蒙羞含垢，直万世不足以雪。今且不论此事之有无，但即法律形式言之，国家自主权之见侵损，较然明白。而究其弊害之所至，非独对于日本一国而受之，且非独在奉天一埠、东三省一地域受之，又皦然明白。苟有血气，何忍出此？是即东三省人民，可以外交棘手、委屈求全之意，曲谅东督。然吾举国同胞必不能以此意曲谅东督，何者？国权侵削问题，非可以为交涉事件上见好外人之物。海枯石烂，此理不可动摇也。

虽然以上所云，尚非专就东三省利害关系言之者也。徐督帅亦知奉天巡警权之历史乎？奉天自日俄战争后，日人挟战胜之威，施行军政，而警察权亦随之以俱去。自前将军赵尔巽莅奉天以来，持此事与日领事交涉者，不知几经盘根错节矣。赵将军之所以据约力争、再接再厉者，岂有他哉？为此重要无伦之国家警察权、国民权利、国家独立自主权，于名义上无丝毫之可假借，即于事实上无丝毫之可迁就故也。赵将军横心衡虑，斤斤然思保持之，而徐督帅则若有视为不甚爱惜者。岂国权消长问题可以个人恩怨从之耶？查赵将军最后照会日领事撤去警察派出所一件，其立言悫切而强毅，其略云：

现在开埠在即，贵国商民终须迁移。所有现暂住居城内者，既有敝国警察切实保护，决无疏玩，即偶有不法情事，亦自能遵

> 约交贵总领事处理，断不致侵越贵馆取缔之权。其毋庸设立城内警察派出所，不待烦言，即能解决。（中略）若就商埠内言之，贵总领事亦未便设立警察。查《中日通商行船续约》第十款第二项云：约开之商埠，且明示限制，则自开之商埠，贵国更不能设置警察。（中略）再就我国与各国订约自开之商埠实例言之，如山东之济南、湖南之岳州等处，亦无外国设立警察之事。想贵总领事笃念邦交，决不愿有条约范围外之行动，本军督部堂重视职守，亦不便为条约外之通融。

其所以争地方之主权，防将来之隐患者何如，其所以巩固国家折冲尊俎者何如！又赵将军咨外务部请照会日使，转饬日总领事，撤废警察派出所及关东都督护路警察队，应照约正名为护路兵一件，略云：

> 奉天城内及小西边门外二处，日本设立警察派出所，前据巡警总局禀请核办，当经敝处照会该总领事，要请撤废。嗣因久未见复，复饬交涉总局照阻，彼明知此事非据理所能争抗，特饰词冀可久存，致迄今仍未议结。上年十月间，关东都督复派警兵守护铁道，另设有奉天警察署，屡于火车站结队拿获我国人民，任意拘留。虽经先后照请日总领事转商交还讯办，实生种种扰害。前次咨呈钧部斩杀杨尊三一案，亦属该铁路警察巡查之所为，尤出情理之外，似此侵占自治主权，逾越造路原约，将来于地方管理上甚难统一。且此二事，按之中日条约会议录第一节，中国将撤兵地方按自治全权妥筹经理；又第七节，护路兵队不可辄行障碍中国地方自治之权，亦不得擅出沿铁路界限以外等款，均不符合。若任其久延不决，将来开埠各地方暨铁路附属地方，皆暗布警察权以扩张其势力，后患伊于何底云云。

观此则日人欲借布置警察，以实行占领奉天之计划，灼然可见。日本警察权与我国警察权，不能相容，即日本领土权与我国领土权不能相容。然则专就奉天言之，专就东三省一地域言之，吾国警察权之消长，直有领土存亡之关系，又非泛泛然侵削国家独立自主权一普通广博之关系而已。东三省总督以护持领土、排斥外来权力为职任，则于警察权利害关系之密切者，丝毫不得通融。今使日人有践踏凌虐之权利，而吾国警察丝毫无回手拔刀拘执之强制力，则前日所谓火车站结队拿获我国人民、残杀杨尊三等等事件，在彼且视为天职，或且借一二小小事件，谓吾国警察不足用，要请一切由彼国代办，则东三省全地域警察权失，即全地域领土权失。徐督帅将坐守官衙为增祺之啜泣耳。履霜坚冰，括糠及米，东三省事大难。有守土之责者，讵可栖迟偃仰，作茧自缚，以贻无穷之戚乎？

难者曰：国际警察为今世文明各国所重，如子所言，不得发布特别对待外人规则，则所谓国际警察者非耶？应之曰：所谓国际警察者，乃警察权活动之一端，以完全圆满之警察权为主体，而取某某事件与国内人民警察事件，关系稍别异者，抽而出之，名之曰国际警察。非亏损国家警察权、国民权利、国家独立自主权、国家领土权，以从其所谓国际警察者也。如亏损国家警察权、国民权利、国家独立自主权、国家领土权，以从其所谓国际警察者，国已不国，何有于际？吾知其为高丽、为越南，为日已不远矣。悲夫！得尺则尺，得寸则寸，卧榻之旁，有鼾睡者，于人无尤焉！所恶夫以堂堂东三省总督而为亡国之伥耳！

筹画八旗生计果为解决满汉问题唯一之条件乎[①]（1907年9月29日）

八月二十日明谕疆臣，筹画旗丁生计，且申明之曰："化除畛域，共作国民，以副朝廷一视同仁之至意。"记者骤观之而喜者，以为朝廷固已实行化除满汉畛域之政策也，继而疑，终而惧。疑者，则以朝廷既言化除满汉，而明谕所及，但为旗人经济问题谋，而不为汉人政治问题谋；惧者，则以朝廷既不为汉人政治问题谋，必且挟政治上独占之势力，以扩张旗人经济上之势力，则不平者益不平。借经济上新辟之势力范围，以拥护政治上固有之势力范围，则所欲化者益不化。何者？以筹画八旗生计，为解决满汉问题之一节目，则于事理为可通；以解决满汉问题为扩张旗人势力之一手段，则于人情为不顺。今欲研究此事之效果，请析言八旗生计问题与满汉问题之本质。

八旗生计问题者何谓耶？为休养旗丁谋耶？为排解旗汉冲突谋耶？查此项问题，其发生远在排革问题之前。然则非为排解满汉冲突谋，而实专为休养旗丁谋，更无所容其饰说。如道光初，武隆何秀堃，咨遣京旗谋生之议；如同治中，沈桂芬听任马甲养育散住各省之谋，无非以借纾国用为急务，非曰以是调和种界也。如盛京将军富俊垦地之成规、如伊犁将军松筠实边之长策，无非以赡养旗丁为急务，亦非曰以是消除种祸也。然则种界自种界，八旗生计自八旗生计。八旗生计虽已切实筹措，计日程［成］功，而于满汉问题所以相接触相攻取之本源，并不见其有何之关系。

① 本文于《神州日报》1907年9月29日至30日连载，署名寒灰。

盖满汉问题，既不发端于生计，则八旗生计之赢□，于满汉问题之本质上无所增减焉。今朝廷以解释八旗生计问题，而插入化除畛域，共作国民之说。夫八旗生计者，对旗人而为言者也；化除畛域者，对汉人而为言者也。欲与汉人化除畛域，不重在满足旗人之要求，而在满足汉人之要求。今旗人要求既满足矣，而汉人所要求，其觖望如故，岂可以旗人之醉饱为汉人之属餍耶？且旗丁为朝廷世仆，有何化除畛域可言？有何一视同仁可言？乃若斤斤以此诏旗丁，是益以见其系念扮榆丰沛故乡者之多私昵也。

满汉问题者何谓耶？必曰由政治权力积轻积重而成。自满人积重，而汉人积轻，流转递嬗，二百余年。至刚毅以“满瘠汉肥”之谬说，挑拨群情，构成恩怨，而波澜益横恣。近日祖述刚毅余策者，尚迷谬而不返，因是持排革论者，则亦追逐政治事实而渐次发生。是则满汉问题为政治问题，于生计上非有何等关系，灼然易见。且以满人生计与汉人不甚相接触，其苦痛但在政治一方面，其怨毒亦但在政治一方面。必欲满足汉人之要求，则虽为之日谋生计，犹为药不应病。况以谋满人之生计者，医汉人之苦痛乎？旗人生计问题与汉人生计问题非一事，况以旗人生计与汉人政治问题为一事乎？若此者，岂独名实相贸而已，直乃玄黄改色、方圆易位也。

且朝廷亦知满汉问题蕴结三百年而犹可以相忍为国者，何耶？则以满汉虽在政治上有征服者、被征服者之恶感，而生计上则截然离立，不相角逐，则不相逼迫；不相迫逼，则不相攫杀也。以今筹画八旗生计之说，既不能将政治上垄断之特权，一切铲除，而专为八旗扩张经济能力，汉人政治上之束缚如故。而旗丁则且自政治一方面，轶出于生计一方面，以逼迫汉人。汉人于政治上之苦痛以外，又复加以生计上之苦痛。旗人于政治上之垄断以外，又复加以生计上之垄断，此其于种界益生荆棘增毒螯耳，何有于一视同仁者？在朝廷岂不曰裁撤口粮？岂不曰丁粮、词讼统归有司治理，与齐民无异，于满汉间不应尚有冲突？然计口授田，不立田限，（筹画八旗生计果以计口授田为至当否，乃另一问题，非此篇所及具。）裁撤口粮，另款存储，不令汉人监督财政，岂非令汉人永远负供给口粮之义务，且令旗人得永远垄断此另款之口粮，以扩张其授产之区域耶？词讼必归有司，与齐民无异，则一切物权、债权等事亦应与齐民无异，今乃特别制定曰，不得典卖，则既不以举国通行之民法，纳旗丁于同一之轨范矣。法律偏颇，明白若是，所谓一视同仁者，何说耶？夫既曰国民，则直曰国民耳，何为更存旗丁、旗籍之名目？今于削除旗籍、裁撤驻防、通赐汉姓、削除满缺、制定全国通行法典，一切不之措意，而独亟亟扩张生计，则其扩张之道，非以国家主义为根据，而以民族主义为根据，彰彰明甚。以民族主义，而施行垄断，其为患何可胜道者！今夫万顷湖苛租激变之举，何为而成？岂不曰湖田公司垄断权利，实酿成之欤？岂不曰官僚政治，妄肆威力，实驱迫之欤？湖田公司对于垦户，但有资本、劳动之分，而无民族之分；湖田公司对于垦户，但能凭借官僚政治之势力以相牟夺，而不能凭借特别法律之效力，以相牟夺。然其相逼迫相攫杀，犹且若是，今以民族主义乘特别法律，以与汉人角逐生计问题，岂直万顷湖公司垦户之与接为构而已耶？然则虽欲相忍为国，亦何可得？

余敢敬告政府诸公曰：果欲消除满汉问题者，除铲除满汉民族政治荆棘、设立法律上普通国民权利保障以外，更无他术。八旗生计与满汉政治问题，相去悬绝，并为一谈，只见其不诚。国家主义与斤斤八旗生计者，相去悬绝，并为一谈，只见其不智。不诚与不智，非独救亡之梗，抑亦召乱之媒也。

再告政府诸公曰：果言国民，宜以国民大多数利益为依据，不当以国民大多数利益供某部分之牺牲；宜以国民大多数感情为指导，不当以国民大多数感情供某部分之游戏。以今八旗生计与满汉问题比较之，未见其为大多数也。

余敢敬告我国民曰：政府今日所谓并为国民者何耶？所谓化除畛域者何耶？或者此其为满汉问题逼紧一步之一手段欤？此其为满汉畛域益益接近之一纪念欤？则庶乎其近之者欤？国民国民，曷勿记取？丁未八月二十日。

论津镇苏杭甬路线强硬外债之不可承认[①]（1907年10月4日）

本馆前日得杭电，言英商某公司，运动外、邮、度三部，允借款千八百万两，以苏浙铁路作抵。昨探悉此事实在情形，系由驻京英使朱尔典，向外务部催订苏杭甬铁路正合同，逼迫殊甚。外部坚持废约，英使抗拒不许。故拟仿照津镇铁路办法，向英公司借债，路归中国自办，分借款、办路为二事。此项外债本息仍在该路进款内取偿，更须每年以的款作押，为数约在一百二十万两上下。议由苏浙两省按轨路远近分认抵押。现外务部已经大致与英使商议妥协，业经电商苏浙两抚，查明该省以何项的款抵押云云。盖本问题之所由起，实原于苏杭甬铁路草约，而其交涉进行之结果，则有追随津镇路线成议之势。此事关系绝大，论其根底，则在列强开放门户、机会均等之政策。而其促成此种现象之原因，则又以日法、日俄、英俄诸协约互相鞭策之故。政府于抗

① 本文于《神州日报》论说栏发表，署名寒灰。

拒外患常不甚力。对于此事亦且不惜隐忍迁就为之。然吾国民则讵可以已耶？愚请痛陈其患害。

察此外债之所以成立，由于草约之不能作废。夫以国际法理言之，无论何项草约，决无不能作废之理。津镇尚当作废，何况苏杭甬已宣言作废者？然外务部于此事常以软弱出之。于是九广一软弱，而津镇随之；津镇一软弱，而苏杭甬随之；苏杭甬一软弱，则又有他项铁道、他项矿山问题继续发生。循此以往，则已经废约之粤汉路线，未成交涉之闽赣路线、川藏路线，已成交涉之福公司矿案、铜官山矿案，未成交涉之湘浙闽赣各秘密矿案，皆将如春蔬之遇雨，茁长萌达，不可抑制。今山西士民号呼而抗拒福公司，安徽士民号呼而抗拒凯约翰，而津镇、苏杭甬又实无必不可以废去草约之理由，此而承认，何以处福公司矿案、铜官山矿案者？且昔者所以失败，实以吾国民划分畛域、华离涣散之故。主持津镇废约者，以为九广废约一事，与我无与；主持苏杭甬废约者，又以为津镇废约一事，既与我无与。卒之是数者有一成正约，则他草约相引如连环。今九广虽不可追，而津镇正约固未成，苏杭甬草约又实已作废，如是吾国民者不可不力持之。果能对于政府，示以流血五步之决心，则政府对于外人，犹可以宗社存亡相谢绝，不然则苏杭甬与津镇相去只先后一瞥间耳！此外种种路矿，又与津镇、苏杭甬相去只先后一瞥间耳。其不可承认者一。

议约者既云划分办路、借款为二事矣。所谓划分云者，非仅分别承办工程与出借款项，不应出于一人而已也，实当熟察债权与路权有无关系。今既曰此项外债本息仍在该路进款内取偿，是此路明明为一质权之目的物，即明明为一抵押物。岂得云债权与路权绝无关系者？债权与路权既有关系，则包工、造路与否，原非该公司之所急。盖债权一日不脱离，则路权一日不抛弃。何必沾沾于包工、造路者为？今以划分包工、借款为二事，掩耳盗铃，自命为得计，有以异于众狙之喜怒者耶？其不可承认者二。

既以路权为抵押物矣，又复因人之相欺以自欺曰，此非抵押物也。且当更议及以某省某的款为抵押，试思外人之要索及此者何耶？以为担保债权乎？则该债款自有该路进款取债矣，则其意不在于担保债权明甚。然则其意安在？则借此约以确定某省为某国势力范围之明证而已。质言之，即借此约以确定某省为某国将来新领地之明证而已。彼其大欲实在瓜分，而故托辞于担保债权以眩吾人之耳目。而吾则亦从而承认之曰此其为借款之抵押物也。岂非天下之至愚者耶？其不可承认者三。

虽然，政府之对于此事也，吾知必得一快诺，彼以为既分借款、造路为二事，则除造路外可得一大宗巨款，以供衮衮诸公之挥霍。以今日朝士大夫，仰屋兴嗟，专在库款支绌一事，得此好题目输入外债，何乐而不为？顾在吾国民，则以祖宗丘墓偿之而不足，以百世子孙性命偿之而亦不足，直、东、苏、浙士绅，苟稍稍有血气者，宜如何剑及履及，以与政府发难；二十三行省士绅，苟稍稍有血气者，宜如何向政府发难。岂得斤斤曰苏杭甬路线一问题而已耶？我国民固将生死于此耳，存灭于此耳。

论苏杭甬铁路援引津镇外债成议之失当[①]（1907年10月5日）

记者昨论津镇、苏杭甬强硬外债不可承认，系专就外债弊害

① 本文于《神州日报》论说栏发表，署名寒灰。

及承认草约弊害言之，而未及津镇、苏杭甬情事之区别；又系专就国民责任言之，而未及论政府诸公对付此事之权衡。顾苏杭甬与津镇果可并为一谈乎？津镇外债成议果可为苏杭甬之比例乎？政府诸公对于苏杭甬果应以此种干涉手段施之乎？不可不一究悉也。

详苏杭甬草约逾期作废，早经原议盛大臣向银公司再三声明。其作废之原因，则以银公司之逾限不办。其废约之手续，则以原议人之正式宣言。在私法上，凡立契约逾期，依理当然作废，双方有一方宣言废约，依理当然前议为无效。且以事理言之，津镇铁路草约，原司［可］径行作废，徒以未及用正式宣言，遂留英、法二国执言之余地。然苏杭甬则又不然，以原议人宣言作废，事已二年，而外务部诸公忽然承认为未废，岂非天下至可骇怪之举动者？且夫银公司一私法人耳！盛大臣与英国一私法人立草约，原非国际公法上之问题，政府诸公并无应与英使磋议此事之理由。且以私法人已废之约，经原议人正式宣言又已完毕私法上之手续，政府诸公更无承认为未废之理，由此而援引津镇成议，岂非所谓丁零盗苏武牛羊，理当复按者耶？其不可解者一。

苏杭甬路之收回自办也，定归商办也，并经奏准钦遵在案。浙路、苏路集股之踊跃，兴工之迅速，为全国所仅见。所以然者，以王言纶綍，既归商办，必不致无端夺商人之权利，而归其事于官，又不致无端夺本国臣民之权利，以见好于外国也。夫以津镇言之，津镇之为官办、商办，事尚未定，即其为国有、民有，事尚未定。然已无必应以外债左右此路之理由矣。今苏杭甬商办已定矣，股已足矣，工已及半矣，无端欲夺商人之权利，而以官力插入其间，且无端欲夺取本国臣民之权利，而以外债势力左右其间，岂独弁髦奏案，亵弄朝旨而已？毋乃损辱国体、摇动民心实甚。何则？夫朝廷对于臣民之准许，固不应无丝毫之价值；臣民对于朝廷之请乞，固不应无丝毫之可倚赖者也。而今若是何如者？夫国家之所以辖属臣民者，在统治权；臣民之所以依赖国家者，在借统治权以为保障。今统治权既为外人之一颦一笑所左右，而国民权利之保障全然堕弃，尚足以为国耶？国民于此，安得而不解体耶？凡国家所以为国家者，恃有领土为主权活动之区域，又恃有国民心理为主权活动之生命耳。故欲保存其主权，而护持其领土者，非恃外患之不来，而恃人心之未死。朝廷亦知二三十年来外交失败无数，而犹可以自存者，奚恃乎？恃此国民护持权利之心而已。苏杭甬路线以苏杭人士死力争得之，且以死力经营之，非独存苏杭甬路线也，即以存苏浙也；非独以存苏浙也，即以存国家领土权也。诸公纵令不能为国家竭力抵拒外患，亦何忍取苏浙人士已成之局而破坏之耶？其不可解者二。

且夫外人之眈眈虎视者，则亦何餍之有哉？以苏杭甬已经明白作废之草约而可推翻前案，以苏路、浙路公司已经集股兴工之路线，而可以用强力压制借款。由此以往，中国国家领土以内尚有一用本国臣民财力成立之公司乎？尚有一属中国臣民完全用自力经营之路矿乎？臣民实力者，国家之基础。今一切不以本国臣民实力为基础，尚得永有此国家乎？二三十年来，所为引虎入山、开门揖盗之事多矣。然而未至以盗为主人，以虎为司命也。以今所为，则一切攘夺臣民所有权利，破弃臣民私法人组织，废弃国家特许成约，缩小国家统治权范围，减损国家领土权性质以为睦邻修好也，邻则睦矣，我则何在？好则修矣，恩则何有？不亦以盗为主人，以虎为司命乎？其所损者，岂独一苏杭甬路线而已？岂独一苏浙人士之权利而已？神州陆沉，指顾间事，诸公乃以不许“干预路权”四字谢天下耶？其不可解者三。

是故以交涉言之，则私法人契约，本不入国际公法之范围。以契约言之，则原议人作废，又不入履行契约义务之范围；以对内言之，则政府对于臣民，不应失大信于天下；以对外言之，则政府对于臣民，尤不应贻大患于天下。诸公果终此不悟，则是驱苏浙士民为英人之奴隶牛马耳，则是驱天下臣民为欧美列强之奴隶牛马耳。诸公如恐亡国灭种之不速，欲用种种手段以促之耶？则直草乞降表，呈劝进书，揭顺民旗，以为碧眼虬髯客前导可耳！抑又何必饰说谓不许干预路权者为？诸公日日言立宪，日日言组织新内阁，国家已亡，臣民权利已尽，诸公以谁为立宪国民，而自命为谁氏之国之内阁乎？呜呼！

眼前消息[①]（1907年10月6日）

国民言立宪，政府亦言立宪。顾政府之主张立宪也，常在有意无意之间，地方自治也，教育普及也，谓非立宪之所有事乎，何为其然也；谓为立宪之所有事乎，又何为其然也。然而政府则曰是非独预备而已，是其为实行之渐也。

欲实行也耶？则自治普及需几何期限？教育普及需几何期限？待之以不知几何之岁月，而偿之以有无疑似之立宪。辽乎远哉，政府之命运耶！悠乎久哉，国民之期望耶！然眼前则何如？

防城之乱何为也，然而未已两粤未可知也；赣州之乱何为也，然而未已湘赣一带未可知也；于潜之乱何为也，然而未已两浙东西未可知也；白河之乱何为也，然而未已大河南北未可知也。外此，汪□，吴樾、徐锡麟之所波荡者，抑又夥矣。此遥遥不知几

① 本文在《神州日报》时事小言栏发表，署名寒灰。

何岁月之教育普及、地方自治，足以了之欤？而政府则曰无恐。

间岛问题而外，又有珲春焉；东三省问题而外，又有两蒙、两藏焉；湾仔问题而外，又有福建焉；福建问题而外，又有云南、广西焉；津镇、苏杭甬而外，又有无数无数之铁轨问题；福公司、铜官山而外，又有无数无数之矿山问题；宝山越界筑轨、西门越界筑轨而外，又有无数无数之租界问题。此遥遥不知几何岁月之地方自治、教育普及，足以御之乎？而政府则曰无恐。

吾今乃知政府诸公之顽钝为不可及也，眼前之内讧，不可虚悬一将来之完全立宪政体以慰之，然而不妨姑以是相慰藉焉；眼前之外侮，不可虚悬一将来之立宪帝国以恫之，然而不妨姑以是相恫喝焉。岂非所谓凡亡而吾有不亡者存耶？吁嗟乎！江河四塞，墟为战场，神灵胄裔，夷为牛马，旦夕间事耳。翘望诸公，则大胆如故也，顽皮如故也。我躬不阅，遑恤我后，其足以代表诸公之思想乎？是则庄生之所谓心死者夫？

疑似[①]（1907年10月15日）

国家之所以存立，必有终始一贯之国是。政治事情纠纷蕃变，皆以一贯御之。虽有百年之忧而可以无一朝之患者，恃此术也。

今国家之所为患者，繁矣。外侮则逼堂奥以相尝，内讧则惊匕鬯而窃发。一岁可以覆亡，一月可以覆亡，一日亦可以覆亡。视天梦梦，与墟墓为邻。盖仓猝之祸，有必至矣。即因求果，则万事隳坏于疑似之间，实使然也。

自顷岁来，朝廷揭橥宪政，似欲歆慰天下渴望者，又似欲以

① 本文在《神州日报》论说栏发表，署名寒灰。

敷衍外交门面者。夫国家生存之命运，非在政府，非在人民，而在人民、领土、主权相结合之政治团体。是故政治事情者，为政治团体生存之事业，非对于内而为慰藉，亦非对于外而为涂泽也。今且言宪政，且言慰藉与涂泽，则其所以为国是者，支离惝恍而无所据。而其所向之方面，则又介于对内与对外之间而兼用之。宗旨歧误，乃使国家生存竞争之事业，愈益离实际而生幻影，又使颠倒于其狂流洄漩中者，执幻影而靳实际，断而不返，以寻于尽揆之近事，其不然耶？

今夫责任内阁者，国家生存之一要件也。以慰藉涂泽之故，于是借设立宪政编察馆，举行内阁会议，以为责任内阁之代用品，是非所谓似是而非之阁制耶？惟其有是，则实际之责任内阁可以不立。

今夫国会者，国家生存之一要件也。以慰藉涂泽之故，于是始之欲以资政院当上议院，继之欲以都察院改下议院，即以是为国会之代用品。彼资政院、都察院之组织，视上议院、下议院相去若何，不暇问也；资政院、下议院之权限，视上议院、下议院相去若何，不暇问也。以官僚政治之附属物，冒居主持立法、监督、行政之名，非所谓似是而非之国会雏形耶？惟其有是，而实际之国会可以不立。

今夫司法独立者，国家生存之一要件也。以慰藉涂泽之故，于是借虚张审级之大理院、附属各省督抚之提法使，为司法独立之代用品，是非所谓似是而非之司法制度耶？惟其有是，而完全独立之裁判制度可以不用。

今夫地方自治者，国家生存之一要件也。以慰藉涂泽之故，于是议设咨议局，以张地方自治之门面，又故靳通行期限，以阻地方自治之进行，是非所谓似是而非之自治萌蘖耶？惟其有是，而实际之地方自治可以不问。

虽然，此犹就其属于组织制度者言之也，若以政策言之，又有其矛盾之甚者焉。

朝廷所谓消除满汉者，何说耶？驻防未见其裁撤也，官缺未见其统同也，旗籍未闻其撤废也，法律未见其平均也，礼俗未见其陶变也。所亟者，则为筹画八旗计口授田之实；所攘者，则为国民同化之名，是为似是而非之化除满汉。

朝廷所谓教育普及者，何说耶？学堂则以经费支绌而倒闭矣，学生、教员则以革命风潮而摧辱矣。废科举则考职考优、衡文放榜如故；广术业则贱游学、崇顽谬如故。提学遍天下，而教育行政之机关日益停滞。教育事业之初步，尚未造行，是为似是而非之教育普及。

朝廷之所谓旁求舆论者，何说耶？政务处会议易而为朗润园会议，其与舆论之关系有几何也？朗润园会议，易而为内阁会议，其与舆论之关系有几何也？过此以往，又将有资政院会议焉，有咨议局会议焉。以前事推之，则其会议之结果，正不必愿得一真正之舆论。然而朝廷固可以此谢天下曰，此舆论也。是为似是而非之旁求舆论。

由是而〈言〉之焉，则所谓厉行烟禁也，所谓振兴实业也，所谓破格用人也，所谓励精图治也，皆不过一种俦张为幻之惯技，上下相蒙，以国为戏而已。然起而视其境上，则时所谓领土权者，已成为疑似之领土权；所谓独立自主权者，已成为疑似之独立自主权；所谓一等国度者，已成为疑似之一等国度。间岛也，湾仔也，领土权何如也？西江流域也，长江流域也，领水权何如也？然且率天下而相望曰，其将以若干时日设立民选议院乎，其将以若干时日实行立宪乎，其将以若干时日还为一强大无比之亚洲大帝国乎，虚荣熏心，而实祸邻死，其奈此迷离扑朔者何也？

督责[1]（1907年10月19日）

表端则影正，源清则流洁，此春秋经世之老生常谈。然以论官僚政治，则最为悫切。

朝廷自近顷以来，见各省会党之蠢动，拳匪之抢攘，与夫饥民羸稚潢池盗弄之时时窃发，推寻祸始，无所归咎。谓在政体，则政府有所不乐受也；谓在种族观念，则政府尤有所不乐受也。于是乎，不得不复归其所，而施以专制政体所谓督责之术。督责必自贵近始，故禁烟，则首庄睿；督责必自重臣始，故绥靖地方，则首督抚。循是以往，亦宜若可以收令行禁止之效者矣。然而执因求果，则必有以知其不然者，非督责之无效，而所以用督责者亡其质也。禁烟不具论，克期六个月，如所为督责督抚大吏者，其效力如何？

朝廷以匪徒啸聚由于地方官吏之不得人；地方官吏之不得人，由于督抚之敷衍瞻徇，此乃汉宣帝思得良二千石之心，唐太宗慎选地方长吏之意。求之主术，非无一理。然试思督抚之习为敷衍瞻徇者，贤耶？否耶？地方官吏不得其人，咎在督抚；督抚不得其人，咎在谁何耶？地方官吏其召乱之由，在于幸进官方之吏以获幸进于督抚者，与督抚之所以获幸进于政府者，有以异耶？无以异耶？且督抚之所以进退官吏者，其权衡安在？必曰以朝廷之政策与国家澄叙官常之轨则为权衡也。国是未定，根本大计，莫适为主，则无以齐一趣向；官常不立，苞苴竿牍，渎乱天纪，则

---

① 本文在《神州日报》论说栏发表，署名寒灰。

无以分别流品。夫政府既不能无〈所〉取于督抚，则督抚不能无所取于属吏；属吏不能无所取于编户，及朘削既深，蕴祟怨毒，快于一发。而督抚以平日暮夜之私，势不能尽法以惩其偾事之属吏；政府以畴昔暮夜之私，又势不能尽法以惩其偾事之督抚，而调用起复，升沉无定，前仆后兴，朝贤夕佞，颓波横溢，无所堤制。朝廷虽复屡下明旨，严立程限，其不能得有弃灰徙木之效，亦已明矣。此刘陶之所谓乳豺狼于春囿，黄琼之所谓回视听于玄黄，鲁褒之所以论钱神，干宝之所以讥道丧也。

且非独其进身之径窦然也，又以官僚政治之传嬗而成为一特别之伦理，非是则不得以托处于其间。何谓伦理？今夫官僚政治，凡台省诸公之位置，所恃以安固者，匪曰天眷耶？既有是矣，则岂惟曰天眷云尔哉！循天眷而上，则慈眷尊严矣；循慈眷而下，则邸眷尊严矣；循邸眷而下，则堂眷尊严矣；由慈眷而旁及之，则阉眷又其潜势力之神秘者焉。试问中朝所谓衣冠者，有不循此术者乎？循此习惯以及在外各省官吏，言其最尊，则曰督眷；言其次尊，则曰宪眷。由此而旁方，则有幕眷；由此而下达，则有门眷；进而求之，则阃眷，盖亦潜势力之神秘者焉。及其为此，虽士夫不以为非，冠裳不以为辱，是何也？伦理然也。缘此种种奇怓诙诡之关系，而复以所谓国是官方云云者，纠纷彩合以成一种是非贤否之律令。故国人之所谓可杀者，朝廷以为大忠，督抚不得而非之；督抚以为大忠，朝廷亦不得而非之。虽其酿祸召灾，万事瓦裂，督抚与朝廷犹不得而非之也。是何也？伦理然也。然则朝廷之所为申谕督抚者，直申谕其践行此种伦理中之所谓是非，而非果以地方之绥靖与否为权衡也。增祺之所以得宁夏将军，丁振铎之所以来京陛见，张曾扬之所以巡抚山西，其明证也。

呜呼！政府而果欲弭乱乎？督责何益焉。政府而果欲督责乎？

盍循其本。

论苏杭甬外债问题事机之急迫[①]（1907年10月24日）

苏杭甬外债问题，记者已屡言之。以近日所闻，则外部已上奏，军机处已奉谕，以外交关系重大，饬令速定合同。又以照顾成命，令妥议官督商办或官商合办之法。夫曰速定合同，则是外部认定勒借为主脑，而朝旨亦准许勒借为正办矣；曰饬部臣、疆臣与两省绅商妥议官督商办或官商合办之法，则是外部因勒借不足以服人心，欲借“官办”二字，间执群言，而朝旨亦不惜反汗以行之矣。夫苏杭甬草约已废，万不可以仿津镇；商办已定，万不可以翻前局。记者前此尝切言之，然至今日，则外部任情专己，不恤人言。朝廷枉道厉民，罔知国体已灼然不可讳。一旦合同签印，大错立成，事机迫切，实有稍纵即逝之虑。吾人当此，有不得不责望负荷责任之部臣及关系密切之各省铁路公司者焉。

今夫负荷保护商人之责者，非农工商部也耶？负荷振兴路政之责者，非邮传部也耶？苏杭甬奏归商办已逾二年，收股已及全路经费十分之四五，兴工已及全路线长十分之五六，开车已及全路线长十分之一二。苏浙人士所为踊跃程功若是者，恃有商办明旨也，恃有朝廷护持路权之心也。举国资本家所为慷慨投资此者，亦恃有商办明旨也，恃有朝廷护持路权之心也。朝廷明诏大号，保护商业、振兴路权几何次矣。今即纯以国有主义之故而夺取商办归官，已于国家保障臣民所有权利一事，大有所背。况所持者，

① 本文在《神州日报》论说栏发表，署名寒灰。

并非国有主义，而特委曲借此以达媚外之目的耶？以保护商业为名，而以蹂躏国民权利为实，已足使天下短气；况其所以蹂躏国民权利者，并非以拥护国权为缘起，而直以削弱国权为缘起，得不使天下痛心耶？外务部虽可以朝旨自解于天下，不知朝廷上之何以自解于祖宗庙社之灵，下之何以自解于臣民喁喁之望？农、邮二部诸公，所负于朝廷之责任，与朝廷今日之举动，其事不可以两行。以朝廷今日之举动为可以将顺乎？则农、邮二部可撤，保护商业、扩张路政之一切章程律令可废。以农、邮二部为国家重要机关，以保护商业、扩张路政为国家目前急务乎？则岂可于基础甚完、工程甚速之商办铁路而推［摧］残堕坏之？且国家外侮日滋，危机已迫，兵食可去，非信不立，效死勿去，在人心耳。即人心向背，倏优无定，抑已久矣。所恃者，犹有一二事可以相维系耳。如并此一二事者，而蹴踏之，使必至于解体而后已，朝廷谁与捍御外忧者，岂恃此为虎作伥之外交手段而即可以立国耶？农、邮二部诸公坐观外部之颠倒迷乱，而不为匡正，如弃民何，如误国何？今日亡国消息亦迫近矣。土崩耶？瓦解耶？鱼烂耶？只在旦夕间。外务部欲促之，农、邮二部诸公亦竟不欲其稍缓须臾耶？外务部以区区一私人已废之草约，尚不欲失信于英使；农、邮二部诸公以煌煌明诏大号之朝旨、商律，竟不患其失信于臣民耶？农、邮二部为朝廷之一机关，非军机处、外务部之奴隶，乌可唯阿从顺、不发一言者，诸公自思官守之谓何！

抑吾大有所不解于国民者，尤有所不解于各省铁路公司者。今夫苏杭甬外债之成立与否，商办局面之破坏与否，其祸害非独苏杭甬受之也，抑且贻及于全国。苏杭甬外债可以勒借，则粤路、湘路、鄂路、蜀路、陕路、皖路、赣路、闽路、桂路皆可以勒借；苏杭甬商办局面可以推翻，奏案可以抹杀，朝旨可以废弃，则粤路、蜀路、皖路、赣路、闽路局面可以推翻，奏案可以抹杀，朝旨可以废弃。且非独路政而已。路权如此则矿权亦且如此，其它实业权亦且如此。欲保障矿权、实业权，不可不先保障路权。欲保障粤路、湘路、鄂路、蜀路、陕路、赣路、闽路、桂路，不可不先保障苏杭甬路。即苏浙人士屡败不振，在粤、湘、鄂、皖、赣、陕、蜀、闽、桂诸人士、诸路公司犹当奋起而当其冲。况今日苏杭甬路公司锐气方充盛，舆论方激昂，举国人民胡为袖手旁观，而不出而为之后援耶？且夫英使之所以敢于强外部，外部之所以敢于迫苏杭甬者，以吾国民之软懦而易凌也。吾国民苟知路权为国家所有，而商办为国民权利之正当行为，则此商办铁路者，决非朝令昔更之朝旨之所能攘夺。外务部假朝旨以行其私，为国民之公敌，为路政之罪人，人人应起而抵抗之。其责不专在苏浙人士，亦不专在苏路、浙路公司，且苟有可以对付之手段，无论出于何一方面，各省人士皆有自由行动之责任，亦不必视苏路、浙路公司以为进退。果其如是，则外务部必知吾国民公愤之不可撄，有以谢英使；英使亦知吾国民公愤之不可撄，而有以谅外部，或者大祸可以少戢。记者昔尝言之矣，九广一软弱而津镇随之矣，津镇一软弱而苏杭甬随之矣。如粤、湘、鄂、皖、赣、陕、蜀、闽、桂甘心为苏杭甬之续耶则已，苟犹稍稍欲自存立者，则时乎时乎，一逝不留，失此以往，路权将安归，商办局面将安归？

是故，今日者，内之部臣，外之国民，稍有心肝，必以维持苏杭甬路事为第一义谛。如待苏杭甬外债合同成立，商办局面破坏，祸延及身，乃更狂踊叫嗥而随之，啜其泣矣，嗟何及矣！东海易蹈，而祖国难追，徒戢戢然相率而为奴隶牛马之凄魂怨魄乎？哀哉部臣，危哉国民！尚其及是而图之耳！

苏浙代表入都赠言[1] (1907年12月9日)

外务部之召苏浙代表也，盖实以苏路、浙路公司代表召之，而非以苏浙士民全体代表召之。部臣意苏浙公司主持异议者不过此显露头角之三数人。此三数人者，入京以后，胁之以朝旨，怵之以祸福，必且俯首就范。以此对于宫廷，则可以盗权；对于海内士民，则可以分谤。部臣召集苏浙代表之作用，大要不过尔尔。夫以部臣之黠猾如此，而苏浙事机之危迫如彼，为代表者亦难矣哉。记者闻代表诸公行有日矣。敢廑所怀，以相敦勖。

苏浙代表诸公此行，负有代表苏浙公司之性质，实即负有代表苏浙舆论之性质。何则？自倡言拒款以来，绅商士民，踊跃认股，舆夫走卒，俳优倡［娼］妓，莫不急起直追以相援助。盖江浙士民，稍有资力者，几无不与在苏路、浙路股东之列。舆论之归宿，专在扶植自办公司，而集股之要约，又专在拓充自办公司之资本，以排斥外债之侵入。然则代表诸公，除排斥外债以外，无可以为公司容纳政府强迫之余地，亦无可以为苏浙士民全体容纳政府强迫之余地。且诸公又不仅代表苏浙舆论而已，实亦代表全国舆论。政府召臣民代表，以此为第一次，则代表臣民权利，亦以诸公为第一次。诸公为两省闻人，必不致一入国门，大隳初志，然记者以苏杭甬问题盘根错节之艰难，与代表诸公责任之重大，有不觉其言之迫切者。

一愿诸公勿受外部之恫喝而消阻。前日廷寄，以“订约权在朝廷”六字，明示刍狗舆论之意气。近日都中消息，又有觐幸王

---

① 本文于《神州日报》1907年12月9日至10日连载，署名寒灰。

相请安凭借朝旨了结此案之风闻。盖部臣以为苏路、浙路公司特许奏案，以朝旨而与之，亦可以朝旨而夺之。苟可勉徇英人，则舆论虽强，不妨径用压力。计此次所以恫喝诸公者，仍不外“订约权在朝廷”六字而已。顾在诸公，则宜知参与外交事件为国民应有之责任。除苏路、浙路公司特许权之剥夺应用何种手续别为一问题外，但以订约一事言之，外务诸公决无径以苏浙铁路擅与英人订约之权力。即宫廷亦决无径以苏浙铁路擅与英人订约之权力。即谓欧美各国如法兰西、美利坚合众国为民主国政体，其宪法所定难以援据，然其他若比利时，若意大利，若葡萄牙诸君主国宪法明文，皆仅以宣战讲和之权与君主，至于订结关系臣民生命财产权利之条约，则非经国会允许，不能签押，即不能发生效力。然则朝廷纵令受英人催迫，顾非经国民认可、采决之后，决不可以订立苏杭甬路约。苏路、浙路公司特许之奏案，纵令万一有可以撤消之理由，而强迫外债决不可以为撤消苏浙公司特许之理由，此外务部恫喝之不可受者一。外部所以亟于承认外债者，其症结专在认五路交涉档案为国际公法问题，因此问题不无发生国际冲突之虑；则其所以恫吓诸公者，将又在国际交涉之归宿，即为邦交破裂之危机。夫五路档案，非国际公法上之问题。代表诸公已深究而洞悉之。纵令因此发生中英国际恶感，亦应由外务部诸公自当其责。海内臣民对于苏杭甬问题，惟有明白宣示不信任政府诸公媚外政策，以待政府诸公之自为去就。现在苏浙士民果能完全揭破不信任政府之面目，揆之立宪国民之行动，无可非议。然则代表诸公不独不能以邦交困难为政府宥原，且宜直以酿成邦交困难之葛藤为政府咎责。纵令英使如何强硬，朝廷如何窘迫，亦不可以为苏浙承认外债之理由。此外务部恫喝之不可受者二。计外务部之所谓转圜者，专在消纳此项外债，而消纳此项外债之原因，则为归结五路档案。然在代表诸公则宁可使部臣、枢臣与媚外政策同日而踣，不可假借媚外政策，使苏路、浙路与士民舆论同日而踣，是在于诸公之勇节。

一愿诸公勿以农、邮二部之调停而迁就。铁路为国家内政之一事，原非外务部所能主持。以管理路政言之，则苏浙铁路公司特许之与夺，宜由邮传部以行政处分任其职责；以奖励商工实业言之，则苏浙铁路公司特许之与夺，宜由农工商部以行政处分任其职责。外务部所得干预者，为已经成立条约、发生效力之事项，而非未经成立条约、未经发生效力之事项。外务部所得秘密进行者，为国家主权行动与国家主权行动相接触之事件，而非国际私法上个人权利相接触之事件。故以法理论之，苏浙路公司特许权之剥夺，可由农、邮两部及他种行政处分决定之，而不可以外务部决定之。且欲以行政处分决定之者，必苏浙路公司有应行剥夺权利之正当理由。苟其理由不当，则此苏浙路公司特许权利应为国家之所保障，即应为农、邮两部之所承认。国家行政机关不能于法律以外剥夺臣民所有权利，即不能于法律以外剥夺一私法人所有权利。则苏浙路公司虽农、邮两部行政处分，亦无可漫加摧折之理，何论外部？今外部借口于外交事件，而恃廷寄以行其私，其对于农、邮二部则为侵官。农、邮二部，别无可以制裁苏浙路公司之理由。而外务部谬托外交事件，以为例外之理由，则为违法。农、邮二部果知恪守行政权限、尊重国家法度者，必须明白抗拒外部，乃可以矫正紊乱行政之失。顾以现在农、邮二部当局者言之，决不足以任此，其势必且出以调停，外务部曰顾全邦交，则农、邮二部必诺之；苏浙代表曰捍卫国权，则农、邮二部必又诺之。彼其两诺之者，非其力之果能及此也，必且多为其辞，以曲餂诸公，徐示以外务部之意向，使诸公自择焉。如是则苏浙公司特许，既不能深恃二部以为保障，代表诸公亦不能深借农、邮当局者以回外部之听而迁就之谬论，或且万一乘虚入，顾为诸公筹之。外交事件既全然与苏浙特许权不容相涉，则无论何种外交门面话头，无论何种消纳外债办法，无从插入其间。即万一政府欲以强硬手段剥夺苏浙路权，诸公终不可以意有所慑而勉为之将顺，不然则诸公实昵就损权辱国之大患，而奖成侵官、违法之行为。损权辱国则主权削而国家不存，侵官违法则纪纲废而国家亦不存。循是二者，无一而可，非坚持到底，则危亡之祸即近在眉睫间，是在诸公之毅力。

一愿诸公勿以同乡京官之诱惑而委随主张外债办法者。在江浙同乡京官为数颇多，彼其持之有故、言之成理者，方且自以为手腕敏活突过前人，其磋议此事所占便宜，乃为历来关内外铁道、沪宁铁道、九广铁道、津镇铁道之所不及。如汪侍郎所以告其乡人者，支辞小辩，连篇累牍，而不能尽意。诸公到京后，此种语言，噪聒于前者，何止数百辈？即京官中之倡言集股、附和拒款者，其心亦未必不以汪侍郎之说为可歆也。诸公挟热心盛气以入国门，而一经外务部之胁持，再经农、邮二部之冷暖，三经同乡京官之诱惑，热度将渐次冷却，素心将渐次转移。即令不然，而以人心既死，横流难遏，或且发生槁木死灰之观念，则汪侍郎之说，终将得有最后之胜利。如是则诸公北行一步，即路事日紧一步，及诸公入京，则直枯坐于四面楚歌之绝地，以待他人撮弄矣。虽然，人格高下，品性优劣，将于是乎觇之，诸公不为邬、汤，则为汪、邹，二者宜何所择焉，是在于诸公之正义。

抑愚更有进者，诸公不肯承诺外债，而外部必欲实行强迫，诸公于此，讵可以拂衣高蹈了此代表责任耶？夫政府诸人必欲实行媚外政策，在国民应别有最后之武器以待之。此事固不可以更烦诸公，然诸公所得为者，亦非仅仅不肯承诺外债一事而已也。窃谓诸公此行，最要在于确认臣民权利而求所以保障之之术。然而行政裁判不立，势不能为行政诉讼；国会制度不立，势不能为弹劾内阁，则所以保障之之术穷，顾诸君如能熟察国家安危至计，力求所以自伸乎？则正宜因此建议以资政院及大理院员别行组织最高法院，以开弹劾内阁之端绪。从参与立法、监督、行政方面进行，以与政府冲突。既由诸公任之，则从他方面冲突，亦将更有国民起而任之。如是则蹂躏人权之手段，终不可以实施；而侧媚外人酿成巨衅之行为，或且从而少戢。诸公倘有意乎？则诸公虽仅仅以苏浙代表资格行，然国民权利实由诸公揭建鼓以求之，虽曰代表国民不为过也。日暮途远，倒行逆施，吾于政府无责焉。生死自由，诸公努力。

论粤汉铁路之危机[①]（1907年12月19日）

本报前日载有政府议以苏杭甬外债移与粤汉之风闻，又有旅沪鄂湘粤三省人士电请鄂督拒款之事，事实虽经鄂督申辩，而虚实之间，颇难取决。据所闻言之，则政府祸苏杭甬不成，即欲移而祸皖；祸皖不成，则欲移而祸粤汉。苟其可以为消纳苏杭甬外债之归墟者，则外务部诸公即可借此以为息肩之地，事固不必出于无因。今苏浙士气方悁忿，皖中人心亦激昂，而湘鄂两省对于苏皖问题，几于结舌无声，坐观沉舟失火以为宴乐。持此以往，恐未必无甘心捐弃路权之一日，大有可哀者。或疑记者为此言，未免薄待湘鄂人士，且粤中舆论坚强，意气轩举，庸或可以匡湘

① 本文于《神州日报》1907年12月19日至25日连载，署名寒灰。

鄂之所不及顾。以记者即粤汉铁路之现象求之，有不得不为三省愓息者焉。

今夫粤汉铁路者，包举三省轨线言之，犹苏杭甬之包举苏浙两路公司现造轨线言之也。路线既举其全，则一省所受利害，其影响必及于其他二省。非能整齐步武，协同一致，则一方有急，全体皆病。前者苏杭甬问题初起时，苏浙二省未能协同进止，颇有牵掣不前之象。洎苏浙协会成立，而其败征乃稍稍消减。今以粤汉铁路言之，分担轨线则有鄂路、湖［湘］路、粤路之殊；规划路政则有商办、官办、官督商办之殊。畛域既已分明，组织弥复歧异，而三省人士之谈及路政者，曾未闻有协同运动之组织，睽离孤绝，莫适为主，此则觊觎路权者之所乐乘也。且以三省轨线言之，粤线较短，而款较赢；鄂线次短，而款次赢；湘线最长，而款最绌。湘中事权之一不如鄂，组织之完不如粤，而盘踞公司者，意见纷呶，嗜利无耻，较之粤路前日之腐败，殆又过之。一旦有事，湘路必先溃裂，鄂路次之。湘鄂既毙，粤路亦不能独完。而三省人士之谈及路政者，曾未闻有互相策励之举动，未闻有若川路改进会、赣路改良会之发起。秦越相视，痛痒不关，此又破坏路事者之所乐乘也。夫粤汉铁路所关在三省全局，而经营此路者，既不能统筹三省全局以秉要执枢，又不能统一三省办法以分途并进。华龙破碎，自为风气，及其感触利害，系牵一发，摇动全身，岂能如蝮蛇缠手者之断臂，以安其生耶？虽然，此但就粤汉铁路之通患言之也。若分别各段以求之，则其险象又有明白昭著者。

请言鄂路。三省路政专归官办者，实为鄂路。夫路政归国有，则一切兴工勘路之经费，当一切自国家支给。今试问鄂路经费果出于中央财政乎？抑出于鄂省外销乎？既出于外销，则已有地方公共事业之性质，而非纯全之国有性质矣。顾既不能循名核实，命为国有又不能循名核实，命为地方公共事业而混称之曰官办。其所利者，非国家也，亦非湖北全省人士也，而独利于垄断优差开销薪水之官。若何勘路，若何估值，若何兴工，若何用人，若何理财，在湖北全省人士之不能过问也，在中央政府抑亦不及过问也。能窟穴于其中以自肥泽者，独有此垄断优差开销薪水之官。此其虚縻浪费，终必取偿于鄂路，取偿于鄂路而不得，终必取偿于湖北全体士民。而以现在中央财政之支绌与各省外销款项之搜括罄尽，岂果有如许财力以供主持鄂路者之挥霍哉？财力既不足自支，则取给于外债也，势顺而易。然则粤汉铁路之吸收外债也，必将最先发见于鄂路，始之以官办，继之以外债，终之以路权与人矣。是官办断送鄂路之远因，而外债为断送鄂路之近因。而此二因者，又为断送湖北全体士民生命、财产、安全、幸福之近因。殆哉！岌岌乎鄂路也。

请言湘路。湘路自倡言自办以来，荏苒三四年矣。粤路开车者已数站，铺轨已及石英，而湘路无闻焉。浙路开车已及江墅，苏嘉路线克期可通，而湘路无闻焉。芜广路线工程已经开办，九南路线车站亦已划定，而湘路无闻焉，且非独兴工设轨为期尚远而已。粤路集股千数百万，存款银行，呈经官验，湘路的款何如也？川路集股六百万，存缴官局，呈经官验，湘路的款何如也？浙路、苏路拒款集股逾四千万，陆续缴存银行者，日有所闻，湘路的款何如也？近日虽有余、席招股武汉约二百万之说，虽有总公司报告招股四百万之说，然所谓股本者，果能存入银行否耶？果能呈经官验否耶？殆未可知。夫以倡言自办论之，则湘路实与粤路同时崛起；以的款无着言之，则几与开济铁路、西潼铁路之尚在萌芽时代者，了无所异。所以然者，则不得不归咎主持路事者之不得其人；而主持路事者之不得其人，则又由于前任鄂督南皮相国之执行干涉主义。相国既以奏案卵翼诸巨绅，诸巨绅即借奏案把持路事，于是王先谦、余肇康、席汇湘诸公者，率视奏办湘路总公司为养老恤贫、周济穷乏、修饰舆马之窟宅。至于公司若何组织始能不背商律，股本若何招集始能活泼款源，路工若何估勘始能择定轨线，用人若何遴选始能担任路事，会计若何严谨始能顾惜母财，一切无暇计及。而日以铺张公司门面、挥霍股东血本为务，其不能收旧有股东之信用而受投资企业者之欢迎，不待烦言而可悉矣。夫彼主持湘路者，岂无袁京兆其人在耶？以资本、信用、能力、人望言之，袁京兆讵不于湘绅为较优；以奏案言之，袁京兆不亦巍然居总理之位置耶？顾以袁京兆居总理之名，而以王、余、席诸公握路政之实。王、余、席诸公于集股则欲奉京兆以其名，于办路则又不乐予京兆以其实。为袁京兆者，为路事计，为股本计，固亦不应以其身供他人之傀儡而相从于颠踬，然则京兆之迟迟不肯身任路事，无足怪也。

熟察主持湘路所以不得其人之故，则其根底全在以奏案定公司组织，而不以商律定公司组织。今夫组织公司之术，必使为总理、协理者，对于董事查帐人负责任。为董事查帐人者，对于股东负责任，以股东会为意思机关，以董事会总、协理为执行机关，以查帐人为监督机关。而董事会查帐人、总、协理者，皆必为众股东中附入资本超过定额以上之人，而后其人所负之责任，必不能以空言相谢。今奏办湘路总公司之组织，其总、协理全由奏定，纯然为对于股东不负责任之人。因是而所谓董事会查帐人者，亦在若有若无之间，所谓股东定期会、临时会者，更不闻有一次之招集。股东选举权、发言权、决事权、查帐权者，亦更不闻有分毫之贻与，是名为湘路股东，而实则为总理王、余、席数公者担任虚糜浪费之奴隶也。如是则股东之要求退股也，固为事理所应有，而湘路的款之无着也，亦为事理所必至。然则谓湘路之失败，全在奏办总公司之组织失宜，不为过也；谓湘路之组织失宜，全在南皮相国之执行干涉主义，不为过也。顾吾则以为湘路旧有股东，其知识之幼稚，能力之薄弱，亦有大可哀者。今夫粤路自去岁以往，其风潮可谓剧烈矣。长官之压制，绅商之内讧，纠纷错杂，不可整理，疑若无可措手者然。然自今岁六月开大股东会以后，则其荆棘亦已铲除十之五六。其所以能若此者，则以股东之能根据商律行动以相督责也。湘路诸股东所逢之困难，未必有以遽逾于粤路也。资力虽不充足，亦未必全无的款可缴存也。然缴款诸人，不闻自行团结，设立湘路改良会，又不闻与奏办公司诸总、协理相要约，招集正式股东会以举定董事查帐人，而惟知沾沾然要求退股，则其思想幼稚大可见矣。退股者，不信任奏办公司总、协理之表示也。然此项表示者，依正式股东会弹劾总、协理行之，则可推翻把持路事诸人，而选任负荷责任之总理，以图革新公司组织。依请求退股行之，则彼把持路事者，永据公司重要位置、而自为其主体，而旧有股东反退居于客体。轻重倒置，路事终不可拔擢。然湘路旧有股东不知弃此而取彼，则其能力薄弱，大可见矣。夫欲革新湘路者，必推翻奏办公司；而推翻奏办公司者，必恃股东之自为主动。今其现象如此，尚何革新之可言耶？且夫湘路不革新，其败征也，岂惟内溃而已，必将有外力侵入之患。王、余、席招募正金三井外债，人言啧啧，已非一日。以今所闻，则又有招募英债之说。余肇康实主之，其人不久即可得当以报矣。夫湘路不革新，必借外债；借外债则路权去，而湖南亦随之以亡。虽食王、余、席之肉，何补于事？然而湘路股东，且瞢焉若无所知觉者，此其沉痼尚可医耶？殆哉！岌岌乎湘路也。

请言粤路。粤路风潮迄今始定，波澜起伏，首尾数年。其发机而省括者在于官吏，其推波而助澜者在于绅商，其蟠据［踞］窟穴于公司中使之是非瞢乱荆棘横生几于不可整理者，则在于托名公益、巧便私图之各董事；而其所以成此现象者，则亦以最先组织公司不能全符商律之故。因其最先组织公司不能全符商律，于是〈生出〉集议局问题，于是生出杨西岩缴款问题，于是生出沈桐提验股本问题。顾以粤商经济能力高于湘鄂万万，因得以经济能力之伸张促成营业上之知识与能力。故在粤商既经切实交股以后，自不容不发生正式股东大会；既发生正式股东大会，自不容不发生正式选举之总、协理，更不容不发生遵依商律、按数改选之董事局。股东大会既经成立，总、协理、董事局既经选定，则公司理财、用人、行车、购料、敷轨、勘路一切责任，皆有所归宿。故虽中更〈生〉大股东会、小股东会之冲突，罗总理、黄协理之迁延，然识者固有以知大患之渐就消释矣。顾以今日朝廷对于民有铁路之举动言之，大有翻云覆雨之意。故于苏路、浙路之原为商办者，忽然欲插入之以外债，强迫外债不成，则忽然欲收之为国有。其悍然违反清议，无所顾惜，既已明白表著于天下，则前日部咨改易粤路公司发起人为官、绅、商共同发起者，实隐寓搀入官权之渐，即隐含破坏商办之心，已无疑义。抑以上所云，犹专就干涉之外力言之也。若以公司根本组织言之，亦尚有与商律精神不相吻合者。商律但有正式股东会，而粤路公司组织则显分大股东会、小股东会以相角逐。商律所有股东权利义务大致在稍稍限制大股东，以扶助小股东；而粤路则大股东颇欲排斥小股东，使不得自伸。至于总理告退、中途改归奏派一事，尤为粤路股东放弃权利之明证。由是言之，则粤商于公司营业行为固犹操之未熟，而于商律理由及其应用方法，亦犹见之未真。循此以往，果能搜瘢涤垢、夷险夷芟以力图进步与否，殆有未可以遽许者也。况以记者近日所闻，则更有意外之败征发见于事实者，有如粤路中道某村轨线已经粤绅与外人串合鸠资买占之说，有如粤路股本存放商店迭经倒用亏捐［损］之说。果若所云，则股本之虚实，尚待钧［钩］稽，而购地之葛藤骤难断绝，此其阻碍营业之进行者，至为深切。营业不能进行，则母财愈益亏耗；母财愈益亏耗，则公司基上［本］愈益动摇。加以赎路借款一日未清，则关系一日未断，公司基本外［动］摇之日，实即外人势力侵入之时。物腐虫生，理无可遁。夫〈上〉有官权干涉之患，下有股东溃裂之虞，内有成本消耗之忧，外有洋款纠缠之惧，欲始终完全握固之，岂云易易者耶？殆哉！岌岌乎粤路也。

夫以三省路政言之，财力以粤路为较优，组织亦以粤路为较优，而其朝夕难以自保也。盖犹若此，又况湘路之大有风波，鄂路之茫无头绪者哉？且吾闻西人谈中国督抚往事，从前好募外债者，必曰北洋与两湖，而近日则并之以东三省、陕甘。北洋、两湖、东三省其募集外债之真目的，盖将以供行政经营。然外债者，不可以徒募也，势不能不有抵押，不于盐政，必于矿政；不于矿政，必于路政。而论陕甘近事所由与外债为缘者，则纯乎其为路政也。是则路政实为外债之囮，事已明白。况自苏杭甬问题发见后，法人欲持均势主义以进，不能求之于川汉，则欲求于粤汉。西城白帝，东戍巴邱，左服右骖，应机赴会，我则宴然为燕雀之处堂，彼已睽睽于螳蝉之相捕也耶！见微知著之君子，熟察苏杭甬问题之现象，而悬揣其成形，履霜坚冰，有不得不为粤汉惧者，三省人士对此当何如也？

政府与国民大战争之开幕[1]（1907年12月27日）

二十日之上谕，谆谆然以速订报律、限制结社为言，何为者耶？非恶夫报馆及各种团体之力争苏杭甬路权与西江捕权而思有以抑之耶？二十一日之上谕，谆谆然以增订管理学校定章为言，何为者耶？非恶夫国内外学界员生之力争苏杭甬路权与西江捕权而思有以抑之耶？国民之对于此也，盖将有异常之刺激焉。何则？速订报律，所以剥夺出版自由权利也；限制结社，所以剥夺结集自由之权利也；增订学校管理定章，惩罚干预外事员生，所以摧抑人民政治运动之萌芽也。是三者皆为立宪国所不应有，然而政府则有词矣，谓立宪国出版结社之法律限制，谓之干预国事、联盟纠众、立会演说，为定章所严禁。俨若国民今日种种行动全无法律思想，不足以与言立宪。而政府诸公立宪期限之迟速，即视国民服从法律与否以为进退者。然至一叩其所谓法律者，出于国民公意乎？出于政府独裁乎？出于议会乎？出于枢臣、部臣乎？则彼若以此为非汝曹所应计及者。夫法律不出于议会，则与路易十四所谓朕即国家者何异？议会不成立，最先即欲禁止国民政治运动，限制国民政治结社，此与路易十六之凭借兵力以解散国民议会者何异？即是而求之，可知现在政府之决然欲撤消预备立宪四字，以实行其媚外政策，故不惮与报馆挑战，不惮与政治团体挑战，不惮与学校员生挑战。特以为明白撤消之，不如口给御人之尤狷黠而灵也。故对于报馆、对于学生、对于普通政治团体，不必用直接挑战之哀的美敦书[2]，而惟用妨碍自由行动之锁港法。

---

① 本文以《神州日报》社论发表，署名寒灰。

② 哀的美敦书：英文 ultimatum 的音译，意为最后通牒。

政府诸公于此不可谓非踌躇满志之甚者。在国民畴昔所希望于政府者，至此盖不得不大失意。虽然，自记者观之，此固事势之所必然，而于锻炼国民能力乃直为其发轫。质言之，即政府、国民战争开幕之第一折也。

今夫与狐谋皮，与鸡谋跖，虽至愚者亦知其无成说也。乃今不幸而与政府谋立宪，且不聿而与政府谋预备立宪。夫预备立宪，则报馆之监督行政，其天职也；政治团体之联合运动，其常经也；学堂员生之干预国家政治，其正义也。然而政府于此固则大有所不便。夫政府诸公欲媚外，国民必曰毋媚外；政府诸公欲卖〈国〉，国民必曰毋卖国。政府无可如何，不得不支离其词曰误会，而国民乃悍然以非误会穷之；不得不急持其隙曰少数，而国民乃显然以非少数抗之。政府恼羞成怒，则又安能不肆众毒焉？虽然政府诸公之为此也，彼固有所恃矣。彼见夫舆论之不必有实力也，则抹煞舆论不必有奇祸；多数之不必有决心也，则蹂躏多数不必失优势。彼以为吾国民者，非法兰西路易十六时代之国民，亦非英吉利查理斯第三时代之国民，故敢扬眉吐气，明以采择舆论市其恩威，而隐以操纵舆论持其长短。顾既已若是矣，则舆论者，与政府诸公适处于不能并立之地位。舆论为政府所利用，则舆论之势力必折入于政府；舆论不为政府所利用，则政府之势力且将折入于舆论。虽然，旷观列国已事，彼能持舆论与政府之胜败者，非舆论也，亦非政府也，盖有杂立于政府、舆论以外之实力与决心焉。故政府之所以战胜国民者，非其幸也；国民之所以战胜政府者，亦非其幸也。令政府曰报馆不得妄言时事，学生不得干预国政，普通政治团体不得胥动浮言，而国民亦从而迁就焉，则国民以劣败自处矣；令政府曰报馆不得妄言时事，学生不得干预国政，普通政治团体不得胥动浮言，而国民之弹射之也如故，抵抗之也如故，则政府必且以其所谓法律者惩创之而效，则政府不可谓不胜，而国民不可谓全败也。何也？谓其效不可常也。令政府曰如彼云云，而国民之以决心实力冲决网罗者，乃全然脱离于恒轨之外，则政府已失其泛地。虽欲如昨、今上谕所云云者，而抑有所不敢如是，则国民全胜，政府全败。今日国民果劣败乎？政府果常膀［胜］乎？事盖未可预知。然如国民全胜，政府全败，则又非旦夕之所能决定也。何也？开幕实然也。

嗟夫！今日以前，吾国民未可谓能蹴进政治舞台之上者也。彼出版自由、结集自由、言论自由者，乃蹴进政治舞台者所必升之阶级，政治运动又为蹴进政治舞台者所携之武器，然而国民与政府未闻以是为冲突之中坚也。自有二十日上谕，而国民与政府乃以三大自由为冲突之中坚；自有二十一日上谕，而国民与政府乃以政治运动为冲突之中坚。自此以往，但视所以刹［铲］除荆棘之决心与实力何如耳。嗟夫！今吾乃知国民程度之进也。

论政府反对立宪之举动[①]（1908年1月22日）

自袁、张入枢府以后，海内想望立宪者，群然瞩目。顾微窥数月以来，政府种种举动，无一不与立宪反对，而其最为深切著明者，莫如严立言论、结集之禁防，以窘促国民政治运动之进步。虽然论者于此，盖犹将有以谅之，以为国民言论自由、结集自由者，固不能全然轶出于法律范围之外；且政府即设立何等限制，而其果能实行与否，究在国民抵抗之能力如何。苟其抵抗力盛强，则人民与政府固可据法律以相持，胜负之数，乃适各居其半。是

---

① 本文在《神州日报》论说栏发表，署名寒灰。

政府之对付人民，固犹但用消极主义，以试其束缚驰骤之技［伎］俩，未至全然以土芥寇仇相待也。其以积极主义奴虏国民者，则有二事：一为夏辛酉巡防长江，一为姜桂题率师南下。夏辛酉之巡防长江也，非以防英俄法德美日也；姜桂题之率师南下也，亦非以防日本、意大利也。政府之情，盖以此举建立东南新驻防云尔。从前驻防只有旗籍，而今则有练军。从前驻防只在陆路，而今则兼水路。政府于此，以为是可以慑制国民之死命，泰然日纵其与乱同道之淫威而莫余毒矣。是则政府之用心也。

今夫政府之制裁言论、结集也，固托辞于立宪国家法律应尔；国民坐待言论、结集之制裁也，亦将曰立宪国家法律应尔。顾吾不知夏提督之巡防与姜军之南下所援据者何国之宪法也。如以为长江有匪徒剽盗之患，则宜于迅速整顿捕务；如以为浙境有莠民暴动之患，则宜于迅速筹办自治。盖缉捕者，所以禁遏奸宄；自治者，所以整理地方事务。自治行政饬，则民隐通而心志肃；捕务饬，则盗贼少而闾里安。二者皆决非军事上之问题，即决不容以军事上之问题解决之。凡立宪国家军事上之行动，实与警察行政、地方自治行政问题绝不相涉。其以警察行政、地方自治行政问题，遭逢意外而牵入军事问题者，则为政府之非常处置。在此处置期限中则曰戒严，其原因消灭后即须停止军事行动，则曰解严。当戒严期间，国民对于政府可以提出要求质问之条件；而政府对于人民施行非常处置，亦必负荷莫大之责任。往往以是而至于解散议会、倾倒内阁，此固立宪国家通行之成例。以最近事件征之，方日俄战争媾和时，日本国民不以政府媾和条件为然，发生暴动，其时内阁总理大臣桂太郎施行戒严命令，因是桂内阁与议院不相容，终至失位以去。盖立宪国民之憎恶军事行动也如此，立宪国家之慎重军事行动也如此。且以英国宪法言之，方威廉入主英伦时，国民议会提出条件，有不得议院同意不得擅遣兵队驻防国内云云。德意志国宪法及其他法兰西宪法系统诸国，亦有将此项条件列入宪法中者。盖既曰立宪国家，则政府与人民不能相视为寇仇；军事行动为处置寇仇必要之手段，而非朝野上下相维相系必要之手段。苟欲宣言立宪，则当奉此为神圣不可侵犯之条件，而不容以陨越者也。

政府之遣夏辛酉巡防与遣姜军南下也，固明明其为戒严命令矣。此戒严命令之发生，以何为原因？政府能以此谕诸人民否乎？夏辛酉之巡防也，为革命运动也，革命运动居最少数，沿江七省非革命党根据地。政府以最少数而仇视七省人民，其有说耶？其无说耶？姜桂题之南下也，其近因则为桐乡莠民闹漕，其远因则为苏浙国民拒款。悲夫！悲夫！闹漕者，穷民之呼吁长官，而非大盗之窥窃神器；拒款者，国民之拥护权利，而非豪杰之睥睨中原。政府欲以军事行动处置二者，此其为术，固已偵矣。且闹漕之事，既以敉平；拒款之会，恪依秩序。政府以此劳师动众，经江浙督抚据情入告，而不闻有后命。其有说耶？其无说耶？且政府既已施行戒严命令矣，夏辛酉、姜桂题以何时撤回，解严命令应以何时发布？以立宪国家言之，国民应有监督质问之权利，而政府则又先以限制言论、结集之威命，剥夺而禁锢之，然则吾人立宪国民之资格，所存者几何？

已矣！自今以往，政府毋复以宣言立宪厚诬天下矣。政府而欲悔祸［过］也，则当撤回夏辛酉、姜桂题以谢天下。如曰不然，是反对立宪之举动不在天下臣民，而在政府也，然则国民更无以政府为可恃也。

敢问国民之研究政治事情者[①]（1908年2月11日）

吾国政治事情，颠倒迷乱，至于今岁，盖必有不可逭之灾焉。在内者则曰革命党肉薄［搏］决斗之进行，在外者则曰五六强国无形瓜分之进行。革命党肉搏决斗之进行，主张平和改革者之所避以与政府相接近也；列强无形瓜分之进行，则又主张平和改革者之所持以与政府相刺激也。是故，主张平和改革者于此，对于政府不得不提出其所要求，对于国民不得不宣示其所期望。而要求监财权与立法权为一切平和改革进行之始，故要求开设国会为主张平和改革者唯一之责任。盖国家既有不可逭之灾殃，斯党人有不可逃之责备，其所主张者然也。

今日矢口言要求立法权者，已有所见矣。言要求监财权者，已有所闻矣。彼其以此矜炫国民者，必曰吾将有术以与政府易之，不出代议士，不纳租税，此英人行之而已效者也。果若所云，非出中央代议士，吾将不许政府得有海陆军饷，不许政府得有行政经费。非出地方咨议局议员，吾将不许督抚得有军警。要需得有行政经费，由是人民得以租税与政府易参政权，而政府亦得以分给政权者增加租税，果若所云，以目前论之，诚不失为人民莫大幸福。顾此虽足为人民幸福，吾不知持此说者，将恃何术以行之。今夫不出代议士、不纳租税云者，何也？即抗粮抗税之谓也。抗粮抗税云者，即吾国律例所最严禁之重大罪名也。抗粮抗税之实行，必非一人所能为力，于是不得不聚众〈滋事〉。聚众滋事者，

① 本文在《神州日报》论说栏发表，署名卖痴生。

又吾国律例所最严禁之重大罪名也。聚众以后不得不有要挟，要挟不售不得不有暴动。要挟与暴动，又吾国律例最严禁之重大罪名也。以上数者，稍一萌芽，则政府始必出之以解散，继必出之以扑灭。其便宜手段则直用其最习惯之方法以御之，格杀勿论之条文，军法从事之命令，无所施而不可，轻则枭首，重则灭门，一以行政官吏喜怒行之。吾不知主张要求国会者，舍抗粮抗税以外，尚有说耶？主张抗粮抗税者，舍聚众要挟以外，尚有说耶？抑亦屈膝请安、摇唇鼓舌而可以达此目的者耶？

国民而不欲救亡也，可以不必倡言要求监财权与立法权，国民而必欲要求监财权与立法权也，则记者甚愿闻其所以进行之术。

政府之取舍如何[①]（1908年2月18日）

入今岁来，不过数日，而九州洋捕获军火一案，闯然出现。据粤中来信，其为接济钦廉革党，殆无疑议。政府于此，或且狂喜大慰，以为侦探之得力，缉捕之成功，从此以往，但求歼戮一二渠魁，可以高枕而卧。其涉［设］想所及止于如此，亦未可知。顾侦探与缉捕二者，果有以极天下之能事，则其为术，亦险巇而难以久任。况侦探有所不及备，缉捕有所不及周者，正不知凡几。政府诸公，如恃此区区不周不备之智巧，以胜一切之怨咨，抑亦大可危也。

夫革党之所以输入军火力图破坏者，曰惟政治问题之故。政治问题而能实行改革也，彼主张破坏者，亦无乐乎冒险以为此；政治问题而不能实行改革也，彼不得志于军事行动之破坏者，将

① 本文在《神州日报》论说栏发表，署名卖痴生。

转而出于他途，不得志于团体行动之破坏者，将转而出于单独。彼以其百万金钱之值而行此单独运动，则其财力常处于有余；彼以其团体进行之目的而行此单独运动，则其心力亦处于有余。而环顾政府之所恃，则犹然侦探也，缉捕也。昔之所不能必周必备者，至此则益形其不足。以有余与不足遇，则政府与党人其为胜败，殆未可知也。

吾闻政府之与国民遇也，不求其有以相胜，而求其有以相畜。政府之所以畜国民者，宪法也，国会也，自治也。国民之所以畜政府者，则因其善于运用统治权之故而景从之也；因其适于国家生存之目的而爱护之也。如曰相胜云尔，则查理斯之所以胜英人者，尚不如英人之所以胜查理斯；路易十六之所以胜法人者，尚不如法人之所以胜路易十六。据最近之事言之，则今岁葡萄牙国王及王太子所被之车祸，固达过于葡人所受于国王之大瘵也。何则？政府与国民既以相胜为目的，则区区侦探、缉捕之所能奏效者，固尚未足以盈其量。水激则汛，矢激则达，民激则无所于忍，而必有以相酬也。

虽然，国民之所取舍与政府之所取舍，若相待，若不相待，常以其参差之故，而生惨黩。与政府相待者，国民之生死也；与国民不相待者，政府之喜怒也。今日吾国政府而以国民为可狎也，则此百万金钱之军械固犹未足以餍其意。政府而以国民生死为不可狎也，则与其以不周不备之智巧，收未来之创痛，毋宁力反前辙，与天下更始，犹可以延大命于旦夕。是固非倒行逆施者之所愿闻，顾以执笔人无穷之属望，则又安可不以一言进哉！

论国民参与外交之应急手段[1]

（1908年2月19日）

求吾国外交失败之原因者，必归罪于政府；求吾国政府外交失败之原因者，必归罪于无鞭策政府之监督机关。惟无监督机关，故政府得以国民权利与国家主权，悉供外人之取携，而无所于靳。惟无监督机关，故国民所必不欲曲徇外人者。地方官吏犯天下之不韪以恬政府，而国人无如之何；中央政府犯天下之不韪，以令地方官吏，而国人无如之何。惟无监督机关，故外交官吏，随在侵蚀其他行政官吏之权限，以致民生国计，一切牵入于外交。而外交病，行政行为悉被牵掣于外交情事之顺逆，以致跋前疐后，一切受命于外交，而内政亦病。因是今日论者，莫不希望国会之成立，以为国会成立以后，非独参与内政而已，且将援引共和立宪国国会承诺外交条约之成例，及君主立宪国议员质问外交事件之成例，以参与外交。此其为说，于事理非不切当。然以政府近状言之，方且标揭立宪，以阳慰天下而阴梶之。立宪实行为期方远，而国会之成立，或为政府所不乐闻。国民所欲建立者，为监督机关；而政府所靳而不与者，亦为监督机关。上下相持，未知所决。而国际交涉事机之急迫，方且如飘风骤雨，倏忽来然，下则国家主权与国民权利，其颠倒于洙泗龂龂之下，一攫而不可复还者，将不知凡几也。

谓监督机关之成立，旦夕可待乎？明者必不谓然也。国民既不及建设监督机关，则外交事件一切以放任处之乎？于势抑又有

① 本文在《神州日报》论说栏发表，署名卖痴生。

所不可也。然则目前应急之方法，苟为国民所得借手与政府所能相受者，固不可以弃置勿陈矣。

今夫政府所以抑制舆论者，岂不曰订约权在朝廷云尔哉？此其为术应于外交事件，绝对不使人民与闻一二。然以事实求之，则又不然。果其舆论激昂，众情愤怼，则政府亦不得不稍抑其倒行逆施之面目，而勉强为俯从清议之行为，如晋矿之召山西代表入京，苏杭甬之召苏路、浙路代表入京，盖其显著者。苏浙代表所持不如晋矿代表之坚，其结果未必十分良好；然晋矿代表主持废约较力，遂得以醵资收赎，恢复权利，其目的几几完全得达。然则政府虽藐视舆论，而人民参与外交之能力，固已十分发见。即其参与外交之机会，亦可随事而求之。惟仅有临时选出之代表，而并无永久存立之机关，则其致力少而成功亦鲜。窃谓现在中央行政官署，如农工商部、学部、礼学馆，皆有奏派之咨议官。其得与此选者，大约为各省稍有清望或较有才气之人，而外务部则无此项规制。为今日计，莫如速请政府明定外务部设立咨议员。而其职制则须与农工商部、学部、礼学馆较异。每省定例设四人或六人，由各省学界、留学界、商界、绅界、京官分别投票公举，取其最多数者，由外务部堂官承认为本部咨议员。有本省交涉事件，许该员代表舆论随时与政府往复。而外务部堂官复每岁以一定期限，召集各咨议员会议（农工商部、学部咨议员亦应改由公选）。此项人员，即由各省筹给津贴，令常川驻京代表。如是则可以济监督机关之乏，而大开干预外交事件之途，较之一切放任不顾者，当稍胜也。

异哉今日之为铁路交哄者[①]

（1908年2月20日）

自有挽回权利之说，而各省士绅，乃争言办路；自有筹股自办之说，而各省士绅，乃相率为路哄。前日之哄也，在粤路；今日之哄也，则在湘路、赣路、皖路。其所以致哄之原因，纠纷错杂，难以具晰。大要由于以绅办之实，而冒商办之名；或以绅办之实，而冒官督商办之名。彼其主持此事者，对于国家颇欲脱离行政官吏之范围，故必冒称商办；对于社会又欲脱离财产法团诸份子之监督，故必借名官督，或虽未至冒称官督，而实则倚赖行政官吏，以阴谋自便，与官督无异。观其陈义，则不曰谋公益，必曰图进步。求其实在，大要不外争得一总理、协理之位置，谋得一每月数百金之薪资，视路局为菟裘，借公义相攘夺。数月以来，种种怪象，层见错出，殊有足令人骇愕怛悼，不知所措者。不谓吾国士夫借收回权利之美名，文箕帚诟谇之弊俗，至于此极也。

湘路之哄久矣。原其所以致此者，则由王先谦把持路事实阶之厉；因王先谦处心积虑把持路事之故，致完全商办局面不得成立。驯至号称官督，驯至奏派总协四五人，驯至凭借官权提立股款，酿成环求退股之现象。胶胶扰扰，以至今日。王、余、席一日不斥退，则路政必一日不得整理，其事至为可哀。顾吾不知商会诸股东之环求退股者，为路政乎？为意气乎？为公益乎？为私利乎？斥退王、余、席而代之以商会之主动者，遂能不效王、余、

---

① 本文在《神州日报》论说栏发表，署名卖痴生。

席之所为耶？为湘路计，非开正式股东大会，则公司组织决不能依商律；总、协理行动决不能依商律。然而，湘人交哄，几及半载，而发表正式股东大会定期未知何日。彼其攘臂瞋目奋愿一试者，毋亦觊覦拥戴一二私人以为首领，而分其余润耶！果其若是，则吾谓湘人之哄路，大可以已。

赣路之哄，亦非一朝夕也。前日以李某之外债而哄，近日又以大成公司之外债而哄。哄外债者，其全然与外债无关系耶？则行事亦大可疑；其与外债有关系耶？则人言亦大可畏。顾既有哄李某者，则有哄大成者以继之；有哄大成者，则又将有哄哄大成者以继之。哄大成者以百万，哄哄大成者，则或且倍焉。吾抑不知江西铁路不出于招股，而必出于借债，其理由安在？吾抑不知借债百万不足，又必继之以二百万，其理由安在？吾抑不知推翻陈吏部，而属望蔡、谢二侍郎；责备陈吏部而反无一言责备蔡、谢二侍郎，其理由安在？毋亦推翻陈吏部而欲拥戴蔡、谢二侍郎者，固依然不外夫位置私人、盘踞路局之梦想。其所以督过陈三立者，即不啻夫子自道云尔耶。果其若是，则吾谓赣人之哄路，大可以已。

皖路之哄也，其发生较迟。皖人感触外患不后于他省，而于收回权利颇不若他省之锐进。迄今路矿公会成立，而程度始骤高。顾以皖人官京师者之举动言之，几于事事务与路矿公会立异同。皖会举蒯程而京官不承认，皖会主南北合办而京官不承认，乃至皖会主商办，而孙会办必要求国家主持。彼其所以为此者，将曰有利于皖人公益耶？则民有与国有利益奚若？将曰有利于路政耶？则国家拨款与民间集股难易奚若？揆厥所由，毋亦实出于恋栈之一念。因此一念，遂不惜借官权以剥夺民有之权利，逞私忿以阻挠公众之事业耶？果其若是，则吾谓皖人之哄路，大可以已。

今由三省路事之现象，而推测其将来。湘路屡哄不已，则必全归于国有，不然则必至发生秘密地方外债。且即名为国有，其实亦不得不输入国家外债，则湘路终非湘有也。赣路屡哄不已，借款与集股，将始终混合而不可别识。其始也，尚有借债集股并行之势；其终也，将有债而无股。其债权性质，如与内债殊，其路权亦与民有事业殊，则赣路终非赣有也。皖路屡哄不已，商办不成，终归官办；官款不足，终恃外债，则皖路亦终非皖有也。路事至此，虽或非狐埋狐掘者，始计之所存然。以彼曹龂龂于鸡虫得失之故，其视路权之得丧，固亦不必有丝毫之顾惜。顾因三数人者营私罔利之故，乃使大多数人之是非，一切颠倒瞑眩于其间，以构成此大戚，讵不大可悲耶？此则孤怀宏识之士所为仰天而泣血者矣。

论世界三大思想之流行[①]（1908年2月21日）

西人有言：思想者，事实之母也。考察历史事情者，苟即其已然之成形，以求其进退消长之故。而穷其本始之所在，必见其有所谓时代思想者，错综隐见于其间。且夫前古之所谓神圣贤人者，岂有他哉？上焉者，则为时代思想之产出者焉。次焉者，则为时代思想之代表者焉。又次焉者，则为时代思想之推波而助澜者焉。至其世宙迁易，思想颓敝，轨迹错谬，而不应其程，乃有破国绝种，降为僇民。微夫生人之所以自存活者，其程途则险隘幽晦，其端倪则沉邃芒勿，然徐而迹之，则亦略可寻也。

推原生人进化之急激，不过百余年事。此百余年中，其动机

① 本文在《神州日报》论说栏发表，署名卖痴生。

自欧洲发，非其民族之优胜也，地理、历史实使之然。即今列强物质文明之进步，发皇耳目，矜炫荒陋，可谓盛矣。苟纤察之，则实有三种思想者，更代迭进以执权而乘化。别白而言之，则国家主义，为其一流；国家社会主义，为其一流；无政府社会主义，为其一流。由此三流者而推演之，所谓立宪国民、军国民、实业国民，则拥护国家主义之壁垒者也；文明国民、世界国民，则藻饰国家社会主义之牖户者也。无政府社会主义最后出，其所凭借尚未光大，故其事业莫可指实。自十八世纪后半期至十九世纪前半期，可约为欧洲国家主义发达之时代，亦为国家社会主义萌生之时代。自十九世纪后半期至今，可约为国家社会主义成长之时代，亦为无政府社会主义萌生之时代。是三大思想者，其波澜所由起伏，实由于政治上之刺激而成。国家主义所挟以行者，则有民族国家主义与帝国主义，相反而相成；国家社会主义所挟以行者，则有生计问题与政治问题，相反而相成。惟无政府社会主义与国家主义，全然不能相入，于国家主义发达时代，颇疑为不适于用。然而生民既倦于烦恼毒害，恚怒而入于此，则亦大同之朕兆也。

以今吾国民所参与，其精神智虑之所停驻，则思想与时代颇有不能相副之病。吾国民所遇，皆为国家主义发达之国民，亦为由国家主义蜕入国家社会主义之国民。国与国竞势，不得不以完全之国家御之。而吾人大多数，其思想卑劣者，则但知个人，而不知国家为何物，不知民族国家主义与帝国主义之相表里者为何事；其思想较开明者，则亦但假国家主义，以文饰其个人主义，非真能洞见民族国家主义与帝国主义离合迎拒之故，而疾趋之者也。其最少数之思想高尚者，则又喜言社会，而不喜言国家，视国家为地狱火坑，视政治法律为刀锯缠索，意以社会离去国家而可以独立存在者。不知今世之竞争，为国家与国家之竞争，欲以无武器之社会抵抗有武器之国家，非其任也。前者之思想，过于后时；后者之思想，则又过于先时。拟之欧洲思想流行之辙迹，则彼方之中存疑实有稍胜于吾人者。

悲夫！生民之祸烈矣。昧昧我思之，有能以真理与事实相调和者乎？则于指导国民冲决网罗之径术，或稍稍得以减轻其危难，而即于平和。若夫超绝事实以追求真理，则真理已溢于世界之外，而吾人乃方窘苦囚拘于官器之内，抑何其不相应耶？虽然，吾谤真理，则有罪焉。若夫瞑眩于个人宫室衣服、妻妾之俸而谤真理，则吾岂敢?!

《神州日报》第一周年纪念辞[①]

（1908年3月1日）

《神州日报》胡然而作哉？必曰乙丙以前政府种种失败之政治事情为之，必曰乙丙以前国民骎骎勃发之政治运动为之。《神州日报》胡然而存立哉？丁戊之间失败者重失败，而国民莫之救也；运动者重运动，而国民亦莫之助也。持此喋喋者以宛转彷徨于政府国民之间，虚而与之委蛇。悲夫！欧美文明各国所谓报馆天职者，以其监督政府也。而今则有不肯俯受监督之政府，以其指导国民也；而今则有不宜坐待指导之国民。谓吾侪诡随政府，则既有所不敢受；谓吾侪鞭策国民，则亦有所不敢居。悲夫！《神州日报》乃缘此，迄今而以第一周年纪念也。

方《神州日报》开始发行时，记者对于政治事情，以为吾欲

---

① 本文载《神州日报》，署名寒灰。

云云者几何事；对于经济事情，以为吾欲云云者几何事；对于所谓民族主义、国家主义之根本解决，以为吾欲云云者几何事；对于所谓国际公法问题、国际私法问题之救急疗治，以为吾欲云云者几何事。曾不几时，而记者所得言者，不及十之三四。记者所得言者愈少，而政治事情、经济事情之蕃变日益多；民族主义、国家主义之流衍日益盛；国际公法问题、国际私法问题之纠纷日益剧。记者日与此蜂出旁午者为缘，则亦习以为常。然而不见其可惊可愕，或虽见其可惊可愕，而亦不得不束缚于适然之绳墨，曾不及一罄其所欲言。记者之负政府、负国民、负海内志士，不既多乎？幸而以一事不负者，则曰丁戊之间，廑克存立。悲夫！《神州日报》以如此而存立，则已微夫其所谓存立也。

抑记者之纪念《神州日报》第一周年云者，非敢以此张吾报纸也，乃实以此纪念吾国民、吾政府一周年中种种生死问题，以此纪念吾国民对待种种生死问题惊恻懈踊、抵角摧丧之情态，以此纪念吾政府对待种种生死问题脂韦搏纵、滑稽俶诡之情态。所谓生死问题者，论其环相牵引、环相孕育，则固日日而遇之矣。而其所以为惊恻懈踊、抵角摧丧者，则常与此不相随属。一问题发生，则叫噪以从之；一问题经过，则淡漠以置之。叫噪者，适然也；而发生、经过者，则固有其根底，有其因缘之可视历焉。善用脂韦搏纵、滑稽俶诡之术者，默悟之而不欲明言之，使吾民易以受也；微示之而不敢宣悉之，使吾民易以疑也。迨其终也，从而为之推波助澜焉。而历史事情，乃一成而不可骤改，计吾民之所叫噪者，其与一问题之根底，相去乃不可以巧历算数，虽政府之胆智乎，抑亦会此蚩蚩者之善忘也。悲夫！以政治问题言之，其在于根本者，则有若满汉问题，有若宪政问题。而其与满汉问题相为缘引者，则有若激烈派之排革问题；其与宪政问题相为缘引者，则有若现在政府种种革新事业之咨政院问题、外官改制问题、财政问题、税务问题、币制问题、司法独立问题、地方自治问题。其受排革问题之影响者，则又有若私运军火问题、长江缉捕问题、两粤近事问题、苏浙枭匪问题；其为宪政问题之中坚者，则又有若集会结社问题、报律出版条例问题、取缔学生问题、国会问题。如是种种问题者，在政府，始之固不急于解决；在国民，亦不闻力求解决，则意者国民其固忘之也。然及政府，一旦欲强行解决，则国民又将稍稍叫叫而从之，如集会结社，如报律，可以觇之矣。以国际交涉问题言之，其已经正式发表者，则有若四国协约问题；其未经正式发表者，则有若英人之巫来由大帝国问题、有若日本之支那总监问题。其已经解决者，则有若北满税票问题、福公司晋矿问题、津浦铁路问题、沪杭甬铁路问题、西江缉捕问题、第二辰丸问题；其未经解决者，则有若东三省中日、中俄矿产、木植、盐业诸问题，间岛问题、湾仔问题、铜官山问题。以其发表者而察其未发表者，其必有发表之一日可知也；以其解决者而测其未解决者，其必有不良于解决之一日可知也。如是种种问题者，在政府固不闻特加注意；在国民亦不闻督促政府，使不得不特加注意，则意者国民其固忘之也。然及政府跋前疐后无可如何，则国民又将稍稍叫叫而从之，如沪杭甬，可以觇之矣。夫此种种问题者，风发涛涌，不可以控抟矣。然若循其根本而求之，非先解决政治问题，不能解决国际问题。对于政治问题，吾国民宜如何挟全力以赴之。且以政治问题根本求之，非先解决满汉问题、宪政问题，不能解决一切问题。则对于满汉问题、宪政问题，吾国民宜如何挟全力以赴之。抑所谓满汉问题、宪政问题者，以为相生乎？则吾国民宜亟以其相生者而解决之也；以为相灭乎？则吾国民宜亟从其相灭者而解决之也。然而国民固不闻出此，直徘徊歧路之间，以相推排游衍而已矣。政府知国民之可狎也，于满汉问题所亟应解决者，则厚取之而薄与之；于宪政问题所亟应解决者，则阳界之而阴靳之。政府既欲颠倒国民，则亦自处于歧路之间，以与国民相为俯仰。而彼上下国际舞台者，审机度势，利用此徘徊歧路之政府、国民，以盈其所欲攫杀援噬者。既无往而不利，而吾国民乃且徘徊焉，且叫号焉，如是而止矣，无他事矣。悲夫！歧路非独亡羊也，乃以亡其社稷。仁者哀之而不能孩之，智者见之而不能辨之，勇者遇之而不能援之。无旗帜鲜明之国民，则亦无旗帜鲜明之政治事情；无旗帜鲜明之政治事情，则亦无旗帜鲜明之新闻记者。言论自由之坛坫而至于此，喜其惫矣。行有枢言，有宗舆齐偕人与汨俱出，而不见其枢。一纵一横，一阴一阳，而不见其宗。新闻记者之所职，俳优也欤哉！人谓之而□，宁可以社会事情陶冶己意，不得以己意陶冶社会。新闻记者之所职，机械也欤哉！人也者，恃群而生，离立于围困事情以外，则将失其躯命。新闻纸之躯命，固亦不能离立于国家社会事情以外。然则《神州日报》第一周年之躯命，固犹将以俳优机械而得之也。

西人之论新闻事业也，与吾党诚异。新闻者，政府之畏友也。然不为其畏友，而且为其狎客，如何？新闻者，舆论之导师也，然不为其导师，而且为其执御，如何？罔两问影曰：曩子行，今子止；曩子坐，今子起，何其无特操欤？影曰：吾有所待而然，吾所待又有所待而然。新闻记者无特操矣，则强颜而诿之曰所待。所待者又无特操矣，则强颜而又诿之曰所待。虽然记者于此逡巡焉，踯躅焉，亦尝欲以其无特操之俯仰诎申，而存其所谓特操者。然而用心愈褊，为途愈窒。以其沉实而驭其迷离扑朔，则不如其决破藩篱而出之也。既已终不可决破，则不如其吐纳新故而任之也。或则以其昭昭，或则以其昏昏，苟非吾党之所揭橥也，则亦可矣，是则记者之罪也，是则记者之罪也。

抑记者于此，重有喜焉，重有忧焉。政府欲栅断言论自由也，非一日矣。暂行报纸条例出矣，而继之以报律，纤察其所为，诚足以妨害新闻事业之发达。《神州日报》第一周年，几几可以徒冒禁纲而或有其赦之者。以今条例明白检察实施，则其赦之者将愈多矣，此其所以重为喜也。虽然以报纸日益见赦于新闻条例，则国民所欲言者与其所得言者，抑大可知矣。苟海内父老兄弟而有其忧之者，则记者又恶敢言喜？乃为词以宥其过而祝之曰：

> 报汝来前，汝生命兮幼稚，而趣舍兮支离。谓汝不飞不鸣兮，非汝志之所期；谓汝欲引吭抗节以惊人兮，又非旦夕之所自为。亶闷闷漠漠以与世报往复兮，将凤德之就衰。惟忌者之所宽假兮，亦壮夫之所游戏。倘逢怒而不谓然兮，憺余情之所寄。苟□□□□不中兮，容相引于久长。哀高邱之无女兮，樆申椒兰茝以为芳。芳固不可摄兮，莸亦不可服。谅非耿轶志以自持兮，又安能与天地而终毕。重曰：天佑神州，沉汝扬汝，丰汝昌汝，寿汝臧汝，轩汝輊汝，不使汝覆羹触讳以自戕兮，亦不使汝忍尤穰垢以自污。苟日月英丽、江河混沌而如故兮，安知不为晦夜之流乌？

论苏浙人士当纠问苏杭甬路事行政上之责任[①]（1908年3月10日）

沪杭甬合同，以今月初四签押，于是苏杭甬问题，一变为沪

① 本文在《神州日报》论说栏发表，署名寒灰。

杭甬，而交涉事情，小小告一结束。不知我苏浙人士之对于此事也，果以苏杭甬借款为必不可摇之铁案乎？抑以为因缘外交当局者之无能以至此乎？果以沪杭甬借债合同为可以斩截葛藤乎？抑以为外交当局者之掩耳盗铃而终必贻后悔乎？如以借债为铁案、沪杭甬合同为万全也，则愿我苏浙人士当更细求其所以然；如以借债非铁案、沪杭甬合同非万全也，则愿我苏浙人士于讲求善后事宜之始，首先纠问此事行政上之责任，以为惩前毖后之计，请言其说。

去岁苏杭甬事件抢攘叫号时，大率集矢于外务部，若袁世凯，若汪大燮，若邹嘉来，甘以一身为众矢之的，于事固宜然。论者止知归咎现在之袁世凯、汪大燮、邹嘉来，而更不追咎已往之袁世凯、汪大燮、邹嘉来。有以见吾国人绌于原始要终之智焉。据苏杭甬档案求之，最先贻误者为李傅相。然李傅相于此，乃政治上之责任，非行政上之责任。吾人当分别观之，其迁延濡忍、坐失事机，应首当行政上之责任者，实为庆邸及滥竽外部堂官之那桐、唐绍仪诸人。无庆邸之万事放废，无缘而有盛宣怀之草合同；无那桐、唐绍仪辈之将顺外人促成九广，亦无缘而有英使之催订正约。苟欲追寻此事之所由成，不得不蔽罪庆邸及唐绍仪诸人，如袁世凯、汪大燮、邹嘉来、恽毓鼎，特其最后之死心塌地、推波助澜者耳。

在外交当局诸人以外，其最宜负责任者莫如盛宣怀。何则？苏杭甬草合同之受病，实原本于沪宁。盛宣怀既以沪宁路约移祸苏人，又以沪宁余弊移祸苏浙。及至商办局面完全成立，外交棘手，众论大哗。盛宣怀始则深秘银公司之复答，以构成英商允废之幻象；继则宣言收受银公司之复答，以构成英商始终不允之幻象。究竟银公司果有复答否？不可得知。即有复答，果足以为不可废约之理由否？亦殊不足信。盛宣怀在汉口之宣言，与其入京后之议论，判若两人，揆厥所由，不过为觊得部臣一席地，而其靦然为此，贻误路事，罪固不在庆邸、那相诸人下也。

至于袁世凯之简任外部，负天下望久矣。而苏杭甬外交失败乃出国人意外。闻英使对于袁世凯实有生死肉骨之私恩，故英使之所要求，但有从顺而无抵抗。不然，则以去岁银公司年报观之，银公司诸股东实无意固获苏浙路权。且即银公司有固获路权之意，固不能以国民全体之主张，指执英使。英使无国民后援，亦不能坐制外交胜利。然则银公司不必得此路权，英使亦不必得此路权。惟因有昵就之之袁世凯，而铁券乃成；有仰袁世凯鼻息以分润利益之汪大燮、邹嘉来，而铁券乃成。故论此案之归宿，则袁世凯尤其不宜末减者也。

今日者，路约成矣。而外务部、邮传部电致苏抚，乃反侈然以不立查帐人、不令银公司认可总工程师二节，见德色于苏浙公司，欲以此易取七厘利息。吾不知此七厘利息，理由安在？部臣之见德色于苏浙公司，理由安在？今日苏浙人士若非声外交当局者之罪案，要求政府早伸国法，则彼猾黠者，方且以卖路鬻权之鄙夫，趾高气扬，操纵国是。沪杭甬路权丧失，不可复回，乃更得有余地以凌轹股东，吸收膏血。呜呼！邬、汤、倪诸烈士杀身殉路之奇悲，仅仅成一斫丧国权者分肥丐润之结果；苏浙股东节衣缩食之巨款，仅仅成一斫丧国权者操奇计赢之利市耶！今日一切善后方法，非复可以完全享有此路权也，不过扶持此鸟鼠同穴勉强图存之商办公司。欲扶持此商办公司，不可不拒绝七厘利息，既不能明正卖路诸人之罪，又使彼磨牙吮血者得以有辞。呜呼！孰谓苏浙人士而尚有面目者耶？

且夫福公司矿案之完结，相距月余耳。福公司约竟废而沪杭甬约竟成，吾不知所谓拒款诸君能力安在？福公司约废，而胡聘之、贾景仁、刘鹗，不能幸免于罪戾；沪杭甬约成，而庆邸、袁世凯诸人，则欲得七厘利息，盛宣怀则已博取一中央行政官，即代表亦将分一脔焉。汪大燮、邹嘉来、恽毓鼎之高踞要津，弥复计日可待，实则以路权易之，以七厘利息贸之耳！吾不知所谓拒款诸君清议安在？诸君而热心路事乎？此其最后之时矣！诸君而欲讲求善后方法乎？此其预事之术矣！不然，孰谓苏浙人士而尚有面目者耶？

殉路诸人其不瞑目乎[①]（1908年3月11日）

孰谓拒款会而无成功者？沪杭甬合同则已签押；百五十万镑外债则已号称部借。孰谓代表而不名誉者？邮传部则已议调杨廷栋；津浦铁路任事人员则已议擢用许鼎霖。孰谓苏浙人士属望盛宣怀而无价值者？邮传部侍郎则已首膺特简。

朝廷之以邮传授盛宣怀也，以其才耶？则芦汉铁路投入外人势力范围贻误深矣，而未已也；又继之以沪宁，沪宁贻误深矣，而未已也；又继之以苏杭甬。谓苏杭甬草约效力，消灭于银公司之不答，其说信乎？则银公司之复答，胡然而出现？谓苏杭甬草约效力，存在于银公司之复答，其说信乎？则盛宣怀决不置身事外之素心，乃亦几几主张废约。然则朝廷所以才盛宣怀者，不过以其诪张为幻，能缓和抵抗外债之风潮，愈缓和则外债愈易成立，而外务部主张外债之目的愈易圆满。质言之，则盛宣怀者，即拍卖沪杭甬之掮客，交易即成，则掮客居间之利益，亦必最先享受。

---

① 本文在《神州日报》论说栏发表，署名卖痴生。

邮传部侍郎乎？直一酬谢掮客之用钱而已矣。盛宣怀于此，笑骂由他笑骂，好官我自为之，其得意可知。循是以往，则此次参与路事诸人，若汪大燮、若邹嘉来，皆将沿盛宣怀之例以取贵仕；代表苏路、浙路诸人，若张元济、若许鼎霖、若杨廷栋，又将随汪、邹之后，以取贵仕。苏杭甬路问题，固适为识时务者绝妙之机缘。凡其攘臂瞋目矜言废约者，彼其意中盖早有以偿之。然则吾国人权利思想之发达，于此益见，在盛宣怀固尤可为此曹之代表者耶？

虽然，吾于盛宣怀无责焉尔矣，吾于政府亦无责焉尔矣。夫废约则竟废约耳，拒款则竟拒款耳。政府谬言之曰转圜，国民亦谬言之曰转圜；政府谬言之曰部借，国民亦谬言之曰部借。既承认政府之所为，又复盘马弯弓，撒娇作态，以鸣其智，则又安禁此曹之乘机以要利者？然则今日使盛宣怀得美官者，非政府为之也，亦非盛宣怀之手腕为之也，曰国民耳；他日使代表诸公连翩得美官者，非政府也，非代表自为也，亦曰国民耳。以如此之国民，而号称拒款，夫安得不使诸公利市也！

悲夫！李培仁一死而福公司矿权竟撤，凛凛有生气焉。邬、汤、倪、许辈殉路诸烈士一死而外债竟成也。非邬、汤、倪、许之义愤，不如李培仁，而盛宣怀诸人之智或过于山西代表也。悲夫！殉路诸君而可以瞑目乎？则吾于盛宣怀及将来之继盛宣怀而得富贵者，又何病焉，又何病焉?!

记白人暗杀事件列表[①]（1908年4月4日）

记者得游欧友人书，历举欧美暗杀事件。自十一世纪起以迄

① 本文在《神州日报》论说栏发表，署名卖痴生。

于今岁，其以享有政治上之特权被刺死者四十八事。而自十七世纪以前，仅得十事；十八世纪，乃得二十二事；十九世纪开幕仅八年耳，而暗杀党人之活动，已得十有五事。其被发露未及成事者，尚不在此数，何其烈耶！嗟夫！白人之抵抗强权也，揆其行事，疑若出于个人忿怼之所为，然要其成功，则能使霸者变色却步而不敢以身命为孤注。此求吾国历史上固不多见。盖侠武陵替，固有自来，而以民俗风声习惯之殊，酿为富强贫弱之判，则其原因，固有可对镜而得者也。列表如下：

年　月　日	被刺者	刺客
纪元前三月十五日	该撒	高斯格及他人等
纪元后		
一一七〇年十月二十九日	英国康德堡大牧师彭柯	
一四三七年二月二十一日	苏格兰王奇莫时第一	
一五四六年五月二十九日	英国大僧正皮登	
一五八九年八月初二日	法王亨利第三	高里蒙
一六一〇年五月十四日	法王亨利第四	罗逢线
一六二八年八月二十三日	英国彭古恒公爵	佛尔登
一六三四年二月二十五日	奥国大将华而贞	白德伦及他人等
一六七九年五月三日	苏格兰大牧师谢浦	
一七六二年七月十七日	俄王彼得第三	
一七九二年三月十六日	瑞典王古时德第三	
一八〇〇年六月十四日	法国大将高鲁本	
一八〇一年三月二十四日	俄王蒲尔第一	
一八〇八年（月日未详）	土耳其王西里门第三	
一八一二年五月十一日	英国首相濮西文	波里恒
一八六五年四月十四日	美国大统领林肯	蒲斯
一八六八年六月十日	塞尔维亚亲王明伦西	

一八七〇年十二月二十八日	西班牙大将潘林	
一八七一年五月二十四日	巴黎大牧师陶明	
一八七二年二月八日	英国印度总督梅义	
一八七六年六月四日	土耳其王亚德尔	
一八七八年八月十七日	俄国大将南新志	史登尼
一八八一年三月十三日	俄王亚力山大第二	苏菲亚等
一八八一年七月二日	美国大统领高菲尔	柯登
一八八二年三月二十一日	俄国大将史铁林	
一八八二年五月六日	英国爱尔兰事务大臣高查鼎	
一八八三年十二月二十九日	俄大将苏定古	
一八九四年六月二十四日	法国大统领葛尔诺	无政府党克丧友
一八九五年七月十五日	坡加利首相史登坡	
一八九六年五月一日	坡斯王南时	罗石
一八九七年八月八日	西班牙首相柯史登	无政府党某
一八九八年九月十日	奥大利王后伊利沙伯	无政府党卢勤力
一九〇〇年七月二十八日	意大利王安伯	无政府党革大恶
一九〇一年九月六日	美国大统领麦坚尼	无政府党查古斯
一九〇二年四月十五日	俄内阁大臣徐屏动	濮蒙新
一九〇三年六月十一日	塞尔维亚王亚历山大第一及其王后	
一九〇四年六月十七日	荷兰总督蒲尔康	
一九〇四年七月二十八日	俄内务大臣杜本甫	
一九〇五年二月十七日	俄大公爵沙琪	康鲁行
一九〇五年七月十一日	俄莫斯科市长西佛鲁伯爵	
一九〇六年七月十六日	俄大将亚里格	
一九〇六年八月二十六日	俄大将明氏	女革命党顾乃屏

一九〇七年正月三日	俄京市长陆尼志	
一九〇七年正月九日	俄大将贝鲁佛	
一九〇七年二月二十七日	俄内阁大臣彭古礼	
一九〇七年三月十一日	波加利首相彭古甫	
一九〇七年八月三十一日	波斯国首相亚明	
一九〇八年二月一日	葡萄牙王及太子	毕夏克斯德等

记者曰：据上表观之，暗杀事件出俄国为最多。除共和国若法、若美得数事以外，其他乃皆人民与专制政体君相之战争。然则专制国之幸福，固莫大于幸免仓猝之丰祸者耶？吾闻俄皇之保守专制政体也，固无所甚乐，即其贵族之拥护专制政体也，抑亦无所甚乐。然而祸变相仍，终已不悟。以此可见，怙权据势者之难于割舍，而欲借卑辞侮口以移易国是者之疑于世效也。虽然，彼白人之为此，则又有进矣。仇专制政府者，以暗杀；仇共和政府者，亦以暗杀。彼俄皇之愓息不安，固将以厚饕其威福玉食之宠灵，若大统领则遽有是焉。然以无政府主义之波澜横溢而至于如是，则夫地球各国政府以粉饰专制政体为藏身之固者，其又可以久长耶？苟当局者而观于此，抑亦可以知所自择矣。

时事小言[①]（1908年6月19日）

善泅者，必死于水，人固有以黜败者。观于昨日之上谕，而得见政权争夺之一小段落焉。

自瞿鸿禨入枢府以来，碌碌无所表现，然其与庆邸、直督相遇，颇能恃机警以自卫。庆邸以其忮而瞿以其谲，直督以其坚强

---

① 本文在《神州日报》论说栏发表，署名寒灰。

而瞿以其柔韧。其于庆也，阳附之而阴掎之；其于袁也，始摈之而终纳之。以彼其术周旋于庆、铁、袁、徐之间，乘间抵隙，常制其胜利，似可以久踞要津者。然而卒以此败，则非其术之不售，而怨毒之必有所泄也。

瞿氏之为术也，于个人权利之轻重，测之甚精；而于国家政治上则以不立异同为主义。于是政界中之想望革新者，遇之而无牾，政界中之主张保守者亦遇之而无牾。与之言立宪，则彼宜若可以言立宪；与之言非立宪，则彼宜若可以言非立宪。卒之，七月十三装点门面之改革，借是以成，遂为此公生平最得意之手笔，而政界中波澜回伏之状态，乃由是以益纠纷而未有定。

今夫袁、徐之不相得也，其动机之所在，若可知，若不可知；袁、铁之不相能也，其动机之所在，若可知，若不可知。使二者有一胜，固举非瞿心之所喜；欲使二者两败，则又非瞿力之所能为。于是常权衡于胜败离合之间，而处于其锋刃之所及试。此次敢于掎庆而不顾其后者，盖非挟全力以夺袁、铁之所倚庇，则必不可以久于其位，固不惜出最后之决心以为之也。

设由此事以测将来袁之势力，将由此而恢复耶？则亦非铁之所欲。铁之势力将由此而增进耶？则又非袁之所利。从前袁、铁之竞争，所以不甚激烈者，盖有瞿居于第三人者之地位以掣动之之故。此后则已排去第三者之竞争，而为袁、铁二人之竞争。前者一小段落告终，而后者一大段落又将开幕，此其可预期者。

瞿之与袁、铁二人相竞争也，专倚慈眷；而后此袁、铁之竞争，盖将各倚疆臣以为外援。瞿之与袁、铁二人相竞争也，专倚机权；而后此袁、铁之竞争也，盖将兼倚军事上、经济上之实力以为后援。瞿之与袁、铁二人相竞争也，专在禁近；而后此袁、铁之竞争也，盖将兼倚外交，其影响之所牵及，殆将百倍于瞿。

呜呼！数年来万事堕坏、病入膏肓，究其原因，未必不以瞿尸其咎，乃一瞻顾后此政界之恶剧，又将有十倍、百倍于此者。吾侪小人，将安所侧足也。

《民呼日报》宣言书[①]（1909年5月15日）

呜呼！《民呼日报》何为而出现哉？记者曰：《民呼日报》者，炎黄子孙之人权宣言书也。有世界而后有人民，有人民而后有政府。政府有保护人民之责，人民亦有监督政府之权。政府而不能保护其人民者，则政府之资格失；人民而不能监督其政府者，则人民之权利亡。古往今来之为民上者，往往恃其有无上之魔力，对于人民而为不道之行为。上之人既时时专一凭借政柄，蹂躏民权之心法；下之人亦必时时存一窥伺时变，湔涤仇耻之感情。郁之既久，乃必发，联合万众之同意以求逞于一二人。当乎此时，欲设一策焉，以巩人民之藩篱，使官吏无所施其伎俩者，其道匪一，而要以舆论为之先驱。

当欧洲中世纪时，其政界之黑暗，固与我国同也。政府昏乱于上，人民颇颔于下，辛苦垫隘，无所控诉。然未久而欧美诸民族，卒能一跃而登春台者，则恃有善知识之人，创为报纸，辟淫邪，倡公理，以为舆论之代表，使读者咸慷慨兴奋，知民为国家之本，无民即不能立国。相推相衍，进而弥励，以保有此人权也。是以林肯为记者，而后美洲释黑奴；格兰斯顿为记者，而后爱尔兰谋自治；巴枯宁为记者，而后社会主义盛行；噶苏士为记者，而后匈牙利谋独立。盖报纸者，舆论之母也，造因之无上乘也，

① 本文署名蹈海子。

一切事实之所由生也。泰西诸国，今日能享自由之乐，而胎文明之花者，皆报纸为之也。

虽然，在人者既如此矣，而我民族之现象则何如？我政府之现象则何如？我国报界之现象则又何如？危险！危险！谁则使吾侪至贫极弱，日沦于九幽十八狱者？则必曰：欧美诸国挟其雷霆万钧之力，以吸我脂，监我头脑也。苦痛！苦痛！谁则使欧美诸国吸我脂、监我脑，使我为间接之奴隶者？则必曰：朝秦暮楚之政府，迎新送旧之官场也。自东西交通以后，数十年来，政治事情失败又失败，而政府不之顾也；压制重压制，而国民莫之觉也。至于今日，凡一问题出现，为官吏者，则依违澳淴以应之；为国民者，则彷徨婉转以从之。当其前，则躄踊以言之；过其后，则淡漠以置之。徘徊于生死之间，而呼号于歧路之侧。政府知吾民之易与也，凡于诸问题之应解决者，则阴靳其实，而阳畀以虚名。外人又知吾政府之易与也，凡于诸要求之新发生者，则自处以伎师，而居人以傀儡。悲夫！吾国民今日不种良因，异日必受恶果，为奴之痛，无形之分，受其害者，非官场，非政府，固吾四万万同胞也。

至疆吏之凶顽，兵士之淫暴，差役之烦苛，吾民族殆无日不在殷忧痛苦之中。多一新政，即为不肖者辟一幸进之门；开一捐输，即为在上者添一求生之路。假转绿回黄之手段，以副其朝三暮四之心思。综最近时势观之，在在有内外交迫之势。其在内也，则有所谓王芝祥虐杀桂民问题焉，则有所谓广安州刑讯教员问题焉，则有所谓浙人犯革党嫌疑而被逮问题焉，则有英捕械毙商民、印人奸污乡女诸问题焉。其在外也，则有所谓滦矿问题焉，则有所谓英人干涉借款问题焉，则有所谓东沙岛、间岛问题焉，则有所谓澳门划界、俄斥华工、荷纳身税诸问题焉。波谲云靡，迭起环生，我民族日蛰伏惊涛骇浪之中，婉转于刀俎砧砺之下。在民上者方且日事淫乐，莫之或闻，甘赠礼物于他人，决不造幸福于民族。人嬉游以待死，国辗转其将亡。

国民之舆论与政府之政策，既立于两不相容之地位，凡国民之所谓内政，所谓外交，为政府诸人牴牾复牴牾，退让复退让，而有阳亢阴凝之象；凡国民所谓生计问题，所谓社会改革，又为政府诸人朘削复朘削，紊乱复紊乱，而有上惨下黩之灾。其所恃宣郁抒滞，以稍餍人心之愁苦者，仅仅赖有十数报纸。然而此十数报纸者，或则以经济之未充，或则以势力之不足，苟且迁就之既极，乃至为官场之执御者有之，为外人之俳优者有之，为三数人之傀儡者有之。呜呼！欧美各国之所谓报馆者，以其性质监督人，而非为人所监督者也；以其地位移人，而非移于人者也。以吾国报界之现象如此，国民之程度如此，无新鲜活泼之民族徽章，则亦无新鲜活泼之新闻坛坫。求其有一为民请命，大声疾呼，必违其目的而后已者，则必生出种种方面之反对，而反对之甚者莫如官场。夫报馆者，固平民之代表也。平民者，又与贵族立于反对之地位者也。第三种族之沉沦至于此极，而望第四种族之新产儿出世，能乎不能？

不才之生，三十年矣，弱冠后即投身报界。独居深念，以为吾对于政府，有欲痛哭而陈者若而事；对于国民，以为吾欲婉转而道者若而事；对于种种大问题，以为吾欲从根本上解决者若而事。然而究其既也，吾心之所欲言，而又有不能言、不忍言、不敢言者。即有言，亦大抵嗫呢咿喋以言之。所可言之事日少，而蕃变丰祸之交逼于吾前则日多。负我同胞，其罪固无可免也。

第念吾同胞三千年来，已受厄于独夫民贼之手，莫或一伸，而今者又并区区言论权亦不可得。爰用愤激，纠合同志，创为此报。经济之困难，材料之缺乏，均不暇顾及，窃取夫差所谓勿忘越人杀尔父之义，锡以嘉名，命曰“民呼”。自今日以往，凡官吏有盗卖我路矿、污辱我国体者，必号泣陈诉于四万万同胞之前，以求裁判焉。凡外人有觊觎我主权、侵削我领土者，必反复开导于四万万同胞之前，以求挽回焉。更发呓语，以此报出现之日，即私人机关报消灭之期。凡向之所欲言而不敢言、不能言、不忍言者，皆将于是乎昌昌大言之。言之而为召侮，为触忌讳，是非不才所敢知也。乃为词以祝之曰：

繄颢素柔祇之嚣嚣樛樛以亹闻旭卉兮，氤氲旁魄苞物而湇阳。骸回迕以纷错兮，竭我生之所当。时日忽乎晻以遒逝兮，虹虮旬始般以陆梁。直北辰之方醉兮，痛乎生民之靡常。朕绕树三匝而无枝可依兮，天帝下鉴而悲伤。昆仑之山有狮子夜吼兮，曰天书下降，民呼之报将出现于兹乡。列缺霹雳下扫蒙雾兮，廓黄天而清明。犀镜闪烁镠以成辉兮，闪尸魖魃跮以回皇。予将大声号呼，鞭弱水使西回兮，叱曜灵使更光。夺纛而舞，以摅殇遏忝，使此报为晦夜之流乌兮，天祐吾民，必轩汝䙴汝，拯黄胤兮戬康。

泣告汉族四万万同胞[①]（1909年9月10日）

《中兴日报》编者按：三户遗民此书，滴滴血泪，吾同胞读之而不发深省者，真非人也。

霜露惨其交下兮，
心尚幸其勿济；
霰雪纷纷其交糅兮，

① 本文载《中兴日报》，署名三户遗民。

乃知遭命之将至。

自海禁既开，欧风紧急，亚云惨淡，权利之断送，外人之骄横，史不绝书。岁无虚日，此数十年间外交事迹，无在而不令人伤心矣。

近自日俄战争结局，时势更非，外祸益迫。蕞尔日本，竟不自度德量力，挟战胜之余焰，而有席卷东亚之志。长蛇封豕，阴谋急急，既墟韩社，且更扩其范围，公然擅取我矿产，霸筑我安奉，侵略我间岛。他如辰丸事件、东沙事件，均厚颜自恣，既损我之法权领土，而反要我赎偿。从古至今，强敌之不法，未有过于此者。然此犹其彰明较著尽人能知之事，此外如潮汕铁道，则暗投资本，阴为垄断占取之谋，襁负小卖之遍布各省，皆荷侦探之任；又如同文书院学生之蓄发华装，长辫拖地，尤为明目张胆；又如海军标名曰“长江队”及某某队，分投我国，其用心之险，用谋之深，更为不可思议，俨若我国同于彼之领土者。凡此种种狡谋，千变万化，几于无孔不入。我国之人，早已述之痛心，闻之疾首。盖日本抱莫大之野心，其亡人家国手段，较之欧西，殆有加甚。近数月来，三韩之兵符、刑讼等主权，又归消羁其太并，灭有上皇于三属之说，箕子之遗胄从此斩矣。彼之东封既遂，必且肆其西封，满韩原属唇齿，唇亡齿寒，此吾所以于韩之亡惊为天动地坼之变也。今咄咄之势，又逼人矣，安奉铁道彼竟以自由敷设之通牒，顽然贸然，由其伊集院送交清外务部。呜呼！吾国竟甘受之，吾国尚能称国耶？夫国于天地，必有与立，人民、土地、政权三者实为立国根本，丝毫不可假借于人。故一切对于人民、土地、行政之权，惟在本国可以本乎国法而自由行动。今清政府于此三者，已稍不自由，故国运已极危殆，而彼日本之在我国领土内乃转得自由行动，然则吾国尚复能成国耶？呜呼！阳历八月七日，日本在安奉自由行动之始，即吾亡国劈头之大纪念日也。盖今虽为竞争世界，然无论何等小国弱国，彼其死保疆土，必不许他强国于其疆土内自由行动；其有受外人于本国自有行动者，必其国既亡而后可。质言之，自由行动乃施之已亡之国者，而不能施诸未亡之国也。故英之于印、缅，法之于安南，俄之于西伯利亚、波兰，日本之于朝鲜，美之于菲律滨，无不可以自由行动。因此数地，久无独立之资格，且并不可以称国，则凡占其土地者，可视若无人之境，欲如何便如何，孱弱之遗黎，固莫敢谁何也。若在我国，清政府虽柔弱无能，而主权之名义尚存，土地亦未尽折入他人之手，是立国之元素，尚属完全也。乃今日本竟敢悍然不顾，不俟清政府协议，而竟肆行无忌，且敢倡言自由行动，视国际公法如弁髦，视清政府如赘瘤，视吾四万万同胞如无物，此诚我国莫大之耻与不世之辱。弥天之惨毒，切肤中膑之苦楚，清政府即甘受之，而吾国民则当永矢弗忘，而决不可与之共戴此天此日者也。况夫此种事例既出，其贻祸于我国者，尤不可不知其究极。据日本各新闻，已传有某某国极赞成之者，后此即可如法炮制之谓也。呜呼！日本此事绝不闻有他国起而反对，吾同胞试思之，各国之对安奉，但慷他人之慨，无所用其爱惜乎？抑后此可以援例自由行动，不费丝毫气力，即能坐致瓜分之厚实，因而出于赞成乎？伸手则攫，择肥而食，于安奉可以自由行动，则何地不可自由行动？何铁道不可自由行动？何事不可自由行动？呜呼！再过几时，行将见英必自由行动于云、贵、川、藏及长江流域；德必自由行动于山东；法必自由行动于滇、桂；俄必自由行动于新疆、蒙古；其余如美、如意、如比、荷、瑞、西、葡，亦必于其所欲染指之处而自由行动。一旦祸机再发，不崇朝而瓜分豆剖，靡有孑遗，举吾国之大地山河，皆有陆沉之惨，举吾同胞四万万众，适为他人奴隶牛马之资。是则吾同胞所为早夜孜孜，以拒外款外力，冀欲完全国权，得为完全独立国国民，以驯至于富强者，自有此次日本之自由行动，乃悉为其摧灭无余矣！事既至此，吾人诚痛清政府之不胜其痛，虽然徒咎之亦属无益。第鄙人今有一言为我同胞告者，吾同胞日日言爱国，今彼日人乃欲使我终至无国可爱，不恤用其强力，以自居于亡我灭我之祸首，此祸首之为吾同胞公敌，无待言矣。若吾同胞对此祸首犹欲默而息乎，此诚束手待死之愚策。谅吾同胞虽以愚蠢见诮于外，亦当不忍出此。然则今日补救，惟视吾同胞实行之力何如，多一分实力，即可缓亡一日。盖彼外人纵轻清政府，而决不敢轻吾同胞四万万如许之众。吾同胞苟能万众一心，各以个人能力所到，决报复于祸首公敌，则彼向日赖吾同胞之财以纾其困而忘其所自转以侮我蔑我者，必将因此而受经济上之痛苦，以自杀其暴力。列强观之，亦必以吾四万万众为不可侮，而少熄其贪欲，则吾国之受祸，或能少纾一日，此固今日救死之唯一法也。惟是此事不重在议论，并不重在口说，直凭吾人爱国之心理，万矢一的以相实行，使彼之商业受涂炭之影响可矣。不肖因祸至无日，急谋自保，已将此书印刷数十万，分授各省同胞，以为警醒之助。今更求贵报揭出以辅对于海外各地印刷物传达之不及，而求吾同胞火速赞成。三户遗民泣叩。

日俄协约关系于中国之前途[①]（1910年9月1日）

呜呼！满洲发祥之土地！

---

① 本文于新加坡《星洲晨报》1910年9月1日至16日连载，署名遗民。

呜呼！中国锦绣之山河！

日居东瀛三岛，俄处欧亚一隅，其眈眈逐逐于中国也久矣。甲午之役，清为日窘，日人遂举韩国而攫入囊中，东三省一隅亦几攫为己有。俄人梗阻于其间，日以慑于强邻之故，卒不遂所欲。日俄之嫌遂由此而生，而卒也构衅兴兵，以东三省为角逐之地，清国亦无可如何。乃俄为日蹙，于是媾和订约，括东三省于两国势力范围之内，满洲以北归俄，满洲以南归日，视东三省一地，为日、俄二国公共之物矣。前岁美人以中国各行省，列强皆视为俎上肉，于是有满洲铁路中立之议。乃所遣之公使，以事机不密，中途饬回。老于外交者，已料美国对于东方政策，必形棘手，无何而事果入于逆料者之中。迨伊藤入满，虽突被刺毙，然日人方期期以为无改其政策。事越数月，而伊藤入满之密谋益露，外人之关于远东者，已知其协约之立，有所由来也。论者为满洲之前途惜，而记者则更为中国之前途哀。

今者日俄之协约已成矣。日以区区之三岛，人仅及中国十分之一，一旦发奋为强，而雄飞宇内。昔之为列强所小视者，今则一跃而与列强并驾齐驱矣；昔之为列强视之犹中国者，今则与列强而侵入中国矣。呜呼！吾中国人何不幸生于此时代，睹此日俄之协约也！呜呼！吾中国人睹此日俄之协约，吾不知是否有自危之心也。时事亟矣！大局危矣！记者虽笔秃唇焦，然亦不敢忍气吞声，不即就日俄协约之寥寥数条，宣布于外者，为我中国同胞奔走呼告。

第一条　两缔约国希望利便列国交通及畅达列国商业，兹约互相友好，协力改善各于满洲所有之铁道，整备联络之义务，并约不起上开目的遂行〈于〉上有害之一切竞争。

按此第一条，开宗明义则曰，两缔约国希望利便列国交通及畅达商业。乍而观之，似为列国之大局计者。夫列国交通之利便及商业之畅达与否，于日、俄何与？而以利便列国之交通及畅达商业，耿耿于怀者，何日、俄之对于列国，如此其情殷而谊厚哉？东三省者，清国之领土也，年年添设各官，不遗余力。所谓督抚也，司道也，皆守东三省此土、治东三省此民者也。东三省而欲利便列国之交通及畅达列国之商业，领其土者，自有权衡，无劳日、俄二国惟日孜孜而代庖越俎也。以东三省主人而论，其于地方上之建设，日、俄虽逼与为邻，然亦当退让而处于列强之列。整备铁道联络之义务，为地主者任之，安在其夺人之义务以为己义务也，舍己之田，而耘人之田，若非大有利益于己者，何乐而为之？日、俄之野心勃勃，久已为旁观者所注视。今乃明揭而为之，盖亦以清国之若君若臣，日言维新，而日益泄沓，日言勉励，而日益因循。当此四面楚歌，祸来眉睫，岌岌不可终日之秋，犹复粉饰太平，湖山歌舞，有以召之乎？世界中几见有完全主权之国，而地方上之建设，亦为他人行动自由，而绝无一言与之商也。去岁安奉路事发生之时，中国人之所以奔走呼号，求设法对待之者，诚亦以日人无餍之求，一任其行动自由，则挟其帝国主义者，纷至沓来，而安奉路事第二又见耳。

而果也距安奉路事甫及经年，而日俄之协约成立矣。东三省既为日、俄势力范围之内，则锦瑷铁路，为经营东三省者所必争，事之必至，亦势所必然也。盖锦瑷路线，南起于锦州，北达黑龙江城，蜿蜒数千里，为南满洲东清以外之大干路，贯东三省之全部，引而伸之可通欧亚。彼之所谓希望〈利便〉列国交通及畅达商务，以绝好名词，炫人耳目者即此也。自美人合资建筑之说起，日人戚戚然惟恐列强之破坏其觊觎东三省之谋，心常岌岌不可终日。于是筹所以对待之策，尽捐前嫌，遣重臣与俄密议。而卒也干涉者之手段，究不若抵抗者其智之速而且神。曾几何时，而合资建筑之说，已如烟之消、云之散矣。以今日日、俄之协约而论，其第一条，一则曰，利便列国交通及畅达商务；再则曰，协力改善各于满洲所有之铁路，整备联络之义务。其所谓联络者，所包甚广，将来干路既成，枝路互出，提纲布网，密若蛛丝，凡由满洲而及他处，与之相通者，皆可谓之联络也。彼不曰整备在满洲境内联络之义务，而曰整备联络之义务，微特举东三省利权为其垄断而有，且举中国各行省之利权，亦为其垄断而有。明目张胆，讵只目无清国，且并目无列强也。举第一条而言之，岂独关系于东三省之前途而已哉？一亡再亡，中国之前途，不知何日始观光天白日之象矣！

第二条　两缔约国，兹约维持尊重从来日、俄两国间及日、俄两国与清国间之一切条约所定之满洲现状。

按此第二条，日、俄两国各相维系以制清国之死命者。清国泄沓因循，既不求内治，复不讲外交，试问自列强交通以来，其因订立条约而节节失败者，何可胜举！日、俄两国逼处于满洲一隅，交涉之事，比诸他国尤指不胜屈。以今日病入膏肓，奄奄就毙之清国，即其力非不能举一羽者，以之与清国角，安在清国其所能操必胜之券也？以彼日、俄两国之一，挟其强权以来，已足制清国之死命而有余，而况相缔为约哉！夫清国之与日、俄订立条约者亦多矣，有限期未满之条约，有限期已满之条约，一言以蔽之，亦曰许以权利而已耳。彼之所欲者甚大，未许之权利犹思攫为己有；既许之权利，安得不维持尊重之哉？且彼之所谓“从来”者，所括甚广：凡自交通以来，经所订立之种种条约，其限期未满者，维持尊重，固不待言；即限期已满者，安在不可以“从来”二字，提出而力争之，使当日之条约继续进行而无已止，以杜绝清国修改之权哉？嗟夫！彼之协约自协约可耳，而必曰“从来日、俄两国间”，与“及日、俄两国与清国间之一切条约所定之满洲现状”。所谓“从来”，所谓“一切”者，不知其从几时而来？不知其何种之条约？不一一标而出之，混朦如是，野心勃勃，一般之诡谲外交家，司马昭之心，夫亦路人皆知矣。虽然，彼之故为此语者，其亦以中国之人，知识日开。鉴于近日与列强所订之约，每当限期已满者，如内地路矿各权，莫不群策群力，急起直追，使其权利返诸己国。而出此诡谲之阴谋，使其一蹶不起乎？

方今有强权而无公理，清国积弱日重，如砧上肉，任人刀之俎之，固无法抵拒。彼之狡然思逞，其所由来者渐矣。此协约第二条，则举凡从前与日、俄两国，不论其所订者为何种之条约，苟有隙可乘，有瑕可抵，即已死者犹可复生。还魂妙术，救死灵丹，其全在此“两缔约国兹约维持尊重从来日、俄两国间及日、俄两国与清国间之一切条约所定之满洲现状”之一语乎？呜呼！满洲现状，此何现状哉？日、俄经营于满洲不遗余力之现状也，日、俄增进其兵力于满洲有加无已之现状也，日、俄增进其殖民于满洲惟日不足之现状也，抉此语之意于上条易数字而言之，即利便日、俄交通于满洲之现状也，畅达日、俄商业于满洲之现状也，日、俄协力改善各于满洲所有之铁道、整备联络之现状也。此第二条，所谓“两缔约国兹约维持尊重从来日、俄两国间及日、俄两国与清国间之一切条约所定之满洲现状”者，即诠释以上之第一条者电。维持尊重，维持尊重者，其亦以锦绣山河，得之匪易，时哉时哉，不可茹而复吐乎？嗟夫！我有宝藏而不能开，我有货财而不能殖，而为他人维持尊重之，莫哀于此矣！满洲现状，满洲现状，今其为日、俄之外府乎？卧榻高鼾，旁眈有虎；藩篱既撤，四顾皆兵。中夜闻歌，固以声声皆楚矣！

> 第三条　不论性质如何，如有破坏上开现状之事情发生，则两国须随时商议，协定适当措置，以便维持现状。

按此第三条，则凡日、俄两国，在满洲地面所有过去、现在、将来之权利，巩固其独占之权，第三国不得染指其间；苟有染指其间者，则便是破坏。所谓不论其性质何者，无论其为保全东方和平及全世界和平与否，如有害及其两国在满洲之权利，在彼两国视之，皆为破坏上开事情之举动，皆得协定适当措置。彼之所谓协定适当措置者，出其手敏心灵之伎俩，或径用兵于满洲，并可以旁及其他。协定适当措置于日、俄两国在满洲之主权，非协定适当措置清国在满洲之主权也。所谓维持现状者，维持日、俄两国在满洲之现状，非维持清国在满洲之现状也。今有人焉，借父兄之遗荫，而不善理生产。有甲、乙二强人入其室，取其货财产业而分之，复语其人曰："吾二人在尔家所得之货财产业，吾当维持尊重。如有宵小觊觎此货财产业，则吾二人须随时商议，协定适当措置，以便维持所得尔之物。尔其允诺毋辞！"人虽至愚，未有承认者。今若此，其亦以持此"宁赠朋友，不与家奴"之政策乎？彼强人之伺隙而来也久矣，其人亦明知有取其货财产业以去之一日者，乃事前不集其家人筹所以理生产之法。泄泄沓沓，又经若干年，而生产之不事如故，不至其货财产业为强人所攫而分之不止、而无可如何。今观日、俄对清国之协约，又何以异于是？

嗟夫！日、俄今日之协约，以其表面观之，则似以清国为主，而自其深谋思之，实则以清国为宾。诚以清国经数十载之外侮凭凌，而若君若臣之酣歌酣舞如故。值此卧薪尝胆之日，依然苟安宴乐之眈。彼两国之协约既不能抗阻，则亦不能不承认。只以美国提倡满洲铁路中立之议，由此而急起直追，两国尽蠲前嫌，发生此协约以抵拒之耳。盖日、俄之协约成，而后满洲铁路中立之说可破。项庄舞剑，意在沛公，想亦不能掩明眼人之目也。故曰：不论性质如何，如有破坏上开现状之事情发生，则两国须随时商议，协定适当措置，以便维持现状。居今之日，清国若君若臣，既如上所云，其不能有为也明矣。破坏之事情，固不必虑在清国，而患在势力相敌之美邦。两国之眈视满洲者匪伊朝夕矣，一有发难，则恐自相掣肘。日之不甘俄后，犹俄之不甘日后耳，苟有第三国乘隙以窥，则其结局之如何，固未可逆臆也。故谋两国之利

益而不失两国之和平者，舍协约其奚若？此第三条，已如见其肺肝矣！彼日人之经营于满洲惟日不足也，美国即无满洲铁路中立之议提出，而此协约亦已横亘于胸中矣。只以新败俄人，积怨结嫌，恐为俄人所钳制，坐待事几［机］，乘时利用而已，而况有美国提出满洲铁路中立之议哉？伐木丁丁，即鸟鸣嘤嘤。外感之来，日、俄两国所以有此协约发生者乎？呜呼！我有权利，他人持之；我有土地，他人保之；主权尽失，国是日非。清国之若君若臣，犹是因循，犹是粉饰，夫亦自取其祸而已。

上之协约三条，皆据驻广州之日本领事所宣布者而录之。然此寥寥三条，已是亡国而有余。据近日消息之传来，其尚有四则未宣布，更有骇人听闻者，其是否属实，虽尚未悉，然人言啧啧，未必事尽无因，请再泚笔言之：

一、保两国在黄河以北之势力。

所谓黄河以北者，夷考中国之地图，西至陕甘，东至直隶，即举山东、山西、陕西、甘肃，北京亦在其中。自瓜分中国之说起后，日人所圈入其势力范围内者，则曰南满洲，曰福建耳；俄人所圈入其势力范围内者，则曰北满洲，曰内外蒙古耳。而于山

东、山西、陕西、甘肃、北京固无与也。今之协约复曰黄河以北，则其自南北满洲而拓至山东、山西、陕西、甘肃、直隶，凡五省之广。彼以为当此清国既贫且弱，即予取予携，亦不我瑕疵，直欲以一手括中国之半壁山河而有之矣。圈定之南北满洲犹不足，圈定之福建及内外蒙古犹不足，而复曰保黄河以北之势力。夫黄河以北，与日、俄风马牛不相及者也，彼两国有何势力于其中，而猥曰保之哉？蚕食不已，继以鲸吞，杂沓纠纷，吾恐虎起于前，狼乘于后。谓此协约为保全东方和平者，视之为破坏全世界之和平，亦无不可也。邻之厚，则己之薄。日、俄之不甘列强后，亦犹列强之不甘日、俄后耳。自其第三条观之，而复发生此条，能无第三国起而争之乎？谁为破坏，谁为不破坏，此既能保其势力。彼亦何不能保其势力，异日各持均势之政策以窥我中原，不知伊于胡底也！黄河以北，黄河以北，吾人其将睹地图之色变乎！

二、日皇迁都韩京。

日之吞韩，蓄志久矣。李鸿章督直隶之时，以丁内艰离任。日人乘韩内乱，阴谋思逞，暗渡兵于韩，欲伺清之不备，袭而取之。时张树声以两粤移督直隶，一闻此耗，立即调兵遣舰径驶赴韩，若迅雷之不及掩耳。掳韩王之父而归。日人遂知难而退。张固勇敢而非徘徊瞻顾者，时清国亦非有大窘于外人，尚无惧外人之性质，而老耄无能之态亦未尽露，故张得以为所欲为，而卒也以此暂窒日人之大欲。张树声虽非清督中之大名鼎鼎者，然其果敢之气，一往无前。论者每谓当时非张督直，则日人之能否捷足于高丽，及大院君（即韩王之父）之能否被掳，尚未可逆臆也。乃外患纷乘，而清国之若君若臣，犹因循粉饰，外交失败，则饰其词曰“政尚怀柔”。然自文有词，外观难掩。日人睹清国之若君若臣之日耽安乐，而不能卵翼朝鲜也，于是以保韩独立为词，与清构衅。清军□□，尽举数十载经营之北洋战舰以献诸日人。马关议和，满洲不保，俄人硬［梗］阻其间，卒以台湾而易回彼祖宗发祥之地。斯时日之不并韩者，恐为俄人干涉也。迨日俄战争以来，俄师受窘，日人遂统监三韩，撤其使臣，归已交涉；夺其政柄，归己主持。其所以仍留韩皇之位，而不湮没之者，以未与俄协约耳。今也协约已成，其并韩之政策当见诸实行。迁都韩京之条，俨然提出，诚以舍俄人之外，无有阻挠之者也。夫日之迁都于韩，非欲以之控制韩也，韩之地毗连东三省，将欲以之控制满洲而及于中国之地，如上条之所谓保黄河以北之势力耳。日皇迁都韩京，于俄人何与？而必发见于协约中者，其实行并韩之政策，欲进而窥中国者，秘密之谋，至是而昭然若揭矣。日皇迁都韩京，其亦有席卷而西之势乎？

三、取缔蒙古。

俄人之涎视蒙古，匪伊朝夕矣。迩年以来，绘测蒙古之地，不遗余力。今日也驻兵，明日也又驻兵，惟日孜孜，以经营此土。并欲尽变其衣服饮食，诱蒙古人以归化于俄。其处心积虑，欲得蒙古而入已版图，彼之自认为势力范围者，不啻明言之矣。且近复有增抽税务，派设领事之议。夫蒙古为清国之领土，俄国欲派设领事，犹可言也。测量地方，派驻军人，增抽税务，其故何哉？我有管领之地，而他人行动自由，测绘地图也可，则派驻军人亦无不可；派驻军人也可，则增抽税务亦无不可；其请设领事，犹为谦逊之词耳。夫俄人之于蒙古，既已自由行动如是，又何必区区请设领事为哉？彼饰言曰："设领事，实欲攫清国管领之权，而兼治蒙人耳。"嗟夫！今日之清国，已岌岌乎不可终日，自身难保，尚何有于藩篱？此次之协约，固知清国之呼吁无门，而莫奈伊何者也。日皇之可以迁都韩京，俄人又何不可以取缔蒙古？故此一条，与上条承接而生者。夫俄人之于蒙古，亦何与日人之事？而必见诸于协约中者，以俄既让日以独占三韩，日人亦当让俄以取缔蒙古耳。此日俄均势之政策，所以载诸协约之中者乎？满洲之取缔，既于宣布之三条，其互相进取，而各不相制者，已详载无遗，而日之于朝鲜，俄之于蒙古，昔之见诸举动者，今更见诸于协约矣。呜呼！朝鲜已悬，蒙古将墟，清国其犹坦然不以为意乎？抑乃慷他人之慨，以之相赠朋友乎？是亦有难言之隐者矣。

四、查清国财政。

列强之欲干涉清国财政，固已迭有所闻矣。一见于庚子义和拳之乱，各国以兵入北京，清廷派李鸿章为城下请盟，斯时各国即有管理清国财政之议。李鸿章曰："如是，则是清国没有主权矣。"某使曰："清国时局如此，尚望有主权耶？"后李鸿章几经力争，始得免。再见于去秋各报所登载之新闻云："传闻某国政府，将密派一人至清国外务部，暗查清国财政实力，出入果否相符。待查清后，再宣布各国，公举代表至清国，合算所负之债，应作何术偿还。或应割地，随时再酌。又闻将以某国人某为清国财政监督"云云。旋又载："某国人纠合各国，遣派人员，拟赴清国监督财政，美其名曰财政顾问"云云。此皆见诸各报所登载者，或得诸传闻，似不足以此为据。然征以陆征祥之入告清政府，谓"海牙和平会有整顿清国财政之议，请设法对待"等语，则又监督清国财政之说不为无因。然昔日李鸿章在北京与列国议约之时，列国之欲管理清国财政者，犹曰兵败求和也。城下请盟，何所要求而不可。乃自去秋以来，而复有干涉清国财政之议，曰监督财政，曰整顿财政，其名虽异，然其财政权之为他人所握，其实则同。嗟夫！清国之财政界，其紊乱可谓达于极点矣。然财政为清国之财政，虽紊乱，其与列强何与，而猥曰查之哉？查之云者，即干涉之谓也。世间又几见有完全自主之国，其财政为他人所干涉者？今也各报所登之所谓监督清国财政之事，与海牙和平会整顿清国财政之议，竟尔寂然又不复闻。其或者固以此播传于外，使清国闻此警耗，有所恐惧，而自行整顿其财政乎？乃今日复有查清国财政之一则，发生于日俄协约之中。呜呼！日、俄二国，虽挟其强权以来，然清国之若君若臣，其畏难苟安，泄泄沓沓，实有以自取之也。清廷自外侮凭陵而后，无日不曰整顿。而所谓整顿者，徒号诸于口，播诸于言而已耳。一国中之出入岁计表，经年累月，纷纷扰扰，犹不能发表于外。自宣布立宪而后，又所谓行新政者，徒事更张，罔有实济。耗费既多，加抽凡百，只知挥霍，何怕人言。既无生利之方，又无节流之法。一亲贵之出洋也，而动耗数十万，彼则曰考察海军，此则曰考察陆军。以三数月之行踪，而遍游欧亚美诸国。则所谓考察军队者，已得其秘而归，其谁信之？既归复出，游兴勃然，而数十万两之民膏，浪掷有所弗恤也。限期成镇，恢复海军，百孔皆穿，罗雀掘鼠，救饥止渴，鸩酒漏脯。而已故清太后内库之存金千二百万两，存银九千万两，尚靳之不出也。嗟彼内库之存藏，何独非我民膏哉？宁空藏而不出，日惟朘削之是事。修一陵也，而耗民膏数百万；建一铁亭也，而耗民膏百万；筑一水晶宫也，而又耗民膏百万，此非不可撙节之者，而取之尽锱铢，用之如泥沙，累累外债，殊不介于怀。此其惹起日俄之协约，而又添此查清国财政一则者乎？（未完，以下缺失）

书信

与萸溪执事书（1902年4月2日）

萸溪先生大人阁下：

在汉皋匆遽不及致书，但附飏原缄中道意，殊用歉然。十五日登舟，十八至泰。蒙研丈款接周渥，并致书钱念劬观察及小村外相，感纫无极。沪上日钞价值昂贵，官送诸君子遂均有支绌之虑。大吏视此，未知何如？其尚能有所埤益乎？此行同舟渡海，尚有浙人，并系自备。湘人士视之，未免有愧色。同行照料，有一东人极熟华人语言。又有浙人王某以商旅日，弥历岁年，此回携眷同去。诸事尽可放心。飏原身体好，贱躯亦适，足慰悬念。手此，敬叩

侍安。

杨毓麐顿首

子靖附笔

二十四日四鼓

敬候侍安

与萸溪执事书（1902年4月19日）

萸溪先生大人执事：

别来遂已阅月。到沪曾附问。东渡又数日，回望湘云岳雨，

邈不可即。幸此间风景不异故乡，尚无旅居之苦。可飏原锐意入成城，持研仙先生书趋谒小村寿太郎，待命数日，不得好音。毓麐定入清华学校，以其课程尚备，规律亦严。因拉飏原及周、丁二君同入此校。开学已数日，教东文者二人，教英文者一人，教算术、化学、图书、物理各一人，体操一人。每日有常课，出入不得自由。校中供奔走者系男仆一人，コッヶ（音可疵克）。虽有女仆一人，但供烹调之役，与住院诸人不得接近。早晚须点名两次。五点钟起，十二（点）钟睡，起居并有定律。较之外国学院之森严，或有不啻。视内地聚居一塾，但肆嬉游者，相去殊远。足慰悬念也。语不宣悉，章程附呈一览。敬叩

侍安。

杨毓麐顿首

三月十二日　东历四月十九日

上母亲书（1908 年 8 月 12 日）

母亲大人膝下：

敬禀者男四月末[①]在巴黎曾寄归一禀件，想已收到。

五月初三日到伦敦，住客栈几一月，始移寓在伦敦城北。数月以来，公事忙不可言，故未及寄一禀件。家中亦未见信到，不知母亲以何日返湘？十弟[②]究竟同归否？诸事甚为悬念。

男在伦敦，近来身体尚佳。惟伦敦人烟繁盛，空气不良，每日必至公园中散步一点钟，始觉佳适，于卫生不甚合宜。幸男体尚强，不以嚣尘为病耳。

---

① 杨毓麟家书中时间均系阴历，标题之下时间由编者将阴历换算成公历。

② 十弟：指杨毓麟之弟杨殿麟。

到英以来，每日办公至六点余钟，较之在报馆[①]稍觉安逸。然苦于无暇求学，至以为恼。男始意到英，欲努力从事英文。观此情形，恐终不能如愿以偿也。

在英中国学生有二三百人之谱，大约在中学校及预备者多，能在专门学校及大学校不过十分之三四，其中程度亦不齐一。甚矣，求学之难也。

英国为欧国［洲］立宪之国，强盛在现在地球居第一等地位。观其人民生活程度，与吾国人民尚未至悬绝，惟火车、铁路等事，繁盛可惊，实为东洋所不及。其人民尚沉静，喜实利，风气固自不同。惜英语未能习熟，无由窥其深处也。

二哥[②]近日有信到家否？在京事体如何？甚为悬念。

余不多及。叩请

万福金安。

男守仁跪禀

寄上美术邮片十数枚，祈察收分赠，取作纪行之物。

七月十六日

致夫人俪鸿（1909年6月20日）

俪鸿四少奶如见：

我自三月以来，因监督处[③]局面动摇无定，在此心绪恶劣，故未寄一信归。但许久未得家信，不知慈亲康善否？家中百事如恒

---

① 报馆：指《神州日报》馆。该报1907年4月2日在上海创刊，为当时革命派的重要论坛，杨毓麟任主编，直至1908年4月20日赴欧。

② 二哥指杨毓麟之兄杨德麟。

③ 监督处：指中国旅欧留学生监督处。

否？少奶身体好否？得、静二儿[1]好否？读书有恒能用功否？至以为念。

我现在仍暂居监督处。但一月内外，即须出去。现定计在英国留学，少则一年，多则三年，已恳蒯礼丈[2]行文湖南岑中丞[3]，请给每月津贴八镑，不知准否？但现在无论准给津贴与否，我必暂留伦敦一年。一年旅费，已经筹得的款，足以自给，少奶可以不必挂心。我在此身体尚好，精神虽不如从前在校经书院读书时，然尚能耐劳勉学。且我又立定主意，从容渐进，不求速效，精神自可优然有余。可告慈亲，万勿挂怀。前次虽请二哥买脑丸，但买到后，至今未曾服过三分之一。伦敦天气，入夏季以来，颇为清爽和煦。每日必往公园散步，身体甚属相安，不以为苦也。

寄去手帕两方，系今年伦敦万国博览会纪念品。万国博览会会场，在伦敦郊外，即系去年英、法博览会会场旧址。但今年既系万国博览会，规模较之去年更为宏大。此会以本年西历五月开会，约在西〈历〉十月闭会，现在正在热闹时期。此项手帕，系我游历博览会场买得者，一条少奶自用，一条可与静儿。（手帕须另寄，此次不寄。）寄去美术邮票数枚，可以一二枚给得儿，嘱令发愤读书。至得、静二儿读书，现在办法，我不以为然，另纸详细说明，即请少奶照办。余俟续布。即问近好，并颂节喜。

夫守仁手书

五月初三日

---

① 得、静二儿：指杨毓麟子克念、女克恭。

② 蒯礼丈：指中国旅欧留学生监督处监督蒯光典。

③ 岑中丞：指岑春蓂，字尧阶，广西西林人，时任湖南巡抚。

得、静二儿读书，在外家久住，殊非长计。三月底，怀中叔祖[①]到英，谈及周氏女塾，云规矩甚为谨严，办理亦得人；明德学堂功课亦好，管理亦为得法。似此情形，则得、静二儿宜令入校住宿，只准每礼拜日到外家请安，及学堂放学时到外家暂住数日，此外须长日住宿学校，不应长住外家。现在我虽流落江湖，然自己儿女，万无令其叨扰外家之理，不独于心不安，亦于事理不顺。且令儿女依赖外家，绝非好气象。凡人贵自立，不宜使倚傍他人作生活。英国人教养小儿女，一切必令小儿女自己支持自己，自小习惯，自然养成独立自治性质。此事不可姑息，以为儿女小，到学堂怕人欺。静儿已将近成年，得儿亦在十岁以外，性质虽顽钝，尚不至被人欺压，何不令入学堂？且在外家叨扰过久，大有竭忠尽欢之嫌；实属无以酬答恩慈，此事于我心极为不安。兹特寄上英国金镑十镑，照现在镑价，总可换百一十元以外（或百二十元外），请少奶从速将两儿分别送入学堂。少奶在城小住，便可回家侍奉母亲。至八月节，如学校假期中不好住，可令两儿暂寄居外家。如其可住，仍住学堂。至年终放假时，可打听日期，遣轿夫接两儿回家度岁。以后总须入学校住宿读书。少奶如不放心，每年中间上城，到外家请安，顺便看两儿一次可也。以上系我决定如此，少奶务须依我此信行事，切不可仍令儿女叨扰外家。至嘱至嘱。

得、静两儿文理并不佳，虚字眼多用错，其算学、英文功课，并未详细告我，以我悬揣，只是不肯用心。即如得、静二儿来信，字迹潦草异常，且有讹字，其他可知。每日走读，既荒废时间，又在路上闲逛，心思胡乱，自然难以进步。在学堂内有人拘管，

① 怀中叔祖：指杨昌济，字怀中，按杨氏辈分高杨毓麟两辈。

每日按时读书，得益自多。另有纸与得、静二儿，可给渠看。

守仁再泐

给女克恭（1909年6月20日）

字谕克恭知悉：

汝写信与我，我甚喜欢。汝寄来文章一篇，尚不太坏。用心学去，尚是可造。惟汝每次写信与我，字体特潦草。去岁信上说是眼睛看不见，汝眼光何至如是不佳？可告我。

汝此次考试如何？前信说是考在十几名上，何不发愤用功考到前三名耶？汝只寄文章给我看，但是我最喜欢知道者，是汝算学学得如何？英文学得如何？体操如何？以后须将此数项功课一并告我，不可专寄一篇文章与我。切嘱切嘱。

现在我写信与汝母亲，要汝往周氏女塾寄宿。汝到学堂寄宿后，自己须要切实学做好人，切实用功求学，不可在学堂内与同学诸人终日闲谈乱讲，不可与同学诸人闹意见。待同学诸姊妹宜格外客气，彼此以求学用功相勉励。见学堂监督教习，尤宜恭而有礼，恪守校训，不可违抗。切记切记。每日用功，必宜切实，除体操及正当游戏、正当休息外，不可不在自己书案上读书习算。一切日用饮食起居，须有一定规则，按照一定钟点。钟点是人生在世上一件必须谨守的〈事〉，人无一定做事钟点，便是不能学好的凭据。切戒切戒。

晚上休息上床，不可胡思乱想，须认定一段格言，或认定一个算学题目，用心思索，自然安然入梦，神魂清爽。

平日除与诸女同学往来及休息往来外家请安外，不准汝与男学生往来，亦不准汝妄向别的人家行走。此是我定的规矩，汝若违背我的规矩，便不是我的女儿，将来是不好见我的面。

汝写信与我，称外家为“婆家”。“婆家”二字不合，我已写在克念信上，汝可索看。

克念为人，天资平常，精力亦差，我怕他虚浮懒惰，汝须嘱咐他，要他切实用功，要他发愤，要他一切事情必须谨守一定钟点，要他用心学作文章，学读英文，学习算学、体操。

祖母在家挂念汝等，汝须与克念常常写信向祖母请安。十叔、伯母、叔母，亦宜常常写信请安，不可间断。有暇时宜写信与我，告我近日所作功课。

平日用钱极宜俭省，买物但求适用，万万不可贪好看。但求价贱物良，不可贪价贵，愈贱愈够用。用钱但有节省之一法，别无他法。

身体须保养。保养身体，只有用心习体操之一法。我到比国，看见一个女学堂，诸女学生闻进学堂三个月，无不肥胖者，全是习体操工夫，汝宜每日习体操一点钟。

父守仁谕

五月初三日

给儿克念（1909年6月21日）

字谕克念知悉：

连得汝函，欣喜汝近来稍有长进，至以为快。所寄作文二首，已阅过。汝于文章一道，资性平常，不可看见先生圈点多、批语好，便自以为好。汝须知作文全在多看古文，多明事理。多看古文，乃能知文法；多明事理，乃能深切事情。汝于文法尚有许多不妥处，非用心讲求不可。

现在已写信告之祖母并告知汝母亲，决意叫汝在明德学堂住宿，免得叨扰外家太久。汝进学堂住宿后，必须切实用心读书习算，极力学做好人，不可沾染无赖子恶习。每日除上堂听讲、在校舍自修外，只准以体操及照规矩游戏为正当休息，切不可与同学诸生闲谈乱讲。晚间寝息，尤宜用心思想、读书用功及学做好人，不可别有胡思乱想及胡乱行为。以上均系住宿学堂紧要规矩，不可忘记。

以后写信来，须将算学功课、英文功课、历史、格致功课摘要告我。算学、英文、格致三项，尤宜切实用功，必以烂熟为主。

汝写信来，写迹太潦草，且有讹字。以后写字必宜用心。

汝要英文地图，英国并无中国详细地图，买不出来，须向上海书坊买去。

汝要英文读本，须照学堂教习吩咐应读何书，循序读去，不必由此间买，此间亦无中文、英文合璧之读本。

汝要皮包，此物在英国难买寄，且太贵，还是上海的好。如湖南有此，即在湖南买为是，不可贪好，价贱不妨。

汝问应否遍读经书一节，近日无知少年醉心欧化，一言及《四书》、《五经》，便有吐弃不屑称道之意，殊为大谬。此辈只知有欧洲，却忘记得自己是中国人。欧洲各国，现在中、小学校，每礼拜必须有数点钟讲解耶稣教《圣经》。此《圣经》所谈，既系宗教哲理糅合杂凑之书，又系二千余年以前陈腐学说，若以欧化少年眼光论之，宜其吐弃不屑矣；然彼中方且崇拜之，诵读之。何况《五经》、《四书》，为周秦以前政治、文化、历史、道德、伦理之所荟萃，于世界各国中流传最古之学说，实蔚然为一大宗者，而可弁髦土苴之乎？吾国文教，推崇孔子。孔子并非宗教家，其生平所注意者，全系政治、文化、道德、伦理诸问题。《论语》一书，几无一语妄谈宗教。《五经》皆孔子手订，如《诗经》即周代乐歌（兼有历史的性质）。《书经》、《春秋》即历史编年、记事二宗所祖。《三礼》即周代典章制度，亦历史中之一门。此外，附属于《五经》者，如《论语》为孔子一生言行之所荟萃；《孟子》为孔子嫡传；《大学》、《中庸》皆孔门推论哲理之书；《孝经》亦孔门之一支；《尔雅》为周秦以前文学、语言之门经；《左传》、《公羊》、《穀梁》皆春秋之一支。总论《十三经》性质，除《周易》一书稍陈宗教、多谈哲理最为难读外，其余无一书不切于人事者，专注意生人治乱安危问题，而不肯妄谈人道以上之议论，系吾国有史以来各大学问家特别可贵之性质。遍读群经，不犹胜于朝夕讽诵耶稣新旧约者乎？现在日本专门学校以上学文科者，必读《十三经》，查日本学制可以知之。人方极意研求，吾乃弃置弗道，此何理也？今日在学校中上堂听讲，每礼拜必有修身、历史、地理、音乐诸课，实即孔子“六经”、《诗》、《书》、《春秋》设教之成法。特孔子死在三千年前，此三千〈年〉以前诸事，虽有孔子所订之“六经”，此后不可不陆续附益之。又人事必以现在者为主，故宜详于今日世界事情，而古代无妨稍之从略。诵读群经，只是不可墨守以前死记死读规矩耳，非谓可以不读也。明德如读群经，只要教习好，讲解明白，自然于汝大有益处，不可厌倦不读，又不可因读经抛荒算学、英语、体操等紧要功课，两途并进，切实用功，切记切记。

为人须要切实，须要虚心求益，不可听教习夸奖一二语，便忘却自己是一事不知之蠢物。世上道理多，事情多，无论是何等绝顶天才，不过晓得十万分之一，学得百万分之一。且即此十万分之一，百万分之一，若非细心研究，切实履行，时时刻刻以扎硬寨、打死仗方法对待之，尚且不能到手。汝生来天资颇钝，精力又弱，除却坚忍刻苦、猛力用功学好外，不能自立。孟子有言："孤臣孽子，操心危，虑患深，故达。"又言："生于忧患，死于安乐。"常常把这一段话放在心里，汝方能做得一个人，不然只是废物。汝不学好，我不愿见汝，汝此生不必见我面。

汝与静姊写信来，云住在婆家，汝此种称呼于理不合。照通俗语言称呼，母之父应称外公，母之母应称外婆；母之祖父称老外公，母之祖母称老外婆；母之伯叔父、伯叔母，称伯叔外公、伯叔外婆；母之伯叔祖父母，称老伯叔外公、老伯叔外婆。以上皆系俗称。若照文字上称呼：母之父称外王父，母之母称外王母；母之祖父称外曾祖王父，母之祖母称外曾祖王母；母之叔父、伯父称叔外王父、伯外王父，母之叔母、伯母称叔外王母、伯外王母；母之叔伯祖父称叔外曾祖王父、伯外曾祖王父；母之叔伯祖母称叔外曾祖王母、伯外曾祖王母。其女性诸称呼，如系庶者，于以上各称呼之上，可加庶字以别之，或不须加者，则不加亦可。以后写信，当照以上各称呼斟酌使用，不可乱称。

祖母年衰，挂念孙儿女，汝及静姊须常常写信向祖母请安。伯母、十叔、十叔母处亦宜去信请安。所作功课须常常告知祖母。切切。

父守仁谕

五月初四日

再谕克念知悉：

汝每日读书习算，做一切事，以及游戏休息，皆必须有一定钟点。欲立志学做圣贤豪杰，须自恪守钟点做起。有一定钟点，便是有恒。孔子言："人而无恒，不可以作巫医。"可知守钟点是一桩绝大的事。早晨须按一定钟点起床，晚间须按一定钟点上床，日中须按一定钟点读书习算。切嘱切嘱。

凡人最不可有胡思乱想。胡思乱想，不必是有绝大恶念头在心中，只是闲思杂虑，忽起忽落，便是坏极。汝须于自己心中考察自己，除读书时用心在书上，演算时用心在算上，习体操时用心在体操上以外，如有闲思杂虑，忽然起落，便是胡思乱想，亟宜把持自己，仍向正当路上专心思索去。

晚间上床尤不可胡思乱想，须一意念我现在是休养精神的时候，待明日早起用功。如按下不住，须用心想着一段书籍，或用心思索一个算学题目，自然会将胡思乱想逐去。

汝每日必习体操。习体操是保养身体第一方法，万万不可懒惰。如勤习一月，食量必大进。

凡人必须谨慎小心，说话尤宜谨慎。每说一句话，必想了又想，愈迟愈妙。因凡事必从忙里错过，凡说话亦从忙里错过。驷不及舌，悔之无及。谨言慎行，是孔子教人千稳万当法门。切记切记。

人不可有丝毫自夸自诩的念虑。汝生来本不聪明，又不强健，蠢头蠢脑，但有发愤学做好人，免得人家看不起，不可听见人家夸奖几句，便以为当真了不得，一存此心，便是蠢头蠢脑的真凭实据。须知世上聪明好汉多得很，聪明好汉多，切实成一个有用的人者却也不多。还是姿质平常的人，切实用功，不成就一个有用人物不止，拚死去做，到［倒］做得成一半。此段汝须切记切记。

我忙，不能多写，又不能端楷写字，汝却不要学得如此胡乱涂抹。

父守仁又谕

致夫人俪鸿（1909年7月9日）

壬寅，余始东游。自此以来，羁旅东京，周流津、沪，志事护落，髫华忽焉。及此岁来，八更寒燠，修名未立，长途方远，倾辀折楫，夷险难期，短发劲衰，凄然顾影，伊可伤也！

畴昔辛丑之冬，余以七绝三章，留别俪鸿。初春判袂，奄及于兹，相见仅二次，聚首不及匝月，鸿妇莱妻，合并不可常，欢乐亦以鲜，毋亦好奇之厄欤？

客居伦敦，意绪憀落，题二绝寄俪鸿，以写余思：

未遑将母聊行国，
忽漫哀时独向天。
万一沙虫逃羿彀，
更同辽鹤语尧年。

只卖痴呆不卖狂，
神州袖手亦堪伤。
烹雌问舌非吾事，
且与骑鲸走大荒。

守仁

己酉五月二十二日

给女克恭（1909年10月24日）

静儿知悉：

汝前次寄信与我，但言汝母亲系感冒生病，并且言病状并不甚重。我得汝二伯父信，言汝母确系害肺病。汝前次来信，何以不说实话？须知汝母身体不甚强，我甚不放心。肺病在中国，向无一定医治之法。且医者既不明病源，往往不甚奏效。汝辈须常常写信与汝母亲，要汝母亲照我此次家信中所开各方法切实调理，庶几见功。

汝辈在城，所作功课，一切尤宜认真，且宜常常使母亲知道，免致汝母亲心中挂念，切嘱。如汝母亲必须有人扶侍，则静儿必须回家扶侍，可待汝祖母命令。

汝寄来所作国文，无甚长进。欲作国文好，必须熟读古人名作，尤宜用心向事情上，切实考求事理之是非，办事之条理及说话之次第。知事理是非，知办事条理，不知说话次第，亦算不得好文章。若并事理、是非、办事条理之不知，只是放屁，不是作文。是非及条理不是在纸上读来的，却是读书后再要用心对一切事情上研求的。汝必知此，乃可读古文，乃可学作国文也。

此信可寄呈汝母亲一阅。

父守仁字

九月十一日

致夫人俪鸿[①]（1909年10月）

辛丑冬，以七绝三章，留别俪鸿，辞白浅稚，不足存也。然余与俪鸿阔别始于是诗，念往怆今，录于后方，仍寄俪鸿以当一面，是时已在秋末，将往苏格兰矣。守仁己酉九月录旧作寄俪鸿并志。

---

① 此诗录自明信片背面，寄自伦敦，正面有杨毓麟相片。阴历“己酉九月”当在阳历10月。

行吟自笑吾意狂，
偃蹇相偕有孟光。
一事如君差不恶，
斫颈卫足也无妨。

已办要离共一邱，
发春便买入吴舟。
香篝酒碗如相忆，
黄埔江东碧澥头。

箧剑峥嵘欲化龙，
酒徒歌哭漫相从。
生平不作牛衣泣，
应解儿夫意未慵。

致夫人俪鸿（1909年11月4日）

俪鸿吾妻如见：

数月来，心绪因监督处事不如意，不免烦恼，未及多作家书，知慈亲悬望至为切也。

近来吾妻身体如何？无病否？静、得二儿功课如何？甚念。

我已辞去监督处，不日前往泥北淀修学，身体甚好，尽可放心。惟望吾妻善待慈帏，以慰远怀。寄去水晶宫纪念手帕二枚，一枚吾妻自用，一枚可偿给静儿。因静儿前曾有信索万国博览会场纪念花手帕，我因事忙，不及到万国博览会去，现在该会已经关门，不能再得，故寄此。英国水晶宫从前系一最有名之万国赛会场，在英女皇维多利亚时，开万国大博览会于此。此会于世界最为有名，距今当在三十年内外。英女皇寿算甚高，福命最大。手帕上所绣洋文“Crystal Palace”，即水晶宫之意。其所绣屋宇为水晶宫形式。其所绣国旗为英国及美国国旗。另寄上慈亲四方，用博萱帏欢笑，可详悉说明，请慈亲听听吧。

我到泥北淀后，读书以外，更无他事，可时常写家信。

余不多及，手颂日佳。

夫守仁手启

西十一月四号

吾妻如照有小相，可寄一枚与我。

此次寄去相片多枚，请三叔外舅分别寄交，想不日必可收到也。

又及。

上母亲（1909年11月4日）

母亲大人膝下：

连接十弟两次家书，欣悉福体康和，家中百事尚称顺适，至以为慰。

守仁自蒯礼丈辞差后，因监督处事务一时未能摆脱，迁延数月，日日求去，未能遂意。直至九月初一日，始得将监督处诸事，向刁代办作谦交卸清讫。于初十日前后，因驻比李木斋[①]星使解任归国，前往比京送行，在该处小住数日。李星使行后，守仁旋即回伦敦料理诸事，准本月杪前往苏格兰之泥北淀读书。此处在英

① 李木斋即李盛铎，号木斋，时任驻比利时公使。

国东北，离伦敦汽车约须行一日。早晨上车，傍晚始达。有一大学校，名曰泥北淀大学，为苏格兰四大学之一。现今中国学生在此大学者约有五六人。怀中叔祖及章君行严[①]现均考入此大学。其地日用饮食及教习修金一切，可较伦敦稍廉，人民风气亦极朴素。守仁以自费留此，甚为合宜。惟守仁在比京时，曾承李星使招，要往比京修学。比京日用一切，亦较英国为庶，而风土尤较伦敦美好。守仁如在泥北淀不甚相安，将来或竟改赴比京，亦未可知。惟现在则殊欲久居泥北淀，不愿他适。

慈亲本年六秩大庆，未及归国恭举寿觞，惶恐无极。将来慈躬七秩大庆时，守仁准可洁膳馨馐、瞻依爱日也。

近日身体清吉，百事平安，勿劳慈念。惟愿节劳佚性，以娱暮年。肃此跪叩万福金安。伏乞慈鉴。

男守仁跪禀

奉上英国水晶宫纪念手帕四方，用助慈亲寿颜欢喜（水晶宫为英女皇维多利亚时赛万国大会会场），美术邮片十数枚，并助慈颜欢喜。

西十一月四号，中九月二十四日

给女克恭（1909年11月4日）

静儿知悉：

许久未得汝书，不知近来工课如何？十叔来书，言汝算学不熟。此最不好。算学必须纯熟，乃能有用，更当切实用功。

---

① 章君行严即章士钊，字行严。

得儿近日发愤读书否？英文、算学、国文、体操四项功课，不可缺一。凡有讲堂功课，皆须切实领会。下讲堂后，切勿贪玩。切嘱切嘱。如身体不佳，急宜多习体操。

我不日往苏格兰之泥北淀。到泥北淀后，再当写信与汝。

父守仁字谕

给儿克念（1909 年 11 月 4 日）

得儿知悉：

许久不知汝校课长进与否？甚念。英文、算学，必须纯熟。国文尤宜多读多做，细心讲求文法，兼须领会大义。体操一项，必须如常到班，不可间断。以上四项，万万不可怠惰，切嘱切嘱。

闻现在学部章程，小学分文、实两科，文科读《五经》，功课特多，实科较少。现在汝在学堂，究是如何？如文科经书功课太多，便可改归实科。因物理、化学、算学各项，门目繁赜，非积累数年不可，而外国文学尤难深入。经书虽系国文中重要科目，然各项科学学成以后，将来仍可回头补习。此事可禀明十叔，斟酌行之。

余不多及。

父守仁字谕

西十一月四号

致夫人俪鸿（1909 年 12 月 14 日）

俪鸿吾妻如面：

现在病体如何？甚为悬念。前次写信详告养病方法，须着重空气、日光、安眠、膳食四事，能照此切实调养否？能仰卧空气中，按日照行否？此法为英国通行最上治肺病良方，别无他法，幸吾妻安心行之。每日食生鸡蛋，亦是一要着，切勿忽略。海参亦是妙法也。前寄西洋药水，想到家尚无损坏，须按照所开次数及分量服去，切勿贪多。总之，病体全在调养，药水只是暂时功用，必须调养如法，乃能使身体复元。切嘱。

我在此身体尚好。学问亦较从前长进，幸勿挂念。

此颂痊祺。

守仁手函

十一月初二日

致十弟殿麟（1909年12月14日）

十弟如见：

接到弟函，知慈亲福体胜常，家中百事尚可，俪鸿病躯亦稍稍愈，甚以为慰。兄前有信，并寄药水二种，不知已收到否？服后效力如何？望弟暇时见告。

兄在此身体如恒，在大学听讲，亦稍稍得有进步，足慰远怀。

此间别无新闻。怀中叔祖函一件，乞查收。

弟前函告族长商议扦［迁］浩宇公夫人墓事，已由怀公函争，守仁亦另附一函去，并由品梅叔祖转交，想可赶到冬至寄到，未知究竟如何了局？如有所闻，亦望函告一二。

余不多及，敬颂痊祺。

兄守仁肃函

十一月初二日

给儿克念（1910年4月1日）

字谕克念吾儿知悉：

接汝在京来信，知汝已于今年正月到京投考游美预备学校，幸得取列，颇以为慰。

此时想已开学。学校地址既佳，遥望西山，景物殊胜，功课想亦认真。汝在校时，总宜专心向学问上切实猛进，一刻不可懈怠。时局多艰，民穷财尽，能得一好学堂读书，便是人生幸福。吾儿万勿偷闲习懒，必以勇猛精进，发愤修学，为目前立身要策。凡人一生持身处事，皆须有正确之知识，及坚强之德性。知识不正确，则于判断是非、推察人情事理，必多谬误；德性不坚强，则一切知识，皆是浮光掠影，自己一毫不能受用，一旦遇国家有事变，全然担任不起。欲得有正确之知识及坚强之德性，皆须由学问上得来。科学中如算学、几何、物理、化学等等，皆所以启发人生正当之知识。如古代名人传记及宗教家、哲学家之遗训（如《四书》即是），皆所以扶植人生坚强之德性。平日读书修学，切实有恒，一刻不间断，一点不草率，即是养成德性坚强之一项方法。如修学不能有恒，用功不能切实，则其人必非佳士，因其德性之不坚定，只此一端，已可概见。校课中如国文，如英文，如算学、几何、代数、理化等，固为重要课程，必宜努力专精；如图画，如体操，亦为重要之极，不可忽略。男子不习体操，其人必无远志，可鄙可羞。吾儿于体操一科，必不可放松一点。汝现在所习各项功课，皆宜切实照校中一定规则，认真修习，万万不可忽略。平日对于同学诸君，必宜彼此以切实用功相勉励，尤必彼此以努力为一诚实坚定之人相勉励，不可贪爱嬉游，学习种种不端不谨之坏样。尤不可贪看无聊小说，耗损一生有用之精神，堕坏一生不可纤毫污损之道德。中国各种小说，皆于人生应有之知识，及应完具之道德，毫无裨补。而其引动人生不肖之思想及无耻之行为，则其力量大至不可思议，中国现在人心腐败，达于极点，皆只是此种小说魔力之结果，吾儿万万不可自误。从前所有一切小说，必须摒去不观。如校课外有余日及有余力，可努力专治国文或英文，或即努力修体操一科，当作寂寞时消遣之事，将来亦大有受用处。切记切记。

汝在校所修现系何种功课？所用课本系何种书籍？教习系何人？几位外国人，几位中国人？可写信详细告我。

汝姊丈名字及别号，可详细开与我。又汝周宅曾二两表兄名字及别号，去岁汝十叔曾开与我，我已遗失，汝可再开与我。

汝姊丈有两位姻丈，从前曾在译学馆，一位周姻丈，一位陈姻丈，汝亦可将渠居住、名字开与我。现在两位姻丈在此校任事否？

汝见汝姊丈之父母或通信，宜称之为太亲翁年伯、太亲母年伯母；见汝姊丈之姑，宜称之为姻伯母，其姑夫为姻伯。

汝此次侥幸取列，吾一则以汝得一好学堂为喜，一则以汝独身旅学不知立志向学努力进德为忧。汝须知人生无道德，只如一群野兽。孟子曰：“人之所以异于禽兽者几希？庶民去之，君子存之。”此语如何严峻，不可不猛省，不可不深思。平日在校，不独须在课程上猛省自己短处，尤宜在良心上及行为上猛省自己坏处。

我要向张亲家通信一次，不知渠现在住处，汝可向汝姊丈问明，详细开与我。

同乡中有范静生先生名源濂，在学部供职，系我在东京时旧交，汝可问知渠现在住址，开与我。我前在东京时旧友，现多在京供职者。汝在校中如遇见诸公到校，有事须请见，当一律以老伯称之。但无事时不必出校请谒（万万不必）。

汝在长沙，百事皆赖汝庶外曾王姑、叔外王父、叔外王母及舅母，汝必按月寄安禀向汝庶外曾王姑、叔外王父、叔外王母及舅母等请安，安禀可将在校情形及所修学课详细说明，不可草草仅数十字便以为可以了事。因写信亦是一练习作文的工夫，信件中能将各事纤悉写出，写得明白晓畅者，其人必系一较清爽之子弟，不可忽也。汝近曾写信向祖母、母亲、伯母请安否？汝伯父在奉天，汝到京后，写信去否？（汝伯父住址系奉天往吉胡同奉天全省地方自治筹办处。）

祖母慈爱异常，时时记念儿孙，汝一人在万里外，祖母尤不放心，汝必须每礼拜或两礼拜寄信一次。万一课忙，每月必须有信一次。切记切记。

汝母身体不佳，去岁汝写信来，只知汝母是伤暑，殊不知汝母亲是肺痨病。此病甚可虑，汝外家周宅，颇似有肺病遗传，因汝外曾祖王父年迈七十，然其告终之年，实是肺病；汝舅父范文，少年不禄，亦以肺病。我甚为汝母亲身体忧虑。汝母既身体不佳，汝又在外，自然不免牵挂，汝总宜常常有信回家，向汝祖母、母亲请安。

十叔持家政，痼疾又未愈；十叔母膝下儿女多，亦烦苦。汝寄家信时，亦宜请安。二伯母主持家中内政，事亦烦多，汝亦宜请安。二伯父在关外，公事忙极，现又处多疫之地，汝宜常寄安禀去，万万不可疏忽。汝写信到汝外家周宅去，对姨老太太，不可称婆，宜称庶外曾祖王母大人，或因庶字刺目，恐触忌讳，只于信首一见，其他可省。或径省去“庶”字，由汝自酌之。则省去庶字，自称曾外孙。叔外公、叔外婆应称叔外王父大人、叔外王母大人，自称侄外孙。舅母则称舅母大人，自称外侄。黄树生姨丈应称姨夫伯父大人，自称表侄。

张亲家年伯处，汝此次到京，大费渠力，代为处置各事，我自然有信去谢他，但汝亦应自己先写一信去向渠道谢。称太亲翁年伯大人，自称姻愚侄谨肃。措词极宜谦谨。校中情形，可详细陈述，并应加“请时赐教诲”等语。

现在东三省疫症盛行，犹未歇息，北京、天津一带，间有发现传染之事。此症全由不洁而起，性系传染，且殊急剧。吾儿必宜于卫生防疫上，切实注意。所有应注意之事如下：

凡逢传染病，万不可与病人呼吸相接，或与病人衣服器具接近。切记。

一、住房中宜严行扫除，且严行捕鼠。

一、饮食物宜力求清洁，北方饮水不佳，此事尤宜慎重。

一、鼠疫传染，多由蚤咬，宜严避蚤咬。北方有一种恶虫，名为蝎子，咬人甚毒，宜严避之。

一、北方风大，时扬秽恶沙土，闻北方近有戴口鼻防疫器，必宜备一个戴之。

一、一切蚤、虱、臭虫、蚊子、苍蝇，皆能传递疫种，宜设法扑灭，或严避之。

一、每礼拜必须沐浴全身，必须换生［身］里衣，付人洗濯，不可怠惰。

总之，事事以养成清洁严正之习惯为主，自可无患。切嘱，切嘱。

汝同汝姊丈在一校读书，平日相处，极宜恭敬谦谨，不可语言亵狎，以致生出意见参差之事。无论对于何事，对于何人，说话时，必宜用心检查，所说与人情及事理有无冲突。如有冲突，便宜严防自己，不可趁性乱说。平常对于自己所做之事，总要留心思索。百事皆有成败利钝两个方面，在做事前，将两方面细审一番，可免临事时遗误。在做事后，将所有失败之点，细审一番，可以增长一番经验。

一个人的知识，对于世界上真理，总不能得有千万分之一；无论说话做事，总不可自以为是。自以为是，则将自己锁住在黑暗地狱中，决不能见有一线光明。说话宜少，做事宜多。做事前宜研究，做事宜检点。人必好闻己过，且能即时改悔，乃可进德。对于同校诸友，总宜谨慎。校友共同必应做之事，总宜担当，不可退缩。校友共同说话之时，总宜缄默。以上皆要言，宜切记。

寄来美术邮片八枚，内有四枚，寄汝姊丈，汝须代我转交。我此次未及写信寄汝姊丈，汝为我致意。此种美术邮片，无甚趣味，聊以持赠，用寄远道之思（四枚以与汝，以后不再寄也）。

父守仁字

阳历四月一号

给女克恭（1910年4月10日）

字谕静儿知悉：

得汝去腊所寄贺年帖，甚为欣慰。惟得儿何以不寄一帖与我？须教得儿为之。

汝今年所学系何功课？国文、算学稍有长进否？何不寄数篇与我？此后每两个月必寄个信与我，且须稍详，不可简短。汝今年已十七岁矣，不应不能作长篇文字。汝母亲欲令汝下半年回家，我意必须仍旧修学。汝究竟愿意久在周氏女塾否？可将意见详悉告我。平日在学校必须发愤用功，不可懒惰，切嘱切嘱。

我精神尚好，不必挂念。此谕。

父守仁

三月初一日

每礼拜必寄一安禀向祖母请安。切嘱。

致夫人俪鸿（1910年4月14日）

俪鸿吾妻如见：

得儿此次考取游美预科，总算侥幸。得儿在校，百事有人监督，尽可放心，不必挂念。

静儿喜事，张亲家商定于今年冬间由我家招赘，办法甚好，须禀明母亲照张宅吉期办理。惟女儿衣服首饰，各事必宜力求节省，不可多费财力。“撑持体面”四字，最为害事。须以一定财力为标准。我只预备两百元办女儿喜事，已经明白函告张亲家。我妻当即以此数为标准，此外仅可多费数十元。衣服不必求好，因中国日后必有改装之事，男女服色，皆将大变，此时求好，是费空余。招赘时，酒席不可丰，请客不可多，非至亲不可惊动。切嘱。

男女皆以教育为主，张亲家肯令媳妇入校读书，自是见解比从前进步之处，毕竟读书是好也。

余不多及，手颂近祉。

夫守仁

西四月十四号

静儿喜事，在家招赘一节，不仅须得慈亲允准，且须得二哥、二嫂、十弟夫妇一同允准。吾妻当于禀明母亲时，同时向二哥、二嫂、十弟夫妇商定。

绝命书[①]（1911年10月11日）

（先生蹈海之原因甚杂，要为得神经病所致。蹈海之前一日往游机械博览会，归即痴想竟夜，次日即欲束装归国作□□事。至利物浦，脑病复发，乃蹈海自尽。留欧学界有谓其资尽投海者，其实不然。盖先生死前曾以积存英金一百十余磅，寄赠黄君以为助济□□费也。稽先生遗著尚有《炸弹》及《中国字母》二书，他日觅得当刊之行世，以表先生之志焉。兹得友人寄到先生之绝命书三首，亟录如下。）[②]

致某某二君书

□□先生执事：

此函与公别矣。弟患急性脑炎，原因出于年长失学，好作繁思。感触时事，脑病时发，贪食磷硫补品，日来毒发，脑炎狂炽，遍体沸热不可耐。前礼拜往英格尔斯哥观所谓博览会者，以该地为一大制造口岸，会中机器馆必□，可借研究触发之□，乃徘徊其中，得益绝鲜，益感愤于科学根底之不可追补。在寓彻夜不成眠，欲得一手枪回国，因英语不佳，人地又生，不得，而行返沪（沪北淀城）。后益郁闷不可制，于昨日买车票来利物浦，欲趁便船归国，寻一二□□死之。然海天万里，非旦夕可达，而吾脑闷愤不可解。愤不乐生，恨而死之。决投海中自毙。今日即弟命尽

---

① 本文于《民立报》1911年10月11日至12日连载。

② 《民立报》原注。所谓“绝命书三首”系指《致某某二君书》及《致怀中叔祖书》。

之日矣。有函寄□□，祈转交。国事大难，公等勉之，为将来自爱自经，讲读为贤哲所义。弟久欲解脱形神束缚，与他人无关，亦不计是非嘲笑也。

□□我兄大人执事：

作此函与公别也。脑炎剧发，不可复耐，有生无乐，得死为佳。存款百镑又十镑，系拟归国后为开一小小炸弹厂之起点者，今以寄公，或以为济黄□□兄之穷。

致怀中叔祖书

怀中叔祖大人：作此函与长者永诀也。守仁脑炎大发，因前患脑弱，贪服磷硫药液太多，此时狂乱炽勃，不可自耐。欲趁便船归国，昨晚离泥北淀来利物浦。今晨到车站，然脑迸乱不可制，愤而求死，将以海波为葬地。今日命尽矣，形神解脱，恩怨销亡，万事俱空，一缘顿尽，骂我由公等，不暇惜矣。旅费余三十磅，寄归与慈母，为最后之反哺。不敢提及自戕一字，恐伤母心，亦不忍作一禀。有另纸寄达生十弟，祈转交，不忍作书别荇兄，祈长者转告之。劣弟不足念也。此箱存泥北淀车站，以票呈长者，或可检得一二英文书供用。

诗词

感时[①]（1900年7月1日）

俯首中原一涕零，冥冥酣睡几时醒。茫茫山海腾兵气，黯黯乾坤翳帝星。大地已成刀俎肉，伪朝方播虎狼腥。最怜寸土无干净，诸葛何山筑草亭。

挽诗[②]（1903年1月20日）

亡秦三户生于楚，起逐胡元徐与陈。此去成功待来者，拂刀一笑悟前身。

哭沈荩[③]（1903年8月）

男儿戮死自有方，欧刀料理翻寻常。囊头三木对狱吏，皋陶与直容何伤？不令尽命三尺俎，不令横尸菜市口。匆匆决杖刑部堂，汉家法度宁须守。钩党刊章会有时，不言鸾凤言枭鸱。搒箠交下肉飞迸，铁骨支撑原不辞。咄尔狱吏且罢手，绝吾一命容僵殕。儒冠慷慨国民魂，由来恒干非吾有。杜根辨目庆更生，范雎卷箦终成名。陈尸廊抚待三日，上书复锁伤人情。祸衅诪张出谁

① 此诗据《清议报》第52册，署名三户。

② 此诗据《大陆》“文苑”栏，署名三户遗民。

③ 此诗据《国民日日报汇编》第一集，署名蹈海生。

某，革员吴庆来相守[①]。庆也旧为鹰犬材，吴也频随坛坫后。佛爷恩典无滥施，忌管语言牢记之。末世冠裳被禽畜，借君一死光门楣。西邸纳缗知不足，东林点将非无录。网尽清流付市曹，安排博士填儒谷。蛟龙鱼鳖共尽沧海为桑田，云翻雨覆面目良足怜。堤防溃决横流不可遏，衣冠鼎镬瓜蔓穷株连。拔刀睨天天柱为倾覆，埋名复壁碌碌非吾欲。呆令北海孙嵩身手豪，何不援旗击鼓一扫炎刘毒。

杂兴[②]（1903 年）

苍皇驻辇松耶柏，潦草当珪縠也难。已见董逃空杼轴，又歌于芀壮山河。医创计就先无肉，梭腕情毫尚有戈。神渚清流呼啸合，成言犹自托微波。

尺天寸地供挥霍，百二山河未觉赊。不分亚夫撞玉斗，漫劳结赞铸金枷。衣冠草草营三窟，胡越依依是一家。太息同胞拚并命，直教逐浪化虫沙。

头颅斫去脑犹存，鼓吹风潮及子孙。世论渐知民约贵，国维始识党碑尊。涤除粉黛头巾气，唤醒平民武士魂。索取神州凭一介，舞台依旧此中原。

画兰掷笔终无士，印膝穿藜尚有床。莽莽胡尘天醉醒，明明种性血玄黄。但教索贼穷三日，不敢乘墉挟四方。击筑悲歌多慷

① 吴庆：指吴世钊、庆宽。吴为向清廷告密，出卖沈荩者；庆系拘捕沈荩者。详见章士钊所著《沈荩》一书。

② 此诗据《国民日日报汇编》第一集，署名蹈海生。

慨，与锄非族铸金汤。

喑喑虎豹当关日，鼎鼎龙蛇起陆时。顾盼官仪巾帻贵，逡巡将种羽书迟。莫将岭海论根据，要识乾坤赖主持。胜广功名殷镐事，不应屈指到须眉。

天狐醉后翻摇尾，海鹤饥时转向人。赤豹文狸容窈窕，白衣苍狗目依因。觞飞北府终何济，籍附东林故未真。手段胡床添药笼，此中原不著安民。

北行杂诗之一[①]（1904年）

斑骓不逝朔风号，独上榆关典佩刀。歌哭劳劳浑见惯，乱山荒戍向人高。

北行杂诗之二[②]（1904年）

山河破碎夕阳红，只手擎天歌大风。莽莽中原谁管领，龙蛇草泽尽英雄。

祭刘君道一文[③]（1907年）

屹屹衡峰，壁立蹠虚，赑屃磅礴，竦奠南区，湘沅带萦，川原迤纡，风云腾襄，伟材郁储。

繄昔明季，地天移位，楚南千里，朔风横被，虎臣死绥，猰

① 此诗据《甲寅杂志》第一卷第三号。

② 江左下工来稿：《杨毓麟小史》。原载《民立报》1911年8月19日。此诗写作时间根据该文作者回忆推断。

③ 此诗据《衡山正气集》抄本。

貐搏噬，阳辉沦渊，阴疪蒙翳。

爰有姜斋，劲柏后凋，因史立程，麟经并昭，亦有曾生，缵业南条，植夏捍戎，允揭厥标。

惟楚有材，式此明德，觥觥刘公，强毅不忒，训凛锄非，语娴重译，冰雪在志，昭兹劲直。

刚肠郁蟠，矫首坌埃，飙勇纭纭，不迷迅雷，周原禾黍，孰抒大哀？烈烈寸心，山岳可排。

三户亡秦，楚风慓忽，新市平林，熛起煽烈，獟悍阚虓，剪刈丑孽，公树其鹄，孔武是仡。

蠢兹鞣鞨，长蛇封狐，星翻电蹴，覆我皇舆，天网重恢，掘根削株，风雨飘摇，拮据捋荼。

凝冰塞湖，阴雪没薮，湘峰黯彩，虎嗥虬吼，哀哀亡人，亦孔之疚，奇怕险吓，愕惨交捁。

自公徂东，劲气益振，森木傲秋，寸草恋春，国尔忘家，古有是云，公曰不然，仁不违亲。

言旋言归，怡忭老寿，肜泄未臻，适乃祸就，魑魅攫人，赤舌仇诱，千夫揕胸，屈不肯首。

严风匿温，熙阳偃光，万雀嘻嘻，摧我鸾凰，觏痻孔多，殁为国殇，百身莫赎，彼天苍苍。

嗟乎！义不并立，节不并见，身殉家国，公遘厥变，蹈刃若饴，颈血斯溅，舍命不渝，公乎奚怨。

兰荣澧浦，桂发山椒，秋风戒寒，楚江始潮，白马素车，灵旌扬飙，魂兮归来，用奏大招。

尚飨！

步华生先生韵[①]（1909年春）

去国意未忍，回辕当此时。津梁疲末路，醒醉动繁思。世事真难说，余心不可移。平生凄恻惯，宁与白鸥期。

利赤蒙公园[②]（1910年夏）

忽向西郊得胜游，湖山清寂望中收。时时驯鹿来争座，的的鸣禽与散愁。万木欺风都入定，一泓过雨欲生秋。未容灰槁妨行乐，更借孤舟试拍浮。

拟续游并荡舟泰晤士江中

步入罕林（Hampsteal Heath）缘村路西行至郭园（Golder Hill）[③]（1910年夏）

（一）

午暝愁孤寄，行吟趁晚晴。揖人山远近，逗日树纵横。径曲缘村转，泉幽入岘明。旧时携手处，凭眺有余情。

（二）

出市无多路，秋容已自赊。游人三五队，幽壑浅深花。借草梳针叶，缘陂数钓车。尽收金粉气，弹指足烟霞。

原注：英土多针叶草，较灯芯草小而劲。游Vontnot及Richmond各处，并见此物，详其形性，当系一种水草，惟英国则往往生于林谷间；在Richmond见灯芯草亦生于林间，岂岛国土宜固与大陆有异耶？陂塘中

---

① 此诗据《甲寅杂志》第一卷第三号。

② 此诗据《甲寅杂志》第一卷第四号。

③ 此诗据《甲寅杂志》第一卷第四号。

有垂钓者，钓具甚精，其制与吾国车钓略同，一少年得鱼颇多，询之，曰 Jack 也。

（三）

独往爱寥廓，开怀更一邱。名园秋在树，佳果熟当头。鹤意闲相引，岚光重欲流。未妨冲暮色，驻策且淹留。

原注：郭园有异果，皮色似苹果，形状似梨。

（四）

觅径就墟烟，归途不厌偏。为穿林麓迴，却绕市街前。鬓影村童诧，尘心汽笛先。只应嗟信美，无分许行廛。

原注：四诗意兴尚自闲适，格律亦似浑成，憾少逸气（韵），又乏遒响，凡首自不可医也。

歪得湖源[①]（1910 年夏）

侍怀中叔祖往巴拉特消夏，得英人格兰特氏为地主，款接既周，风景尤胜，连日往游歪得湖源至不内马观瀑探胜，那诃赖嘎湖吐纳烟霞，尘襟消释。写呈所得小诗以为纪念。词旨浅劣，不足以言咏事也。

巨浸渊源一线才，灵岩阴洞豁然开。履綦晦昧题名大，却是词人几度来。

原注：Bum O' Vat 为两湖源，细硐微波，仅通一勺。源头巨石礫成幽洞，壁上多题名，字大如碗，英人言摆伦[②]尝来此。

---

① 此诗有草诗与改正诗两种，故一一列出。改正诗录自 1911 年 8 月 24 日《民立报》。

② 摆伦，现译为拜伦，以下未予改动，仍按原文编辑。

巨浸渊源一线才，灵岩阴洞忽然开。履綦晦昧显名众。大地词人几辈来。

原注：歪得湖源在山谷间，勺水微波，萦回下注，其委淀为二湖，各数十亩，其源出山腰，巨石嵯峨，砾为一洞，石门容一人，中广袤约十丈，洞中题名颇多，闻英诗人尝到此。

自巴拉特至不内马山行纪事[①]（1910年夏）

（一）

入山云物特廉纤，雨态晴容一例兼。细马软驮烟霭进，万松飞翠上眉尖。

（二）

耕烟野兔时窥客，著雨疏花不受泥。曲曲山光斗明媚，倚天残雪照晴溪。

原注：自巴拉特至不内马，缘河两岸，松杉茂密，风景殊胜，途中晴雨不定，软碧浮青，扑人眉宇，远望那诃赖嘎，峰头积雪未消，飒然有寒意。

卡列麻尔嘴瀑布[②]（1910年夏）

卡列麻尔嘴瀑布距不内马三英里而近。虽非巨流，殊有幽兴。

浩浩飞湍漱石来，巉巉峭壁划云开。危桥断壑人踪少，一寸松毛掩绿苔。

---

① 此诗据《甲寅杂志》第一卷第四号。

② 此诗据《甲寅杂志》第一卷第四号。

那诃赖嘎湖[①]（1910年夏）

荒陂乱石见萧森，大壑龙蛇若可寻。世外神鹰藏健羽，烟中苹鹿避机心。涂泥粗给村炊火，列树偏垂辇道阴。咫尺湖山成予夺，旷怀天地一沉吟。

原注：格兰得女士言，山中多鹿。是日，欲见一头不可得。女士言，鹿善嗅，能于数里中识猎者枪烟。

英人财产分配不均。富者占山泽连数十里，贫者仅蔽一椽。环那诃赖嘎湖皆贵族麦铿济氏产，财权专属于一人，而地力复硗瘠，村居者掘泥炭御冬，生活程度大略可知也。

那诃赖嘎湖吊摆伦[②]（1910年夏）

乱山回复水无波，寂寂径行感慨多。词客有灵应拊掌，国人犹唱黑那诃。

再侄守仁敬呈

改正近作那诃赖嘎诗，并呈新制乞怀中叔祖大人训正。

再侄守仁

那诃赖嘎[③]（1910年夏）

（一）

荒荒水石纵幽奇，无赖冈峦滃一陂。穷谷寒湫真畏蝮，飘风灵雨或乘貍。崄峒岭上烟云苦，钴𬭁潭边草树悲。愁绝黑那诃几曲，迷阳满目定何之。

---

① 此诗据《甲寅杂志》第一卷第四号。

② 此诗据《甲寅杂志》第一卷第四号。

③ 此诗据《甲寅杂志》第一卷第四号。

（二）

陈仓霸王谁当猎，大壑龙蛇若可寻。天外神鹰藏健羽，烟中苹鹿厌机心。剩将泥炭供炊贱，偏有松枝扈跸阴。咫尺湖山成感喟，旷观八表一沉吟。

苦盼兄书不得却寄[①]（1910年夏）

酒杯桃李何年夜，灯火江湖万里身。惆怅东坡黄发讯，迟回工部短墙春。灵山币地非吾美，波浪兼天有梦亲。早晚连翩赴双井，慈晖妍洒照垂纶。

梦觉[②]（1910年夏）

驾鹅日夕念东飞，梦里神州觉后非。凄恻荃荪余涕泪，青红儿女几甘肥。分明短剑长搀在，太息渔标薛迹微。万里白鸥聊可没，寥天黄鹄讵无归。

暑假游山诗之一[③]（1910年夏）

吊摆伦

碧眼红衫最少年，宁馨风度特翩翩。等闲花月成长恨，只与兰西曲曲传。

摆伦者，英格兰产。二岁时，其母携之居泥北淀。摆伦之母，既失爱于其父，母子相依，咒然孤寄。而摆伦幼慧玩黠，其母情绪轸

---

① 此诗据《甲寅杂志》第一卷第四号。此诗之中第二首系《那诃赖嘎湖》一诗改正稿。

② 此诗据《甲寅杂志》第一卷第四号。

③ 此诗虽作于1910年暑假，但正式发表于1911年8月23日《民立报》。

结，喜怒失常，不复过督摆伦，故自其髫龄已积成跅弛之习。摆伦居泥北淀，将及成人，始因家庭之戚，复返伦敦。在泥旧时入一中学校，常著红上衫，校中书记及同学后来辄誉以为谈资。摆伦在泥校时，恋一女子姓达夫名美丽者。摆伦与美丽年相若也。二人既相习狎，摆伦常至其家，与其父母及女昆弟皆稔熟。其后美丽以家庭事变，移居爱丁堡，摆伦复返伦敦，情好中绝。一日，摆伦之母夫人谓摆伦曰："儿乎！汝之情人美丽嫁矣。"摆伦是时如触怒雷，遂至晕绝。病几三日，摆伦晕眩中欲作一书与美丽，不能操笔，乃口授母夫人侍女名兰西者，令笔录之。兰西见其痴癫，不得已为之作书与美丽。其后摆伦自叙及此，犹凄婉不自胜也。

暑假游山诗之二[①]（1910 年夏）

当年高咏黑那诃，惆怅云山几度过。绁马阆风知一笑，玉人犹解唱黄河。

摆伦既长于泥北淀，矿于苏格兰佳山水，游踪甚广。那诃赖嘎者，为泥北淀境内一名山，山腰中有湖水流为米克溪。米克溪下流于巴拉特，入鞮河。湖水流出山涧中，颇细弱，出谷口，时飞湍下岩石间，为米克瀑布。那诃赖嘎山势险峻，乱石环立，不生乔木，涧旁沮洳，一种丛生微小植物名黑荝者，蔓延特广。山色黑暗，摆伦有诗曰《黑那诃曲》，苏人士多能唱之者。

① 此诗虽作于 1910 年暑假，但正式发表于 1911 年 8 月 24 日《民立报》。

暑假游那诃赖[①]（1910 年夏）

（一）

驱车乱石坡陀地，驻策连冈缭绕中。一角穷湫明渍水，几分灵雨待飘风。群羊欲起无人叱，七圣皆迷有路通。翠女及时张广乐，与君长啸赋崆峒。

原注：是日湖岸空气清明，天色晴霁，遥望山谷中密雨如雾，日光穿漏，有若垂虹，色彩奇幻。

（二）

青禽作意嗜幽奇，无赖冈峦护小陂。定有神光来杂遝，似闻灵吹动参差。回风与袭瑶姬帐，梦雨犹飘神女旗。浦思山哀谁会得？逃阳满目曷来迟。

原注：维多利亚女皇在位时，喜那诃赖景物佳胜，每年必以暑中游憩于此。湖旁小屋数椽，居人谓是故女皇休憩处。那诃赖实荒寂萧寥，大有杜工部《同谷歌》中穷谷寒秋景象。故女皇之于山水，殆具有特别赏识也。

（三）

清流玦珮邈难寻，大壑龙蛇感不禁。世外神鹰藏健羽，烟中苹鹿避机心。正怜泥炭供炊贱，饶有松枝扆趾阴。咫尺湖山成予夺，旷观天地一沉吟。

原注：山中旧多鹰，巢岩石间，甚为猛健，然今日已是罕见。又野鹿

---

① 此诗据《湘雅摭残》。与前诗《那诃赖嘎湖》及《那诃赖嘎》有某些相同之处，显在前诗基础上反复修改而成，今一并列出，以飨读者。

甚多，畏猎者，不常至人迹繁密处。或云鹿善嗅，能于数里外识猎者枪烟，未知其然否也。山谷中涧水沮洳，遍生黑荆。此物生殖力既强，新旧累积，遂成泥炭。居民掘此，切作方砖，暴风日中，俟其干，得以代薪。此地既为故女皇所喜，遂圈辇道，不许寻常驱车。其它一道为寻常人车道，石径荦确，相望仅十余丈而菀枯悬绝。此山为英贵族马铿济氏私产，辇道种树特茂密，而他则否，英人产业分配不均，其生计大略可知也。

数诗寓感于兴，尤足见西洋之风土也。

芬园荡舟（Finsbury Park）[①]（1910年秋）

幽思陵八极，吹堕一坡塘。人语秋烟碧，船迎夕照黄。因波镜华发，将梦溯流光。已倦回天地，乘桴兴未忘。

① 此诗据《甲寅杂志》第一卷第四号。

小说

叶哄[1]（1907年5月6日）

秋星三五，在空闪烁。夜气沉静，危墙以外，众山兀坐，如枯禅入定，耳目手足，非复人理。墙角尽处，环以溪流，寂历不作声，略见星光中与波潋滟。沿溪有石径，两旁列树，枝柯髡损憔悴，在星光中，如怨女掩袖侧立不相面者。循径而往，面溪有一堂，纵约可二十丈，横得三十丈。门虚掩，堂中无人，亦无烛光。窗户开处，冷气自外轶入，充满周遍。所有种种陈设，暗不可辨。时时有风翻纸叶作声。倚东壁隐约有一榻，长约六七尺，高约二三尺，平面而曲足，负隅面窗而置之。

主人固善琴者，蓄琴一张，入夜必抚弦，为萧寥暗淡之音。其冥感所至，则栖鸟为之绕树嗷噪，悲风簌然。其琴曲时出新意，其最善者，为文山仿谢女十八拍。其琴自南海得来，云有渔者投网，出之海中，盖海雪畸人故物也。曲终囊琴置榻上而出，夜以为常。主人出后，堂中惟有败叶经风，带点点霜痕打入窗棂中，与囊琴枯榻为主客。

有一叶翩然坠榻上，其衰蒂不知为榻上微尘所触耶，为冷气所袭耶，为琴囊手泽所润耶，为余音所姚佚耶，忽然变其于褐之色，蹙缩之筋，而春意盎然，生意潜转。俄而细脉肥软，自叶蒂

---

① 本文于《神州日报》1907年5月6日至12日连载，署名寒灰。

吸入空气以为营养，色渐鲜丽，徐徐变成黄色，如夕烧留一抹然。徐徐自其缘之四旁，晕为薄红，红褪而还为浅绿，宛然如二三月初生之新叶，自其谱系求之，盖桃叶也。

桃叶既苏，自眺其形，复为少年，搔首弄姿，如梦初觉，欢喜不可言喻。其僚五六叶，偕坠榻上，亦与彼同时还为初叶。如杏、如李、如柳、如枫，皆魂苏魄醒，春心骀荡。彼此相顾，不可思议，不可思议。桃叶大惊，开口而笑，向其同侪輾然曰："我辈今日，且为新人物，顷刻变幻，脱离老态，今后不复为老友，不复为废物。且与君等，向新舞台占一席地。"其时诸是叶等，皆相视狂笑，拊肩携手，同声欢抃，闻者不知其为何等语言，但闻满堂哄然曰："新新新者。"皆是等诸叶之妙音。

少间，桃叶若有所疑，问同侪曰："我辈既托危柯，秉此宿命，以入老洫，安其固然。夫孰使余回旋面目，追逐群少，居然复与繁英乱华，争妍竞丽，而无丑色者耶？抑余辈所居为何地耶？"有细声相答，寻其音，自囊中出，曰："汝所立者，非汝故居，乃在一大辩舌家、大文学家演说台之下风。畴昔汝乃于墙外，沐浴其声浪，今乃丐汝以一新生命。"

柳叶怃然曰："咄，汝何许人，而喋喋者？吾侪更历时变，善知风雨，又知寒署，损心与姿，偶乖于时，汝之能事，能复有几？徒在深宵永夜，吟叹呜咽，乃使凉风飒然而袭余之身，严霜肃然而渗余之肤。汝乃变乱阴阳，摇鼓唇舌，而自谓有返魂之奇技，续命之魔术耶？"枫叶起而和之曰："柳君言且未尽，实告汝者，吾侪每易一地，则用天演家言为师，以自存活，当其春时，则余恣意而为春容；当其秋时，则余恣意而为秋容。彼世人者，不乐处秋，亦不乐处冬。吾侪得气之先，且示天下以早春之灵宠，是以韬其枯瘁，而扬其妙好，此岂汝所知耶？"

杏、李诸叶，乃拍手高笑，称枫之能言，且曰："佳哉！演说台者，吾侪宜且及时行乐，歌谣舞蹈以送此残夜。"桃叶曰："吾能穷研俗剧，李、杏、枫请各就部署，乃抗声为十八拍，时而唱立宪镜，时而唱刑律改良，时而唱党人碑，时下名伶、各新剧无不娴熟……"忽然桃叶皱眉谓其僚曰："止，渠诅我矣。"是等诸叶倾耳听之，则囊中声复作，语："汝且勿乐，汝等既随风以上下，则彼风者，能使汝等上此舞台，亦能使汝等下此舞台，行乐亦太早。"桃、李、杏、柳等大哗，曰："惟吾等能乘风，故惟吾等能为时运之佳儿。虽万卉憔悴，而吾等乃各得其所期，汝何知？且以倔强藏其钝拙耳，何不出而与吾党竞技？"

久之不闻反诟之声，桃叶乃傲然睨其侪曰："渠败矣！"又语囊中而诟之曰："人皆巧于时，而汝蹙缩，不能自谋，欲以褊心玩弄一切耶？若世人皆如汝，则全世界成一大醋坛耳。且行乐者，亦有时，我躬不阅遑邮我后，然我侪自得以快乐终其天年，若以汝之褊行之终且为吃醋烦恼而死。"语罢，方酣嬉跌宕不已。

囊中放声大哭曰："吾顷以游戏神通，乞汝生命，乃今实为吾罪过。汝辈自以为改头换面，更为时髦，不知汝之头脑，依然腐败；汝之根性，依然恶劣。汝虽能乘风，终不能再飞到树头，开一番新花，结一番新果，当复时时露汝丑态。汝虽能搬演种种新剧，尚复不解新剧上各种角色作何装扮，各种节目作何安插，乃使演说场上，尘秽朴［扑］人，不可向迩。汝稍稍知廉耻者，但当蜷伏阶砌之下，尚可以自赎。今乃妄欲呼俦啸侣，眩惑视听，徒使吾自疚耳！虽然，吾当使汝立时还即朽腐，不令久慁乃公清净道场也。"

李、杏、柳、枫闻之则大疑，曰："吾辈尚复露出丑态耶？尚当还即朽腐耶？且彼何能使我曹朽腐者？"

桃叶闻言不怿，曰："汝曹轻薄，自信不坚，乃为渠所摇惑。渠在囊中，不能自出，且妄欲一自由播散声音，且不可得，仅能间接以为之，彼何能颠倒余？"

李、杏、柳、枫既自疑，兴会大减，歌舞欢笑，时与桃叶节奏不相应。桃叶心恚，曰："吾欲与汝等，彼此相助，装点新局面，铺张新事业，而汝辈乃瞻前顾后，旦夕之间，妄立异同。"乃与枫联袂而排斥李、杏、柳。李、杏、柳既知桃叶所为，则大怒曰："吾与汝一家人，乃与彼险谲者比而逐我曹耶？我曹今日下舞台，明日汝将从我后。"桃叶知之则大戚，恐为枫所觉，强颜相善。枫知其隐，揶揄李、杏、柳曰："吾且为少年。"

囊中大声斥之曰："汝曹顽劣，尚不自戢耶？吾声音所至非不能令人少也，特能鞭策老惫者沉淀之血脉，使之一时激增其循环之速度，然较之少年人，尚迟二三倍。彼少年者，受吾声浪鞭策，则耳目聪明，知识顿长，道德亦顿长。老惫者当之，则循环急促数十分钟后，仍当复归于沉淀。沉淀以后，永不复活动矣。汝不速去，则吾室内，当自有扫除秽恶之主人翁，厌汝恶汝，投汝于洪炉，使即刻为灰烬，汝将无所遁。"

桃、李、杏等大惊失色，狂奔求出，为风所持，不得自主，仓猝寻觅门径，与窗棂格斗，至二三次，创痛满身，仅乃得出。囊琴酣睡，无与语者。

晨曚乍放，主人翁上堂泛除埃壒，纤洁不可状，败叶时时自窗间下瞰，欲入，恐见辱就腐于籓溷间。囊琴入夜必发奇响，数周以后，败叶腐尽，但见寒山碧涧，天容豁然。

内阁会议[①]（1907 年 9 月 4 日）

“老爷，今日是二十二日。前日有一知单，说是今日上午十点钟，各位王大臣要到内阁会议。老爷免不得去一遭，还是就套车呢?”

这个老家人，看来有五十多岁，说罢，觯着手，在旁边站着。

“你又来了，前日是什么朗润围（园）会议，今日又是什么内阁会议。这会议二字，我耳朵边也听的腻烦了。出去！这时候，我刚刚用过早饭，就要来缠人”。

这说话的人是谁呢？这是现任某部的尚书。这人生得肥头大脸，有一绺三柳须，时时手不离鼻烟壶，口不离朝烟袋。升任尚书，不过几个月，论起他的见识，却也懂不着什么国家，什么政治。只是耳朵颇玲珑，舌头颇伶俐，听见人家说着什么实行立宪，什么教育普及，什么刑律改良，什么振兴实业，虽然不甚知道，他却也满口胡凑得几句要及早兴办的话头儿，就被几个红顶白须的大政治家，佩服到二十分，便也算当今一位有文明思想的堂官了。

当下这老家人出去以后，便有一位姨太太到房里来，向着老爷说道：“昨天奉老爷的命，走到某王府，叩见老福晋。看来老福晋近日更觉得意，满脸红光，全是喜气迎人的气象，这回儿机会好，福气不小呢！”这时候却又走几步逼近老爷耳根前，低声说了许多话，老爷只是点头会意，随后就走开了。

等一会，老爷又自语道：“昨日我约某门生九点钟来，怎么这

① 本文于《神州日报》1907 年 9 月 4 日至 6 日连载，署名寒灰。

时候还不见人来？昨日去请农工商部吴老爷，他怎么说？”

“他说是依着老爷的话去走一遭，大约等一会就来了。”

不多时，门外就有一辆车辘辘碌碌而来，车上一个玲珑剔透的司员下车走进门来，这门房便迎出去，道：“老爷请一直进去，咱们老爷等候多时了。”

“老师，今日又有会议，公事甚忙，门生来此，莫已经宴［晚］了么？”

“这不妨，你尽管多坐一会儿，今日会议，怕赶不上前几次人数众多哩。”

“门生昨见过堂官，便到陆军部某尚书处，理藩部某尚书处，度支部某尚书处，民政部某尚书处，学部某中堂处，外务部某中堂处，都去走着一遭，随后就到某贝子处，某某亲王处，顺道绕过某某侍讲学士处。看来第一项事情呢，某某尚书，各有主张，其间陆军部、外务部二公，主持尤力，意见纷歧，莫衷一是。外间纷纷议论，什么裁撤驻防，什么遍赐汉姓，什么削除满缺。这是两中堂最反对的。只是这也非两中堂个人之意。这许多旗籍，许多口粮，一旦要轻轻的丢掉，他们自然有许多的闲话，有许多的恶感。现在要是主张这一边，恐怕要得罪了两中堂。要主张那一边，今日却又多出许多闲议论。依门生的愚见，这话儿且等他们旗人自己商量最好。这第二项事情呢，听说宫廷内面主意已经大定。这其间，某贝子、某某亲王不免有许多竞争。虽是下文究竟如何，尚在闷葫芦里，却也揣量着十分之七八，想老师这边已有确实消息了。”

“像你这样说来，将来自不免有一段文章。这时候，我们乐得作壁上观。昨日湖北章老头儿，听说有电报到京，说是甚么征忡，甚么时疫。这老头儿真是妙人……”

“老爷，这时候将近十点钟了，还是套车上内阁会议呢。”

“我正有话同吴老爷说，甚么要紧的事，到这儿嚷着哩？出去！”

这时候，老师门生又谈了许多的话。忽然外面来了一个听差的，说是华俄银行俄国大班请大人到醉琼林吃酒，请回声大人甚么时候可到。

当下老家人上去回话，上头便吩咐道：“同我到内阁去走一躺［趟］，说老爷今日感时疫，肠泄头痛，不能到会，须得请假。这儿有请假信件一通，呈上去就是。回头快来，要打听今日有多少人到着，说给我知道。醉琼林是要去逛逛的，叫来人回去说，不多一会工夫就来！”

当下对门生说道：“上一次会议时，满座的人，尽让孙中堂出一头地，起首庆邸发议时，满座无言。还是孙中堂先开口，说出‘治天下不难’五个字，阖座寂然无声，倾耳静听。停了半晌，孙中堂方说道：‘甚么难事，只是举直措诸枉、进贤退不肖便了。’阖座都称曰：是，是。这十个字真是一丝儿不着边际哩。”

“老师，要是张相国到时，恐怕还有许多精理名言滔滔不竭的了。”

两下［人］又闲谈一会，这门生就辞出。

老家人回来，禀明道：“今天请假的多得很，甚么头痛，甚么恶寒发热，甚么伤食，写黑了一大篇子。各位王公大臣，因此次人数太少，开会不成，便也散去，老爷真正明见，免得浪走一遭了。”

“快出去套车，走东交民巷。先到英国府，次到俄国府，出来就到醉琼林去。”

这老家人答应一声：是。自去忙着套车。不多时，车儿、马儿、人儿，喧喧阗阗的去了。肚子也不泄了，头也不痛了，只剩下这内阁会议的名簿上，多了一行字儿：

闲史氏曰：是之谓不动心。

慧史氏曰：是之谓狷黠。

病史氏曰：是之谓麻木。

孤史氏曰：是之谓异姓之卿之出处，语默，是为民族思想之萌芽。

狷史氏曰：是之谓全无心肝。

狂史氏曰：是之谓不离禽兽。

悲史氏曰：是之谓安危利菑乐其所以亡者。

海若抡才[①]（1907年9月20日）

北海若自从与河伯揖别以后，便在沃焦山下，无底洞天中凝神默坐。不知这赤县神州四围的洋面，变过了几百万次的桑田；不知这地心里面的火山脉，发动了几百万次的烟焰，冲起了几千百座的岛屿；不知这四大海水底下的长鲸大贝变成了几百万次的化石。有一日，猛听了"扑通"、"扑通"一声，震荡得浑身骨缝里，一霎时间，觉得有无数万斤重的锤子敲打下来，力量沉着。这时候，不知是痒，不知是痛，不知是酸，不知是麻木，只是糊糊涂涂的感触了一个迷魂大疙瘩，半晌不明白。这旁边所有万种千名的鱼头将军，鳖脚宰相，蟹壳大臣，虾须小卒，一个个唬得魂魄脱离躯壳，都随着海水，轩腾簸动的，洪波巨浪掀上大洋面，翻成细沫，随风吹入对面隔着无数游魂的星球上去了。北海若定

① 本文载《神州日报》，署名寒灰。

了一定神，尽着气力，抬起眼睛一瞥，看见种种不等边的破碎铁片，趁着波浪，掀起跌落的余势，还在洋面下打秋千翻筋斗。海若怔了一怔，道："看他小小块头，却有异样的神通，把我这无底洞天中珠宫贝阙，险些闹得虚空粉碎，他哪来的这付本事?"即时用法力招还虾兵蟹将的游魂，叫他们把这些破碎铁片儿，好生迎接到洞天中扶侍着。现在虽不知道他们在太平洋、大西洋、南冰洋、北冰洋中是从哪一洋来的，但是他们总是一位洋大人，万万不可怠慢他，他若是要在这洞天中游历，须给他一张护照，知会各处地方官吏，同他办差才是。即时虾兵蟹将领命去迎接这破碎铁片，这场苦差却也难当。这些铁片，没一个是有规则的行动，东撞西突把些虾兵蟹将撞个半死，方才捞得几片，捞进无底洞天中。北海若见了，以为这是几位当今五大洋中第一等有学问、有能力的人物，便将他那前日教训河伯的时候一种灵心慧舌，都缩在元始以前母腹中去了，说不尽的谦恭，写不尽的倾慕，但是这些铁片儿纯是一个不规则的形体，到着北海若面前哑口无言。北海若一时找不着翻译来，便也摸不出头脑。（以下缺失）

年关[①]（1908年2月5日）

做得中国人，一年三百六十日，却是有一个最难过的日子，就是腊月底除夕那一天。可怜见这些咬文嚼字的穷措大，都只为这一天逼得债台高筑，找着周赧王，便好做过同病相怜。虽也得偷闲写出几句小词，凑出几句歪诗，装装身价，却只是满肚皮穷气，无处发泄，什么祭诗，什么饯岁，原来不过是送穷罢了。记

① 本文载《神州日报》，署名寒灰。

得某公有几句词云："芳讯抚还惆怅缀幡人瘦，萧声送背邻笑语，容易到林鸦惊散候。"可知此公毕竟是终夜躲着，不容易等到天明，才敢出头。列位试想想，中国人四万万到了除夕这一天，大家都要叫做年关，年关这关当真是不容易过的。只算有天上这流年星君，他的本事大，这卸任的一溜烟就辞了职，这上任的一语眼就上了场，他这过关的本事真是无贵无贱无富无贫，都要拜倒下风。那知道昨年除夕这一天，那天上的流年星君，也闹过一个饥荒，险些被门关住。列位，这关好不关得紧呀。

这话从何处听来？昨日乌有先生到鄙人这里贺岁，先生一见便开口说道，笑话笑话，去年流年大总统羊星，弄得交代不清，几乎还要押追，今年新任流年大总统，因为要猿星替他人弥补亏空，恐不免挪移补凑，到比那直隶总督杨制军、湖广总督赵制军还要棘手百倍，你道好笑不好笑。

自从昨年第三百五十九日九十七刻一千四百四十一分八万六千四百零一秒那天紫虚阁钞奉太一玄微玉皇大帝谕旨，说是亚东二十二行省流年大总统羊星君开缺，另候简用，亚东二十二行省流年大总统，著猿星补授，钦此。同日，紫虚阁钞奉太一玄微玉皇大帝谕旨，亚东二十二行省流年大总统猿星著速赴新任，毋容来京陛见，钦此。并另有廷寄一道，有人奏参羊星在任亏空巨款，著猿星切实查复。猿星接到谕旨，免不得忙着上任，那时候鸡星便派一队冠军雅乐，胶胶喈喈大吹起来。马星便备了一队绝尘野马，风驰电掣，狂跑起来，送这猿大总统上任。狗星、鼠星，眼光光看得人家上任，羡慕得很，便也和猿大总统处道声送行，猿大总统便自得意扬扬去到任。羊星接引着进衙门内，便把许多照例的仪式行过了。猿星正要向羊星清算交代，忽然来了一架马车，车上坐着一个肥头胖耳的人，穿的一身外国衣服，踏的一双外国鞋子，早如飞的一鞭蹴进衙门。猿星望见时，心中正自猜疑着，可巧，这外国人竟亲自到这里来。他有什么公事，莫不是想承办铁路，要送几个回扣给我们么，要是这样，这缺出息到不小，日后我也好向玉皇大帝旁边几位贵人，从丰应酬几个，可惜被这羊星早占便宜了，不多时，便见听差人递一名片进来，知道来客是外国财神，猿星暗自喜欢着猜道，今日这外国财神来要谈什么公事呢？只见羊星早愁眉不展，心中想这样一个甜头，受用了许多，今日下任还自纳闷着，可知道此公贪心不足，便请这外国财神进来，并请羊星一同陪着，另行外国财神开口，自然要恭维猿大总统外交能手，将来必定不少你一个外务部尚书，就是玉皇未及明降谕旨，我们有交涉事件，倘然得与贵总统直接商量，较之外务部堂官，到有力量，这是兄弟们向日钦佩万分的，随说道，兄弟来是有一件公事，向日羊总统任中，曾借得敝处外债作贵总统各处衙门种种事业的行政经费，实在不少曾经指明以今日为还清期限，未还以前须用拿南天门关税作抵。今日贵总统上任，敝处须有照会与贵总统声名［明］，这款是前任总统借去的，想贵总统必要承认，兄弟正好当面问明白一句，再者此款今日如不及清偿，这南天门关税便须尽收尽解，关上派人收税权柄，全归敝处管理，贵总统永远不得过问，如收数短少，尚须另指他项的款作抵。猿星听见这一席话，面上只得敷衍说，兄弟是初到任，一切尚未交代清楚，暂且不及细谈，日后总是照借款合同办理便了，把外国财神支吾出去，心中实也不免着慌，羊总统到任后，怎么支绌到这样呢？便向羊总统追问任上亏空情形。

羊总统叹口气道：从前总以为我有了这个外国财神作靠山，无钱就向他处去取，不料外国财神久怀了一个待犹太国的法子，以债权来并吞人国，今日我们已中了他的计，他就用各种手段来威逼，如果到期不能还清，便也交割这南天门了呀，呀！猿星想道，外国财神势力大得很，钱是尽有的，这个二十二行省，便都做得外国财神的债主也，是我们的好运气，横竖回扣是有的，怕只怕众人知道要唾骂我，玉帝若是疑我贪这回扣，又要谴罚我，这却也无妨碍，无奈，这外国财神来闹着，却大不是好惹的，便迟回着道，上手的亏空，总须得上手填还，我这总统一缺，须不是专为阁下赔垫旧欠的，一时羊星急得哑口无言，言便欲打一金蝉退壳之计，向外国财神商定一个借甲还乙的通融办法，一面定新的作抵。不料外国财神面红耳赤的道：非现钱不可，不然定归要交割这南天门了。这时候狗星、鼠星也听见这件事情，却都带着几分愁，龙星、虎星听见便坐着哭，惟有那猪星向来是一事不解的，正待坐着屋子里，敲过年锣鼓，执升官图，又麻雀赶着绵羊，及时行乐，便说道：原来这年关只有外国财神会过的嘻嘻的笑。

乌有先生说到此处，便洒着几点热泪说道：这还是第一个催索外债的年关，向后还要挪借得多，还要还逼得紧呵！尽著这猿大总统放手借去，交割了这南天门还是小事，就是将二十二行省抵债恐怕还抵不清呀！乌有先生说到这里，不知何人爆竹一枚做霹雳声，鄙人正惊诧问，乌有先生不知去向，只听得隔壁有人低回念着一首旧词云：

和愁带恨，凭得栏杆破，消息问梅魂，料伤春未应偏我，寒灰心死，犹自拔阴，何堪绝倒子桑琴，裹饭知谁过。催年腊鼓，不听情犹可，吟袖贮塞多，共西山冻眉深锁，徽范斗外，愁看帝王州，自酹酒问东皇，真个春回么？

附录

自由生产国生产日略述[①]（1902年11月14日）

（杂采久松义典《革命史鉴》、松平康国《世界近世史》所说北美独立事及福山义春《华盛顿传》为之。）

自由思想之价值

历史家有言：文明史之发达，必要三思想之成长。第一为进步之思想，第二为人类统一之思想，第三为自由之思想。余尝掩卷而思之，种族之所以进步，人类之所以统一，必视其自由思想程度之高下以为之衡。其程度高者，其进步之期限必愈速，其统一之希望必愈盛；其程度劣弱者，其进步之期限必愈迟钝，其统一之希望必愈堕落，至于凌夷衰微、亡种绝国，不可拯救，其原因莫不由是。德国哲学巨子黑智儿者，倡历史哲学，以自由思想之发达为历史之目的，以讨究自由思想之发达，为历史哲学之奥窔。信乎！其为鸿识也。欧洲诸国自由思潮之最高点，在十七世纪、十八世纪之间。其时，贵族僧侣据特立之权利，而国家与政府，混合而无界别。欲匡正其弊害，则必破坏当日之政府，改造国家以达人群生活之目的，此法国大革命之风潮所以横被全欧也。而其升涨力之最先破裂者，莫如北美十三州之独立。盖北美十三

① 本文于《游学译编》第一册至第三册连载。

州自由苏生之日，即欧洲大陆自由苏生之日；北美十三州自由成立之日，即大西洋、太平洋自由传布之日。彼偷通种人之演新舞台于新大陆者，岂天之所独宠耶？呜呼！时无古今，国无东西，苟禀圆颤横目之生于两间者，孰不梦想自由而欲握固之。惟倾千万人之热血以灌之，积千万人之骨干以壅之，而后自由之根株终可蕃殖也。彼掷十三州之性命以易十三色国旗者，虽欲迫榨而蹂躏之，使不得建非常之政府于人间，不可得矣。

自由民之移殖

言北美之建国者，必归功于华盛顿。夫华盛顿则何功之有？自由思想之发达，自由民之所发达也；自由思想之成立，自由民之所成立也。斯宾塞尔曰：大人未造社会之前，社会不可不造大人。夫孔子必出于支那，不出于亚非利加之黑奴中；基督必生于罗马，不生于亚美利加之土番中；华盛顿亦必援旗击鼓于自由民族，不能援旗击鼓于印度之喀私德与埃及之饿莩民族中。然则造华盛顿者谁欤？固必曰：自由民也。

哥伦波之发现东大陆也，西、荷、英、法之民麕集而鳞萃，各辟领土，渐恣吞并，而英人独以千七百六十三年七年战争之终局，略有十三州地，广大埒欧罗巴全州之半，雄视海陆焉。英民之移殖于北美也，以千六百二年基督教徒在布兰姆士上陆者，为土著之嚆矢。此教徒者，属于英德宾吨派，以欲脱国立教会羁绊而全其信仰自由，故遗种于此。而续来住移于马沙诸些者，又稍异其性质，亦以望国教之改革终不可得，遂孑身而远适。二派虽异而卒相调和者，所希望之事无异故也。既复以英国政变之故，益驱本国之民居于新世界。十年之间，逾大西洋而附籍者逾十万人。

彼欧民之著籍者，固为避教法之限制而来，亦或有武将巨贾抱大愿而欲偿其志者，既涉重洋、辟荒确、披荆棘以谋生聚，然往往受土人之袭击。竭千百人之汗血，渐立室庐而成村落矣。一旦遭土番之屠杀，则再过而为墟。殖民人之头骨，为土番之饮器；殖民人之井邑，为土番之剧场。以是之故，衽席于九死一生之中，而鏖战于折剑炊矛之下。凡欲获生全而谋安乐者，不可不依赖自助之精神。依赖自助之精神，则能出入于好人怒兽之群，右挥长剑，左援耒耟而食之，终得驱仄轨、出夷途，倡佯［扬］独立于沃土之上者，此依赖自助之精神为之，即爱护自由之精神为之也。

今夫不自治而言自由者，禽兽之道也。人而无自治之力者，为社会之蠹；社会而无自治之力者，为天产地产之蠹。无自治之力，终不得有人格。无人格者，社会耨之；群社会而无人格者，天将耨之。故欲观美人之自立，当先观其自治。彼其芟灌莽，拓瘠确，各勉其业，菑畬益辟，而此新大陆者，山高而水深，土肥而气温，良于农牧，而亦富于羽毛、齿革、鱼盐、蜃蛤。以是州民争种玉蜀黍、马铃薯、稻粱、棉花、蓝靛等以尽地力，从事兽猎、渔业、制造铁革品输之东大陆以尽山泽之利。又以其闲，修通道路、桥梁，使行旅得因舟车之便。崇起学校、教院，使子弟受应当之教育。新闻杂志及印行书籍，亦逐渐隆起。以新造之市井而条理秩然，与名城大都相先后。然其所以至此者，非借母国毫发之力，由彼热望人权及教门之自由者，百挫不慑，而一意自营，欲以立生存之道所致然也。而其所最足注意者，尤莫如教育之扩张与宗教之信仰。虽教徒注意，多在神学，而井里之闲，顾多研究政治问题者，竟以此持殖民时代之终而开革命时代之始。

革命之原因

始英政府之与殖民会社以特许状也，虽公认殖民地占有之权利，未尝许其有永久自治之权利。故管理殖民事务之官吏及地方知事，必奉英政府之命。宰制之权既全存在于英政府之掌握，所得商业之利益，皆入英政府之帑藏，曾不得过而问焉。此英国王之压制，既足以生自由民之激怒矣。而此十三州者，政治事务之高等地位，惟有财产者得世守其职。教育事业，为自由民所自营而心醉者，地方知事惧以教育隆起，生独立自主之心，往往阴沮败之。州民益大愤慨，于是最大之都市，若费地费拉、波士顿者，不论老幼贫富，相集为市民会，倡起同一平等之权利，以为研究地方事务之目的。是益所以磨练自由共和之精神，使磅礴震荡之一大原因也。而因此习惯遂以促州会之建设。诸州群起而相继立法规、选职员，以市郡之代表者组织之，殖民地之立法议会遂以成立。

英法七年战争之止息也，在于母国，则拓广大之沃野，振兼并之雄图；而在殖民地，则救死扶伤不暇，疮痍满目。此自由民者，仅获苏息，奋愿从事于生业以回复旧观。然前日者，贪黩无厌之英政府与扩张王权之知事者，常欲牺牲殖民地利益以保护母国工商业。于是课苛重之租税，禁遏诸种之制造业，又发航海禁令以制限船舶。凡殖民地之生产物，必以充英国市场之需用；与他国通商，则有禁，州民已不能堪之矣。及是遂以殖民地战争负国债一亿四千万镑为口实，一切欲取偿于殖民地。乃新立税法以赋课诸州，以为增加岁入，偿昔日军费，固州民所应担之义务。夫彼自由民者，岂不知与母国有本支之关系哉？抑岂不尊重王室与国会之权利者哉？然谓州民之权利为自母国逾大西洋赍而给之者，其谁信之？且夫不经承诺则不破一钱之权利者，英人之所为死守力争而不肯假借者也。此自由民者，既赍此根性而来矣。而殖民议会，事事既与英政府隔绝，无出代议士于英国国会之事。

若全未有参政之权利者，其不肯应政府之诚求，亦固其所。

自由民之激昂

自由民之沉默，亦已有年矣。顾英国军旗擅胜于大陆之日，即列国殖民事业优胜劣败之场，而亦自由民自认权力之时也。以历年之积怒，生一朝之破裂，特在早晚间耳！而英政府乃遂施此剜肉医创之策以刺激之，州民等乃大哗曰：欲以殖民地之金治殖民地之事者，宜可任其自治独立，何得更以属邦见待？若以属邦见待者，则自国库偿之可也。但吾人者，未得出代议士于英国国会者也。夫不得出代议士以省察辩护吾人之权利，而滥奉政府之命令纳租税焉，既背正理而生危害，又所谓大背英国之国宪者也。自是州民尽主张此论，痛言极议以排击之。适纽英兰之人民，隐匿课税品，企免纳税。英政府遂下搜索家宅之令，征税之吏益张目。然州民断然拒绝之，诉之上等审院。有名之律师惹迷斯痾低士者，辩护原告之权利，于审庭中奋其如焰如电之舌，斥英政府为暴横，听者无不为之感奋。当其前者，几有百物尽拂之概焉。而在波士顿府会，有爱国士措母耳亚丹土者，极论纳租税与出代议士须两立乃可行英国国会之处分，为蹂躏英国为人民者之自由及蹂躏英国为人民者之权利。自是而州民之气势日益炽。

然英政府以为不足忧。千七百六十五年，复发行印纸条例，州内人民自所行证书、契券、领收证一切公用文书，必需贴用相当印纸，否则无效力。凡物品亦随其大小轻重而规定之，至新闻纸揭载诸报告，必赋课数十钱。州民大惊且愤，嗷嗷然无不论之者。其时，孟雅民、芙兰克令寄其同志之书有言曰：自由之太阳既没矣，国人自是不可不燃勤俭节约之灯火也。同志答之曰：吾人自是应燃一种之炬火，请君谅之。于是人心益激发，与其服从于不法之政令，宁尽死力以抵抗之。

此条例发行之新报达于勿尔吉尼也，方开州会之议，诸议员皆知此处置之不道，顾默默无敢发异论者。是时，卓荦之雄辩家巴的力显理亦列议席，见各员皆缄默，慷慨悲愤，不能自已，即起立论英国国会不得有课税殖民地之权力，且州民固有抵抗此法令之权利，竭毕生之辩舌以攘击之。然议长并过半之议员，皆王权党，大驳论显理说，往复不已。显理勃然激怒，益逞雄辩，破去满场之异论，如疾风之扫落叶，更抗声而呼曰：于该撒之世则有不虑多，于查理斯第一之世则有格朗穵，于若尔日第三世则有何人哉？引古例以论君权之不可过于强大而慨叹无不虑多、格朗穵其人者。议长闻之大惊，呼曰：是叛逆也。各员亦同声而应之曰：是叛逆也。然显理毫不自屈，头发上指，目眥为裂，愈放声绝叫曰：若尔日第三世有何人哉?！反复称道之，且曰：古例既如斯，盍不则之？虽他人以是为叛逆，余之所不顾也，不与我以自由，宁与我以死！竟折服各员。此事传于诸州，感奋兴起者不鲜。

由是纽约克及马沙诸些等诸州，尽同显理论印纸条例之非法。千七百六十五年十月，诸州代议士会于纽约克，作条例废止请愿书，上之英国王及国会，评论利害得失，使之改图。不省，及同年十一月，欲实施此条例。人心益愤怒，作印纸发卖人之画像，毁辱之。及印纸柜已到埠头，诸人皆如遭大丧者，下半旗击钟，着丧服相往来。纽约克之商估破坏印纸柜十个。互立盟约，誓不废此条例，不复自英国输入一物。费地费拉及波士顿皆效此例。波士顿且建揭札于诸所，告人以初买印纸，若贴用之者，其生命及财产上当有戒心。又纽罕什尔之州民，击早朝钟，皆被丧服来会，宛如行葬礼者。既而有大书“自由”二字之棺，八人舁之在前，徐至墓地，诸人向之演述祭辞，终埋葬之。少顷，如棺中物忽再苏生者，急掘地出之，更于棺面记“自由苏生矣”之一语，于是诸人鸣鼓吹喇叭异口同声而呼万岁焉。

是时，马沙诸些州民尤激烈，波士顿细民造两偶像悬之州南老榆树之枝间，其一拟印纸取扱吏，其一像于大长靴上部具一角，而戴睨视四方之头，远近观奇像者鳞集。于是细民载两像于棺车，肃然具仪仗，周游府市中，大声呼曰：自由乎？财产乎？千秋万岁印纸既死矣！遂进而毁印纸取扱所之室屋，复群呼噪至官吏某之宅前，取车上一偶像行斩首之刑，直入其宅，破坏窗户、墙壁、家具等，某吏仅以身免。此暴举后遂延及于诸州，辱官吏、坏家屋者不可胜数。

英政府之贪横

州民之舆论既如斯，英政府颇悟，未遽欲废之。千七百六十六年，国会开场时，以条例存废为议案而讨论之。稍知事理怀公正之议员，皆主张废止之说；而顽僻贪婪者，大怀异议，谓无论用何等方略，在英国固有抑制州民之权利。适英国名士查丹侯彪的、义尔门貌尔克等申论殖民地所执为正义，以开示当路，诸人皆有大名系人望，终达其论，得破反对者，此条例遂不用。州民既脱厄难，息肩开眉，得就其业。或有议造诸名士像建之州内以表敬者，而因此纷纭，遂使州民益鉴权利之得失、特用心于政治问题掊克之者，实益所以警醒之。一夫不可狎，况于三千万之国民爱护自由而求之者，诚如乳犬之噬虎，如伏雌之搏貍，良非可容易加以损害者也。

果也欢声载道，未及止息，而英政府苛政酷敛复至。千七百六十七年六月，设新税法，纸、玻璃、彩料及茶输入美洲者，州民必纳附重额之税金。既布令，州民大惊且愤曰：凡所以不出代议士则不纳租税者，岂由物品之异同哉？既砂糖及印纸为不可，则他物无独可之理，抵抗之气倍于前日。然英政府固执前议，且别立法则，课州民以〈供〉驻在兵士之给养及本国派遣官吏之俸给。

波士顿与纽约克人首唱不平，上请愿书于英国王，政府不受其辞，且责其不顺，遂派遣官吏，设商务局税关，严督通商贸易事。波士顿人民益怒，烧官船，入官局，胁官吏而逐出之。英政府见形势如此，渐欲以兵力制服州民。遣兵数队驻波士顿府以保护官吏，镇压暴动，府民益切齿。各州知事亦多取王权扩张主义，其僚属等翕然承风。州民不堪，乃同心协力。自立矫正者之称：凡不据国法征课诸赋，誓一切不纳附。知事怒，认矫正诸人为叛逆，使捕之，被捕者处绞刑。由是，诸州良田美宅，至为知事及僚属所牟夺，甚至以知事等浪费二十万费之负债，亦令州民负担之。州民盻盻然，至有波士顿虐杀一事，其影响益大。

英国既派遣兵卒，欲扑灭诸州之自由。兵卒奉士官命，常有不法之举动，与州民生争讼不绝。纽约克兵卒倒公园所建之自由标柱，州民大哗。而在波士顿，兵卒暴行，州民与论难，遂至争斗，州民死者三人，伤者数人，遂名此事变为波士顿之虐杀。虐杀初起时，一英兵在街上为州民所痛殴，乘间逸去。复偕数兵卒来，殴州民以复其憾。州民大愤，有数人者，执棍杖集街上大呼曰：可逐却彼凶徒，要渠在此地何用？满街俄〈顷〉骚扰，频击警钟，细民益励锋气，直入英税关，视监吏呼曰：可杀！可杀！以冰块及瓦砾掷之。监吏告之卫兵，卫兵数人者挽巨炮进，细民等见之，直挑战，卫兵放弹两三发，杀伤数人。细民谋再举，各归其家。顷之，老幼男女数千人大集，鸣鼓呼曰：可执兵器！知事以放弹兵卒既就缚告之，命解散，乃肯从。州名士措母耳阿丹士，首倡州内兵卒宜遣去之议。由是英兵移营他所，论犯者以军法，州民遂举战死者之葬仪，市肆皆闭户休业，附郭近地亦终日击钟表哀戚之情，此事变既传播，州民感情乃益剧。

新内阁政策之游移

英美葛藤之初起也，前内阁查丹侯彪的极论压制之不可。及提议印纸条例时，彪的方杜门养疾，强起与议，坚执反对主义，谓于立法行政上，余固信英国之申主权以处置殖民地为正当。虽然，租税者，人民之赠物，政府非可以随意征收之。且曰：余固闻美人之抗拒而喜之者，若以三千万之人民而不解自由之〈为〉何物，徒为软骨无肠之奴隶，必至供他族人民有机具之劳动物，岂不可痛耶？且彼直而我曲，兵祸一发，所伤实大，竟以决议得多数。然一千七百六十六年，彪的嗣为内阁。英美调和之望，如可期者，而旋以病去。嗣之者朵温省得，乏政治家真识，欲博王权党欢心，遂复有玻璃、颜料税案，且实施镇定暴徒条例，遣兵马。众议员播乌勒克熟知殖民地事情，以内阁为无用之干涉，撖轹殖民人，使生抵触为不可，言曰：殖民人者，决非叛本国者也。然为欲得自由而远涉万里之波涛以相集合，今必妨碍自由以伤其心，非策之得者也。议员闻之，皆不以为意，而朵温省得复去位。继之者，新内阁诺斯侯。

诺斯侯之为人，雄辩多智，长于整理议会之术，而性乏果断，不能为根本之革新，一洗旧弊，而以小刀细工弥缝一时，非特不当其位而已。夫当国是纷纭之际，惟持定力以排群议者，乃能弭祸于无形，若既知事理之归极，明利害之趋势，牵于世俗而不敢身任是非者，养痈贻祸，噬脐无及，破坏大局，罪必归之。是时，新任大臣之多数欲让一步于殖民地，以顺舆情。诺斯侯亦主之，若贯彻此主义，废止一切租税，或用正当调适之法行之，革命之祸，尚可以已。而内阁乃行姑息之策，不敢为宽大，亦不敢为强硬，不啻暴露政府材力之绵弱，而益以衽席滔天之祸。庸臣执势，固常操此不痛不痒之手段，以置国家不生不死之中。古今中外，良不相远哉？

诺斯侯既非前例，国会议员亦觉税法过重，乃新制一条例，谓挽近赋课，反于通商原则，害本国之制造，一切废之。独存茶税，以示英政府决不抛弃课税权利，但得依便宜改正之。不知热心自由者所争在课税之是非，而不在其多寡，故存其一部与存全部等，更显不服之意。

反动力之增进

先是施行印纸条例时，州民既誓不输入英国一物，然一切制造品，素仰给于英国。不得已，贵人豪户皆令其妻女制日用品而服用之。平日趁时装好华丽者，亦自纺绩织绒呢。恐织毛缺乏，则节减食料，不用羊肉，或采木叶以代茶。英国工商大失其资，则亦咎其政府。行玻璃、颜料税时亦然。需要货物日减，则英商日失巨额，遂以大困。故二案之废止，亦英商陈诉之力也。诺斯侯改正课税，缓慢偏僻，人心益愤懑。千七百七十三年，英国国会决议，输送东印度公司所制茶于美洲，以试改正条例之实施。巨船载茶到着，竟无一人购求之者。商会诸人，更低其值，大设贩卖之方法，输送数十柜于纽约克、费地费拉、查理斯顿、南喀尔勒拿及波斯敦。然纽约克、费地费拉之茶，竟无购者，复输送之伦敦、查理斯顿，则皆纳之暗窖中，尽至腐败。诸州亦无一人购饮者，且欲拒绝茶之上陆，遂起会议于波士顿，议拒绝之策。是年十二月，开议场。各州派遣议员七千余人，阿丹士及哥因西等登场陈论，直斥时政之非，人心益激励，因决议迫遣茶舶速还英国，请愿之于知事，知事拒之，议员皆怒。

是时，座回廊旁有一人者，服土蛮人衣服，起立噪呼，议员起席散归。既而诸人群集港头，有水兵及工人五十余人，涂面改服如土人者，乘夜半跳入三茶舶，投茶柜海中，三百四十茶柜尽没于水，船中人错愕不敢动，水兵等徐徐下船。既上岸，过英将之邸前，英将推窗谓之曰：当此良夜，汝等能演跳舞，其兴可想，但汝等他日不可不谢伶人幸铭记之，水兵等一人对之曰：噫！卿且勿劳心，卿若出至兹所，吾侪直于二分时间了办，谢仪立窗外以待之。英将闭窗而退。

州民反抗之动力，既大激发于波士顿虐杀事，于是倡独立者，常以马沙诸些为中心点。自此而分配于他方诸州，为此精神所波荡者，皆互通声气，集议将来之方针。而英政府一举一动益逆彼等之趋向而触其忿，使知必当互相提携以为一致之运动，然犹有多数人者，但欲抵拒课税之非理，未欲遽与母国分离。及港案起，益益为英政府所痛激，此论遂决。

方投茶之报达英国也，政府及国会欲痛惩其暴行，命封锁波士顿港，一切贸易品禁上陆，所谓港案是也。又有新定兵士宿泊等法，所施益苛暴。波士顿民素多从事商贾，至此皆失业，迫于饥寒，于是纽约克馈之以日用品；南喀尔勒拿给之以米百樽，他亦二百樽；北额尔勒拿聚金二千磅送之；勿尔吉尼等亦相竞助。波士顿皆奖励之，谓能执正理以争一握之茶，不拂租税也。而英政府遂以基日为将军，督驻在兵士，且任马沙诸些知事，振威力以钤梏之，州民益悻恨，切齿视英人。其父兄既如斯，其儿童亦熏陶其气习，强武不辱，有足多者。其儿童，至冬日以雪作小丘，通路于池面，汰行坚冰上为嬉戏。英兵卒坏其丘，儿童再作之，复坏，儿童等待士官来诉之，士官慢而不顾。儿童等相率诉于将军基日之前，基日视之曰：儿等何故来？想奉阿爷之教，企叛乱而到此也？儿童等一人瞋目答之曰：吾辈未尝对于君之兵卒为不敬及加害者也，然渠等狂暴，坏吾辈之雪丘，吾辈抗论之，渠等以幼小叛贼相目，如欲向吾辈挑战者，诉之士官，笑而不答，而吾辈雪丘昨日又坏，及三次矣。吾辈不得复忍怒而旁视也。直立基日前，姿态雄杰。基日大惊，慰遣之，且谓人曰：此儿童等盖呼吸自由之大气，严自爱重，以致兹者，吾安得不称扬之？

自由民之组织力

凡政府对于人民地位高下，虽有别异，若谓一则有命令之权利而无义务，一则有服从之义务而无权利，岂至当之理哉？且既已同其种别又同其国土，缓急荣辱常相关系，其间固必有明示条理贯通情实之路焉，不此之察，视彼殖民人者，即异种之动物，蠢蠢然，当惟我命是听，生命、财产及自由浑属与夺于我；有抗命者，吾决不缺所以制服之方略。彼其姓系相承，气类连属，犹复如此，况集合于殊种别族以阴谋权略相操纵者耶？顾视彼殖民人者，亦不缺所以抗拒之方略。据人事以待天道而不失达其志愿之时机，则又岂以贴耳俯首为天职哉？何谓人事？人事者，常发见于数种力。拥护权利、把握坚牢曰保守力；感想锐敏、冲突激烈曰竞争力；屡蹶屡奋、乘潮而进曰升涨力；而所以主持此数种力，使积散而为聚、凝脆而为坚、范之以规则、视多数为进退者，则专恃组织力。凡人民而无组织力者，必不足以受外界之撼触与内界之覆压，万夫一心，众志成城，则经绝险排大难而无与窒之。虽然，此组织力之激发也有原因，而结集也有眉目。为组织力之发力机者，则新闻杂志主之。为组织力之微小分子者，则协会主之。凡国民变动之现象常以二者为机括。虽自由民族根性富组织力者，亦岂不恃此为倡导哉？

当是时，殖民地名士以措母耳阿丹士、戎阿丹士、巴的门显理、力查显利、黎比立弗、立闵斯顿、哲非逊、哈弥尔敦、华盛顿诸人为领袖，皆以其雄辩之舌、骏快之笔、诚恳之思想，发抒殖民人权利，刊行新闻杂志。故其兴起人心实能达于未曾有之极处。其纸幅版面不取美善，其发行必不辍止，且进而益励，其浸入殖民人之耳目头脑中醇浓深厚，使妇人孺子手舞足蹈，不知其所以然。

诸名士鼓舞倡导既如此，益使殖民人念共同之利害，知协议戮力为不可缓，而益生联络混合之思想。故诸州协会顿增其数，到处皆设立之。因欲阻御英国国会之抑制，遂号其会为“自由之儿子”。纽约克、干尼底吉、马沙诸些最先起，而诸州争相仿效。其始虽尚止于一地方团结之精神，扩张而集合之，遂弥漫于全殖民地而成总合同之势焉。

当新内阁之执调停政策也，爱重自由诸人，知权利不可索得，专心一志，欲副其望。巴的门显理、哲非逊及诸爱国者，乃组立有名之通信员会，期遍与殖民地人士，研究政治问题之归宿，声气益通。及港案起，新闻达于勿尔吉尼，是时方开州会，议员等竞起驳难之，登载日报中。知事怒之，命解散州会。议员等自是集会他所，益论彼法令失宜。为一州害，即为诸州害。欲芟除此患，不可不起大会议以研究其方法。而马沙诸些民亦集会讨论，决议广集诸州代议士起大会议。然知事基日观州民举动，大恶之，发行公令，谓凡为党社团结之事，与叛逆同罪。州民闻之不为慑，记发行此公令者即起叛乱之人也。故苟不加入吾同盟者，总为本国之仇敌者也。自是基日百方尽力，欲伸张其威势而卒无效。千七百七十年六月，开大议会于费地费拉，十余州之人皆来会。所谓第一次大陆议会是也。此议会议决者，哀诉于本国君民，且遣使于加拿大，诉英国暴虐，乞援助。又说英国达识之士，为殖民地申诉，而禁与母国通商。闭会时，定议国难不速休，期以明年五月十日集会此地。是会也，诸州名士毕集，英国查丹侯彪的演说于国会云，余常爱读历史，每翻古史至希腊、罗马爱国义士等事迹，未尝不叹赏之。虽然，当国势危急困顿之时，不能如费地费拉集国会诸议员者，余决不欲观之也，其被敬重如此，他国之有识者亦无不庆贺之。

当国乱前，波士顿爱国志士等所常集会之所，在所称为发尼尔会堂之馆舍。此会堂者，本彼得发尼尔氏以供州会若商法议之所，当时专用为政事上之会堂。人遂呼此堂为“自由之摇篮”，明美国之自由，始自此堂而成长也。

战事初起

千七百七十四年之终，英将基日渐于波士顿之境设堡寨，置卫兵，袭查理士顿之仓库，劫夺火药。波士顿人民益骇怒，各整军备，他州亦不期而承此风。波士谋及纽罕什尔袭英兵之堡砦，取之，尽夺劫其铳炮弹药；纽伯尔多及洛哀伦之人民，掠取英兵之炮四十门。

先是马沙诸些不用州将之命，再开州会，学士戎汉哥克以政治家著名，被选为议长。议员皆知早晚必与英国开战，尽力筹军事，编制民兵为非常驱附人；命士官选护国员，付以临缓急时召集州民之权利。州民亦各怀敌忾，蛰伏以待时机。至是，复开民会于昆格尔德，先定议令州内人民皆执兵器，使一旦有事，令既下，于数分时间，一万二千兵卒应声可集。又自本会照会干尼底吉、纽罕什尔、洛哀伦等州，请并力增兵卒之数，使为二万人。更遣使加拿大求联合，又传檄告州民，皆应之如响，誓欲为自由死。马理兰、南喀尔勒拿等州，亦起民会，决议与他州联合。及历星顿战事起，十三州遂无一州奉知事之命者。

千七百七十五年二月，英国国会发公令，布告国人，以马沙诸些起叛乱，当出兵于波士顿。未几，兵卒集波士顿者三千人，皆隶州将基日麾下。基日急传令逻卒列置境上，以绝内外之交通。然州内诸人往往密出兵械、弹药等，置之昆格尔德。基日欲出精兵劫夺之，四月十八日夜半，以八百人密袭昆格尔德。然州民等侦知之，英兵未上途，已整战备，传戒严令。英将斯密士进军不数里，警钟频鸣，炮声四起，知势不可敌，急遣入本营乞援兵，且出分队守前路之桥。翌朝昧爽，英军进至历星顿，州民屯集郊外，交绥而退。无几，再邀战，破之，英兵乱列而溃。于是沿路居民，欲乘势歼之。以路旁家屋若树木为屏翳，幼童老父，执铳狙击，纵横乱发。英军逃走，士官兵卒，死者相枕。斯密士被重伤，残兵不能复战。是时，将军波尔西以千人赴援，急设方阵为防战计。然州民乘势袭击，终至查理斯顿。是役也，英兵死者过三百人，州民死伤者数十人而已。州人因是益鼓勇厉气以瞩望于将来，革命之战遂涉七年而始定。

历星顿之战报，广传于诸州，州民皆废其业而执戎器。农投耒耜，工去场肆，妇饰剑以送其夫，母戒其子以殉国难。老父弱子亦为战备。一贫家有二子，其母与长子一鸟铳，铸锡匙作丸，使给从军之用；次子无可与者，一故剑锈涩，流泪与之，谓曰：此剑若不可用者，可自他人借之，若有懦夫受创逃战场而去者，当夺其械以杀敌。又有农夫送其爱子赴战场者曰：汝若出战，务勇斗致死，否则，不必再见我面也。意气激昂，相送相励，以避国难为大耻，不期而集于波士顿之民兵至二万人。

是时，干尼底吉之州会，大募兵，欲击底昆甸洛格之英兵。以一千弗之军费，编制队伍。以依闪亚连为将军，率精兵二百七十人，与底昆甸洛格隔大湖为屯营。诘朝，亚连集兵卒演说，当直上对岸决战奋斗，兵卒皆应命，急渡湖袭敌营。时英兵尚酣寝在梦寐中，周章错愕，不知所为。亚连直入司令官阵中，促降伏。司令官问依何人之权力而行之耶，亚连曰：依军神及全国议会之名义而行之耳。拔剑欲击之，英将知不可敌，交付器械、粮食、弹药等，直降伏。州民既屡胜益奋进，而英国政府急下令诸州知事，先没收州民所贮藏兵器、粮食等以弱其势，知事等皆为自全计，密雇舟逃去。

选华盛顿为大都督

千七百七十五年五月，以预约期日再开国会于费地费拉。诸名士皆自各州来会。当是时，国会之舆论固非喜事。好乱者，欲明彼我当然之权利，基于百事之条理，以保持其自由幸福，其本意然也。先是请愿英国皇及国会，图有所论辩以媾和议，不知凡几次矣。至是，诸人尚本此意，欲尽力运媾和之方策。然英国之兵，既久驻内地，互开战。遂组织盟约联邦，凡各殖民地宣战媾和、通商贸易，皆自联邦议会处理之。以联合议会执中央政权而任万机，遂竭力大准备军资，发行三百万弗之公债证书，置大都督，使统理全国之军务。

是时，议员皆服华盛顿之长于军政，而戎阿丹士、哲非逊尤推重之。戎阿丹士谓大都督职务关于国家之安危，不可不精选其人，华盛顿实具此官之资格，一无遗恨。哲非逊亦指名推举之，诸议员公选，以最多数任华盛顿为大都督。

宣告独立

自历星顿役后，战争数起，互有胜败。州民舍锄取剑，攘袂而进，不顾器械、粮食之不完备，队伍训练之不整顿，励志气以冲劲敌。而波士顿及查理斯顿竟得二大胜，皆以少击众，摧陷英卒。而联合议会规模已确立，内外机事，方向亦渐定。州民冀全独立而脱羁制，成为公论。勿尔吉尼议员力查显利者，首发其端，议曰：自今联合殖民地当为自由且独立者，当为全有自由独立不羁之权利者，对英国王家不可存君臣之义，本国与英国政治上之关系不可不全然消灭。而阿丹士亦以非常之热心，鼓舞诸人，最后结论之曰：亚米利加未曾有之问题既决定之矣，吾人恐无继此愉快之一大问题也。遂宣言独立，发表十三州为亚米利加合众国事，选举委员，使草本国独立之檄文。

此起草委员之当选者，为勿尔吉尼之哲非逊、马沙诸些之戎阿丹士、滨西诖尼之富兰克令，诸人皆以拔群之才学，反复审议，而脱稿于哲非逊之手。所谓亚米利加合众国议会代议士独立宣言书也。其文先基于天地之公道、人类之大义，以明自由权利之本原，立政府职守之分限，其词曰：

夫人类既进步而人事复杂，于是向以一国相互连结为政治上之合同者，一旦分离解散而为别异之国民，此自然之理，不假吾人证明之者也。凡人类者，平等者也，自天然所赋与而有不可割畀他人之权利者也。所谓生命、所谓自由、所谓幸福，皆此权利之一端。为欲得此权利之安全，于是设政府而付与权利之一部，使之有施政之权利。若为政府而与此目的相乖谬，有蔑视人民之权利，滥用人民所贷与之权利者，则人民之权利、自由、幸福陷于危险之地，因是别立新政府而脱离独夫民贼之手，此所谓生人之正义者也。

其次，则历数英政府之不足恃、谬于行政之目的，而昭著其罪恶，最后论与母国分离之不可以已。向宇内万国请公正之审判，其词云：

以故吾等亚美利加合众国之代议士相集于此，代全殖民地之人民诉于保护正义公道之公明的社会裁判所，而宣言我殖民地不可不自由独立不羁之事；宣言我殖民地不可不有自由独立不羁之权利；宣言我殖民地自今以往对于英国国王、君民大义毫发不留；宣言我殖民地对于英国国会政治上之关系毫发不留；宣言我殖民地为自由独立不羁，若公布宣战、若终结战局、若缔结同盟，凡独立国之权利有执行之效力。殖民地人民宣言之后，依赖皇天祐助，誓犍牲此殖民地人民之生命、财产、幸福与名誉以维持之。

慷慨悲愤，溢于纸墨之外，能使读之者顿足起舞。千七百七十六年七月四日，国会议员连署者五十六人，院内鸣钟报议案可决，院外亦鸣钟应之。于是殖民地民人更呼吸稠叠浓厚之自由空气。彼以独立为尚早而生异议者，今亦除去狐疑，消释调和卑屈之希望而发扬果断严决之精神。议院既公此檄于军队前朗读之，军士无不呼“自由万岁！合众国万岁！”誓掷性命拥护之者。凡新闻纸之所传布、演说坛之所陈说大都极力表祝意，击钟放炮，声震海陆，民党狂喜，或不知屐齿之折。故美国至今尚以每年七月四日为无比之大祭期。于是制定国旗，先分染红白，分布十三条之横带，为蓝面于其旁，散置十三座星光，以为联合十三州之徽帜。凡王党之反侧者，新政府则处以禁锢罚金，或没收其财产、剥夺其自由权亦或被放逐于国外以去。

独立军之困难

波士顿之大胜也，美人军力远出英国之下，其克捷实出于意外。始华盛顿引兵救波士顿，行至悬布利齐集军队而检之，十九为新募者，无可被之衣服，无可战之兵器，无可使用之弹药，以此抗英军如嗛乳犬而搏猛虎。华盛顿当此既不可不供给其弹药，不可不备具其衣服，不可不与以训练，授以规则。而殖民地政权尚未统一，供给匮乏，在在可虞。兵士之富于自由思想者，多不知军队之纪律，不堪束缚钤制之苦，华盛顿忧之，其经营惨淡，不可名状。然竟以恢复波士顿，而英海军舰队亦大败于查里士顿，声势大振。

然美军旋以长岛之败退至纽约克。自此以后，益入于悲愁困顿之域，幼稚之共和政府几有坠地之势。是时，英军之自本国来者，皆锐师悍卒而护以有力之舰队，号称十万。美军合全国不过二万，形势悬隔，备多力分而可乘之隙又有甚于此者。在敌军，则多年锻炼于一规则之下，服习命令，将卒辑睦，又有强锐之兵械，有充足之饷需，有完善之被服帷幕，有掩护之海军舰队。而在美军，则皆反是。且不独如此而已，其军队皆以义勇志愿兵士编成，战争终局，则无服役军队之义务，过一定期限，频频解去，不能咎之。故军锋之一胜一败国人属耳目而为进退。查里斯顿一役，战争激烈，懦者畏英军如鬼神，或相率而求去。然华盛顿当新政府初立，欲求改革军制，则阻格实多。持顽铁以捍白刃，固宜乎退败之无日也。愿立于华盛顿之境遇而能不怖危败、不辞艰阻、不避讥讪、不耻羞辱、不失望、不屈志，毅然特立支之数年终回大势而归于胜利，其忍耐之坚深，安可及耶？安可及耶?!

华盛顿之退守纽约克也，屡战屡败，节节收缩。一败于火维笃布，再败于理黎二炮垒，三败于纽折尔西，四败而至特拉□河，尽为敌领。于是强敌之袭集，将校之谋叛，兵卒之散亡，事变麕集。然华盛顿能以其不挠不屈之精神，攫取地利，横遮大敌，从容樽俎，颜色不动，植诚心、注刚胆于将帅兵士之体魄中，卒以盘根错节开平和之天日，达成功之彼岸。

是时，华盛顿飞书议会，鸣军队之不完全，请按户口出军士，期以三岁服军役。自将军至士卒，与以土地为屯垦之制，而遣使节于欧洲以求援。议员等议决之，于是诸州按户口出军。勿尔吉尼、马沙诸些各十五大队，宾西diff尼十二大队，北喀尔勒那九大队，南喀尔勒那六大队，干尼的吉、马理兰各三大队；纽约克、纽折尔西有敌兵各四大队，合为七十八大队，以图大举。然尚未集，华盛顿欲一战复纽尔西州以作士气，竟得胜，遂与英人相守，以羸师弱卒，维持六十里之战斗线，英人不能逾特拉华尔而西。

当华盛顿拒敌于特拉华尔也，英军别队自加拿大进击纽约克，所向无敌，美将奋勇御之，幸大捷，英人以其军降。而华盛顿复有费地费拉、布兰的温、查曼打温之败，南方军事，威势日蹙。

独立国之成立

独立之宣言，砰訇于欧陆者数年矣。使节既达于欧洲，以援师来。而英美之形势一变。先是诸国妒英之隆盛，欲助殖民地独立。畏其强大，不敢轻发。及北部军降于美将，诸国皆期美人之必胜，思助之。富兰克令至法兰西，尤为法人所崇礼，援师遂发。

然是时，纸币低下，至呼价百分之一或二百分之一，流通路塞，财政支绌，生非常之困难。国会频设救济之策，务以国法定纸币为通货，布公令，交易贷借，当以十分时价计算。兵士俸给，皆以纸币。顾兵士等怀无用之纸币，莫资流转，半年俸给不足立一月之家计，虽至将校，以其俸给不足以充饲马料，疲悴空乏，朝不及夕，枵腹从事，委身命于旗鼓之间。虽华盛顿劳来安集使国人怀其诚心，健儿消其逆节，然苟非殖民地人民爱自由而重国家，铁心石肠，根底深厚，恐未足以成大业也。幸也军心既固，强援亦得，内外齐力，卒以破英军。

法兰西既承认美人之独立，结条约，许出师救国乱。而贵族拉法的者，年少喜功名，遂引兵来，与华盛顿合军。是时，美师大集，屡战屡胜，破英将刚它力斯于约克顿。刚它力斯以全军降，英军沮丧。此报达于诸州，如大旱得骤雨，欢声雷动。有喜极而悲者，议事院年老之门监，欢喜狂剧，精神为之大激动而死。于是，英政府知终不可达其志，直送使求更结条约，国会不肯，要依法兰西政府以媾和。遂自英国出两大臣，自合众国遣戎阿丹士、富兰克令会议于巴黎，终定约。千七百八十三年九月三日，署印本约。于是英政府始承认合众国之独立。其明年，欧洲诸国皆认之。兵士解军役，受功赏，各归其家。华盛顿亦于国会议员前自解其职，无毫发矜功之态，直还其乡里。

是时，十三州之政权尚未统一，利害相异，用生争执。而研究政治问题者遂有两派之论，其一则欲缩小各州自治之权而强盛中央政府；其一则欲限制中央政府大权而伸地方自治之力，两党皆不乏名士。强盛中央政府者，以哈弥尔敦为领袖，东北商业诸州主之；伸地方自治之力以哲非逊为领袖，南部农业诸州主之。其党派轧轹，虽在宪法确定之后，于此时，盖微有其端绪矣，而大州小州之间，权力争衡，遂时时有分裂之象。夫承数年间兵马倥偬之劳，遽欲创定万世之大法，以局制国内之人心于一范围之内。此在独裁政体、寡人政体之国犹且难之，况盟约联邦同权同等彼此不相下者耶？然则集众思、展群力，巩固其国力以遗乐利于子孙者，其维持秩序之智虑，固弘远也。

国乱初起时，所立盟约条规，行之数年。当战乱时，尚适于用，及此经验日久，非大厘从前之制度不可。千七百八十六年一月，始发议于勿尔吉尼。明年五月，开中央议会于费地费拉，以华盛顿为会长，然大起争议。小州欲与大州立于同等之位置，大州则极力攻驳之，几不得达其目的。而富兰克令以八十余岁之高龄参议席，其精神气力与爱国之忠诚，毫不减于其少时，时振雄辩，有所论述，发议于每朝行祈祷式，皆赞成之。由是争论渐平。未几，议定新制，呈国会。国会回付之于诸州，开州会以审定之。未几，得多数之同意，因以为合众国十三州之宪法。千七百八十九年三月三日，大开选举会于纽约克，选定华盛顿为大统领，戎阿丹士为副统领，遂立合众共和一自由生产国，而骎骎日进，遂有凌厉太平洋西岸之势。

结论

北亚美利加之殖民富于自治气象，而厌他人之干涉，终得脱英政府之衡轭如所预期者，实以清教徒所养成之风气为全殖民地之骨干。千六百三十六年，爵巴姆庭者，为造船用费，倡异议谓：无论何等租税，不经我代议士之同意者，一切不得纳入。然则不出代议士则不纳租税者，非至独立之乱始确定之也。盖自祖先至其子孙，实世守之，其馨逸所遗传绵延二百年。始发于十七世纪之末，浸淫流衍，星回日薄，卒致演独立之伟大历史，一新政治之组织，近世称义战者必首举焉。夫欲造国民者，必先造其魄力；欲造其魄力，必先造其思想；欲造其思想，必先造其根性。沉冥于束缚驰骤之下，尚局天蹐地，相率为卑谄，其以胎孕于种性者，无非顽钝无耻之劣根性。其所渐渍于社会者，无非龌龊自守之劣习惯，不得一刻苏息于自由之清虚世界中。而沉沉大陆为积秽之周陆，戢戢同胞为待僵之枯骨，则亦良不足怪也。虽然，夫岂独无十百志士号呼而欲拯救之哉？顾以吾观所记志士亦或与彼都人士倡独立者异焉，虽欲拯救之，乌从而振救之？

富兰克令之为滨西洼尼总代员而出使英国也，当国会议印纸条例时，幸得参列下议院末席。极口缕述州内事情，谓议员曰：余既告卿等以此事矣，卿等当记忆之。美洲人民不出代议士，则决不纳租税。若强欲服之，惟可依兵力耳。诸人闻之心动。既为英政府管驿递，以左袒本国罢职而归。国会议遣使乞援欧洲也，富兰克令曰：吾处女国不可求嫁人，有来求婚者，徐审议之耳。措母耳阿丹士，波士顿志士之领袖也。基日既愤马沙诸些州民，欲诱致阿丹士，杀自由党之势力，密使人告以将见用于显官。阿丹士之廉洁，固非他人所能货取者，对其人曰：余既盟于上帝矣，决不能以私情抛弃国家大事。幸语基日君自今愿少察人民愤激之真情，勿轻易之，是所忠告于措母耳阿丹士之君者也，其持正如此。

故夫彼之所谓志士者，生死食息于自由独立者也。知有公理，则不知有强力；知有正义，则不知有仄径。苟有害其自由独立者，牺牲一身以求同胞之公益可也，牺牲少数以求多数之公益可也，牺牲现在以求将来之公益可也。彼其脑蒂中但有所谓理想之正当共和政府，必与其全殖民地人歌于斯焉，哭于斯焉，聚族于斯焉，何知英政府，何知欧洲大国，随其心力所构造而庄严国土指顾完成矣?!呜呼！富贵不移，威武不屈，富兰克令、阿丹士有之；一夫不获，若己纳沟，哲非逊有之；不度众生誓不成佛，华盛顿有之。今之所谓志士则不然，手民约论、口自由书，而时时有一基日在其旁目挑而心招者，以敦庞雄厚之民族而以奄然有女性之志士为之标识，兹所谓奇辱殊耻者也。巴的门显理演说曰：吾等若欲保无量价值之特权，不可为卑劣之举动，上帝宰制国民之运命者，必惠正义而为之援手焉。天乎，庶几为我同胞解此腐瑰？愿志士听者，愿同胞听者。

纪十八世纪末法国之乱[①]

（1903年2月12日）

（集译河津祐之《法兰西革命史》及松平康国《世界近世史》、大内畅三所译《欧洲十九世纪史》所述法兰西大革命事）

第一章　发端

新水非故水，前沤续后沤。欧洲十九世纪前半期实以革命与革命澜回波属郁为稽天之巨浸，以涤荡大陆之腐败物质者也。顾此时期之革命，亦分三段落，所谓第一革命、第二革命、第三革命是也。而第二革命、第三革命者，又无非受第一革命之根性与受第一革命之反动力而成为特别之状态。是故胎孕十九世纪伟大之进步者，实惟第一革命之力。所谓第一革命者，始于西历千七百八十九年法兰西之各州会议，而迄于千八百十五年拿破仑之灭亡，亦称为法兰西大革命。夫此革命时期中，固法兰西国民壮快奇杰横绝历史之大写真，而亦法兰西国民悲惨战栗横绝历史之大纪念也。其程途之迷谬往复如推樯折舳漂荡于盘涡急漩之中，其现象之俶诡离奇如魑魅魍魉呼啸于青天白日之下，忽然而登政客之坛，忽然而踣横尸之市，枭狐昼嗥髑髅起舞，其祸害之伤痛惨

① 本文于《游学译编》第四册至第七册连载。

酷又无之不足以棘心刿脑也。自由乎？平等乎？宇宙间穷凶极恶之事迹，宜若为此种名义，卵翼而孳育之者，顾徒眩其过激之迹、余毒之流而不窥革命之真相者，实未可谓具人类之常识者也。夫法兰西政治之改革，犹日耳曼宗教之改革，固有驱法民而使出于此者。而法民之主义与英吉利千六百四十年圆颅党（Roundheads，即清教徒，后分为二派，遂成武人政治）之所主张，奚以异？然而迫其前者有强与吾事之强邻，推其后者有欲燃死灰之奸蠹，其叫嚣隳突而出于是也，实法民之大不幸也。顾其终也，以法人所喋血碎首而不得者，刺激欧陆诸国民而生其楚痛；以法民所狂跳乱掷屡得而屡失者，警省欧陆诸国民而畀以方针。虽后风惊尘起，几相随以俱烬乎。言根本之变革者，必奉为导师焉。夫彼扫荡民族之艰秽、冲决人世之网罗者，曷尝不欲避此，亦往往不得避，此是可哀也。

法兰西革命与英吉利前世纪之革命有以异乎？曰：开欧洲新政府之始者，英吉利革命为之也；开欧洲新社会之始者，法兰西革命为之也。是故政治的革命者，英法二命之所同也。平夷社会之阶级，刷新社会之生计，举一切老废之风俗习惯尽揞去之，而改造适当法律以维持之者，法兰西革命之所独也。读亚东大陆历史者，不百年必有小杀伐，不三百年必有大杀伐，其成者则为帝王，其不成者则为盗贼。帝王、盗贼无一定之人格。而人群社会之情态，则成为反复印行一成不易之雕字板，于民族进化绝无所为影响，非独于生计界中、法律界中、政治界中有，然于思想界中亦有。然诋之者谓为脓血充塞之历史，从而为之辞者则谓为专制政体之进化。故革命之军虽数百起而国民改造政治之能力与刷新社会之光明，曾无毫发足以饷遗世界者，将材力之遗传性使然耶？抑学术之迟滞于一习见中故也。政治家有言，专制政体者，为民族进化必历之阶级。欲巩固中央集权者，固必由此中央集权。既已巩固矣，于其继也，即当缩小政府干预之范围而扩张人民自由之范围；又其继也，则且必禁政府妨碍人民之自由而亦必禁人民之滥用其自由，而一纳之于轨则之自由。泰西民族之进步，为其经过专制集权之时期而即进入扩张自由之时期；亚东民族之退化，为其凝滞于专制集权之时期而不能进入于扩张自由之时期。夫英吉利之革命所以缩小政府干预之范围者也，法兰西之革命则所以促禁制政府之妨碍之运者也，惟其能扩张自由，惟其能排決自由之妨碍。是所争者，在民族全体之乐利；所去者，在民族全体之弊害，而非仅仅攫取一家之剑玺，以与一家、残毁一姓之庙社，以光一姓也，夫是谓之革命。是故东大陆之所谓革命者，于革命之性质固不完全也。法兰西之革命较英吉利之革命，其性质则更圆满矣。而英吉利十九世纪之革命较法兰西大革命，其性质则更圆满矣。是故有颠覆事物之情状，而不必用颠覆事物之强硬手段者，谓之平和的革命；有颠覆事物之情状而必用颠覆事物之强硬手段者，谓之骚动的革命；由骚动的革命而进于平和的革命，谓之革命之进化。

法兰西之革命何以谓社会的革命耶？社会学家有言，社会进化有三级：家族制度为一级，封建制度为一级，平民主义为一级，已进入平民主义后将复有劳动社会之一级。二十世纪之社会当为劳动社会主义。十九世纪之社会则为平民社会主义。封建制度由家族制度、尚武主义而来者也。其时社会之势力尽归于有产业之地主，地主之势力常足以左右平民，而平民在其时则有两重之压制，于政府则为间接之压制，于地主则为直接之压制。民智益启，而自营之实力与政治之思想充盈磅礴，益欲脱除羁绁以为快。于是极力破除有产业者之势力，而复渐至相代以平民之资本技业家。

法国大革命实平民确认其自有之权利之时代也，故为革命之原动力者，实在平民而借贵族僧侣之抵抗政府以发其端，终至建设政府以排除贵族僧侣而收其后。夫使平民确认其权利，此阶级之为之也。即使平民伸畅其权利者，实受阶级之赐，然欧洲大陆以外之民族阶级之制有消灭最早者，则常使民族不识攘夺权利者之何所属。不识攘夺权利者之何所属，则亦自忘其所当把持之权利而不暇追求。而在欧洲大陆，平民主义已圆满具足，而又生劳动主义。第四级之问题，乃益欲求膨胀之地域于海外以私厚其民族，则且利用白人以外民族社会之涣散蒙昧以阴行其攫阏援噬之野心。而乐奉彼民之所傴傀者，以操纵之，奇危殊险百倍于法兰西。而此酣眠熟寐之民族者，非独不能伸左右社会一致之势力，亦且不能为左右社会一致之运动；非独不能为左右社会一致之运动，亦且不能为左右社会一致之议论。夫法兰西社会革命者，实一切社会革命之母也。明于法民权利思想之所由以成立者，乃可以提挈民族而立于二十世纪之人群。

夫法民之奋愿革命也，自一面观之，则为个人生计困难之故，“与我面包”一语足以了其消息。虽然，终至挑战欧洲各国、演世界未曾有之大活剧者，必有一种精神的原动力，此原动力者，孰发扬之？民族之优于思想力者发扬之；孰赋与之？授与民族之性命者赋与之。夫人群也者，非仅迫于饮食男女之欲，而为无道德的活动者也，固必有本根于道德的意识而进行者焉。今世界大陆人民或较之千七百七十九年之法民生活上之地位、权利上之地位，将有不如远甚之日。然苟非有法兰西国民心灵上之烟士披里纯者，决不能为法民之事业。何则？精神上之原动力固殊其趣也。犬虽饿，不敢言革新；豚虽渴，不敢言改作。国民之大活动，必有主持活动之灵火炎炎于个人脑蒂中，乃混成和合以为全国民之大火炬者也。无论主持活动之意见者若靡拉北之立宪王政，若亚儿增孙之民主王政，若马拉之民主共和，若威伦惹俄之温和共和，若唐顿之共和的都统，若拿破仑之武断的都统，至其泉源无不同一要之。欲使民族全体进向于自由的幸福，使民族全体之趋向进行于实际的改良，而必改造国家以殉其理想者，是法兰西革命军之一标帜也。法国国民为此精神原动力而善攻善防、善战善守，故其势力卒以披靡全欧。夫热情如彼所以善用其热情者，如彼则倡之而无不应，为之而无不成者，自然之势也。是故欲造民族之大活动者，必先造民族之道德的意识。

第二章　革命之原因

法人革命之原因，大要有六事：第一则为布尔奔家（House of Bourbon）席专横骄侈之余弊；第二则为贵族僧侣垄断不义之特权；第三则为下民生计之穷蹙；第四则为文学哲学家破坏思想之浓轾；第五则为美国独立之余势所鼓舞而奋发；第六则为主权所有者之薄弱所酝酿而完成。虽然专制与特权者，欧洲诸国之所同也；生民之穷蹙者，亦诸国之所同也。而法国人民感情之锐敏则为欧洲诸国所无，法国人民意气之飞动亦为欧洲诸国所无。攘臂前驱每进益奋，终使政治机关脱离温和党之怀抱，而投入急激的共和党之掌握中者在是，而为运动的潜势力者亦在是。

法兰西之初建国也，王位之树立，成于民论之选择，临写痕多马耳会场则以王为会长，在裁判会，则以一官员为会头。及封建之世，王位始为世袭，则立君民治政灭，而立君贵族政兴。然易世继统，历数世之勉励刻苦，强本根而弱枝叶，废贵族之议事院，止诸藩之裁判所，一人为雄，万夫为雌，操持立法行政之大权，而怙恃威力以束缚驰骤其臣下，则立君贵族之制废，而君主独裁之政兴。顾贵族议院虽废，而王室欲赋敛于国中，尚不得不合集教徒、贵族、平民诸议员，故有所谓三民议会（States General）者。然其性质大异于英国之巴力门，非组织政府之要素，王室之威力日进，则三民议会者亦属于无有。虽然诸侯犹时时有作乱以抗王室者，顾其始之谋乱也，尚欲维持其所有之政权；其后之谋乱也，则仅仅欲得政府之显职。至鲁意十四世，飞砤之乱既熄，则专制政体遂确乎而不可拔。盖法国之王权，实发达于十五、十六世，而鲁意十四世时乃达其极点。鲁意十四世者，专制政体威严神圣之最者也。以法律言之，则不出于人民之公认，而出于独夫之喜怒，自内阁会议所决定，以至巴黎府会及其他规定之议会所登录者，皆王之敕令也；以行政机关言之，则以历史上封建制度之遗物，与鲁意十四世自定之中央集权制，结合而成立，而三十二行政区划之敕任监督与知事，皆奉行宫廷之意旨者也。禁锢身命而不宣示理由也，惟命；籍殁家财而不依据律理也，惟命；诛求赋敛而不时［待］国民之诺许也，惟命；非独钳束臣下之行为也，亦且阴合阳开，以操纵士夫之心术；非独钤束政略上之异论也，亦且焯威极势，以拘执信仰之自由。而威福既隆，私欲益纵，征求无艺，等于掠夺。至鲁意十五世重之以荒淫酣宴，而宫中之费用，超过于政府之支出，宫车晚出，骨肉未寒，而革命之潮流，已有一泻千里之势，虽欲隆堤至天，而亦不可遏矣。罗庇斯伯曰：人民之不由压制而易企叛乱也，犹大洋之水，无风而波，虽然风不怒则浪不激。布尔奔王室不专横，则法人不如是之激烈也。

是时为王室之二大屏藩者，则有贵族与僧侣。盖法兰西国民分三级，第一为僧侣，第二为贵族，第三则为平民（Tiets Etat）。贵族常借朝廷之势力，以迫榨平民，而亦借平民之势力以抵抗王室；至僧侣则趋附其利害之所同者而两属之。夫法兰西之贵族，擅权力于封建时代，然以王权之发达，而贵族政治竟被颠覆者，何耶？英国以贵族构成上院，而法国贵族之末流，扫荡而无遗迹者，何耶？则为其拥各自之权力，而不知为联合之组织也。非特不知为联合之组织也，亦抑不乐为联合之组织，何则？以彼等之偃蹇骄倨不欲受制于他人，联合为一体而服从于多数，则于私利有不便故也。虽然，贵族政治虽被褫夺，一切实权尽集于国王矣，而彼等尚于法律上保有多少之特权，其所以贾怨于通国者，实为此特权之故。国民之所最嫉恶者，莫如拥膏腴之土地，而不担租税之输纳与不供兵役之义务，而尽使平民任其负担也。盖布尔奔王室时，贵族不下十万家，人员几至三十万，所有土地乃至全国五分之一。而平民所自有之土地，不过全国三分之一，且不仅如是而已。贵族对于其土地之人民，尤有例外之特权。农民既代贵族而任输将矣，而鬻卖其自有之耕作地时，必纳变更税若价格六分之一于贵族。农民收获自有土地之谷物，必使挽于贵族之水车；农民朝夕之面包，必使焙于贵族之灶突；农民酿造之葡萄，必使榨于贵族之酒炉，而每岁又必以力役之，定期耕作贵族之土地。顾贵族既无租税、兵役之义务矣，而又特受宫廷之俸给，叨贵显之阶封，任海陆军之将校，为裁判所之司法官，平民绝不得参与焉。夫农民之对于贵族也，有如许之负担；而贵族之对于国家也，有如何之酬报乎？此农民所以深求其理由，而不得不反唇相讥者也。夫彼既绞农民之膏血，席世有之权利矣。则且怙尊贵、矜荣华、耀头衔、夸门阀，以天下之悲愁涕泣，邀别殿之欢娱，以万人之鬻子卖妻，买深宫之颦笑，则其居傲尊大，排斥平民也，益无所不至，牧之如马牛，贱之于奴虏。如画纶（Foulon）者，闻平民之无食物，而有何不餐枯草之绝叫。夫法人之阶级生于民族，彼所谓民族者，固有同一血统之关系者也，而犹若此，况其别异者耶？夫种族者，霸天下者之所据以自私也。因种族而有畛域，因畛域而有别异级，因别异而有抑制私种族者，必不复留余地以处他人。不复留余地以处他人，而又必妨他人之有时而乘势以相凌逼也，则必设种种无理之禁防，分种种无谓之资格，以箝束而磨折之，使懦劣者明知而故殉之，曰此名义也，此伦理也。乌知雄强侠勇之国民者，痛心疾首，以删除之，前僵后仆，无所于悔，必思留精光于历史上者，以洗历世之积耻者耶。夫种族之区域，帝择之所不能平；权利之低昂，巧历之所不能算。惟黑铁赤血，足以恢复之于九幽之下耳。彼法民者，非戴奴隶之头骨以仰复于天、具马牛之蹄角以求食于地者，固将有所变计矣。

彼寺院者，在一国之中亦自为一小国，皆据法律所设制，以优饶旧教徒者也。积数百年信徒之布施，其富亦达于最高之度，所有领地，其面积在法兰西全国四分之一乃几至三分之一。每年会议，则议决以若干金额，献纳国王为常，得免除租税之故，为此酬报也。然僧侣顾得别收什一之税于平民，故法国从事宗教之职者，及十万人以上，皆借领地收入及十分一税，及报谢金若施物以为生活。而领地收入，一岁约四千九百万弗，十分一税收入，亦及是数。俾蓿布阿玻脱等教职（院长主教之职任），大都出于贵族子弟。此贵族僧侣者，非由信仰宗教而为之也，特为利寺院之收入，贪教职之虚荣而已。故其居傲骄奢，亦与贵族同其不德，而不学无识，一无所能，益为国民所轻贱。顾僧侣间感情亦有相为背驰者，此等僧侣骄盈富有，固表同情于贵族；而普通之牧师居宣教之任者，率劳苦而贫乏。故所称为曲累（Care）、威以卡（Vicar）之僧职者，则乐与平民相亲近。

生息于贵族僧侣之下者，则为平民，其数约有二千五百万人。

而平民中亦自分二阶级，而有中流、下流之别。中流者自富裕之商贾若法律家、若工业家而成；下流者则自田舍之贫农与都市之穷民而成。其数为最夥。顾中流者，类能组合营业，又或得有组合之特权及免除者，与下流稍异，其利害常被贱侮于贵族，而亦被仇怨于下流。然法民中较有智虑之部分，为在中流，于革命时期往往能以保守之精神，维持立宪之秩序，阻抑群众之凶暴。而为革命之原动力者，则不在中流而在于下流，此最下之阶级，呻吟苦痛，不可名状。其所被之苛虐，无非封建之遗习、贵族之已状也。彼等不得于田亩中设藩篱，为妨贵族游猎之通路也；不得逐去其害稼之禽兽，为供贵族之捕获也。时而被贵族停止耕作，时而被贵族蹂躏田亩，损害狼藉，不得忤目而容喙。惟不触于网罗，不罹于刑戮，则以为奇福。某贵族者铳杀一农夫，鲁意十五世以温言戒之，尚悻悻有不平之色；某贵族恶蛙鸣，岁以定期，遣农民默鸣蛙，自宵达旦，竿击池水，不得休息。人奴笞仢憔悴可知，鸿雁哀鸣，劬劳谁惜？谓之地狱不为过也。故彼等在平时且不知温饱之味，在凶年则惟有转死沟壑，以了此无告之身。布罗页尔所记，谓其饮水食草，身处洞穴，乞饭争食，性同禽兽，且于墓地目击舐人骨之童子云。虽然，腓累论尝谓鲁意十四世曰：陛下之子，今将使尽为饿莩，陛下徒沥其膏血，而不给以刍牧，夫使贵族得恣行至于此极者，政府为之也。而贵族之所苦者，不过其特权所及之一部耳。乃使全国陷于惨毒之状者，则政府又别有所以凌驾之也。夫人民任租税之义务者，非曰为王室任之也。自为其生命财产自由幸福之安全而立之政府，自为其生命财产自由幸福之安全而担其义务。夫既自为而担义务，则此租税之纳入，必为国民所认许者。苟非国民所认许者，非义务也。此租税消耗之度支，亦必为国民所认许，苟非国民所认许者，非义务也。夫造物者之生人也，固必在同一之位置，民之相聚而为国家也。固以同一之位置之人群，服从于公意之约束者也。公意之约束者，非立政府以为吾身之刀俎，而自奉其身以为政府之鱼肉者也。自奉其身以为政府之鱼肉与以强力劫制人身以供其鱼肉者，皆非生人之正义也。悖生人之正义，以私威福之公器，国人之痛心切齿欲食其肉也，则亦无怪其然。

国家社会之情状不概于人心既如此矣，则英才博识之士，扼膺扼腕，思欲一拯救之，于是哲学新派遂起。此新派哲学者，莫不其有怀疑的及破坏的性质，而福禄特尔（Voltaire）、卢骚（Roussean）、孟德斯鸠（Montesquieu）尤有名于此。福禄特尔之为人，特能以其笔舌之所解剥，表当时之气运。凡法民所无端而叹息，无端不啜泣，沉沉袭心，欲言不得者，则悉倾吐于福禄特尔之文字中，以冷酷之辩说谈哲理，以锐利之词锋刺时政，其所非难攻击深入人心，自称其生涯中所成就过于路德，盖法民政治思想之兴起，所倡导者为独多。而卢骚理想之纯洁高尚，几又有出于福禄特尔之右者。于当时社会制度，无一足置信与属望者，以为一切害人道之罪恶，皆自人为之法律而生。如当时之家族若教会、若国家，皆人道之桎梏也。故不破除无理之世法，则无由以复于天则。卢骚所著有《社会不平等之起原论》（Discourse on the Origin of Inequality among Men）及《社会契约》篇（The Social Contract）。其《社会契约》篇，称民主政体之元祖（东人译之为《民约》）。而福禄特尔则专以种种之小说及杂剧，鼓吹政论，嘲弄当世，侮蔑上流。孟德斯鸠者，生于贵族，而主张民权自由，特奋厉而坚确，其杰作有所谓《法律之精神》（The Spirit of Laws）者，十八月中发行至重〈印〉二十二版。福禄特尔评之谓，人类之所以不失为人类者，自此书发见之，又自此书回复之（东人所译为《万法精理》）云。盖诸家之所诋娸者，最中政府及宗教之失。其披涤社会之习惯，非难财产权利之不平均，排斥信仰之拘挛、服从之卑劣，以改造国民之思想与言论者，实基于人群生活适当之目的，而推致之于精神上最高之理想。法国人民既沉沦困苦，怀抱革除之趋向，隐约疑信，其餍饫数子学说，如水之流湿，火之就燥，厌弃既成之律度，梦想未来之安乐，朝吟暮思，欲倾颈血以构造之。故以一二书生之气力，而扫除数百载之尘秽。夫数子者之倡自由也，非惟其心之所信而异言呓语以耸动世人之耳目而已。彼其探求生民之本始而根据人类所同出之一源者也。惟一源，故性命为平等；性命为平等，故智力为平等；智力为平等，故权利为平等；权利为平等，故各欲保护其平等之权力，则立群治之约束以相结合。惟平等则能成契约，故各欲伸张其群体之权力，则以群治之条理相服从；惟平等，则能一体相服从，故服从亦平等，秩序亦平等。欲群治之进化，则但有增进全群公益之道。而为垄断全群公益，以私于一姓之道；欲挽回群治之退化，则但有破坏垄断公益者之怪象。以改良群治之术，而无涂泽垄断公益者之怪象；以朽腐群治之术，而数子者之刚肠佳骨，又自足以发扬而播散之。其精诚所流布，非独与法民社会之起灭为起灭，乃当与世界人种社会之起灭为起灭。是时与法国相接触，有最荣誉最愉快之感情，则美国独立之成功是也。法人闻英国殖民地，举独立之旗帜，布独立之宣言也，则赞叹而祷祝之。如贵族中之拉法的者，既仗剑而投华盛顿军中，以表域外之同情矣。且以舆论沸腾之故，使鲁意十六世公然出援军。夫合众国之共和政体，与法兰西之独夫政体，理论与形式，既两不相容；合众国之平民社会，与法兰西之阶级社会，习惯及利害亦判然相别。然而法兰西国民，竟思为之援手者，非独平民也，亦有贵族。固由嫉恶英国殖民政策之胜利使然乎？要其上流社会之秀杰者，被浸渍于新哲学思想，亦实有鼓舞不能自已之势也。彼非不知利害相激将自戕贼其本来之权利也。明于群治之术者，固将蠲除其畸重之弊俗；通于生人之性者，故将菹醢其形器之嗜欲也。然美人独立之完成，则下流社会，固最为倾倒，见共和国之百度简易，与己国之繁缛琐屑，判如宵壤，则益益称赞艳羡之，不知所以然。彼等崇拜之哲学所谓乌托邦者，既在于眼前矣。所谓民权者，既为此民族所恢复矣；所谓自由平等者，既为此国体所证明矣。非理想之不可寻，非幻境之不可到，论其实际，直自法人指臂之上援助而扶植之。为人作嫁而家计自怜，临渊羡鱼而川观流叹。彼活泼之国民，岂甘出此者哉？夫国民不起之疾，莫大如卑湿迟重，而不知所激发，刺之而不痛，歆之而不动，顽痹不仁，饮鸩自毒，此天下之最可哀者也。法人之热衷而欲自得之也，彼固有所视为大辱者存。

树罪恶之孽果者，其刈之也必惨毒。路易十四世振威于内，而邀功于外。国力之疲敝，掩于胜利之喜色而不见民间之愁痛；妨于奏凯之欢声而不闻方且盛兴文学揄扬功德，修饰边幅，辉煌耳目。然而圣德之讴歌未已，而无道之怨讟方腾。自十七世纪诗文时代，而引出十八世纪前半期之议论时代；自十八世纪前半期之议论时代，而引出十八世纪后半期之改革时代。路易十五世，以非材继体，不能为英断之处置，旷然与天下更始。而益以素行不修，贪婪无已。在位二十年，政权移于后宫，异论纷于朝右，阎妻偏处，祸水滔淫。波姆巴脱罗夫人之贪纵为举国所不容。鲁意［应为路易，下同］十五世之末年，遂有身后洪水之叹。及鲁意十六，以千七百七十四年即位，而革命之烈焰，已庯庯而欲作。鲁意之娶后马利亚也，祷于神曰：吾夫妇年少，不堪统治，愿赐保护。夫神即欲赐保护乎？前因兮已集，后怨兮仍绩，非有以大释民望者，虽有鬼神，将奈之何哉？夫鲁意十六世，非绝无君人之度者也，知人愤先王之淫行也，而崇节俭，知人愤政纲之紊乱也，而图改作。虽然为改作者非独恃有仁心也，又恃有刚断，有劳来民庶之兴革，又有压制负恃特权者之威命，而行之以诚，持之以久，则经盘错，夷艰险，创定宪法，与贵贱共守之，维国家于盘石之安，而可以长世。顾鲁意十六世不能为此，而诪张于平民与贵族之间。王后马利亚者，又沉溺于母国之积习，以回惑大计，左右回午，以至躬蹈大戮。如是者，非不幸也，彼国民者，材力薄弱，事事仰赖于朝廷，而生死安危，不敢自置诸胸臆者，宜若可狎也。夫乌知不知有责任之民族则然，既知有责任之民族则决不肯以其全体之利害相殉耶？夫乌知昔日为不知有责任之民族，而甘心以相殉者一旦知之，而决不可一日以居耶？夫以千万人之生死易一人之生死，以多数人之福利易少数人之福利，其为轻重也孰亟？夫不能犯天下之大难者，则亦不能释天下之大难。牝鸡司晨，天与之昏，如沸如羹，遂赤其门，非不幸也。其罪固将有所在也。夫政府者，居天下重要之枢机者也；居天下重要之枢机者，则亦任天下重大之谴责。苟其气力孱弱，而不能任重大之判断，斯亦驽劣而负委任矣。况胸腹之间，群疑堆叠，视国民之是非以为儿戏，若迎若拒，忽前忽却，乃欲使国民俯伏其巾帼之下，而左手与以果物，右手挞以鞭朴者耶。是故鲁意十六世改革之事，不过始终为一长谈。而风卷云驱，益以显现法兰西国民龙拏虎跃不可羁勒之现象。

第三章　革命之萌芽

引绳而绝之，其绝必有处。凡国民之与政府相冲突也，亦必有其因缘发见之端倪，与其渐次进行之步骤焉。苟能迎其机而善用之，因其势而利导之，其抵触固不至太甚，而爆烈亦不至过激也。法民革命之端倪，实因财政整理之失败；因财政整理之失败而生出贵族议会；因贵族议会而生出三民议会；因三民议会而生出国民议会。而革命之步骤，遂益益娴熟而至于成立。顾当日者，非绝无调和冲突之术与消释酷烈之道也。岂独鲁意十六之柔懦实尸其罪。彼出入政府诸人，盖无非足以构成此惨黩者也。夫当危险之局者，非主持不易之政见，贯彻一定之目的者，不足以排决阻难而御其变。而非纯然以国家公益为心者，则一念欲得国民之信用，复一念欲居王朝之宠利，一心欲得众人之喝采，复一念欲得上流社会之欢心，周章回惑，瞻前顾后，手脚慌乱，而目的终违。其始不欲牺牲个人之身家名誉以殉之，而勉强迁就自以为得计，其继则即欲牺牲个人之身家名誉以殉之，而已决裂败坏不可收拾矣。处风潮激烈之世，而欲为纳喀之所为者何限，徒使彼国民者堕落于隳坏秩序、荡决安全之急劫中，而不及导之以先路焉；徒使彼王室者堕落于隳坏秩序、荡决安全之惨僇中，而不及为之一援手焉。是则以个人手段之卑劣，而害及全体安危之大计，然而欲博庸耳俗目之称道者，固往往蹈之。

法国财政之困难也，为土地分配之不平均，为上流社会之奢侈。而干涉外国无益之战争，亦其一事也。自鲁意十四世以来，有干涉奥地利亚王位相续之战争，有与奥地利亚同盟伐英吉利之七年战争，有援亚美利加殖民地独立之战争，消费甚巨，于国家无毫发利益，国债如山。而财政之困难，遂达其极，岁出超于岁入；宫廷费用，尚无毫发节省，积日累月，而政府遂益益陷于破产之状态。国民负担之力既已枯竭，而政府度支之真相，盖无能确知之者。救助方法，迄无成算。至鲁意十六世，君臣上下，遂焦然以财政为一问题。

鲁意十六之践位也，欲倚重老成经验之士。以牧尔巴为宰相。牧尔巴者，在先王时，以忤后宫之意旨免职者也。然牧尔巴常劝王行姑息之政，昵附王室而窃弄威福，不敢擢用党与众多之士，始终依赖己者则荐引之。然亦采人誉，以特尔果（Turlgot）、纳喀（Necker）等补诸卿，使试行改革之事。

特尔果者，为当时有名之经济家，为大藏卿，当整理财政之任。特尔果建议，欲有所大改革，回复谷物之自由贸易，停止压制之法律。除去阶级弊害之最甚者，使贵族教徒与平民纳同等之租税。废奴隶，抑特权，使平民会于州会以习知政务，节省宫廷之滥费以纾国力。其所提出之改革案，谓不增加租税，不募集国债，而亦不使国家陷于破产之厄，大有足以警醒上流社会者。而当时国家受病已入膏肓，宫廷之积习，旧制之顽强，特权阶级之固执，无一不足为变更之敌者。公卿、贵族、僧侣竞相与撑拒之。虽德望素高，颇得君宠，顾亦不适于宰相牧尔巴之意，遂免其职。

特尔果之免职也，代之者复不得安于其位，而纳喀继为大藏卿。纳喀者，瑞士之日内瓦（Geneva）人，尝为银行书记。虽非济时之器，顾亦颇长理财术。纳喀之登用也，为救朝廷之困乏。而纳喀则欲与自由权于国民以拯救之，汰冗官，省滥费，轻减人民之负担，正会计之方法，使州会定税额。平时则用租税，遇重要之事，则募国债。欲得容易募集新国债，乃于千七百八十一年，以会计决算表公布于国民，用是益得国人之信用。夫纳喀之公布度支出入表也，固有说。夫借债者，必需证据，故必使人民之应募者，公知会计之事务。令人民纳租税者，必得人民之许诺，故必使人民之输纳者，公知管理之事务。是故政府欲得款额，而乞之于债主，不可不示之以贷借之簿籍；乞之于纳税者，不可不使之关与于用度之大要。然既由募债而引出决算表，则亦由收税而引出三民议会。由募债而引出决算表者，置政府于民论之管辖之下也；由收税而引出三民议会者，置政府于民权之管辖之下也。决算表既出，政府腐败之事情，既为全国之所周知，自益使国民承认在国家中所自有之权利，使国民承认在国家中所不可放弃之责任。知政府专制之弊害，于国民之权利，有何等之损伤；政府滥用之弊害，于国民之生活，有何等之妨碍，则虽欲自安于喑盲聋聩之习惯而不可得，而构造国家之思想，乃绵绵其若存。纳喀之从事于改革也，非如特尔果之激切。欲废特权而偿之以赐金，而亦不得达其志。近习既不悦其节俭，贵族及议院又大非州会之所为，而牧尔巴复妒其权宠，遂不得竟其事而去。

纳喀辞职后，无几而牧尔巴死。鲁意十六世，天性柔弱，不能无借他人之援助。王后马利亚，因此盗弄大权以促乱期。牧尔巴当国时，采用诸人，尚或挟爱民之志以从事于改弦更张之举。虽不能成功名，亦不至增重历朝之宿弊。而马利亚则登用佞人，挑拨乱阶，数年朝局，一度翻新，而国民愤怒之声，遂已磅礴郁积于宫门之外。

纳喀辞职后，一二经济家出而当困难之冲，皆不堪其职。千七百八十三年，喀伦尼（Galonne）者，自州牧而升用为大藏卿。喀伦尼之为人，辩给多智，而轻薄不知政理，任用诡计，务与纳喀相反。纳喀尚节俭，而喀伦尼则事奢侈。见纳喀以朝臣之厌恶而被废也，则思借佞臣之援引以维持其爵禄，供莫大之筵宴以媚马利亚之心，出无名之俸给以适马利亚嬖人之意。广募国债，而增加岁出，务为盛大充实之象，以欺国民之耳目。虽多为其术，而伎俩已穷。纳喀时政府所得之信用，荡然无复存者，非增加租税，更无法以继续之。千七百八十七年，召集贵族议会（Notables）于非色野而议此事。然此议会既专以有特权之人成立之，皆不乐损己以奉其上。求前数年岁入岁出表于政府而调查之。见喀伦尼以四五年间募国债至十六亿四千六百万佛郎，而政府之收金每年尚不足一亿四千万也，大惊。益不肯纳租税，且责喀伦尼之不德而请黜之。鲁意十六从其议，以贵族议会中大教长布里隐代其职。而布里隐复以纳金请求于贵族议会，贵族议会不之许，竟解散之。布里隐亦以此失议会之援。因欲起印纸税及土地赋金事，更与议院相冲突。有间，复以政府欲得四亿四千万之逐次借金，下之于议院，知议院之必抵抗也，则请鲁意十六亲临以取其许诺。鲁意十六，欲自释于议员而慰民望。遂于会议时，许布罗德士丹宗教徒以民权（布罗德士丹信教自由权为鲁意十五所废），且许公布每岁决算表，而期以五年内召集三民议会。然议员尚以此事为不足，更坚拒之。政府与议院益生冲突，至为拘囚议员、改革院制、设立上等厅之大举。

初，法兰西君主独裁政体之确立也，王亲自操立法之权，而使律士居议院，代王亲行听讼之事。然议院既拥君主委托之大权，则亦有时为抗敌君主之利器，而谋抑制王室无上之威力。君主亦恶其酿危害也，而欲压服之。在鲁意十四时，其胜利常在君主；鲁意十五时，则胜败常相半焉；而至鲁意十六世，则遂为逗起革命之引线。抑议院者，为欲行其特权而张其威力也，则常助弱而制强。其始则助王而倒贵族，其继则助平民而抗君主。当鲁意十五世，为此抗敌，大得民望。顾议员之始意，非果能以国民全体之公益为事业也。立于王室与平民争哄之场，而控制其权势之变换迁移之枢纽，而因以为胜利。然国民者固不必问其意趣之如何，乐赞助之，以为抵制专制政体之屏蔽。议院既助民，民亦助议院，益强盛而上逼。司法卿莫颇患之，劝朝廷废旧议院而立新议院。然莫颇之改革，犯不韪而为之，势不能久。鲁意十六即位以后，复召集旧议员。至布里隐当国，而政府与议院之龃龉复起。

布里隐以抵抗政府为议院之故态。政府欲增租税或募集新国债时，议院固常乐为抵抗也。仅仅放逐议员，不过为暂时之计，终不足以挫其顽梗。遂欲制限议院之职掌，止于裁判事务。与尚玺拿木瓦宁计议之，遂以一日间废法兰西全国诸议院，改巴黎议院之职制，削夺其政事上之权。而附与之于朝廷所设立之上等厅，杀减其审判之权，而增加诸审厅之职掌。然物论汹汹，群非议之。巴黎及诸州之论者，皆相与为一致。政府欲挫议院之抵抗，乃益招全国议院之抵抗。而布里隐又欲借金，召集教徒之非常议会。教徒直上书国王，请急废上等厅而召集三民议会。布里隐此时，政权之阻难既未有已，会计之困难又复相煎，不得取租税，不得借金，不得成立上等厅。而又不欲复召集议院，则不得不依赖最后之方法，而召集三民议会。顾朝廷之意旨，在治疗国库之困难而已，不遑计其他。而布里隐以此激怒国民，扰动议会，牵涉全局，至有不得不贬损政府之威权而召集三民议会之势。因咎布里隐而黜退之。然欲回复国民之信用，改正会计之纷杂，停止权限之争讼者，舍召集三民议会之外，至竟亦无他术。

三民议会者，自千六百十四年以后，绝不开会，至是以贵族议会始请召集。而得飞雷州会、威祭尔州会实始倡之。教徒复于巴黎议会集而议之。是故州会者，三民议会之大演习场；而贵族议会者，又三民议会之前导也。鲁意十六，既前期以五年，至此遂以千七百七十八年下会。翌年五月开国会，且召还纳喀为大藏卿，再立议院，解散上等厅，废诸州裁判所。而纳喀新执政，遂为选举议员及会议仪式之准备。

先是抗政府者，同志一致，至此遂为一大变相。当布里隐之执政也，政府欲压抑议会，而惹其抵抗。及纳喀时，则政府之于议会，既已解释其压制之衅隙，而以政府从平民，尚复受此议会之抵抗，何者？为议会欲执威权而使人民从顺之之故。是故，议院之与政府争也，非为公益也，为欲伸张其权力也；贵族之与平民争也，〈非〉为平民也，为欲回复其权利也。议院之欲为三民议会也，不过如千六百十四年出于笼络之心；贵族之请求之也，不过借以为后援而厚集其势。故议会于明年之三民议会，执用千六百十四年之旧式，卒失民望。而贵族拒平民议员倍数之事，遂致相离。

平民跧伏于水深火热之虐政下百年矣，至此乃复崭然显头现角于决斗之场。夫前此法兰西之国民，非无左右国家权力之活动也。然封建割据之世，则助君主而倒贵族；专制统一之世，则助贵族而抗君主。然皆非平民自营之战争，固亦无关与于政事上之根据。至是则有自营之智力，又有自营之决心。虽有欲挫抑之，使不得遂其期向者，而其势固已不可复遏。布里隐之去位也，纳喀以国会组织咨国民之意见，请鲁意十六下令，以振兴国家之策求识者之言。于是六月以内新闻杂志之刊发者，实及二千六百种，无一非称扬平民主义，攻讦上流社会之腐败，而排斥政府纲维之紊乱者。如写以耶之《平民论》、如丹特累格之《三民议会论》，尤为知名。写以耶之《平民论》，谓平民即国民，为国之要素，为国之基础，为国家之主权之所出。国家者，以第三级之人民而成立，贵族僧侣，不过彼国民之附属物。而政府者，平民之所树立，为政府者，无凌轹平民之理由。为平民者，有废置政府之责任。舆论群然鼓舞而称诵之。是时，平民既大得其势力，虽不能一旦掊抉旧习，悉变三民议会组织之规式，而平民议员固有不得不倍增其数之势。然纳喀既欲有以副民望，又欲调和诸阶级以博上下之称誉，首鼠两端，不能决定。千七百八十八年十一月，再召集贵族议会，使承认平民议员倍数之事，为所否决。乃不得已而自执行之。夫纳喀既欲避争论，不敢豫为决定为此无益之议会，其手腕已凡下，而见解已游移矣。而种族投票人员投票大问题，遂至相继而起。夫三民会议之开院，关于政权之归宿，与人民之安危者甚巨。以身当政事之冲者，非直追随舆论而已。固将有以主持舆论，非直因缘时势而已；固将有以斡旋时势，泛泛然置其身于是非取舍之间，以徐俟下流社会之强邀与上流社会之固执，而待其定，藏身甚固，而贻患滋长，岂所谓热心于爱国者耶？纳喀既以平民议员倍数之事，为贵族所拒，乃上申于鲁意十六，使采用之。十一月二十七日布会，以三民议员之数，当在千人以上。平民议员之数，与贵族僧侣议员合并之数相敌。而僧侣之议员中，加入村牧师；平民之议员中，加入布罗德士丹教徒。开会以翌年〈千〉七百八十九年五月五日。

第四章　国会时代

三民议会之再兴也，其关系之重大，虽政府亦知之，何则？议会之旷废，非一日矣。及此非大改革则不能拯救王室之困乏，而始复显现于世。因时势之危急，而委任状之性格（委任状者，选举人所与议员之书，委之以改革旧弊之事）与议员之选举也（平民所选举议员皆主张民权者，贵族、僧侣所选议员中亦有之），皆有明示，此议会与古时收税者殊别。而为立法会之意，盖直以改革佛国之权，附兴民论而以议会建议改革之条目，而恶弊之繁夥，实使举国鼓舞呼噪。取此为尝试，以淬砺其成就革除事业之大动力。

当是时，鲁意十六世若能协力于议会，而断行改革，决然据依正理制定新宪法，以应举国之望，定王室之权限，伸国民之权利，明议会之职务，度特权，从民欲，则国家之幸福可以维持，而乱萌可以搔剔也。虽然，为君主者，预知已往之权利，断然不得不放弃，而忍暂时割舍之悲酸，以易累世安全之欢乐者，固不常有。参与鲁意十六之政议者，既异论蜂起，莫衷一是。彼孱王者，遂常常摇摇于一彼一此之间，及身临重要之会场，不及为一件之处分，而争论一生，竟不能决。

当开会之劈头，而贵族、僧侣与平民，遂因票决之方法生一冲突。盖旧制分三阶级为三部，而投票议决，不得与他部互相否认，所谓种族投票者也。及是平民所主张者，欲以个人之数为票决之定准。盖平民为用阶级票决之制，则恐贵族、僧侣二部相合而被彼所压倒故也。而贵族、僧侣之议员，其所执适与平民相反。盖平民所必欲抉去之者，阶级也；而贵族、僧侣所必欲保存之者，亦阶级也。以少数人所私有之权利与多数人所必欲得之权利相持，则所被剥夺者之分数，必远过于所让与者之分数；而被剥夺时所撄之苦痛，必远过于让与时所撄之苦痛。虽然凡挥斥权利者，非至其势力所必不能护持之分限中，则必不能濡忍以为之；而得权利者，尤必先以苦痛为之值。彼平民者，亦岂能安坐以求获者哉？

先是开会之前日，鲁意十六率宗族卿相及三族议员行开院式于三鲁意寺（在非色野）也，国人见旷典之久废复兴，无不感激，集于非色野者，不知其数。瞻其君主，则温厚而宽仁；视其君夫人，则清扬而美丽，举国为之色喜。而有一事不概于人心者，则用千六百十四年会议时之礼服以分别品位也。是时僧侣之议员，最在前列，长衣狭袖，被外套，戴方帽，或著紫色长衣而被袈裟；贵族在其后，以金襁饰礼服，卷丽纱之颈巾，戴白羽之高冠；而平民则质素无饰，最在后列。其翌日，于某殿会议，僧侣坐于左，贵族坐于右，平民坐于堂之深处而对玉座。就座，则皆静默以待君主之发言。欲知政府之对此议会，将与前日所谓三民议会者例视耶，抑将从国家形势之变易，而附与之以回疗旧弊之职务耶？而鲁意十六世之演说也，仅解明国债一事，不及明示大计，听者失望。而尚玺巴兰顿继进，专以度支为急务，且公然抗敌国民改革之志望，议员益怏怏。皆欲闻纳喀之论。纳喀是时，不敢深涉政论，无果断惊众之卓见，浮沉取容，而置人员投票问题于可否之间。盖为可决之，则违政府之意匠；否决之，则悖人民之期向故也。纳喀既恐君心之不决与朝臣之立异论也，则何事不建议？顾亦知三民议会之组织，不可不变更。欲效英国政体，使贵族、僧侣合为一部，平民则别为一部。而不知争辩既剧，立于其中而为姑息之处置，终不足以抚慰两造之心。强者则乘固有之权力以相凌驾；弱者则依强直之理论以相抗拒。而朝野之间，益成水火。

鲁意十六既柔懦，而朝臣为王室计者，不欲规定三民议会，思废止之。利用三族之分离以达其目的也，则以酿成三族之不和为事。与恩德于贵族、僧侣之议员，而百方诱惑之。乃于波里卡女侯家设私会，诱引平民议员中主张自由者为王党，用旧式，定礼服，以别异种族。与后此之欲挟兵力以裂之者，皆此会之谋也。顾王党虽百计妨碍平民，而平民议员之处事也，用心深、执志决，常无为不动，以待胜利之时机。票决问题之参差也，平民既同心一致，人数亦得总议会之半，贵族、僧侣中又有怀扶助平民之意者，二族既倦，终必合并，此平民之所希望也。然平民议员与贵族争哄，亘五周间不决，百事沉滞，不能进行，被激于院外之舆论，遂奋然取革命之步武。写以耶建议，自称为国民议会（National Assembly），遂宣言国会事，招彼二阶级者使参议事，告二阶级曰：若不认此为正当之国会而不来议事者，则平民当独议之。王党既不能达其目的，惊平民之不逞，使鲁意十六用兵威压服之，遂以敕令停止会议。遣兵士守会场之门户，然平民议员不从。六月二十日，议〈员〉共集于宫中之球戏场，誓曰：苟不为法国定宪法决不解散。既复被逐于宫中。二十二日，遂更以三鲁意寺为会场。是时僧侣之议员大半来与会。越二日，贵族亦来。三阶级始备三民议会，遂全为国民议会。

拉马丁之评国民议会也，谓天下无复有如此有力之议会。夫此议会之重大也，非为议员人物之卑越，谓所从事之利害之绝大也。顾议员中之有声者，于贵族中则有拉法的，于僧侣中则有赛耶士，于平民则有罗庇斯伯。拉法的曾助美人之独立，为国人所推服；罗庇斯伯在革命初期，尚未大显；赛耶士以宪法成立之时，见其伎俩；而生于贵族之家为庶民代表而最有名者，莫如靡拉北，其性质猛烈而果决，其辩论深刻而激楚，訇然为革命之木铎。方组织国民议会也，王命平民议员退出议场，靡拉北俄然放声曰：诸君！请听我言。压制之赐若不危害国家者，我辈适间所闻之事亦无害于我国之安全。虽然，此无礼之压制，何事耶？陈兵污国会之圣殿，而号令我辈者谁耶？非我代理人耶（指国王）？授骄傲强硬之法令于我辈者谁耶？非我代理人耶？二千五百万人民不可侵之政权，委托于我辈之手；二千五百万人民之幸福，引受于我辈之身。我代理人者，当自我辈而受法令者也。然束缚我会议之自由而以兵队围绕议会，国民之公敌，当在何处？喀取里那（罗马人，谋倒罗马共和政治者，假此以指人民之敌）已在我辈之门矣。今我请诸君，以汝之威权与立法权保护汝，勿背前誓。未立宪法而解散者，前誓之所不许也。已而，复厉声谓传令使曰：告汝主人，我辈以人民之命集会于此，即以铳剑之威力相逐者，亦不敢出此堂。故是时国民议会之成立，以靡拉北为功首。

当三民议会之成立也，君主可以自作宪法而不及为，及今则有不得不听命议会而承认宪法之势。然若降心抑志以顺从时势者，犹可以遏横流之溃决也。顾朝臣见用权威压抑而不济也，则请鲁意十六召集外兵，欲劫议会而迁之他所。是时，议会方注意改革之事业，而兵队旦夕间毕集，非色野忽成一大阵营，而巴黎之周围，亦布兵阵。朝廷既为此广大之准备，露示其隐谋，物议纷然。议会则请退兵队以安人心，鲁意十六不之许，且欲迁议会。

巴黎之都人倾心议会殊甚，闻朝廷之计议则大动摇。众人皆会聚街路而讨论议会所讨论之问题。巴累罗威尔（巴黎之地名），常以人为山，置高座，众人更代上座陈说，谈本国之危急，而励人民之抵抗。市民既咎王以兵力胁代议士，蹂躏国会，必欲保护国会使无危难之事，谓市政府为不能，不足托兹大事也。于是志士相集，自作假市会，掌握首府之政权。巴黎革命之团体，至此遂出于世。适是时有纳喀去位、非色野议院被炮击、外国军队将迫巴黎之报，市民皆狂奔怒号。于是市会以编制镇护军为急务，使市民组织假宪兵之团旅，以绿赤白三色为徽章，任拉法的为指挥官。他日在革命之场里最演活剧者，即此载镇护军之名义以行者也。

巴黎之乱形，至此既成熟矣。而巴士的城将以大炮向街口，市民请去之，不许。皆蹶起而叫曰：破巴士的！破巴士的！应声驰集巴士的城下者不知几万人。巴士的者，古狱舍，人民所指目为虐政之标识者也。墨徒既夺武库之官器，遂进围狱舍，数刻而陷之，探狱内之四隅，放囚徒七人。其一人者，被幽于此三十年矣。激徒遂杀狱吏，贯其首于枪锋，横行街巷间。狱舍之四壁，盖破坏为平地。人民狂喜，循览其遗墟，欢欣鼓舞以庆贺之。

是时朝臣之在非色野者，方刻期回复王权，以巴黎之骚动、市井乌合而不能持久，朝廷可以坐收其胜利也，不欲上闻以摇成议。及是巴士的破，从臣以闻，鲁意十六始知之，大惊曰：是一揆为反乱耶？从臣答之曰：否，是革命也。因极言朝廷之失策与人民之愤怒，劝王亲临议院以解释之。议员既被禁制于兵队之间，且闻巴黎之乱，则大感。鲁意十六既亲临议会抚慰倍至，乃喝采而敬礼之。鲁意十六更亲行都府以释民望。其始入巴黎也，国人尚有不平之色，惟呼“国民万岁”而已。及鲁意十六下车，受三色帽印，远卤簿而亲民庶，则更呼“国王万岁”，君民和悦，复于其始。鲁意自都府归非色野，议会迎之于巴黎大路而送之于朝。

巴士的狱之陷也，巴里［黎］归于激徒之手，苟与王党有关系者，皆不免杀戮。而地方穷民无籍者，皆仿巴黎作乱而攻贵族，或毁其城郭，或焚其邸第。贵族之被杀戮或拘囚于牢狱者，不可枚举。是时身为贵族而欲幸免于人民之毒手者，舍抛弃特权之外，更无他术。八月四日之夜，某贵族者，起立于议场，论特权之当弃，雅量高议，颇有足令人兴起者。其他贵族与僧侣因群起而效之。议员遂互相拥以贺平和同权之成，及夜半而散会。虽其后放弃特权者，欲妨实事之施行，不免为平民所疑。然以旦夕间而扫除封建之积弊，不可谓非大改革者。顾其所以速就绪者，实以外部之刺激使之然也。

王党以改革之尚未大定也，阴召集兵队而有所谋。佛兰德尔兵队之到非色野也，鲁意十六设宴以飨其将校，贵族少年乘醉取国民之三色冠纽，掷地而蹴踏之，更著布尔奔家白色冠纽，他事亦多表尊王之意，同席贵妇人多效之者。巴黎人民闻之益激昂。又有流言曰：王将逃走于蔑士，曰将为不利于国民。而年饥谷贵，穷民不得饱，动摇日益盛。十月五日，决死之妇女为徒党携小刀及短铳，赴非色野，以求救于王，巴黎之激徒从之。翌日早朝，犯王宫，斧户而入，王后仅以身免。幸拉法的适至，王族尚未至尽毙于激徒之毒刃。然激徒遂要王同赴巴黎。鲁意十六世不得已许之，激徒与镇护军等共导卤簿，竿死人首为前驱，或环而叫曰：吾人今始得有面包师，得有其妻，得有其子，以享有无限之面包。入夜而达巴黎。置王族于某宫殿中，使拉法的监守之。激徒之为此也，在监视国王之动作，不使与贵族密谋，妨碍革命党之计划。又为国会准备新宪法之间，不使贵族与外国君主妄有所干涉也。法民喜而称之，谓之入府之役。

王室之悲运至此而益剧，贵族乃相率亡命于他国。拉马丁之言曰：令贵族于是时，用其镇压革命一半之精力，以整理国家之大计，虽法律不得不因革命而变更，王室之受祸，或不至陷于意外之惨酷也。夫果如拉马丁所言者，法兰西岂至为共和政治耶？彼民党者，立于革命之风潮中，尚无颠覆王政之意，惟欲限制王权之滥用而已。故贵族不去故国，而与人民共此事业者，法兰西之王室安知不如英吉利王室之尊荣？虽然，贵族之抵抗民党也，固不暇为王室谋也。苟动于其私利害而疾视国民如仇敌者，举王室为孤注以殉之而不惜也。顾阻碍国民之进步者，常益益成就国民之进步；妨碍共和之政治者，常益益成就共和之政治。苟为国民者，知有其所当构造之完善政体，则即齑粉数百年之庙社以建筑之，其又奚歉焉。

是时，国会方汲汲于教会与国家之革新。靡拉北与拉法的二人，并力一心，以图改作。其要点则在分全国为八十三县五百七十四郡四万千［个］乡而废历史之州。国会议员、地方官、裁判官，任人民之选举，而禁政府之任意。废旧有之高等裁判所（即国会），而设地方裁判所，置上等裁判所于巴黎，使地方裁判之不服者得上诉之。限制僧侣，使一县为一寺，人民选其住职。没收僧侣之财产于政府，而与以年金，自政府发行纸币以给之。一千七百九十年十一月二十一日出命，使僧侣誓守国法，用米突法以一权量。设工场以廪贫民。二年之间，次第就绪。革命之阴霾，宜若可以渐豁矣。而烈飚震霆忽轰然直下于九天之一角。于时贵族之亡命者，自国外窥视形势，而不得妄动，为一表敌意于国民，则巴里［黎］乱民，将群起而戕王族也。故若鲁意十六世出亡在外，脱国民之羁绊者，则贵族戴之借外援以颠覆国会，盖亦事之所必至也。贵族既时时通问于王，使决逃走之计。一夜，王族尽微服而出宫门，将投于贵族之军中，不幸被疆吏所发觉，仍见送于巴黎。逮捕之夜，王后以忧愁苦闷头丝尽白，而国民亦以此弃王如脱屣。遂以促王室之灭亡。

国会所制定宪法，称法国为立宪王国。千七百九十一年九月十四日，经国王之批准，距初开会时已三年矣。以是月三十日闭会，而革命之初期，至此遂终其局。

政治学大纲

原序（1903年5月）

近世学者开口执笔便用国家、社会、国体、政体、政策、内阁、立宪、法制等字，然观念常不明确，盖以政治学发达尚幼稚，佳著绝鲜，以至于此。予既于大学院专攻政治学，又留学欧洲者数年，归来承乏帝国大学讲座，常不自慊，著书以显斯学，非余所堪，聊以知友督过。于大学讲义备忘录中撮取大要，付之印刷，庶亦以促斯学之进步，养成学者政治思想云。

明治三十六年四月

小野塚　喜平次

政治学大纲目次

第一编　绪论

第一章　学

第一节　学之定义　　第二节　学之范围

第三节　学之分类

第二章　政治学

第一节　政治学之定义

第二节　政治学之范围　　第三节　政治学之重要

第四节　政治学之困难　　第五节　政治学成立之期望

第二编　国家原论

第一章　国家之性质

第一节　论国家之性质之诸学说

第二节　讨论国家之性质

第二章　国家之分类

第一节　总说　　第二节　国体的分类

第三节　政体的分类

第三章　国家之发生盛衰及消灭

第一节　国家之发生　　第二节　国家之盛衰及消灭

政治学大纲

日本法学博士　小野塚　喜平次著

中国湖南　　杨毓麟译

第一编 绪论

第一章 学

第一节 学之定义

学字定义，为古今一大疑问，然此问题者，非政治学所特有，又非他种学术所特有，而诸学所共有也。诸学共有之问题，当用根本之解释，而所谓根本之解释者，凡各种学术所同具之要素无不备举。而此要素外所有各条件，及一种学术特有之要素，皆不参入其中也。政治学之成立、政治学之性质、政治学之范围、政治学之研究方法诸事，关于学字之定义者甚大。

太古之时代无论矣，自人类稍稍发达，对于宇宙无数之现象，即必有原因结果之观念，往往即一事一物，而欲知其所由来，与其所终极，凡偶然之现象，不合于原因、结果之观念者，非人类智识之所能据信也。夫所谓宇宙者，离于人类之思想，果有独立之存在乎？宇宙者，人类之所认识之宇宙也，因人类之智识而得有蓄积之印象；因印象而生联想；因联想而作概念；因概念之凑合，而组织所谓宇宙之郛廓，故即宇宙间森罗之万象以为研究者，溯其本来，要不外于人类之精神所影映之外界。论者或曰：人类思想界之外，有永存之本体，为一切事物之渊源，或谓之物质，或谓之神，或谓之心。虽然是决非人类之知觉与论理，所得而决定也，既囿于官器而为人类，岂能超出精神所印象之范围外，而为超绝言思拟议之断定哉？

因过去经验之所得，就现象与现象之关系，而以吾人之智识明白解释之，是即原因、结果之观念也。然一现象常与无数之现象有种种之关系，故欲将此关系之总体，剖析分明终不可得。不过，立多少之界限，自一定分限之内，主张其精确者而已，无条件者，则亦无精确。

说明现象之作用谓之智识，有普通之智识、有学问之智识。所谓普通之智识者，指精密之程度较低下者言之也；所谓学问之智识者，指精密之程度较高尚者言之也。普通者，学问之初步；学问者，普通之发达，现象之说明有穷于思议者，即亦普通智识之所不存，夫然而学字之定义，可得而言矣；学也者，指精密的智识之总体言之也。百科之学，则分割此精密的智识之全体而得其一部，以示某范围内精密的智识之总体者也。予于次节进说学之全体之范围，至第三节，则论如何自全体之范围而分为诸学，以为解释政治学之缘引。

第二节　学之范围

研究宇宙之现象，其合宜之方法，皆得谓之智识，自其研究之发达程度有异，或谓之普通的智识，或谓之学问的智识。夫学问之所以别于普通者，非存于现象之种类，而存于研究现象之方法，存于观察与推理之当否。故自性质上观之，不独可谓智识之范围即学之范围，而以现象之范围，即为智识之范围所及之，故亦可谓现象之范围，即学之范围。虽然，此不过言研究现象之进步之极致而已，如此之进步，恐至将来亦无达其程度之时也。故自事实上观之，学之范围，比智识之范围则狭小矣，而智识之范围比现象之范围抑又狭小焉。

第三节　学之分类

宇宙之现象，出于人类精神之所认识，故因人类精神之发达与退却，而现象之范围，亦同时同等，而有膨胀与收缩之差异，而学之范围之伸缩，概与现象之范围之伸缩共为进退，惟学之范围，必比现象之范围较为狭小而已。学之全体之范围，为百般诸学之范围之总额，各学之范围，自其科学发达之程度而定，各科学发达之程度，与其所研究之现象，简单与复杂大有关系。夫宇宙间之现象，无论何种皆可为构成一种学术之材料，不问其为自然的现象与人类社会的现象也。虽自然的现象，实亦缘人心之认识乃得。对于人类而为存在，谓之为人类的现象，亦无不可，且自然之观念，于广义得含有人类，即属于人类一切之现象，亦得称为自然的现象之一部。虽然，自宇宙万物之中，特撰为人类，取人类之自然的状态，名曰人为的（属于人类团体之现象更名曰社会的），而以其他一切现象，命曰自然的者，此吾人为人类便宜区别之辞，为学术研究上所遵用之通例也。

宇宙之现象，骤观之若无相关系者，然细察之常得于意外发见其因果相关之枢纽，故即一现象而为完全之说明者，必知一切之现象而后可。虽然，人智益发达，而人类之宇宙渐次被扩张，则现象愈益复杂，而人智之欲望亦益广大。研究事物，固必欲达于精密之度，然人智虽发达，亦无一举而得赅括万象之解释者，故必分割宇宙之现象，就其一部分而为特别之研究，于是分割成学之全体，组织种种之部分，而学之分类以立。

夫学术之分类，必通晓成学之全体者，乃能为之，故于学术未发达之时而欲为统一之分类，虽天才绝特如倍根、康德、斯宾塞尔诸大家，亦不能无遗憾，必有长于专门学术，而又对于成学之全体有相当之理解力者，集各学科而为诸学之分类，然后可得优等之成绩。虽然，如此所得之分类亦非永久可用者也，学术日益发达，则学术之分类，亦有不得不渐次变更者。余今不欲深论学术分类之事，惟以便于研究政治学之故，取其最接近者，为简单的分类如下：

- 学
  - 现象研究方法学（抽象的）
  - 现象学（具体的）
    - 无生物学
    - 生物学
      - 人类以外之生物学
      - 人类学
        - 个人人类学
        - 人类社会学
          - 政治以外之社会学
          - 政治社会学——（广义之政治学）

第二章　政治学

第一节　政治学之定义

在人类社会之现象中，择其关于国家之现象而研究之，名曰普通国家学，又曰普通政治学。日本学者所沿用政治学、国家学之名称，多循袭此广阔之意义。盖政治、社会之特征，在于国家之存在，而与国家相关系之现象，常泛称为政治的现象，故此两语互相通用。征之欧美文学，溯其语原，所谓政治学者，亦用国家学之义。

抑希腊以来所谓政治学者，举凡属于国家诸现象，一一网罗而研究之，其范围颇广，其后渐次分科。至于今日经济学、公法学等别为一学，政治学之意义，遂有所限制。夫研究一种类之现象，自种种之方面而进，则其理易明，而凑合各种方面所研究之结果，始得了解其现象之全部。国家现象，何独不然？是属于国家诸学所以分科之故也。夫分科者，学术进步之原因。然学问尚在幼稚之时，则虽勉强分别，终不能得所预期之成效，必学问之进步，已达于某程度，而后得为适用之分科。故国家学分科迟滞之故，不能专罪学者，当时该学科发达之程度，固有不许遽分之势也。至于近世，一切学问勃然并兴，而国家之实际，益有需用学理指导之倾向，国家之法律的研究既有不能不发达之势，至今日更进一步，而事实的研究与政策的研究，复为学者所不可缓之事。于是广义之政治学与国家学，遂有不得不分别者。

国家诸学分科之法，大别为二：一为纯理的，一为应用的。而前者更有记述的与说明的之别，后者更有泛论与各论之别。

纯理学之目的，在于法则之发见、在于现状之记述与说明。应用学之目的，在于利用纯理学之结果，而研究所以得达吾人之目的之方法。凡关于现象之法则，不论其现象如何，必无两相抵触者，何则？法则者，存于现象中之秩序，有抵触，则无秩序，无秩序，则不能解明现象，而此学不能成立。故纯理学者，以归于统一为原则。而关于国家之纯理学，不能归于统一者，是为该学科尚幼稚之故也（自然的诸学科概比社会的诸学科较为发达，故就纯理学观之，自然的诸学科所说归于统一者比社会的诸学科为独多）。应用学则不然，虽自然的应用学，以其为技术之问题，无关于理想之议论之故，亦不能不有归一之倾向，而社会的应用学，则常以理想之研究为发起点，而常带有信仰之性质。信仰者，于观察与推理之外，以各人特别之倾向，宰制各人者也。故社会的应用学之决论，虽不一致亦不能专归于该学科幼稚之故。

关于国家之研究，亦有纯理的与应用的之别。其纯理者之中，有以记述为主者，政治史、政治地理、政治统计等是也。其以说明为主者，又有自法律之方面而为观察，与自事实之方面为观察者之别。前者为国法、行政法、国际公法等诸学，后者即国家原论是也。

应用的研究，有以泛论为主者，有以各论为主者。前者为政策原论，后者为行政学及经济学之政策论等是也。余合国家原论与政策原论而称为狭义之政治学，图解如下：

- 政治社会学（广原义之治学）
  - 纯理的
    - 论述的
      - 政治史
      - 政治地理
      - 政治统计
    - 说明的
      - 法规的
        - 国法
        - 行政法
        - 国际公法
      - 事实的——国家原论
  - 应用的
    - 泛论　十二狭义之政治学
    - 各论
      - 行政学——政策原论
      - 经济学之政策论

约以上所述而下政治学之定义如下：

广义之政治学者，属于国家之诸学科之总称也；狭义之政治学者，以事实说明国家之现象，而论政策之基础者也。

第二节　政治学之范围

政治学所应有之范围，观其定义，可以知之。即一面为国家现象之事实的说明；一面为论国家政策之基础。故国家所在，政治学即随之而至。已成国家，虽未开化人类之国家，亦为政治学之所研究；未成国家，虽在人类中为重要之社会，亦不能直接为政治学所研究之目的，惟其影响于国家之事，有可论者而已。然已成国家与未成国家之团体，其界画甚不明了，区别颇难。又论国家之起原者，虽有各种研究方法，材料尚不充足，难以确信。政治学研究者，且避探索有史以前国家原始之繁，以待他学者研究之结果可也。有史以后，国家之消长废兴无算，无非政治学者纯理的研究之材料，即太古未开之一小国，无可轻蔑之理。他日人智开发，达于极点，必有能将太始以来之趋势，精细说明，使国家发达史上无毫末之缺陷者。虽然，于现今幼稚之政治学界，欲为正确致密之统一的说明极为难事，学者虽可各从所好，以努力于此学界之开拓，然所最宜致力者，莫如研究近世国家现象之事，何者？为其材料丰富，且可以现代之事实推类而得之也，且以应用言之，则吾人当更知研究近世国家之切要，何则？现代国家所当取之政策，非用古代国家旧智识者之所能决定也。虽政策原论之范围，固含有未发达之国家所当取之政策，而政策原论之急务，在能指示将来之期向，则未发达之国家，有不暇为注意者。

更自开明国观之，所记近世文化国者，与古代希腊、罗马等诸国及支那、印度等东洋文化国之间，不得全无差异。夫开明文化云者，是非特政治上之名称，乃为总称人类社会的及个人的生活之进步，且表明学术、技艺发达之语，其适用之范围，甚为广阔。自政治上言之，在现今普通之观念，以公认本国人民有一定之人格、在政治上有依法律发言之权利者，谓之文明开化之国。约言之则为文化国，如支那、印度，如希腊、罗马，虽普通加入开明国之列，其政治上之事情，大与近世文化国有异。据开明国之现象以为决论者，不适于文化国之用，故吾人所欲研究之政策原论之根据，不可不求诸近世文化国。

余以学问研究之顺序，与现在实用上之急务，因以便宜缩小政治学本来之范围，暂除去种种之国家，先以近世文化国（于政治上为立宪代议制之国）为政治学所研究之目的，其他古今诸国家现象中有必要者（国际竞争关系上），但取为比较对照之资而已。

第四节 政治学之重要

政治学者以国家原论命为纯理的，政策原论命为应用的，不过比较上区别之辞而已。国家原论之智识，固亦为定政策者所应用，而研究政策者亦需探求真理之智性之完足。今论政治学之重要，不复就国家原论与政治原论为细说，惟就政治学之总体，陈述纯理的方面与应用的方面之价值。

纯理的研究，不问何种学问，皆以欲了解现象之智性，为研究之动机。已得精密的智识，即为达其目的，其直接于人类生活上，可见诸实用与否，在所不问，就此点言之，社会的诸学，亦如自然的诸学，仅仅欲求智识而已，不得因缘此智识所生之结果，而上下纯理之价值。然发达之智性，必欲将复杂的现象求精密的说明，政治学者适洽此术。故自智性之磨砻开发言之，足知政治学之重要。

更自应用的方面言之，应用者，为一目的而供使用之义也。政治学者常直接、间接被使用于无数之目的。虽然，予今特狭小观察之区域，但论政治学在于政治教育之必要，政治教育为近世立宪国民所不可缺者，是固政治学应用之大宗也。

教育者，所以开发吾人人类（有时可施于他种生物）各种之能力者也。吾人之能力，固非一事，且此各种之能力，就各个人而异，其将来发达之程度，与现在发达之程度，不啻千状万态而已。教育之要，在唤醒委顿之能力，使之发达，又扶植已发达之能力，而诱导开发之，而仅就一种教育，不能使一切能力得同时同等之发达。故精言之，但有各种之教育，无所谓一般之教育者，人类之能力，为人类心身之所固有，能解释宇宙之客观的现象，而使主观之意识感生活之兴味者也。宇宙之现象，有种种之分类，而种种之教育，则将某部分内之物事，给兴吾人以主观的活动之能力者也。有一种教育全然欠缺，则于其所欠缺之一种类之事物，不复有主观的能力，故教育之种类之增加与其程度之上进，自客观的言之，则为宇宙之开拓；自主观的言之，则为新宇宙之创造。

政治教育者，关于政治之教育也。存在于宇宙之政治现象，为社会现象之一方面，能使反映于吾人之脑中，而与吾人以感其兴味促其进步之能力者，政治教育之功用也。政治现象之了解力，非仅仅观察政治社会已往之事迹因记忆而得之者；吾人之能力，必先有适当之修养以锻炼之，且必先得观察与判断之标准，此标准与修养者，即政治教育之目的也。故政治现象之了解与进步，必赖政治教育之进步；而政治教育之进步，不得不归于政治学之发达与普及。夫以一种教育为主，虽多所取资于特定之学科，而其他诸学，亦能有相及之影响，以一种科学为主，虽特有所贡献于特定之一教育，而同时，亦使他种教育，得有多少之成绩。即此而言之，受政治学之影响之教育固有种种，而其为主者为政治教育；政治教育所取材之学术虽有种种，而其重要者为政治学。盖政治学者，将政治现象为根本之说明，而论究国家政策之基础者也。

抑政治者，必俟法律（于广义亦含宪法）而行；法律者，为达政治之目的之一手段，法律学之有助于政治教育，自不待言。虽然，法律学之性质，以比较之辞言之，为形式学，但以论理之一贯为主，于实际时有所迂远，如研究宪法者，其目的虽在说明宪法之本质与其利害，而其所说明者，常囿于现在宪法全部之系统上，使立说不相矛盾而止是也。是故国家之法律的说明，与政治的说明，其事固难一致，以政治学研究国家之现象者，事实的也、根本的也、活动的也、政策的也。法律学上之宪法学，例之说明蒸汽机关之构造者，而政治学上之宪法论，乃说明其作用与其活动力之基础者也。各国之宪法，决非法律学者随意编制之一系统，乃特别之政治事情之产物也，各种政治的势力所推排之结果也，国民政治生活之历史的结晶也。故欲解宪法之真意者，当知仅仅从事于法律的研究者，尚未得为完足。

且政治现象，固有不显著于宪法之表面者，如政府之组织，其形式与实际，常有相去甚远之事。罗马国之为帝政也，共和政之外貌，尚相沿而不去；英国之法令中，不见内阁之成立，然内阁者，实为英国政治组织之中心；北美合众国选举大统领时，政党最有势力，而研究美国宪法者，无毫末之可寻见。故离政治之实际而研究国家之法制者，其敝也仅知国家之骨骼而止，决不得窥国家活动之真相。

且国家之公法的研究，必待政治的研究，始得应用于政治之实际者也，如谓国家之主权富有万能，毫发不受他种权力之干涉，得随意以其意思拘束其他一切之意思。如此之说，在法理论虽属可通，然此唯就形式上立论而已；如自实质上立论，则主权无限作用之实在者，果存于国家耶？将又存于握持主权之个人耶？此全为别一问题，非有政治教育之素养者，每苦其难于断定。

且政治教育之应用甚为广阔，不独限于政府之组织、政权之范围而已。放观今世国家之情态，实具无数之方面：一面则为法治国；一面则又为文化助长国；一面则国际竞争益激急；一面则诸国共同经营之事业益增进；一面则有扩张各个人参政权之倾向，而为积极的协力；一面又使政府之组织，得为敏活之运动，有趋于权力集中之倾向，是等之现象非宪法的而政治的也。欲理解此复杂之政治现象，为文化国之一分子，而增政治之进步者，不可不先有政治教育之修养；政治教育之修养，实近世文化国民所必要者也。实际当政局者，其必要政治教育，又不待言；彼以惯例，与常识为足以判断政治发撝政策者，乃前世之事业，即今已长埋于墟墓之中矣。

第五节　政治学之困难

政治现象之说明及政策之决定，诸说纷纷，不知所终极。在一人唱言为原则者，他人或仅视之为一学说，且或冷笑为一假定说若一空想。盖政治学之困难，虽有如此者，其困难之原因有二：一为根本的原因；一为后起的原因。

第一款　根本之原因

第一　原因之在人者研究（自内出者）

凡研究现象者，对于其现象而在客观的地位，乃得为公平之观察。人类所有之感情、习惯、利害关系等，对于政治现象，常有不能虚心平气之倾向，与研究自然现象得立于客观之地位者悬殊，由此遂至增加研究之困难，此易见之理也。

（一）势力（自外来）

政治与社会之势力，因时而异，或为帝王、或为宰相、或为军人、或为贵族、或为豪富、或为农为工为商、或为平民、为贫民、或为外国人，是等之有势力者，于便利一己之政论，则深喜之；于不便利于一己之学说，则深恶之，此人之常情也。而此有势力者之势力，常直接、间接为研究政治现象者之障害，无古今、无东西一也，以所凭借之政权，加过当之压迫于研究政治之人，而为违法之干涉。在现今文化之国，事虽罕见，然不知不识之间，行势力之压迫，固不能全无其事也。（虽自然的诸学，亦不免蒙当时有势力者压迫之害，哥白尼、喀士及格里诺其最著也。虽然在现今文化国，已大脱有势力之羁绊，绝无何等忌惮，而得从事于真理之研究，以增进生民之幸福，为可欣羡也！）

第二　原因之属于政治现象者

（一）就政治现象言之

（甲）政治现象虽有类似而无吻合

（乙）原因与结果之间有时间及空间之距离

（二）就研究者言之

（甲）不能用定量研究之法

（乙）不能将一现象使与密接之诸现象截然分离而研究之

（丙）不能用实验

（丁）不能从直接感觉以为研究

第二款　后起之原因

第一　原因之属于材料者（记述政治事实之典册）

（一）分量，古代及中世之材料常患其少，近世则患其多

（二）性质，多不善者

（甲）有意，有善意（为人）及恶意（为己）之细别

（乙）无意

第二　研究上

（一）密接诸学科尚未十分发达

（二）政治学研究法及政治学专用之名词尚不完全

第六节　政治学成立之期望

如前所述诸重大之原因，妨害政治现象之研究，则研究者果徒劳而无益？而政治学之成立，遂无可冀乎？曰：否。困难者，固含有成立之期望者也，人类者，为政治现象中之一分子，其心身之作用虽不一致，而自其共通之点观之，固可视为齐一者，其既往之事虽非一辙，而已发见其类似之点，则可得取其普通之情

状以为研究，其研究之结果，往往于政治的现象，可得有条理之说明。

且前节所举困难诸原因，多可以人力除去者，随其除去之多少，而政治研究亦渐次容易，又诸原因非政治现象所特具，皆国家与社会诸现象之所常有，即自然的现象，固亦有之，而研究国家与社会之现象者，皆别成一学科，则研究政治现象者，亦无不能成一学科之理，况异论纷岐，流分派别，即国家与社会学科之发达，亦不过如是者耶。

第二编　国家原论

第一章　国家之性质

法律家所谓国家之性质，与政治学无直接之关系，政治学者，惟说明国家事实上之性质而已。

第一节　论国家之性质之诸学说

国家者，宇宙现象之一也。宇宙现象，毕竟以吾人人类精神之作用为渊源，非完全之客观者，故说国家之性质，而不加入主观的分子，于学理有所不足。虽然从来学者，往往以国家为在人类心理的作用之外，有超然独立之现象，总括此种学说，名之曰客观的国家说，其他名曰主观的国家说，此等诸说非全然不能相容者，惟立论者，就国家性质之要点，强为区别，故同一学者，而有左袒二说之时，良不足怪。

第一款　客观的国家说

其重要者有四：曰事实说、状态说、分子说、自然的有机体说是也。

第一　事实说

据此说，则国家者现在之事实也。重言以申明之，则国家者，非抽象的观念，非思想之生产物，为眼前实在之现象，无论何人，更不容疑者也。顾吾人谓认国家为一事实，于论理未为完足，近来主张此说者虽多，然但能断言国家为一事实而已，更不能进而求明晰之研究。故虽言国家为一事实，而此事实为何种之事实？为物理的耶？为心理的耶？将又兼物理、心理以为言者耶？且国家者，含物质之观念乎？抑含陈迹之观念乎？总之，不能解释是等问题，则持此说者不足以明国家之性质。

第二　状态说

状态说者，常见于自然法派之国家论中。据此说，则国家者，状态也，统治之状态也。盖自然法派，以国家对于自然之状态而称为国民的状态，堪德亦取此说，曰：国民中各个人互相关系之状态，称为国民的状态，而国民全体与其分子相关系之状态，称为国家。以国家为统治之关系之说，亦状态说之略变者也。

状态说者之结局，必分解国家为共存及接续之无数之统治关系，而欲理会国家之统一与国家之永续之观念，其事颇难。夫统一此无数之关系者，非离吾人而有独立之存在，惟借吾人凑合之思想而始生者也，而主张状态说者，不问此凑合之要点，此其所以不完全也。

第三　分子说

求国家之本质于构成国家诸分子之中，而执其一分子以为国家者，名曰分子说。所谓国家之分子者，土地、人民及统治者是也，而此三者之存在，显而易见，讲求国家之性质者，先以其一为国家最大之要素，遂至视之为同一之物。

甲　土地说

在欧洲中世，以领土为君主相续之财产，与希腊、罗马之世正相反，希腊、罗马之世，其国家观念，常重人而轻土地，以人类团体为国家，而中世则以土地为国家，国家观念之重心点，有如此之变迁者。盖自市民的国家而为领土的国家，土地之广狭与政权之消长，固大有关系，因历史上之事实而观念有不得不殊者。然此说有视土地过重之弊，其为谬误甚明。

乙　人民说

以国家与构成国家的人类视为一物，则一见而易明，故此说为自古相传学说之一，其为希腊人立说之根据，自不待言。在中世主张之者亦不少，近世最有力的主权在民说，其所根据，亦即人民说也。彼论国家之权限者，谓国权之作用，归于人民，而分配国家机关之权限，当常自人民而出，是皆出于人民说者也。

此说之缺点，在以无数之个人与国民混同为一事。夫因有统一的思想，而称人类之多数为国民者，固必需有结合多数之组织，而此组织者必赖有整齐多数之意思使归于统一之法理。夫国民之意思，非人人所有之自然意思，乃整理多数之自然意思，使归于法理上之一种法定意思也。夫自多数之意思而生一唯一之宗主，此非心理上之顺序之所有也。当多数之意思与少数之意思异趣而对立之时，非法理终不能解释之，故此说亦陷于视国家一分子过重之弊。

丙　统治者说

无统治者与政府与国家之区别，而将此三者误视为一物，是盖统治者立说之渊源也。

夫统治者之个人为实在之一物，而为吾人所得而认识者，故直以之为国家之具体，因以国家之实在，为在此统治者，而以国民与土地，仅得为所统治之一物，此说为古今学者之所主张。虽然，以实在之个人为统治者，则国家永久生活之时期，不得不时时被破坏，于是主张国家之永续性者，复为一说以救之，谓个人之生存虽消灭，而国家之生存不为消灭，于是不得不借制度之力，而以继承统治地位之一定者，视为惟一之统治者。顾以此论法，说明近世国家之政治现象，殊未为适当也。且虽专制君主制，亦不过以执行国政之最高机关属之君主而已，尚不至以君主与国家视为一物，统治者为国家之要素，其重要固不待言，而直以之为国家，究嫌未谛。

以上既略述分子说之三种，而略加评陟，于此更将三种合论之。

夫欲依据学理而概括国家之性质者，不可不举种种国家所通有之性质，若择一种国家特别之现象，以供一切诸国家之说明，而抹杀他种著明之现象，固不可也。夫土地、人民、统治者三事，固同为国家所不可缺者，谓仅恃一事足以组织国家者，固大为谬误，且夫表别异之事物，而用特殊之名词者，因社会进化，而事物复杂，言语之增加，固为必要者也。国家之为言也，通于现今文明各国，而统治者、国民、国土之诸语，固各有独立之性质，今无故而混用之，岂非思想退步之征耶！

第四　自然的有机体说

以国家为有机体者，其所说虽有种种，而大别有二：一为自然的有机体说；一为心理的有机体说。前者以国家为自然科学中所谓有机体之一种，构成国家的个人，全然独立为自然之法则所宰制之物体，或者虽认国家为有心理的性质，而亦谓国家全然具自然的有机体之外貌，而为人类之至大者，此仍属于自然的有机体说之一种。主张是说者，与自然的有机体说，特多类似之点，为研究自然的有机体说所生之一僻论，不必一一指摘之。

第二款 主观的国家说

主观的国家说，非全然排斥客观之研究者，惟其所注目者，在国家现象与自然诸现象之差异，而以国家归于人类心理的作用。其要者有三：曰心理的有机体说、曰团体说、曰人格说。

第一 心理的有机体说此说为有机体说之一种，比之自然的有机体说，则属于主观的，而其所论，不如前者之偏宕。然学者所说，亦有不同，要以国家与自然界之一物之性质，不无违异，而欲示其差别，因以心理的、道德的、合同的、高等或不完全的诸语，冠于有机体之上。是等诸说，悉以国家为个人之群集者，而说明国家性质之时，常有引而归于个人之性质之思想，遂以国家加入有机体之列，而以物质的元素与精神的元素之结合，全体之分科与各部之独立，及共同自内部之发达而膨胀于外部之成长方法之比较，以及细胞组织机关等解剖学上、生理学上、生物学上、心理学上之对照为其根据，是近世学者之所宗尚。然其所论虽有可味者，亦有不能全然附和之理由，请于次节辨之。

第二 团体说

团体说者，以国家为人类相继续之结合者，即共同团体是也。此说非有新奇之理想，乃自古相传之观念。然古代所研究，专注于团体之目的，而团体之性质、构造等，为学者之所忽。中世之团体说，与近世之自然法说，虽以国家为社会的团体，而其论据全然依于法理，于历史与社会之根据，尚不完足。挽近世学者，于国家本体之外，更为历史的及社会的之说明，而团体说乃渐发达而至于普及。

最近世助团体说之发达者，为纪儿克氏。纪氏之意见，虽非无可訾议者，然循纪氏之所研究，则能说明国家存在于法律以外之事理，固最为有功也。据氏之说，国家者，系以强固的组织与永续的目的而结合之团体，为与个人区别之一体；虽然，此一体者惟因个人之多数而成立且继续之。

抑国家与个人之关系、国家之机关与国家之全部及其一部之关系、国家之永续性之说明，又如国家之自然的发生及变迁，与人为的助长及改造等，不相抵触之解释，惟团体说最为有力。故以团体观念，置于国家观念之第一位，无不可也。虽然，团体者，多数人类集共同之结合力而为一体之称也，而社会二字既为世界之所通用，足以表示此意义；且研究国家者，必以社会为基础，而研究社会之结果，常得利用之于研究国家之事，则说明国家之观念者，用团体二字又不如用社会二字之为愈也。

第三　人格说

人格者，以法律上之人格为主，即法人之义，此公法学者之所倡也。所谓认国家有法律上之人格，于私法上为权利之主体，于公法上为统治之主体者是也。此说与统治者说有异，在彼则以统治者之个人为国家，在此则以国家为主观的观念之人格，而国家与个人的统治者，不能视为一物，此说在法理上之当否，非著者批评之范围所能及，惟以为政治学之一说而论其当否。

夫以国家为法人者，谓国家为有法律上之主体的人格而已。自法律言之，所谓人格者，凡法律之所认识，不问其为自然人与否，同有法律上之人格，特冠以法人之名称者，不过以为便于与自然人区别之辞。既为法人，则不得有自然人所有各种实在的性质，至易明也。无论自然人与国家，其法律之人格，皆需法学之讨论，而法学者之所讨论，止于法律上人格之范围，至其他事，则自然人与国家，皆属于法学以外种种学科之所研究。法人之观念，为关系的（对于法律上之客体）而非绝对的。移关系的法理之说明，而用为政治学上之说明，其说固难完足也。

国家之法律的说明，虽非事实的说明，苟人格说可得论证于法理论以外，则吾人亦甚欲承用之，何则？人格之观念，比团体及社会之观念，较明白且简单也。虽然以事实说明事实之政治学，在国家、社会、团体以外，不能证明法律外之人格；且不仅如此而已，人格说者，与有机体说同为主张国家主观之要素，而主张太过，有轻视个人之价值之弊，且如伯伦知理所主张之人格说。在国家以外有适合之时，又于一切之国家有不能适合之时，故以之为国家之说明，于义为不完足。

第二节　讨论国家之性质

于本节为欲明白国家之性质，而为必要之讨论；且进论国家之定义，其讨论分为三事：（一）曰国家与实在；（二）曰国家与有机体；（三）曰国家与社会。

当讨论此事之前，有当置一言者，则国家之性质之观念是也。国家之观念，有一而无二，在诸国家实际所发见之现象中，而寻出其共通之元素，又即其中认取其与他种自然的现象，及社会的现象截然殊异而为国家所特具者，即国家之性质之观念也。从来研究社会诸学科者，不重事实而重想象。国家之观念，于是乎有二：其一为理想的观念；其一为实际的观念。虽最近之大家，犹有蹈此病者，甚可惜也。吾人固非排斥理想的研究者，然理想者，个人之希望也，以希望之条件，加入实在之国家之性质中，岂笃论耶？

第一款　国家与实在

国家者，如论者之一说，同于自然界诸物体，独立而实在者耶？将又如他说，仅足为思想上所生产之物，而为学问上之假定者耶？是研究国家之性质，当首先讨论之问题也。予请先论实在为何事，而后论国家与实在之关系。

第一　实在

实在者，与想象相反，因吾人之心理作用，而仅得于脑蒂中认其存在者，乃吾人之心理作用；实以是物为在吾人以外，有独立之存在，在于时间与空间之区域而认以为有者也。

单体物之实在，可置不论，集合物之实在之根据，吾人所当研索者也。盖国家者，一集合之现象也。无论物质与现象，凡得认为集合体而有独立之实在者，不可无统一之基础。此基础有二：第一，为结合原因上之统一；第二，为共同目的上之统一。前者为有同一之原因存于各部之中而相结合；后者为多数物体以无数共同之目的而相结合。外形上共存接续之有无，不足以决定独立实在之有无也。

就自然界之实例言之，因物理的、化学的等等之力，而结合为种种之无机物，即自结合原因上之统一而集合的实在物也。至如动植物等所谓有机物者，其结合之原因果在物理的化学的所可说明之范围内乎？抑为吾人所未说明，或到底不能说明，而有一种特别之生活力乎？乃未决之问题也。要之，必有存于其本身之原因，能媒介各部使相结合者，而后其全部得认为独立实在之集合物。夫物质之相密著，非独立存在之要素也。盖虽各部物质，互相密著，仍有不能认其全部为一个独立存在之物者，如随意堆积之土石，是其例也。何则？是等之土石，其密著于一定之地位，而继续其存在之原因，不存于土石之本体，乃因有地心引力，加重于土石之上之故，反之，则如天体然，其各部分间虽有绝大之距离，而不得不认其全体为一个独立实在之物，为其原因存于天体之自身也。

在普通之观念，将一物之全部，认为独立实在之集合物时，复得认其各部为各自有独立之实在者，此不得为精确之观念也，何者？此两者认其为主之一部分为有独立实在之时，则与之同时可认其一部分为附属者，或其分子，但为有相关系之实在，而不得为独立之实在。然此种普通观念，非全然谬误者，何则？全部与各部，认其各自独立之实在，虽于思想上不得同时而并立，然两者之实在，非仅限于其一部者，自观察方面之差，将同一之物或视为独立实在的多数物体之集合，或见为独立实在的一物之多数之分子，此两义决非不能相容者，固皆不害为正当也。

第二　国家现象之分析

欲知国家之性质，不可不推寻其事实。事实者，即人类所发见之一定之活动也，细言之，即因人类相关系之意思，而生相关系之活动，有一定之形式并行续出而发见者也。领土者，人类活动之场所也，苟无国家之观念，则土地者，亦只为地球上之一部分，而无所谓领土之说，是故国家者，非脱离人类而构成一物体也。国家中之物体，惟领土与人类，而此外皆归于人类之作用；此作用者，固非物理的而为心理的也。虽或因物理之原因而生此作用，又或因此作用而生出物理的结果，而所谓国家的现象归于人类之作用者，常直接为心理的而不得为物理的。国家最大之要素，实为人类心理的集合之现象，乃或者位国家于人类以上，而视为自然界之现象，其于根本的观念岂不谬哉？

第三　决论

国家者，自其分子有继续共同之目的观之，虽得认为独立之实在，然国家之目的有种种之议论，以与国家之实在论无甚关系，故遂略之。惟就国家结合原因上之统一，略述其理由。

夫国家现象中人类之实在，固自然科学之所许，然人类与人类之间，非有物质之密著，故谓人类为国家之分子，不如谓国家为人类之集合。虽然，集合物者，其独立之实在，非因分子之密接与否而决，乃因结合力存于集合物之各分子与否而决。夫国家中人类之结合固有一定之原因，存于人类之中者，则国家者，固不可不谓为具备独立实在之要素，结合人类而生出国家第一之原因，为人类所有之共同性，无此性质，则国家终不得成立。论此性质之起原，诸说虽不一致，而在组织国家之人类，常见此性质之存在者，固古来学者之所公认，且以现在之事实可得而证明之。虽于特殊之人与特殊之际会有与此相背者，是不足以非难共同性存在之说也。

国家者，以各部有同一相结合之原因而为集合体，故得许以独立之实在，既许国家有独立之实在，则构成国家之个人，势不得不视为一分子（全部与各部之独立实在不能同时而并立）。虽然，以个人为观察之主点，则国家者，不过人类之集合，不能别有客观的独立者。此两样之观察，自古以来，互相对峙，虽此后恐亦不能归于一致也。余以此两样之观察，皆得为真理，惟主张二说者往往正当之论理，而为极端之辨说，则以为不可。此两观察者，各与以名称，可谓其一为国家主义，又为国家本位说；其一为个人主义，又为个人本位说。

第二款　国家与有机体

国家为有机体，乃近来通行国家论之一，以有机体为前提，而生各种之决论，若将此决论别为研究，虽为正当，而前提与决论之连锁，常不能适于论理；又其连锁与决论之间，虽无间然，而此前提，非缘直觉而得，不得不别求论证。欲将国家为论理之研究者，非以十分有根据之前提为基础，则无由为精密之推究，欲断定国家为有机体与否，当先明有机体之观念；世人所明白易晓之观念者，自精密研究之后，常有意外不可解之事，如有机体之观念是其一也，从普通之观念言之，则有机体之特征，为有生活，而生活为何事？乃至难解决之疑问，以之归于不可思议之生活力，在自然学上虽已为陈腐，而生活之本质，尚未明白。（或到底不得明白）惟即外部之征候以为区别之标准而已。余以说国家之性质而断定其为有机体与否，不可不绍介自然学界论有机体详细之议论，因取捷径以达其论旨。

抑生活者，有潜伏生活与发现生活之二种，而二者复各分为植物生活、动物生活之二种，自然发达之现象，为一切生物之所共有，分科的组织与分业的共同之现象，为发现生活最大多数之所共有（除最下等生物），智觉意思活动之能力，惟于高等动物见之。以国家为有机体者，唱高等动物与国家之间，有著明之类似之点，因以国家直加入有机体之列，其意盖欲示国家非器械的集合物，其说明国家之性质，固含有几许之真理；虽欧美学者，所谓有机体一语，原自器械之观念分科而别出者，又因自然诸学之进步，则所谓有机体者，亦不过为复杂之器械的组织，然现今所用器械之语，含有制作此物者使用此物者立于器械之外之二种观念，而国家者，在国家以外，必无制作之使用之者之人，故谓国家为器械的集合者，予之所不与也。虽然，欲明晰此义，固不可需用有机体一语，冠于国家之上，高等动物与国家类似之点，余固不谓其绝无，然两者之间，尚有左方所列之诸差异：

一部分之独立之范围。

有机体者，常视其高等之程度，而各部分独立之范围从而缩少，而互有从属之关系。然所称为最高有机体之国家，则其各分子之个人者，独立之范围，不因而减缩。（能活动、能移转及智情意三者之发达）

二发生成长消灭之状态。

三部分间间隔之多少及对外界划明确之程度。

四物质的法则与心理的法则所宰制之程度。

五客观的存在之程度。

为有机体国家论者，亦非尽忘是等之差异，观彼等屡以种种之形容词加于有机体之上，欲以明国家之特色，可以知之。虽然，既称为有机体，必须具备有机体之性质，形容词者，仅可表示有机体共通性质以外附属之性质而已。上文所列诸点，为普通有机体共通之特征，而为国家之所欠缺者。有机体之性质，既未明确，则虽加之以何等形容词，以牵合于有机体之列，固严正之论理之所不许也。于是，有称国家为不完全有机体者，陈义则是，而立言则非也。夫狭小有机体一语之内容，而扩大其适用之区域，小之自种子细菌至哺乳动物，大之则通国家人类社会，皆使也含于有机体一语之下，固不害为世界观之一种，然已离于普通之意义，又离于生物学上之意义，而有机体三字，为引伸触类含一新意义之名词矣。学者能细察普通有机体与国家之异同，依学理之轨则，而冠以有机体之名称，固不必遂有语病。（概括多数之事物于一观念则可通将一语而岐为大小两义则于论理当严避之）而浅人者固多不能依此轨则，或直以有机体之现象，推论国家之现象，或于国家特有之现象，非普通有机体所发见者，漫然不省，直呼国家为有机体，而欲藉普通有机体自然发达之特征（与人类异者），以明国家之观念，因之个人之意思行为，其足妨害国家之进步者甚大，兹所不可忽视也，且国家之机关与组织，其研究之进步，不关于有机体一语之有无，是余所以不左袒器械的观察之说，而亦不能全然附和有机体说也。

第三款　国家及社会

第一　社会之意义

为吾人所常用之成语，而不适用于谨严之学理者，常缺少真确之意义，如社会二字，亦其一例也。寻社会二字之通义，盖谓有一二共通性质之多数生物，自其心理观之而有所谓一体之状态者，社会之最广义，实在于是。然详此语意，其范围甚广大，而其要素实鲜少，以国家与社会相对照而为研究时，盖亦不外此最广之义谛。惟所当注意者，在普通之文例，则可用社会二字言人类以外之物，而国家者不可以加于人类（或人类之一部分）以外之物而已。

除去人类以外之生物，而包含人类全体以为言，则有所谓广义之社会，吾人人类为一个人、为国家之一员，且为人类全体之一分子，而有意无意之间、有同一之思想为社会二字所得发表者，是即广义之社会也。

有多数之人类，因一共通之事业，相结合为一团体，其范围虽广大，尚不偏及于人类全体，亦得用社会之语表之，是即所谓狭义之社会也。欲表其特有之共通性，则必加形容词以别白之（文明社会、劳动者、社会政治社会等），乃世人所用之通例。以此义言之，则国家亦为一种社会，更精言之，可集无数国家而谓为一个国家社会，又可指一个国家而谓为一个社会。故社会二字含此种意义时，其区域或比国家小，或比国家大，或全然相等。社会之区域小于国家，则于狭义社会之外，谓之为最狭义之社会，亦无不可。

国家与社会区域全然相等时，则社会之分子，适等于国家之分子，不过因其观察之点有所违异，而一则称为社会，一则命为国家而已。余之所欲研究者，乃在国家与社会分子相等时，求两者之比较。虽然，其论决之点，多与他种社会可以通用者，何则？各种社会所缺少之国家之要素，固为同一也。

第二　国家与社会之区别

知国家与社会之别，要具法律之观念，虽国权之作用，不必拘拘于法律之范围，然法律者固国家之特征也，为人类之一社会，必为何等法律所宰制，固不待言，然强制的法律之观念，非社会之要素，在国家则反是，无强制的法规，则不能成立。约而言之，即社会与国家之区别，归于法律之有无，为人类之团体，而不能与以法律之观念者，即社会也。不论所谓经济团体、宗教团体、社会团体，凡包含是等无数之观念，而可将一地域内之人类视为一体者，即称为社会。论者或有以社会一语，仅属于经济团体对于国家之称者，是狭隘之见也，故认明法律之观念者，即所以认明社会与国家之别也。论究法律之观念，在此处不欲过于精密，惟举国家与社会比较上之必要者，则有三要素：（一）人类行为之限制；（二）外部之强制之保障；（三）强制者自一定之组织的权力（国权）而来是也。因组织的权力，能加以强制，故法律最为有力，凡个人为国家之一员者，大有关于外部强制之范围，国家之分子，虽于法律外当有拥护国权之精神，而外部强制之范围之所不到者，则此精神非以国家之特色所能直接以为宰制。吾人文化国人，为国家之一员，又为社会之一员，国家者为一团体，凡团体者，仅得于其目的之范围中，拘束各分子，而在国家所以示此拘束之种类与程度者，则为法律。虽然，国家固非在法律以前，而为法律之创造者，法律又非在国家以前而为国家之创造者，国家与法律，同时发生，亦同时消灭。巴姐士氏所谓宪法里面之国家者，为法律所发生之社会，即适当于国家之组织之社会，是虽不直与以国家之名称，而其立言自可味也。

第三　国家与社会密接之关系

国家与社会，观念虽殊，而思想上与事实上固有不能截然判别者，两者之间，有密接之关系，其分子为同一之个人而可知之。凡社会亦必有规律（惟其规律无国权以为之后援耳），而此规律者，为国家法律之要素，法律者，为社会而存在，社会者非为法律而存在。凡社会为欲达其生存与发达之目的，而生强制之法，自其有法之特点，而观社会之现象，则谓之国家。法律者，与社会之目的终归于一致，谓为社会而成立国家，亦无不可。虽然，国家者非与社会有实在之殊异，自同一分子而构成同一实在之方面，其制作者与其使用者，不能求之国家以外，是法律所以可谓为器械的，而国家所以不可谓为器械的也。社会者，国家之基础；国家者，社会之产物。故必欲了解国家者，不可不先了解社会。在近世文化国，国家组织与各种法制，屡呈类似之现象，若仅视为政治家、立法家随意构成之状态，则不足以言通识也。彼其所以活用其组织法制之大体，而永续其成效者，当归于社会事情之同一及其类似（例如宪法政治、行政制度、社会政策等诸立法之事）。社会事情，自各种原因而有变迁，国家者，不过为社会之一原因，能左右社会之潮流而已，以外部之强制力深入人心之内部，使其影响所及全然改变社会潮流之方向者，此非国家权力之所能企及也。顾国家之一举一动常于有志无意之间，有使各种社会事情更生相接之波澜者。现今之社会事情非借国家之观念，则不能了解国家之经济上所占之地位与势力。如近世经济学者之所说，余亦承认之。特不欲主张滥用此势力之论法，故于下方二事有不可不说明者：

（一）为国家在社会之地位与脑质在生物之地位之比较；（二）为国家与个人对立之状态。

第四　国家在社会之地位

倡社会为有机体之说者，将社会与生物相比较，而发见解剖学、生理学、生物学、心理学上类似之点，遂称国家（其结局遂以国家为代表的政府）之在于社会，如脑质之在于生物，为指挥全体不二之机关。以其所说为前提，则国家者，论其本来之性质（不仅据法律之范围），为在社会上绝有意识之一部，而社会及其分子之个人，为事实上绝无脑力而专事服从之一部，所得之论决如此，则固不得不是认国家万能主义，今欲检察其前提之当否。

夫生物之脑，为意思与思虑所存之处，所而他部分之细胞，则皆无思无欲者也，然社会之各分子，其程度虽有多少之差别，固同是智虑情意具备之人类，而国家者，离此社会之分子，则不能有独立之存在。制定法律、执行法律及代表国家之意思者，亦不在社会分子之个人之外，即代表国家之个人，时有超群出众卓绝之能力，而此卓绝固非可常有者也。论者或欲以国家立于社会之上，以君主制立于社会各党派之上，而立适当之制度，是不过一理想而已，欲达此希望，固难期之于今世之国家也。

第五　国家与个人对立之状态

或谓国家与个人，常直接相对峙。个人者，在独立为个人以外，惟得为国家之分子，而能使个人密著者，惟有国家，循此说也，是以人类之社交性，但适于构造国家强制之团体，而不适于构造其他一切共同之团体也，其违反于目前之事实亦甚矣。个人者为国家之分子，同时又为社会之分子。在社会中，又包含无数最狭义之社会，与无数之家族个人者，为一家族之分子，同时又为几多最狭义社会之分子。夫家族者，在国家未发生以前，已与人类同时而存在。最狭义之社会，因文化之进步，而种类益益增加。政治的、经济的、学问的、宗教的、慈善的、娱乐的，与其他种种之团体，现存在于文明各国，国家恃家族以维持个人之现象，虽以文明之进步国人之独立而销减其数，而国家与最狭义之社会相触接之机会，有益益增加之势。非于国家以外，仅仅有孤立之个人，可推而知也。且立于国家个人之中间而成为团体者，皆对其分子，有一种拘束之能力，而此拘束之能力，固有深入于人心之内部者，惟自外部强制之点观之，则国家之拘束力在最高度而已。且拘束力之语，若仅以广义言之，则可概括社会与家族与国家而为各种人类团体同一之观念，谓其差在性质上，不如谓其差在分量上之为愈也。

第四款　国家之定义

定义者，说明一事物正确明白且简单之义谛也。研究一事物而细启此事物贯彻始终之意义以为标识，固学者之责任。定义者，即达此目的之方法也；因事物之复杂，而立定义者益困难，况复杂如国家者，其定义益困难而愈多岐出，固不足怪；虽然，为国家之定义者，其困难与岐异，往往在国家性质上固有之程限之外。盖立定义者，不仅欲说明实在之国家而已，又辄混入所要求之理想之国家，此学者之所当戒也。虽然凡事物之切当之解释，必经无数辨难之后，始能以仅少之语言成一定义，而为完善之说明。而此完善之说明，亦不过于所得拟议之范围中，较为正确明确简单者而已。故定义者，乃因研究事物标立义缔者智力之程度，而为因时制宜之语言也，余今所下国家之定义如下：

国家者，在一定之土地有统治组织而转相继续之人类社会也。

今将此定义略为分析说明如下：

（一）国家者一种之社会也

因有意若无意、自动若他动，而集合之生物之一群，不论其结合力之种类及其强弱之程度，皆得包含于最广义之社会中。国家者，为最广义无数社会中之一种，其为如何的社会，于前节与本节所说，可以知之。

（二）国家者人类之社会也

人类以外生物之集合体，虽与人类之集合体，有类似之现象，而国家者，则为专属于人类社会之名称。

构造国家的社会，所需人类之数无制限，惟以是构造统治组织之初步为最少限，以人类之总数为最大限而已。过去及现在之国家，为人类一部分之集合体。虽然，从未来之想像上言之，则统一人类全体之国家，其成立殆将不远也。具备国家要素之社会，不问其成自人类全体与成自一部，皆可谥以国家之名称。

（三）国家者在一定之土地之人类社会也

人类之生存，不能离于土地。自人类集合而成立之国家，除人类与事业外，以土地为必要，以此三者结合为一体，而组织国家，因以地球表面土地之一部分，为国家之要素，而被以领土之名称；领土者，非永远不动而常有伸缩。虽然，自其特定之时观之，则常带继续的性质，而可视为一定者。据人类言之，逐水草转徙之游牧民族，仅有土地而无领土、有社会而无国家，在一定之土地土著之人民，始有成立国家之事。

（四）国家者有统治组织之人类社会也

在社会之各个人间，有自人类性质上自然生出之差别，又有由人类意思造作而成之差别，以种种之社会为平等之人类之集合者误也。社会者，有各种特别之结合力，以种种之社会为偶然而聚偶然而散者误也。虽然，社会者，不必有治者与被治者之区别，亦不至以强制之法律为结合之媒介。在国家则必要此区别与媒介，以强制的法律为治人者与治于人者之组织，谓之统治组织。统治组织者，国家与他种人类社会殊别之征象也。统治组织之中心点，在统治权。统治权者，谓之国法上最高权力，权力云者，谓一个之意思，对于其他之意思，有最优之地位者也。统治权者，占国法最优之地位，具不可分与无限制之性质，为学者之所公认。虽然，是仅为单一之国家之说明，而在联邦之国家则不得用此为正当之解释。其评论固属于公法之范围也，统治权为政治学上所当注意者如下：

（A）在特定之地区、特定之时期，其统治权，不问此国家为单一与联邦，为中央集权与地方分权，其分量必相等。

（B）统治权之可分不可分，及分割之方法与程度，出于历史上之事实之所指定。

（C）统治权之运用者与运用之状态，自社会全体之发达而决定之。

（D）统治权之优势，自法律上得之，故不能及于法律以外。

（E）统治权之运用者，其得随意活动之范围，常受事实上种种之限定。

（五）国家者继续的人类社会也

人类者，自其全体观之，既成立国家以后，则有继续为国家之分子之性质。虽暂时睽离覆绝，终必复于国家生活之常度，是古今东西诸历史之已事也，即此后无量世界固亦不得不如此。盖人类之所以必要组织国家者，原于人类之社交性；原于人类能力之差异；原于人类之生存竞争及人类之利己性不能消灭之故。据此观之，国家者，殆将为永远之社会。虽然，暂置此概括的观察，而就各种国家言之，则国家固亦有废兴存亡。现存之国家，多立于过去国家墟墓之上者，虽将来亦不得不然。盖国家之生存竞争（常变其形式），固不得止息也。据此观之，则国家之生命，非老寿而为夭折。虽然，当国家成立之始，必无预先刻定其存立之时期者，固必欲永远继续而为无穷之发达，惟国家之运命，不必副最初之希望，创立之后为时既久。缘各种之原因，遂至不问当时人民之意思（或合于意思或与之相反），而使归消灭，详此意味，则国家之存立谓为有制限者亦无不可。然此种制限，与其他各种社会，以一定之目的成立于一定之时间，可刻期而收效者，大异其性质。国家者，在性质上无可达其目的之究竟之时期，亦无本来不可不消灭之时期，即除去目的之观念，而人类组织国家之根性，亦不以株守于一国家之下为满足，则时间之制限，非事理之所应有。故国家者，存立时间无一定制限之人类社会也。以是为永久者，固为不可以是为一时者，亦为不当。继续之语，庶足以说明国家之性质也。

第二章　国家之分类

第一节　总说

吾人得操种种之目的、种种之标准，将同类事物，划分门类，于国家亦然。惟国家之所以为国家者，自其必然之性质观之，凡国家皆同一而无可分类。虽国家事实上之作用，不无差别，然国家所以为国家者，其作用之源泉与其界限，无论何等国家，皆为同一。重言以申明之，即属于国家之统治权之本质常为同一故也，故不得在统治权上分别国家之种类。凡国家者，无法律上（于广义亦含宪法但不含社会之规律）之拘束，故自由凡国家者能在法律上拘束国内之团体及个人，故专制自由与专制为同一国家两面之盾，不得用之为分类之标识。虽施行宪政之国家，固亦不能脱离此论理也。宪法之目的，非制定国家之权力之广狭者，乃制定国家机关作用之范围与其方法者也。以国家全体观之，则宪法之有无于国家之性质无所增减，惟能拘束其机关之运动者而已。

国家者，于性质上无可分类。虽然要可操种种之目的自种种之方面而为分类，例如以领土之特质，及国民之政治的、经济的、宗教的、社交的特性为标准，可得分为无数。虽然，从来最著名且重要者，为据国家最高机关分类之说，盖国家之活动，必倚于机关而后可以进行。机关者，国家之所以为国家，而使人人可以认识者也。无机关，则虽具备何种之要素，不过建设国家之地面而已，用适于构造国家之社会而已，固不得明认其国家之成立。国家机关中之重要者为最高机关，而国家与最高机关，非可混同者，已如前所述，不得因混同之所由起，而证两者之密著也。

据最高机关而分类者，大别有二：一则论其组织，而一则论其作用之限制。前者可称为国体的分类，后者可称为政体的分类。

第二节　国体的分类

第一款　亚里士多德等之国体三分说

国体三分说者，据治者之数而分国家为三种：即据占国家最高位置者之人数，而分国家为君主国、贵族国及民主国是也。君主国者，占最高位置者为一个人；贵族国者，占最高位置者，在国中少数之人；民主国者，凡平民皆可得占最高之位置。此种分类为最古且通用者，亚里士多德氏以前，已有类似之说，然因亚氏之著述，流传最广，故多谓为亚氏所特定者。亚氏以前三者为正体，而以三种之腐败政治附属之，谓为变体（暴君国、寡人国、愚民国是也）。尔后政治学者，常倾注国体论，而引申亚氏之学说，虽马加伯黎曾以共和国与君主国对峙，为后来国体二分说之前驱，尚未足以推倒亚氏之说。又二分说，自其所论治者之数观之，亦与三分说无异。其后孟德斯鸠更以压政国加入亚氏分类之中，然与亚氏所谓暴君国无异，未足为别出之新机轴。盖亚氏当日专比较希腊诸国体而为便宜之分类，而当时所谓化外国者，无足重轻于亚氏之心目中。亚氏之后学者，亦游泳于同一之思潮，遂以此分类为至当之说。中世以后，欧洲政治事情虽大变，而研究国家之理论，尚未发达，故国体三分说，不受排斥。然至近世，因国家之进化，与自由研究者之勃兴，遂至异论蜂起。至最近世，则论国体者，常以适当于国情为贵，不欲主张绝对之议论，而国体分类之纷争几赴于寝息。

第二款　前说之批评

亚氏诸学者之国体三分说，以治者之数为分类之根据。于思想上虽简明，然现在之国家，非此种分类之所能断定。夫君主国者，乃主权在一人掌握中国体之通称，然近世所谓君主者，不必掌握国法上及政治上主权之全部。又民主国亦有运转国权之元首，则在国法上国家元首之地位，不免有时而消长。盖政治上实权之所在，变化无极，而政治事情亦随之而变化，则区分国体，殆属徒劳。自政治之实际观之，卑里克黎士时代之雅典，不可不谓为君主国，保罗一世时代之俄国，不可不谓为贵族国，此例为历史上之所常有，若不察国家机关之组织、政体之分配与实权之归著等事，而以君主国之特征归于坐拥帝王称号者个人之存在，则中英俄德等诸国，当概括而使与法美对立，然如英国国家之体统与其组织，使与中俄等并列，不如使与法美等并列也。国家元首世袭之有无，亦非绝对之区别，君主国不必无撰举，共和国之元首亦无不可世袭之理由，又现今酒黎雅士削咱者，终世为大统领，且有决定其后继者之权能，则又何说？即元首之无责任与不得废位，亦不足以为绝对之区别，不仅终身之大统领不负责任而已有期之大统领，亦有在职中无责任之例；反之，则为君主者，亦非无不得废位之制度。

更观贵族国与民主国之区别，将谓一则以少数人为治者，而一则以多数人为治者乎？则少数与多数，将以何者为标准？过半数与否，固不足以为标准也。虽民主国体，除未成年者、无能力者及妇人以外，计人口总数四分之一以上，得有参政权，然此于现今极少，以漫然无制限之数，立两者之分别，固未见其可也。虽贵族掌握政权，与平民之掌握政权者有别，然更即贵族而详察之，固亦不能明白其区别之所在。贵族者，国民之一部，因门阀、职业、功勋、常识、财产等而得有特权之民族也。此特权者，于政治上为参政权，参政权在贵族所谓贵族国之特征也。虽然，贵族国者，为以少数治多数之国家，而贵族者，为有特别政权之民族，于循环论理，固无窒碍，以少数之治人者，属于限定之一阶级与否，为区别之标准，于思想上未为误谬，然欲立一定之意义，则于理解固有所妨也。

且以参政权之分配而定治人者之数，亦为早计。有构成国家之机关而掌握之之权利义务者，不必在治人者之一部分（立宪君主国之人民固非治人者）。故有贵族参与政权而不能直名之为贵族国者，此种国家不能谓主权归于一人，即亦不得不谓为归于平民。若论政治上实权之所在，则虽民主国，其统率国民全体而扩张势力者，常在少数之首领，又虽贵族国，亦不能违反人心而得维持其事业，古今东西，固为一揆者也。故以实权之归者区别两国体者，亦不足为明确之标准。

第三款　混合国体说及其批评

国体三分说，其窒碍既如上文所述，故所谓混合国家说者承之而起。混合国者，谓以上文所述国体之特征，从种种之比例而为混合的国家是也。主张此说者，于希腊已有之，即亚氏亦谓世界之国家，不必归于纯粹之三国体之一种。中世与近代，持论相同者，固不乏其人，或谓国体皆混合而无纯粹者，或谓有纯粹之国体亦有混合之国体。

以国家为混合而无纯粹者，实排斥以国体分类之说，夫欲以治人者之数为国体之别（其当否姑置勿论），其分类之法，必以三者为足以包括诸国家之现象，又以三者为有彻底之判别而无所疑似，故如所谓混合国体之说义不足以相容，且彼所认为国家之意义，当有一而无二。故事实上之影响，可置而弗问，惟据最高机关之所在，以决定国体之异同，最高机关之所在无所谓混合者，故混合国体不得成立，混合国体说足以为亚氏国体三分说之反证而已，于国家分类之理论上未可谓为杰出者。

第四款　国体分类之结论

驳混合国体说之理由足以为辨护国体分类之根据，夫欲网罗政治上国法上一切之状态，作一最完善之国家分类之基础，固必不可得；求无限之适用于一种之分类法，势必不能。以亚氏之分类为说明政治现象完全无缺之标准者，误也。以亚氏分类之法为有所疏漏，而追加他种国体，欲得至当之分类法者，尤误也。此其谬误，一在分类之观念上，即用最完善之一种分类法，欲以达说明国家现象一切之目的是也；其次，则在分类之方法上，即以标准不同之分类法，列于同一之位置是也。

国体分类之法，非仅列举其名目而已，实含蓄性质上之差异，夫国体之差异，在内治外交上有重要之关系，固不待言。虽然，从性质而观察国体，谓各国体皆别有一定不动之主义，直得用以决定政治上诸问题者，乃过去之空想也。虽同一国体之国家，常有无数之区别，故欲说明国家特别之现象者，当问其国体运转于何种政治状态之下，政体之所关良不少也。

余欲定国体分类之法，选分为君主国体及共和国体二种，更分共和国体为贵族国体与民主国体二种。其分类之标准，视此国体在国法上占最高之地位者为何人，占最高之地位者为一人则为君主国体，二人以上则为共和国体（共和国之元首虽有国家常置机关中最高之位置，而占国法上最高之位置者不必为元首），更欲明此二者之区别，则当问国家之元首世袭之有无、责任之有无、废位之有无、普通君主称号曰帝曰王者之有无，此数者单独孤立则不足以为区别国体之标准。虽如前所述，而集合之则得以决国体之异同，如集合人种、语言、历史、宗教、经济、文化等，始足以决民族之异同也。共和国中，贵族国与民主国之别，较之君主国与共和国更为困难。要之，视国法上最高之地位，归于一种特别阶级之人民所专有，抑或为平民所得而共和享有者，以为主义上之区别。自此根本主义之差异，则参政权之原则亦生差异。在贵族国，则以特别之少数人民专有政权，平民不得共治为原则；在民主国，则除无能力者之外，以普通人民皆得有参政权为原则。一则以限定参政权为主义；一则以扩张参政权为主义。虽当特定国家分类之际（译者案：特定者普通之对文，特定国家其现象非常例所能别白之谓），其为贵族国与民主国，每苦于难辨，自大体上观察之，与共和国尚有区别，而可以并峙。自政治上之性质、历史上之变迁而观之，反与君主国、民主国相近，而与贵族国有可以并峙者，是挽近学者所以承用亚氏国体三分说之故也。虽然，欲为明白之剖判，不如上文所修正为至当也。

第三节　政体的分类

国体分类者，以国家构造之形式判别之，排列于此分类下，诸种国家之差异在政治上及社会上，皆不可忽视者。虽然，从国家发达之历史及国家活动之实势观之，则政体分类当更在国体分类之上。盖政体分类可以卜政治之进化与退化，而国体分类则不能。挽近政治之趋向，不在国体变更，而在政体变更。现今政治的现象，除世界列国对外政策，概取类似之方针以外，若以内治言之，在国体分类下，同一种类之各国所有类似之点固不及，在政体分类下，同一种之各国，其类似点为独多也。

政体分类者，因宪法之有无而为国家之区别也。有宪法之国家，其机关之行动依于宪法者，谓之立宪政体之国家（又名立宪制）。未有宪法之国家，其机关行动出于专制者，谓之专制政体（或单言专制）之国家。专制政体者，不必在君主政体，贵族国体与民主国体，皆得有专制政体，何则？虽为民主国体，苟非地域狭少，如所谓市民者，即令以统治权在平民为主义，而实际当统治之政局，必在少数者，此少数者与贵族国相等，其国家之行动，不必有可据之宪法。

宪法者，为运用统治之根本法，而制定国家机关之组织与其作用之大体者也，宪法之有无，于国家统治权之性质固无变动，统治权者，在国法上无制限者也；宪法者，非所以立个人对国家之差异，即非所以立个人对国家机关全部之差异者，惟个人与国家机关之一部之关系，得受宪法之影响；宪法者，使个人免国家机关之一部之专制者也。

第二款　专制政体

专制政体之国家，无宪法之拘束，国家机关之行动，最自由、最迅速，此论者所以往往目最完善之专制政体为理想的政体，而以之置诸立宪政体之上也。虽然欲判政体之良否，不仅在一时直接之利益而已，又当察之于国家与社会永久之利益。专制者，固无能保其永久完善之法也，夫专制政体之下，无保护个人之宪法，其国家机关之行动，虽非绝无限制，而因此限制亦能使国家机关之行动遵一定之轨道。顾其敝也，国家机关之行动，毫无可遵守之规律，妄侵害个人之权利，至不得不与以暴政之名称，且虽暴政亦非无保障个人交际之私权者，专制政体之末流，或且并此保障而无之，与其谓为暴政毋宁谓为无政。

欲免国家机关之抑压，而以拥护个人之宪法为保障者，此法规上之保障也、形式上之保障也。此种保障，虽非专制政体所有，而他种保障者，则不问政体如何，而常在于平民之掌握中，即实力的保障也。据国家机关而恣行无道，为平民所不堪者，则平民常得以其实力颠覆暴政，此固国民之天职，为古今史册之所常有也。

第三款　立宪政体

立宪政体，其国家机关之行动，不能出宪法范围之外，不仅宪法成文之不可背而已，且不得违反宪法之精神。夫宪法之精神之说，虽意义如不明确者，然确立宪政之国家，常以宪法之精神宰制政治为原则，宪法之精神有二：一为各国特有者；一为立宪国所共有者。各国特有之精神，所以维持各国特别之国体，及其他之国家组织（例如联邦）者是也。立宪国共有之精神，在大反专制国之独断主义而用让步与妥协二者为出政之根本；在承认国民各个人政治的人格而敬重民好民恶之所倾向；在立议会以为监督之机关，使得独立于行政机关之外，极力拥护而使之发达。所谓非立宪者，则取广义，而谓违反宪法之精神者也；所谓违宪者，则用狭义，而谓违背宪法成文之限制者也。抑无论何种宪法，不能就国家机关相互之关系及与人民关系之事而一切与以限制，或者因此阳用宪法之面目，而阴用专制之精神，则其危险有过于专制者，盖其极必刺激民心，使生冲突，不然则还复于专制政体，是二者并于国家之发达，及社会之进化，大有所不利也。宪法之发生也必有变更政体、设置议会、改易国家机关相互之关系为常则。

立宪政体，在议会外以又有总投票之法，总投票者，因重大事件（以立法事件为主，如宪法事件）而用投票法，使人民得直接表示其意见，因是而为最后之决定也，此制为民主国体所常用，除国法上所谓最终决定权以外，亦得适用于他种国体，在立宪君主国已有主张采用此制者。

立宪政体优于专制政体之理由如下：

一　政治上之利益

（甲）特设议院为监督机关使政府不得不注意于行政事宜

（乙）使人民参与监督机关之组织及总投票之事增长其政治思想

二　社会上之利益

（甲）有根本法以确保人民之自由与权利，使得活泼进取，促个人及社会之进步

（乙）在国法上享有议政权之人民自然驯致有积极的经营公共事业之习惯（在专制政体下之人民，有服从的消极性，故冷淡于共同事业）

立宪政体之影响与其结果，实为人民无上之幸福，而其发生与发达则必视其人民之性质与其开发之程度，不能强世界各国一切为立宪政体也。维持立宪政体则有三要件：

（一）人民好立宪政体绝不好专制政体

（二）人民维持立宪之行为（积极的及消极的）富有非常之能力（智德）

（三）人民能活用所具有之能力

要之，立宪政体于发达人民之智德大有功效，而使宪政能健全者，则在人民智德之发达有相当之程度。

立宪政体，在政府外有独立监督机关，于国法上得享有监制政府及关涉于运转国政种种之特权（立法协赞权、预算议决权、上奏权、质问权等）。故监督者之意思，常使政府大受其影响，是立宪政体国之所同也。惟监督机关之势力有稍稍薄弱，而仅足为政府之参与机关者，有异常强大，不仅能左右政府，且能以其势力改造政府者，所谓议会制是也。议会制者，非与立宪制对抗而别为一事者，乃立宪制所生产之现象也，又非立宪制所必有之现象，而据国家特别之政治事情以产出之者也。议会制者与政党内阁制相辅而行，政党内阁制之得失，当于政策原论详之。

第四款　立宪政体之细别

立宪制者，可以宪法之种类为细别，普通视宪法成文与否分为二种，即成典立宪制与不成典立宪制是也。

成典立宪制者，统治者以特定之时期，发表宪典，而为国家之根本法则者也；不成典立宪制者，则异是。所谓宪法者，自各种之普通立法、裁判判决、政治习惯等而成，非有特别之成典，其成立之时期，颇不明确。成典宪法，其修正方法，常有限制；不成典宪法，其修正方法，并无限制，得依普通立法之次序，随时更正。故成典立宪制，可称为特别立法制；不成典立宪制，可称为普通立法制。在不成典立宪制，非仅得揆时度势依普通立法之规则变更宪法而已。虽法文之所不具者，亦得借解释以补其罅漏，不至以时势与宪法相睽隔而生革命之虞（时势云者谓政治诸势力之关系），是不成典宪法之所长也。然利之所在，害亦随之，不成典立宪制，法文有不具，则国家之根本法则常欠明确，此其所短也，且不仅此而已，如一朝有滥用之者，容易变更成法，使人民之保障不得巩固，若成典立宪制之利害，则与不成典立宪制适相反对。然两制之得失，理论上之比较而已，察其实事，如英国者，享不成典立宪之利而不受其害，虽然是固英国国民之性质与英国立宪制之历史所生之结果，非可漫期诸他国，故方今立宪制诸国家虽直接间接模仿英制，然大概采用成典宪法。

成典立宪制之国家，以宪法修正方法为重大之问题。现今文明国所行用之修正方法，常委其事于各种机关，其别有四：

（一）委于普通立法机关，惟议事及表决之定数有异；

（二）委于修正宪法之特别机关；

（三）委于人民之总投票；

（四）在联邦则委于各联邦之机关。

凡成典宪法，具有修正之定例者，其得失常近于不成典宪法；反之如全然不许修正之成典宪法者，以拘泥旧章，常易招革命之乱。

第三章　国家之发生盛衰及消灭

第一节　国家之发生

第一款　总说

论国家之发生者，有历史的与哲理的之区别。顾国家之发生，不可不据历史的归纳。论哲理的发生之说，与国家发生之实际无关，徒泛论国家存在之理由及为存在之辩护论而已。夫说明国家之发生，固有当取资于存在辩护论者，而存在辩护论究在研究国家发生之范围外，故所谓哲理的发生诸说（例如神意说、势力说、契约说），直可束之高阁。夫国家之发生，必本于事实之概括以说明之，而概括者，自无量之事实而来，据此以为说明，必溯源于国家之原始而综贯其大体，虽然，实在之诸国家固从来特殊之事实之结果也。凑合有制限，有条件之事实，而成为决论，必难适合于所凑合之外之国家，惟取其较为适合于最多数之国家者，命为学理的说明而已。

政治学上国家发生论，非法理的而为事实的。国家之三要素（土地、人民、统治者）具足，而有继续之性质之最初时代，是国家发生之时也。形式上之仪式宣言等事，虽足以表明国家之发生，为研究事实之材料，而形式之有无，不足以决定国家之发生。

国家之发生可分为二：绝对的发生、关系的发生是也。前者谓以未成立为国家之人类，在未成立为国家之地域而构造一国家者；后者为一切他种发生之状态之总称。

第二款　国家之绝对的发生

以散在地球各部之国家之起原，归于最始之一国家者，乃毫无根据之论。国家之绝对的发生，皆在有史以前，无由直接以证明之，惟以生人之性识。若有史以后国家之关系的发生及现在野蛮社会之情状，类推以说明之，而得其较为合理者而已。有史以后，发见于各地之野蛮社会，其个人之性质及社会之组织，不仅有种种之差异而已，即取其共通之点，以类推开明诸国之祖先，此固论人类种族者之不能无所疑似也，然既别无良法，则类推之事，亦有所不得已。若夫以关系的发生中所有契约之起源，类推绝对的发生者，不仅反于最多数关系发生之事实，而与近时思想，以契约为开明国民所特有之现象者，绝不相容。前第一章以国家为特殊之社会，而此社会最初之起原踪迹茫昧，欲明指其自普通社会转而为特殊社会之时期实为困难，故论国家之发生，当先就原始社会（人类最初团结之时期）为最初国家之基础者，略为解说。

论原始社会之性质者，在半世纪以前，以父权为中心点，其后渐为学者所驳难，而反对论者之母权中心说，亦不能独步一时。在现今则以原人最始之团体，非家族的社会，而为徽章的社会。所谓徽章的社会者，谓有同一之徽章之原人所共有之社会也，抑所谓共同生存者，非独人类有之，即他种动物亦莫不然。其原因盖存于自然之繁殖，与抗御外敌之机会，而发见享有共同利益与欣羡共同愉乐之社交性。人类既因遗传与争存而富有共同性，而种族蔓延之后，则又因自然与人为而益益增长此性质，顾人类虽常为共同生活，而其形式则经种种之变化，其第一期之徽章团体混沌蒙昧，未能有明白之形式与确实之组织，其次则经家族团体时期，又其次则终达于地域团体时期。虽在第一期非毫不见有家族之痕踪，又非毫不见有地域共住之关系者；在第二期非仅以纯粹之血族相团结，而不兼有他民族者；第三期非已成立为国家遂绝无血族之关系者，不过就团体结合重点之所在，以为区别，固非全然有相反对之性质也。

人类开明之度，未达于高尚，常不能以人为抗御天行之酷烈，而为其所窘束。天行者，谓自然及对抗竞争之人类，自然者、土地及动植物，所谓物理的外界之状态是也。自然之状态能与人类生活以便利之时，则人类繁殖，而无分散求食之苦，得维持血族之共同居住，且能吸收他族而巩固其社会之基础，又或招致异地之移住者，而发生新社会；反之而外界之状态不便利于人类，不仅不能招致移住之民族而已，且能凋落社会之情态，而自然之繁殖与膨胀，不能继续而存在，而他种人类之竞争，常与自然之状态相倚而立，于社会之成立，大有影响，其压迫之程度常能左右对抗者团结之状态。夫人类者，社会之动物；国家者，有强制之法律之土著社会也。故国家发生之问题，即强制法律发生之问题也，社会之土著之问题也。予已略说原始社会之组织，请进而论国家发生之问题。

凡一社会，有共同之目的，又有社会各分子之相抵触，欲调和分子之抵触维持内部之平和，临共同利害而一致相结合者，必于其团体内有自然发生之规律，以拘束个人之行止，非此则团结力必微弱，久而又久，则社会终归于澌灭。惟此种规律最初必无组织的强制力之后援，因团体之膨胀、外敌之生存竞争，于是混混生民渐次变更而有分科组织，在任意的道德的规律之外，更具有强制之法律，此强制的法律即于任意的规律中，撰其最适于生存竞争之用者，特赋以强制的性质者也，既具有强制之法律，则又需有统一之机关，递相代嬗以维持其存在。当时有优异之人物，其势力虽如何强盛，不遽足以卜国家之发生，而一旦被驱迫于社会四围之事情，终至产出统一之机关，其事情之继续，常足促其机关之继续，而以事情之继续，常使优者容易继续其最优之地位，遂使优者之个人独立不羁，而发见统一社会之一制度，即此可以知原始君主国体相关系之密也。原始社会遭遇此种变迁时，即渐次抛弃其逐水草转徙之习惯，随经济发达之农耕时代，而土著于一定之地域，所谓地域团体者由是而生，国家以土地为要素亦由是而起，而国家亦于是时始告成立，地域团体者，不问血族之异同，而于共同地域内维持秩序、经营事业、抗御外敌之社会之谓也。

第三款　国家之关系的发生

国家之发生，非由于绝对的，则由于关系的。关系的发生，历史上之根据，明白易晓，非如绝对者之必需推类而始得。关系的发生可分为二：（甲）在未有国家之境域内而发生新国家；（乙）在国家之境域内而发生新国家。

（甲）在未有国家之境域内发生新国家

细别之为国家的及人民的

（子）国家的

谓新国家之发生，自他国国家之机关，凭借时运而经营事业者。

（丑）人民的

创设新国家之人民，自来为未开人者，乃属于绝对发生之范围中，此所言者，为服属于国家机关之下，为已开化之人种，然此不过据大体言之而已，关系的发生之际，有囊括原始人类于其社会中者，不妨入此类中。

（乙）现存国家之境域内发生新国家者

此项分类，为离绝所属之现存国家而发生新国家者之总称，如变更新国体及采用新政体，系同一国家之事，不得目以新国家，国家之发生，自个人间之契约而成立者绝少。

虽然，自国家间之条约而成立者，固不乏其例。

将此类细别之则有二，合同的及分裂的是也。

（子）合同的

合并二个以上之国家而组织新国家者，名曰合同的发生，此种发生原于自动。详言之，即旧国家任意相合并者是也。此种发生之新国家，常为联邦之制；若因国家间相冲突，以一国并吞他国者，是惟旧国家之消灭而已。其并吞他国者，依然继续从来之国体，不得谓之新国家之发生。又欧洲中世，视国家为君主之私产，屡有相续之合同者，亦惟国家之消灭与膨胀而已，新国家之发生亦非此之谓。

（丑）分裂的

本国人民一部之独立，或因任意或因强迫而分裂之时，常发生新国家，即所谓分裂的发生是也。在母国仅让统治权于其一部，而新国家之发生，常使母国狭少其地域，而亦不至于消灭，分裂之原因常为利害关系与感情激烈之故。盖一国内利害与感情互异之团体，竞争急剧，而势力不足以相下，其团体之区别，既因于地理上之形势，其轧轹之原因，复相继续而不已，必至分裂其一部而构造一新国家。要之，关系的国家之发生概与国家之盛衰及消灭有关系，当参照次节以观其会通也。

第二节　国家之盛衰及消灭

第一款　国家消灭之概论

国家之消灭，必在于国家三要素缺一之时。土地及人民，虽因自然界之变异，可使归于消灭，然普通消灭之患，必归于统治权之委弃，且研究自然界之变异，不属于政治学，故余但论统治权之消灭而已。统治权之消灭，或用平和、或用强制，皆基于事实，而非依于形式。夫统治权消灭之事实，曷为而来耶？论者或以国家为有机体，以国家之消灭归于其有机性。其解说虽极简单，然国家非有机体，已如前述。吾人不得不以历史之概括，探求国家消灭之原因也。

夫国家为转相继续者，而统治组织又为维持人类生活之要具，故国家决非单独自然归于消灭者。虽自来以国家机关瓦解为国家消灭之证，然无政之状态，决不能永续，一时之无政治，不过改造国家时代中之现象而已。盖生存竞争者，驱原始社会使为国家之动机。其形式虽时有变易，其实质即至国家时代常绵延而不绝，团体之宜于竞争者为优，不适于竞争者为劣。优劣二者，常生关系，二者之间互相抵触，劣者或被并吞于优者，或取对抗优者之政策，而胒就利害与感情相共通之，劣者为平和的合同（即旧国家消灭），或为优者争势力之平衡，而劣者因得幸免于消灭，或为一优者被群劣者同时攻击，而忽至于消灭。

次就优劣之差，为国家消灭最大之原因者，而略为解释。夫国家之发生也，对于人类及自然有一定之竞争力。此竞争力实对抗他社会而发生新国家者，而国家发生以后，其竞争力常不免稍有所减耗。竞争力之增减常使其团体之状态忽生变动，国家之盛衰即此变动之异名，而国家盛衰之问题，往往与国家消灭之问题归于一致。竞争力者，即解释消灭问题之关键也。

第二款　国家之竞争力

国家之竞争力，为政治学及政治事情之绝大问题，兹立分类图解示其大略如下：

论国家竞争力当注意者，举要于下：

- 国家的竞争力
  - 自然的
    - 气候
    - 土地（于广义含河海）
      - 面积
      - 地位
      - 地势
      - 境界
    - 富源
      - 动物
      - 植物
      - 矿物
  - 人类的
    - 精神的
      - 道德（广义则含宗教）
      - 技术
        - 平和的
        - 战争的
    - 物质的
      - 体力
      - 富力
  - 政治的
    - 国家之组织
      - 机关
        - 统主
        - 执政
        - 监督
      - 人民（政党关系等）
    - 国家之政策
      - 内政
      - 外交

（一）竞争力之各要素，在竞争力全体中所占重要之度，随时而异，然但注重于一二而蔑弃其他事者，无论如何皆为衰败之原因。

（二）各时代有一定之竞争力，自前时代受之而遗于其所最接近之时代。

（三）因国民之气质时代之境遇等，而竞争力有创业（进取的）、守成（抵抗的）二者之差。（如物理界同一能力因其使用之方法而有所作功用之差）

（四）盛衰与优劣，皆为比较之词，然盛衰者，自一国家中，命一时代前后之比较。优劣者，在一时代中，命两国家彼此之比较。故有盛衰不必无优劣，而有优劣而无抵触，则亦不至有国家消灭之患。

（五）国家竞争力之各要素，不能总括而为全体之说明，因缘诸科学之进步以明了各事时，而后可以明白其全体。

（六）人种之优劣，于国家竞争力大有影响（论者或极力主张仅据人种之变化可卜国家之消长者）。虽然，国家者各个人集合之现象，揭举各个人孤立与群集之诸要素足以见之，不必别举人种之目。

（七）国家竞争力可分为社会的要素与国家的要素。社会的要素，虽十分完善，而国家的要素（谓强制组织）不发达，则国家部分力亦不强大。国家的要素，虽如何发达，而无社会的要素以为之基础，则社会之竞争力，不免于微弱，而国家之竞争力亦不得独充实。

（八）社会的要素之重者为道德、学术、经济、技艺、文学、美术等事，合一国中是等诸事之状态，与国家的要素政治、法律之状态，乃得称为某国文化之程度。

文化之程度，与国家竞争力之分量，不必为同一者。前者所以观社会之发达，后者所以观国家团体之竞争。虽同一事项，自观察方面而殊其价值。

（九）未开之国家，不能自觉其竞争力之程度，调和而发达之，文化国则异是，能自觉其国家之竞争力，调和而发达之，以增长其国力，此政策原论，所当奉为指南也。

英国工党小史[①]（1911年2月2日）

欧洲各国鼓吹社会主义者，以俄、法、德三国人士为最激剧。英人性沉毅，不好走入极端理想，以观三国，宜若有逊色者然。然有工党得出议员国会中以迄今日，对于保守、自由二大党遂成骖靳之势，以与爱尔兰自治党相提携，以制两党之重轻。而自由党内阁不得不联络工党，采用社会主义税则，是现时与保守党相持。亦□为此，保守党排斥自由党政策，谓其将取极端社会主义以成法律。然则英国现在党争，直接为保守、自由两党之轧轹，实已间接为社会主义与非社会主义之轧轹。英人士实施社会主义于政治上，且若有优先于俄、法、德三国之势。国民独立自营伟大之程度，固有未易测者耶。英工党之养成势力，盖几经顿挫而揆得之，悬的以趋，百折不回，乃克有此。今者四万万人而知此义，亦又乌有不能达之目的也？爱玛译英人威廉安得逊氏《工党小史》（Parliament & trade Union History，By W. M. C. Anderson），以告国人，安氏有言如下：

一千八百五十七年，社会学评论会开会于伯赖法（Braford），

① 本文于《民立报》1911年2月2日至10日连载，署名耐可。

评论劳佣联合会，谓劳佣联合会乃以保全劳力者最有利益之地位为目的之一团体。然吾人由此更得一转语，劳佣联合会者，乃一经续存在最有势力之团体，足以支持劳佣者之种种困难者也。无论何时代、何国度，凡劳力者，无不享有劳佣联合运动之利益，且职业联盟之事实，其成就乃在有史以前。

吾人由约瑟民卜路塔氏（Iesephus & Pentarch）之著述，考见劳力者职业联盟之组织，实已存在，发达于犹太人、腓尼西人、希腊人、罗马人之历史中。其起源约在基督降生千年以前，卜路塔氏纽□小传中，述及纪元前七百一十六年，罗马元老院通过一法律，许以下各团体以一定之权力整理各会员、各商店同盟与各会馆、各墓地诸事务，即音乐家团体、金银细工团体、陶器团体、黄铜匠团体、鞋店团体、石工团体、染业团体、鞣皮业团体是也。及纪元后三百三十七年，孔士但丁治罗马时，各种重要职业雇佣劳动人自四十名至五十名以下者，往往各组织一团体，其组织团体之规律条件与今日英国现在工党大有相似之点。

劳佣联合会之见厄于贵族与资本家占有势力之一阶级由来久矣。贵族、资本家恶劳佣联合会，常迫害之，困苦之，且欲扑灭而除剃之。劳佣联合会人，久而久之，对于民权与王权两党（Whig or Tory）除胼手胝足以奉资本家外，曾不能得一胜利。然彼等持独立自主（Independence）为标帜，且奉集合自助之原则以行动（They have realized upon the principle of collective self－help），始终不变。

当爱德华一世在位时，议院以压制政策立一法律，禁止劳佣联合。一千三百四十八年，黑死病流行，英国劳佣者病死甚多，几失百分之三十。工价由之大起。政府是时方为贵族及资本家之奴隶，乃以法律限制一定工价，不许升涨。由是劳佣社会以要求加倍给工价相联合者，于法律上一切观同啸聚凶徒之罪人，以其反对《田地法》（The Law of the Land）也。其劳佣社会之要求权利者，不肯俯受政府之束缚，则遭迫害愈甚。当哲姆斯一世在位时，立法者授与行政长官及治安判事以广大之权力，使之规定及判决各工价。一千七百二十五年织呢业之劳佣者，被法律上规定详细条件禁止集会，犯者处以种种罚金。次年，治安判事由法律指定，于判决佣工者与被佣者工价讼事，得有全权。其时织呢业工人，因工价太低，且禁止集会条件苛细，呈诉于治安判事，请调查工价及作工情状；而厂主则亦呈诉治安判事，反对工人。治安判事袒厂主而抑工人，不与直也。政府所持政策，既以压制为宗主，于是无穷之轧轹、困难及无数之秘密会由此而生。

政府因压制政策迭经失败，于是于爱德华第六在位时，通过一法案：凡劳佣者因要求加价，投身会党，犯三次者，则处以割耳之刑。然政府虽如此压制，而一二秘密劳佣会仍然陆续维持。其最有名者为石工秘密会。至亨理第六时代，立法者更制订苛严之法律：凡劳佣联合会人员，一切以罚金、或禁锢、或流窜之罪分别处置之。然不能止也。

当亨理第八在位之初年，职业联盟之权利，稍稍恢复。其理由则因雇工者欲回复从前徒弟习业期限旧例（The apprentieeship System）之故。然其限制劳佣联合之某条烦例，施行殊峻刻。资本家往往借议院之立法权，以惩罚劳动者结会之自由。当一千七百二十年，有成衣店主呈诉议院，谓伦敦市内及附郭诸缝工，约计七千人以上，近日皆投身劳佣联合会，意欲增加工价并每日减少一点钟作工时刻，彼等为此事各于秘密会所签名画押，且鸠集巨款，预备持久抵抗云云。

劳佣联合之组织虽如上文所述，陆续发生，然未能大活动也。

劳佣联合之实在生长时期实在于新机器及新工厂组织勃兴（The rise of machinery & factory system）之后。如织呢业、纺纱业、铁业、煤业及他种工业科学新发明与机器学之进步，实于社会构造上、于劳佣者产业位置上、于佣工者及被佣者之关系上发生绝大之变迁。自是以后，被佣者不复工作于佣工者之家，而必执业于工厂，且不得不以过长之时间，易最低之工值。是时，对外贸易既发达，重商趋利之习惯未尝为道德及法律所限制。于是，低值辛工，几于对于被佣者成年男女及未成年之丁稚，而遍加之罚。其被佣者则仰生命于机器之柄，而矿山所有主，制造场所有主则攫取百分之百或百分之十之赢余利益，于被佣女子及被佣丁稚挥汗饮泣之中。因是资本家与被佣者之地位益益悬隔，而最新劳佣联合之组织，及防护劳佣阶级正当权利之主义，益益昌大。

顾是时，封建制度虽已灭熄，然法律之制订及执行全在贵族及资本家。彼等待遇被佣者实与农奴无异，不肯给与被佣者以生计上及政治上正当之权利，顽然如故。资本家与劳佣者受治于不平等法律之下。破坏契约之罪在佣工者受罚极轻，而在被佣者受罚极重，利害偏畸，莫之或恤也。

法律之对于劳佣者既极偏畸，于是投身劳佣联合运动者，其两月以内之轻禁锢，一切由治安判事判决之。其重禁锢至二年以上者，多被处以凶徒啸聚之罪名。其用暗号出入秘密会者，则处流窜［放］至六年或七年之久，其保释之保证金至三四百镑不等。然资本家假手于议院以摧折劳佣联合运动者，既无所不用其极，而劳佣者刚勇坚决之行动，则益奋往而无所挠。其书记员之收集款项者，率于夜间在伦敦郭外僻静地所行之。劳佣联合会之组织，则假凭亲会之名义行之，务求避去法律上之窒碍，以收活泼进行之效。久而久之，而立法者乃渐渐省悟，禁止劳佣联合会运动之苛条烦例，不独全无效力，且有驱迫劳佣者趋秘密结集，及怀挟革命思想之趋势，或且至于破坏秩序、颠覆政治组织，于是议院指定种种委员会，使调查劳佣联合会之性质及其组织。第一次议院委员会在一千八百零八年，尚以为劳佣联合可以设法剿除，不独不为劳佣者切实辩护，且大为反对。亚丹司蜜有言，当议院规定佣工者与被佣者之法律时，往往为佣工者作辩护士。盖实录一也。

佣工者方欲利用特权以摧抑被佣者，乃以资本家联盟之力，限止加给工价，使不得升涨。其被佣者，欲以联合运动要求加价，则佣工者据法律呈诉，务使被佣者受罚或入狱而后已。

自约瑟谦谟（Joseph Huma）入议院，而劳佣联合运动形势一变。约瑟氏倡议废止限制劳佣联合法及禁止滥用凶徒啸聚法，谓此殊不足以达佣工者之目的。一千八百二十四年，约瑟氏提议任命委员会调查劳佣工作情状。嗣经委员会查得各种证据，报告议院，谓限制劳佣联合法不足以防止劳佣联合势力之拓张，徒使佣工者与被佣者发生恶感，且有驱迫劳佣联合成秘密的冲决宪法危险的集会之性质，应请实行废止。遂以是年由议院通过一法律，废除限制劳佣联合法。

然限制劳佣联合法虽已废除，而议院尚未给与劳佣阶级以正当之权利。持劳佣联合主义者，仍生息于困难之中，不为法律所承认，惟在法律上不视为犯罪者而已。彼等在法律上，既无正当之资格，仍得有佣工者及立法家任意处置，彼等所有会内公共财产如受侵蚀及欺骗等事，法律上不能得有何等之保护。

一千八百六十七年正月十六号，化敦君后法院（The Court of Queens Beneath）判决某银行亏空某劳佣联合会款项一案，谓该会章程中有某条违反法律，不准控追。某法文报载此事，谓各劳佣联合会得此判断，异常惊恐。因事情若此，则彼等所集存各会内公款，得任意由经手人消耗之也。

劳佣联合会虽经历种种困难，然以不挠不屈之故，卒得绝大进步，会员人数亦大增。自一千八百三十年至六十年三十年中，组织无数劳佣联合会。由此逐渐得有极大之势力，如大木工及细木工之混成联合会，机器技师混成联合会，为当时最有名者。在此三十年中，复有罢工及暴动事件多次。如一千八百三十年，孟契斯德（Manchester）纺纱厂工人罢工事件，一千八百三十六年格拉斯哥（Glasgow）纺纱厂工人罢工事件等等，为最有名者。

资本家因劳佣社会波澜迭起，乃复利用立法者、法律家及裁判官；而立法者、法律家、裁判官亦愿为之奴。是时，法律家睨视劳佣联合势力微弱，仍欲恢复一千八百二十四年已经废止之法律，限制劳佣联合运动。一千八百二十四年，有孟契斯德工人六名，因联合运动（The Crime of Conbination）被处以流窜［放］七年之罪。此案裁决不公，事既表襮，大激众怒，于是劳佣社会以三千万人签名请愿书，列队径向总理大臣宅者，长逾六英里，久而久之，始得赦免之命。然此六人者，已于是时窜［放］往澳大利亚，其得赦也，后此已数年。另有格拉斯哥纺纱厂工人五名，亦于一千八百三十八年被裁判所宣告啸聚凶徒罪名，处以流窜［放］七年之罪。

劳佣者与资本家决战几于百举百败，然其对于劳佣联合主义之忠实，虽至幽囚放逐，僵踣而不悔，实为今日工党之前驱者，筚路篮［蓝］缕，大启山林，厥功甚伟。马喀嗒济氏（Pmr Justin mac. Carhy）有言：有数种劳佣联合会，数为当日同盟罢工各事件之主动者，举国人莫不疾视彼等。凡资本家及与资本家有关系者、佣工者、贵族、中流社会无不反对彼等。然彼等深思熟虑，强毅不屈，悍然前进如故，彼等有时偶获胜利，然十之八九归于败衄。顾彼等能确信其主义之不归败北，且能确守其已得之战线。

资本家见种种苛条重禁，不足以摧折劳佣联合主义，既已失气，而政府亦周章狼狈，屡任命委员会审查此事。一千八百五十六年，□委员会调查劳佣联合会之目的、希望、宗旨及其方法、手段。次年，复为此事开委员会。

是时，劳佣联合运动屡有列队要求明订法律承认保护之举。千八百六十六年，歇菲尔（Shefield）、拉廷罕（Nottingham）及孟契斯德工人复有罢工暴动情事，于是政府复开委员会审查，始发现各种负责任之劳佣联合会及主持劳佣联合主义之人，不得认为有罪。其主持劳佣联合主义者，绝无一杀人放火凶徒、痞棍厕入其间。贵族、资本家乃大震动。一千八百六十七年计产投票权法案（Household Suffnage Act）始给与在都会之劳佣工匠以政治上之权利。一千八百六十九年，保护劳佣联合会公共财产法案（The Trade Unions Fund Protection Act）亦被通过。由此，劳佣联合会乃益发舒。两年以后，劳佣联合主义之大宪章（Tne Magnate Charter of Trade Union Law）乃以一千八百七十一年六月二十九日出现于英国。盖劳佣社会之在法律上与贵族、资本家享有平等权利，实始于是时。一千八百七十一年之法案其款目略如下：

（一）对于各种劳佣联合会不得视为违背法律，亦不得加以职业上之限制。

（二）对于各种劳佣联合会会员，不得加以啸聚凶徒之罪名滥用惩罚。

（三）各种劳佣联合会于国家安全秩序毫无危害。

（四）登记劳佣联合会之机关、管理劳佣联合会之规则分别以法律定之。

（五）各种劳佣联合会得有产业，且得兴起诉讼，要求偿付。

大宪章既定，劳佣联合主义得一大进步。合主持劳佣联合主义诸领袖，不浪用其政治上之权利者，必不至放失其已得之权利。英人有言：不绝之警觉乃自由之代价。虽然，政治上一致之行动及政治上独立之主义亦自由代价之一。惜乎，诸人之未足以语此也。彼诸领袖者，既以意见参差而致分裂，又投身自由、保守两党轧轹之漩涡中。对于建立坚固健全之工党不甚措意。而资本家及立法家则亟思攻瑕，乘衅颠覆劳佣联合会，因此几至复遭一顿挫。

自一千八百七十一年法案发布后，司法者仍忌嫉劳佣联合主义。一千八百七十二年之末，伦敦有火夫数人被佣于煤气工场，因蛊罢工，颇与反对者以口实，照案实该火夫仅应得三个月以下之禁锢，然司法者竟处该工人十二个月之禁锢。主持劳佣联合主义者由此得一警觉。一千八百七十六年修正劳佣法案（A Mending Act）复得通过。判事长喀类持氏（Lord Chich Justion Coleridze）至诟该法律，谓已准许广义之同盟罢工云。

在议员中，解事者谓千八百七十一年至七十六年两次法案，实为承认劳佣联合之正当权利、缩小凶徒啸聚律适用之范围，使劳佣联合运动赋有实在能力，明订劳佣联合会在法律上之位置与恳亲会均等，保全该会公共财产，准许劳佣社会用和平方法劝诱团结为抵抗贵族、资本家之利器。然此种意见，虽在前世纪下半期为普通所承认，及劳佣联合会诸领袖方针偶误谬，步自由、保守两党之后尘。两上议院诸贵族已蓄谋待者，务期剥夺劳佣者艰难获得权利。卒至发生塔虎谷案件判词，以前两次法案，几归无效，且几使劳佣联合会诸人俯首就厄而不敢动。

自一千八百七十六年以后，劳佣联合会人数大增，实力亦愈完足。彼等屡与贵族、资本家奋斗，虽复频遭欺衄，然其结果，卒使工价逐渐增加，作工时间逐渐减少，其工作情形大有改良进步之观。

一千八百六十八年，劳佣联合会政友会（The Trade Union Congress）开第一次会议议决政纲，指导劳佣社会以政治上及生计上之标的。是年，普通选举劳佣联合会议员候补者二人。哈威尔君（Mr. Howell）、苦类麦君（Mr. Cromer）并归失败。次年，劳佣联合会政友会深悉工党代表入议院之必要，旋议定一劳佣代表盟约，至有一千八百七十一年至七十六年，劳佣联合主义立法上之胜利。盖受玉成于贵族、资本家之排斥为不少也。

一千八百七十四年，劳佣联合会始选议员两人入议院，继此则有亨理不劳德赫君（Mr. Henry Brondhurst）为最有名。亨理为建筑工业劳佣会之领袖，且为劳佣联合会政友会之书记。然不幸劳佣联合会诸领袖缺乏经验，不善指导各会友，遂使劳佣联合会失去独立行动之宗旨。既得参政权利遂思休息，忘前此斥逐禁锢之艰辛而饮贵族、资本家政策之鸩毒。徘徊自由、保守两党之间，仰人鼻息。所谓劳佣代表盟约者，几于烟消火灭矣。

劳佣联合会，虽已沉酣醉梦乎，然社会主义及新劳佣联合主义方急起而扰之。一千八百八十四年及五年，主张社会主义者，运动极激烈。大开露天演说会，争得言论自由权，激动失职工人运动，候补议员演说社会主义原则。于是一种新酵母孳生蕃息于劳佣联合会中。续开劳佣联合会政友会至五六次，其反对社会主义者，亦多默示承认。至一千八百九十四年，劳佣联合会政友会决定政纲以社会主义为归宿，反对者六十一票，赞成者三百十六票，多数通过，其略如下：

本政友会决定大不里登国（即大不列颠——编者）生计界情

形，必须实行土地国有，且必依社会主义之原则处置一切生产、分配、贸易事情。本会必宜指导议会委员会用上开意见拥护、主张立法案之成立。

劳佣联合会因社会主义加入，骤然复活。自一千八百八十八年至九十年，矿工联合会议定加增工价。其从前每礼拜受工价二十先令者，至此并增为二十八先令。伦敦煤气公司工人，立会仅三个月，议定每礼拜减少作工时刻百分之二十，工价亦稍增。伦敦运煤苦力议定加增工价，从前每礼拜二十四先令者，至此增为三十二先令。其最得胜利者，则为在船埠积货之苦力。一千八百八十九年，伦敦各船埠积货苦力一万六千人联合运动，争持逾月。卒议定作工过一定时刻，每一点钟加价八本士（即便士——编者）。自船渠［埠］积货苦力成功之后，发生一最新联合主义：凡一切担工，皆加盟于劳佣联合会矣。

在一千八百八十九年之首，发生新联合会二十八个，皆以与资本家争战为目的。是年之末，则各联合会数目增至四十五个。次年，则增为一百十八个。各新联合会所持政策皆以工党代表在议院必应确守独立行动之原则。历年以来，逐渐伸张。此种政策不独宣示于劳佣联合集会所，且对于一切政治演坛无不以此为劳佣会特别之帜志矣。

十七年以前，英政客中有大思想家兰道夫惒契尔氏（EordRandolph Chatrebull）函告友人，谓劳佣联合会人，怀抱绝大目的，决不能蜷伏于陈腐政策之下，其言云：

> 近日，劳佣社会实给与国人以重要之教训。彼等脱离普通政党政策之羁勒，确定自己势力范围，对于自由、保守两党皆以独立资格行之。其宣战也，非单纯之反对资本家问题、非单纯之利益分配及增加工价问题；实在利用其政治权力，以发展一阶级之

政见。盖劳佣社会近日所欲施行者，即从前大地主与大制造厂主之所已见诸施行。大地主与大制造厂主以次主持国家政策，劳佣社会则欲取而代之。自昔以来，吾国土地法立法者由大地主，其目的为地主之利益，即外交政策亦为大地主所左右。及工商业勃兴，大地主之势力渐移入于大制造家之掌握，财政组织亦由之而变迁，而外交政策又为大制造家所左右。虽然吾人现已至一时期，一切法律将由工党制定之，其目的则为劳佣社会之利益（读者试思钦定宪法却为谁来）。

是年，罗士勃雷（Lord Rosebody）在圣及姆会堂（St. James Hall）演说亦有言云：

吾今决知吾国将有一新政党，现尚无定名，该政党与现在各政党都无关系。该政党将如黑死病蔓延于上下两院，将如黑死病蔓延于各政党，将如黑死病蔓延于一切政治问题，蔓延于一切未曾解决之争点。彼等始之以强聒，继之以实行，将与国民以彼等所主张者。

一千八百九十二年，兰道夫、罗士勃雷二氏之言果验。乞尔氏（Mr. I. Reif Uardie）于是年始入议院，乞尔氏善知贵族、资本家所守之壁垒，最先利用失职工人问题提起修正案。是年劳佣联合会遂于英国现有各政党外组织独立不羁之新政党。劳佣联合主义政治上之位置及其旗帜于是确定，命名为独立工党（Independent Labour Party），为劳佣社会完全开辟一政治活动范围，且指导各劳佣社会选任代表人入国会，及各地方议会，其最终之目的则在实施社会主义。十年以来，在各地方议会竞争选举，数至二千议席，获胜者计有八百议席。其在国会，则占有五十议席。在第一次普通选举，其议员候补人每员平均得有一千五百九十二票。至一千九百年，每员平均得有三千七百二十票。千九百零六年，每员平均得有五千六百四十九票，约计每候补人十名中得选者七人。千九百零六年，独立工党约设支部，迄今有九百个支部，各支部皆自为劳佣社会教育事业及政治能力之中心。独立工党对于劳佣联合主义，实能赋与以莫大之势力。自有该党以来，革新劳佣联合主义之旧思想，指示贵族及资本家所制定之法律，与劳佣者之生命、之自由、之卫生一切反对。欲回复各种权利，不可不恃劳佣社会制定之法律，证明选举资本家及佣工者为代表者之无益，等于与狐谋皮、与鸡谋跖，表示劳佣社会于政治上保有与资本家平衡之势力。

在各地方选举与普通选举，既由劳佣社会直接选议员，则明不独不至增进资本家之滥竽议席者，且以增进全国大多数之幸福。介绍各政客之与自由、保守两党宗旨不同者，共同结集于劳佣独立主义之下。暴白近世英国政治事情有同儿戏，自由、保守两党对于劳佣社会欲得投票多数，则□□之票数既定，则摈弃之。自由、保守两党皆以资本家为首领，对于立法问题，决非以劳佣社会利益为中心，而出全力以拥护之者，种种事情皆自独立工党成立后而益显然。

约翰慕累（Mr. Johnmorlay）有言：劳佣问题非由劳佣代表人自行解决，恐无更能解决之者。此言大近事实。约翰氏又尝于少年自由党演坛中演说云：欲解决劳佣问题，惟身亲劳佣社会之生活而熟观其变态、饱尝其苦痛者，乃能以有正当之方向。至吾辈虽有何等之热心，对于此事，终属隔膜。吾辈不知国家对于此事究应如何处置。惟鄙人所确信者，则下议院中不可不有劳佣联合会人员议席而已，甚是大验。

自劳佣联合会复活趋向政治上之统一及独立行动以来，劳佣联合成绩昭著。各会领袖始深悟前此数年，各会意见参差乖隔，对于劳佣问题着着失败，最为失计。

一千八百九十九年，劳佣联合会政友会决议鸠合劳佣联合会（The Trade Unions）、各工人协会（The Cooperation Societies）、各社会党（The Socialist Bodies）以政治目的联盟组成一劳佣代表委员会（The Labour Representation Committes）为一致之行动。次年，委员会成立，成绩益著。

此数年中，劳佣联合会人数与公共财产大见增进。一千九百年即塔虎谷案件判辞（The taff Valley Judgement）发生之前一年，劳佣联合会支部为数一千三百七十七个，会员人数二百万名，公共财产五百万镑。佣工者及贵族之在上院者睥睨劳佣社会势力增长，急思所以挤之。而劳佣社会初上政治舞台，于政党组织未甚谙练，易受摇撼。资本家见劳佣联合会内部争哄，有隙可乘，于是借解释一千八百七十一年及七十六年两次法案条文，横生枝节，欲因此动摇劳佣联合会所凭借之根本法律。其解释既矛盾，使司法者大生抵牾。然经此曹武断穿凿之后，则劳佣联合会员以和平方法劝诱团结，即为法律所禁。与劳佣法案起草时之主旨及立法之精神大相违反。一千九百零一年七月二十一日，上议院借塔虎谷铁道公司案件曲解审判院判辞，对于铁路公司劳佣混成联合会，谓凡劳佣联合会人员，其个人有误公情事，应由劳佣联合会法团负控诉追偿之责。劳佣联合会公共财产因此裸身孑立，坐待资本家攻击。劳佣联合会政治经验既在幼稚时代，他政党视之不过一寻觅佣工生活之团体，且无享用团体权利之能力。然至是劳佣者乃大悟政治团体之责任及其范围，且悟变更法律，其罪不在议院而在执行法律之人。塔虎谷案件判辞妨碍劳佣联合会进行，为害甚大。因照此判辞，则联合运动一切皆不可行。果有一会员抵抗资本家，则会内公共财产立见损失，而各资本家则悍然利用同盟联合手段，如雇佣机械工师协会（The Engineering Employers Association)、航业协会（The Shipping Federation）、煤业协会（The Federated Coal Owners）、纺纱业协会（The Federation of Master Cotton Spinners）、建筑业协会（The Building Trades Federation），皆挟雄厚之资本，操纵被佣者，且设法增殖红利。而劳佣联合会一经运动，被佣者罢工，则该会内公共财产必遭一次剥夺。以铁路劳佣混成联合会财产言之，因塔虎谷判辞被损失者至五万镑，约计近年以来，各劳佣联合会缘此损失财产实达十二万镑，盖不啻佣工者及法律家以御人国门之术劫去之也。

虽然，劳佣联合会亦可感谢贵族院之曲解法律条文，自此以

来，劳佣社会大得政治上之教训。抱持劳佣联合主义者因此确知政党政策之假面具，不可不戴。完全巩固之政治工党不可不立（英人不肯走入极端理想，此点为英社会党与他社会党不同之处）。彼等乃重新整顿独立不羁、集合自助之壁垒。其平素以直接入议院代表为无益者，至是亦豁然大悟。劳佣代表委员会益努力备战。一千九百零二年，会员受大学校得业文凭者三十五万六千人；一千九百零三年增至八十六万一千一百五十人；一千九百零四年，增至九十六万九千八百人（英工党之备战都是修学注意）。不及六年，而完全之政治组织确然成立。一千九百零六年，普通选举议员候补者五十人，胜利者三十人。

自一千九百零二年至零五年，劳佣联合会意欲恢复工党权利，屡起屡踬。然五年以来之失败，至是乃一举而胜之。虽政府所提议之劳佣议案一经工党议员修正之后，在下院与上院皆不得通过，然将来可知也。

当工党议员修正劳佣损害赔偿法案（The Workers Compensation Act）时，国人之中始知该党人政治知识与其经验。孟契斯德某杂志通信员著论于该杂志上，称许工党议员甚佳，识者谓其非溢美

之辞。

虽然工党事案方始勃发，其胜利当为将来的而非现在的。开始，战争仅发一弹，此后战斗力如何，全在热心、勇敢、忍耐与统一。“统一”二字在政治上与生计上皆最有希望。工党之不统一乃资本家制胜之时机。四十年之贵族政治践踏劳佣社会有如奴隶。资本上之寡人专制与政治上之寡人专制，其结果相等。吾辈共同目的要在完全统一劳佣社会一阶级。无论何种社会问题皆与社会全体生命、自由、幸福关系宏深。斯宾塞氏有言：非全群能享有自由，无一人独能享有自由者；非全群能道德高尚，无一人独能道德高尚者；非全群能享有幸福，无一人独能享有幸福者。英国社会问题应解决者，虽缕以指数，若劳辱女工，每日作工十六点钟，而每礼拜仅得工资四先令或五先令；若旷工失职希望断绝之，成年男女生活程度有如原人时代；若百万以上之髫稚，衣敝食少，勉强入校修学；若一千六百万之劳佣社会平均每礼拜工资不足一镑；若劳佣社会除苦身戮力与饥寒奋斗外，无暇更寻求高尚之娱乐及习得高尚之知识。

若劳佣社会生人幸福，因国民利益分配不平、尽供资本家娱乐之牺牲；若土地法迁延不革，使七千人之大地主垄断英伦土地所有权十五分之四；若资本家以财力集中压抑生人幸福与自由。二十六年以来（自一千八百八十年至一千九百零六年），以七百五十家商店逐渐缩小成五十一家托辣斯，资本总额至一亿七千万镑，使劳佣社会俯首贡献才能，使业于此曹而赢余利益曾不得沾润丝毫。种种问题，劳佣社会将俯受束缚乎，抑冲决网罗乎？将使国会之神圣立法权为福音乎，抑为恶薮乎？凡自由、保守两党所不能解决之问题，工党皆不得不出而当其冲。抱持劳佣联合主义者，不可不竭毕生心力经营工党事业，警醒举国视听。解决劳佣问题，苦战奋斗，来日方长。吾辈今日固必援拯同胞，使脱离资本家之奴辱。吾辈尤必研悉社会恶业根源何在，健全治疗方法如何。质而言之，社会恶业根本，实在私人财产权利；健全治疗，实在完全扑灭造恶种因。打破贫富阶级，发展国民经济，解放现在社会组织之桎梏，共度最高生活程度。国内诸所有权，若土地，若商会，若托辣斯，一切变为国民共同集合所有工业。若商业，一切使用社会共同组织。由此以往，则腐浊空气可以豁清，光明世界可以建立。

耐可曰：英人抱持社会主义者，却都戴政党假面具，健全政策欤，抑恶劣根性欤？请读者下一语。

耐可曰：国民文野，视其生活程度而可知也。英社会党以劳佣工资平均每礼拜不足一镑，劳辱女工每礼拜仅得工资四先令至五先令，为大恚。在吾国则每月八圆工资已为不薄。每月四十圆可以手版脚靴称大人矣。九渊之下，更有重泉，抑亦大可哀也。

耐可曰：劳佣联合运动所恃以抵抗资本家之兵器约有二种：一为列队行进，一为同盟罢工。列队行进，吾国从前有灾民向各衙门跪香办法，近日武汉人士列队赴督署，亦是此种；同盟罢工，吾国工厂少，适用范围较狭，旧有罢市办法，足以当此。国中政治问题、生计问题风起云涌，可以适用此事之机会，自当相逼而来，过此以往，更有事在。须视国人能力如何，要之列队与罢市二者，实国民和平正当之武器，观于英工党史，成绩固昭然也。

英人满疫论[①]（1911年4月26日）

自上海、满洲先后发生黑疫以来，英报对于此事，极为注意。

---

① 本文于《民立报》1911年4月26日至5月3日连载，署名耐可。

因欧洲中世纪尝由印度海舶传来此病，损伤人口甚多。欧人今日卫生及医术皆已进步，对于此病，防堵甚力。偶经传染，不至蔓延。然回顾往事，犹有谈虎色变之概。伦敦《经济杂志》有一论满疫文“The Manchurian Plague”，今译述之如下。

近年以来，“印度”黑死疫症蔓延未已，而同时复有东方“西伯利亚”及中国发生疫症事件，足令吾人动心骇目。查“满洲”恶疫系一急性之传染病症，此种传染病症带“肺炎性”（Pneumonia），发生于俄属“西伯利亚”之“杜兰斯拜噶尔”（英文为Trans. B. iKal）地方，即“拜噶尔湖”傍近地，属“伊尔库茨克”省，近“外蒙古”，渐次传向满洲。在哈尔滨最先发现，势甚猖獗，使吾人回忆欧洲中世纪黑死病症危险情形，颇相近似（欧洲中世纪 Black Death 即此病）。查此次哈尔滨疫死人数不少，全埠住民大受摧折。然较之最近十五年间印度各地平均每年疫死人数，尚居少数。惟此症流行性最急剧，而以满洲、蒙古及中国本部各地方，居民生活程度低下，卫生知识又极缺乏，实最适于传布恶疫。入二十世纪以来，以印度发生恶疫最剧之年论之，亘三年中，每年平均疫死人数达一百万，去年有在“滂加伯”（Punjabal）某委员报告政府谓印度防疫诸事未收实效，原因由于多数印度人不肯确信西医防疫办法所致。惟印度与世界交通不甚方便，几于自成为一岛国。此症由印度传布世界。仅由海舶输送，且其由海舶输送此症，大都由于鼠族而不由于旅客，而此种传布情形历经设法围堵尚为有效。距今十年以前，此症曾由印度（或者亦由香港）传至世界各重要海港，如母利些司（Mauritius，英属岛，在印度洋，位于马达嘎斯嘎之东），如檀香山，如旧金山，如马则兰（Mazatland，墨西哥一海港），如埃及之开罗，如奴米亚（Nomnea，法属岛，New Caledonia 之首都，在太平洋），如息雷（Sydney，澳洲南威尔士之首都)，如不利士本（Brisbane，澳洲坤士兰之首都)，如非洲东部葡属各海港，如好望角，如亚历山大，如孔士旦丁，如马赛，如格兰斯哥，如伦敦，皆尝为此症所传及。

满洲此次恶疫，对于亚洲东部各人口繁盛之大都会，左隳右突，机会特多。满洲居民或为避疫，或为旅行，分往各处，最易为传布此症之媒介。如旅客中有一患疫症者，则其蔓延即在指顾间。且满洲黑死恶疫带肺病性，平人一经与患者呼吸气息相接触，即能传布疫种；又以中国南方广州、香港及俄属东部西伯利亚论之，黑死疫症已成为一种风土病，绵历年岁，根株不绝。则该两国为适合于此疫流行之地，事甚明白。黑死恶疫一症受病全在血液（Plague is a blood disease)，其发病时，常现有发烧及人事不省情状，其带有“腺肿”（Landular swelling）及“横痃”（Buloes）等症者，亦最为普通。然此症另有两种绝险重症：一为肺炎性症；一为败血症（Septicaemia)。败血症情形尤为危险，据欧洲中世纪黑死病记载及十七世纪黑死病记载，知当时败血症甚为猖獗。幸在今日，此症未见发生。英国在一千三百四十八年及一千六百六十五年，经两次大黑死病，均为肺炎性症及横痃症，此两病症陆续发生于欧洲大陆上，实延及十六、十七两世纪。“黑疫病菌”在千六百六十八年，罗马教士“克氏”（The Famous Jcsuit of Rome Athanasius Kircher）盖已用显微镜发现，故克氏论此病，谓有微生虫（Minute Worms)。至一千八百九十四年，日本医学博士北里柴三郎，研究黑疫病菌，事益明确。北里乃擅有发明家之名誉，其实非北里创见也。

黑疫发生常与居处污秽、食物滋养成分缺乏及生活窘困三事相依附。其病菌常为蚤类所传送，传送最烈者则为鼠族之蚤类，其理由则因鼠族受疫较人尤急剧、鼠族血液中病菌特多之故。其实则他种家畜皆能感此病症，发生黑疫，如牛，如鸡、鸭、猪皆能发生黑疫。此外各种寄生植物及寄生动物（如虱类即寄生动物之一）亦能传送黑疫病症，而黑疫病症传布各处情形大率与肺痨病症（The bacillus of tube ulosis）相似。黑疫患者自受疫至死，为时虽甚急剧，然或延至一二礼拜，成一传送病菌之“大本营”。从前欧洲中世纪黑死病症，虽由东方海舶传来，然其传送病症之媒介，似尚不在鼠族。因欧洲中世纪海舶在东方商埠无多，而“棕黄色鼠族”在亚洲中部尚未受有疫毒。悬想当时黑疫，当由丝织物及各种食物、货品中传替而来，而其危险已不可思议。黑疫病菌非经日光曝晒或用他法使之干燥，往往经历多时，生活如故。又此病菌传至一地方，能有一小部分“生活于土壤”中，而其最大部分则“生活于鼠族”及“他种家畜”之活体中。黑疫流行势力之增减，逐年不同，其原因尚不可得知。有时或竟潜伏不动。然据以往情形验之，此症既在一地方立定根基，以后从未见即时全数铲除净尽之事。其传布病毒之鼠族可用人力捕杀殆尽，而其残存疫菌往往依然增殖。吾人所以幸免侵陵者，全由此种“受疫蚤类”嗜好他种“动物血液”较“人血”尤甚之故。

黑疫病菌初至一地方，防遏较易，但植根既久，则芟除极难得力。自千八百九十一年至九十四年，中国南方发生此疫，自云南传至广州，旋至香港。自千八百九十六年以来，此症在广州、香港遂成为风土病。又自千八百九十六年印度谤贝（Bonnbay）地方发现有此症，延及四五年。然谤贝及本噶尔（Bengal）两地方尚未至十分剧烈。及至一千九百零三年，则此等地方，每处疫死人口多至二十一万、少至六万五千不等。而在一千九百零二年，每处疫死人数尚达在此数之上，至今疫患未已。又埃及自一千八百九十九年发现此症，迄今亦成为风土病，且此病以历史观之，实证明为一种“适于气候寒凉”之疫病。照印度现在情形，每人“凉期”则此症发生必加剧。又经查知此种病菌虽在华氏寒暑表逼近零度之温度，亦能生活。至于“空气流通不足”之居室及如欧洲北方用蒸汽管取暖之住房，尤为适于“肺炎性黑疫病菌”之生殖。

近日，医学博士张敦斯氏（Dr Chamtemess）及医学博士鲍尔氏（Dr. Borel）著有纪事一篇，说明满洲府此次发生黑疫之起源，登载于西历二月二十二号《滕拍斯报》（Temps），旋转载于《威士特明斯特报》（The Westminster Gazetto）。据两氏所纪，则此疫实发源于俄属西伯利亚杜兰斯拜噶尔地方之野鼠（The tarbagans of Transb ikalia）。此种野鼠性喜群行，毛黄而厚，似他种冬期蛰兽，入秋特肥，猎者每于此时捕之。该地野鼠去年夏季为数特夥，又此鼠近年以来感受肺炎性疫症，久为医家所发现。去年十月，有许多猎者，因捕鼠感受黑疫。其蒙古人循铁道线逃避病症者，多至哈尔滨，复由蒙古人传与华人。华人不知卫生防疫为何事，务从隐匿，疫死者已不少。始由俄人用行政官势力实行干涉，而华人是时在哈尔滨及满洲各处尚全然不知注意，及至上海防疫事起，竟至酿成暴动，其愚谬真可哀悼。黑疫在满洲与其傍近关系，深足悲虑。俄境毗连满洲、蒙古，传染至易。俄属西伯利亚居民之房屋及满洲蒙古居民住屋，皆因避冬期寒威冷冽之故，严封密闭，其人皆寝息于土炕上，黑疫病症一经传入此种住房，必为居人所呼吸。其铁道上第四等客位搭客尤夥，传送尤易。在俄国及日本官吏办理防疫事宜，颇为严厉。然在蒙古人及俄属西伯利亚之农民，颇不知防堵恶疫之必要。在高丽人，尤为居处不洁，易招疫种。现在满洲各地颇切实施行“焚烧疫死尸骸”及“沾疫物件”。然搭客由铁道南下入中国本部者，未能及早截留检验，因此疫种流传天津、北京、芝罘各地，先后发生病症。且缘京汉铁路南行，北京各国公使馆及外国旅客皆已切实施防，而中国官场亦颇发款设医药局，然其所用“医生”程度皆低，经验亦浅，不足深恃，又中国官场于清洁民居，施行捕鼠命令，殊不得力，每借词宽免。此种办法大为可虑。

惟吾人料满洲疫症其影响及于欧洲者，当不甚大。查欧洲中世纪黑死病症歇息在一千六百六十五年之后，实由于停止“地中海岸”各国前往印度之通商路线而改用海道。现在文明进步，如起居之清洁，如食物滋养分之充足，如呼吸新鲜空气习惯之增进，皆于抵抗黑疫强而有力。在十年以前，印度人相传谓“白人身体不感黑疫”，其言颇信。惟吾人对于现在事情不可不随时设备，血清防疫，至为有效。吾人对于此事，无所疑忌，不如“亚洲人卫生知识之浅薄”。此次黑疫或能西行至欧洲俄国领地或竟西行至罗马尼亚及俄德交界地方，然或未必前越此而西。照现在情形，苟非发生特别危险菌毒，非复人力所可预防，则吾人平日但能注意个人清洁及严避蚤蚊，当可无患。各处地方如为劳佣者麕集之区，或不免于危险。然如切实施行捕鼠，亦可无虑。吾人此次所受损失，在经济界及卫生界，当为较剧。如俄人及中国商人贸易情形萎缩及检疫期间捐集款项皆是。现在所宜急行停止贩运者为烂布、头发等货，近有四十吨华人头发运往波黑米亚，制造妇人假发者已被奥国车站截留。至海舶自亚洲航回者，皆必经检疫所严格检查，乃许到岸，可以不至发生危险。其种种方法，关系检验海舶、熏洗货物、捕杀鼠子等事，皆历经试验，成绩佳良。货物除水果、青菜及数种肉食品以外，皆于熏洗无妨，足知满洲此次病症，当不与吾人以意外之惊疑也。

耐可曰：吾国近十余年来，闽广发生黑死病。闻自云南传自广州、香港，绵延不绝。其源盖由印度来。满洲此次黑死病由拜噶尔湖俄境东传，由满洲入山海关南下，则入中原腹地。拜噶尔湖俄领地与外蒙古地域相接近。俄境有疫，必不免延至外蒙古，而甘肃、陕西、山西、直隶经商蒙古者，货品入内地，恐不免传受疫种，由张库铁道南下或由蒙古草地南下，并入中原腹地。而广州、香港疫种未绝。闽广商货来至上海、汉口各海岸者，亦不无传受疫种之虑。照此推测，如二十二行省，不知极力讲求防疫卫生办法，则印度每年平均疫死人数百万以上之祸，即在目前，可危可惧。《后汉书》记南匈奴臣服于汉，原本前汉末叶匈奴大疫，牛马几尽。匈奴自是耗衰。黑死疫菌，既适宜于寒带，则前史所记，当即此症盛行之一大纪念。近岁埃及、南非洲一带海岸，屡经传布，则非独适于寒带而已，即至热带亦甚猖獗。吾国气候和暖而民人生活程度低下，居处、衣服、饮食不求清洁。北方有不勤沐浴之习惯，食物滋养分不足，养生觳薄太甚，境遇逼人，中下社会食犬彘之食，衣囚虏之衣，终日勤劳，有同牛马涂手胝足，休息无时，其受恶疫侵袭最为容易。

受疫以后，又不知为公众卫生计，严加检视，隔绝往来，循此以往，将使全国生齿耗减，逐岁增剧。即此一事，灭种有余。且非独生齿耗减而已。即目前尚可勉强设法治疗，然吾国卫生不讲，欧洲人可持此为口实，禁运华产各货。如本文所称“食物织物”足为传疫媒介者，其端已见。计今年满洲大豆运往欧洲者，必减缩至尽。食物如此，他货可知。欧货有来而华货无往者，国际贸易亏损罄尽，吾人生计斩焉欲绝。其又可以延残喘耶？又译者尝于英文《奥特洛（Outlook）》杂志上，见一圣彼得堡投函，极力左袒俄使以哀的美敦书迫促中国为正当行为，其论旨大都借辞防疫。至谓世界各国皆当与俄国表同情，即美国亦不至有违言，其悍如此。俄人强词迫协，意别有在，固非由疫。然吾国内地，若于防疫卫生不亟讲求，则借防疫为口实干涉主权之事，何地蔑有？综以上三者言之，为生齿计，为生计计，为避外交葛藤计，不可不亟从防疫卫生上注意。各省咨议局倘能至上海开一“全国防疫卫生大会”亦一目前当务之急也。

西二月，伦敦《国民》（The Nation）杂志载一函研究“黑疫发生”究由鼠蚤与否，西三月该杂志另一医家验证之，谓鼠蚤确为传疫之一要因。然则本国各地亟宜提倡杀鼠，以免一旦蔓延不可收拾。又避蚤、避虱、避臭虫、避苍蝇、避蚊亦为防疫之要件。

政府之罪恶[①]（1911年6月21日）

西历五月二十七日《伦敦经济杂志》载本月九日北京通信员函述四国借款情形，颇志译录如下：

《经济杂志》爱读诸君，想已耳熟中国向四国借款一事，虽吾人未曾得有借款契约原本，然此事进行已非一日。所谓四国借款者，系指中国新近议定招集外债十兆镑（一亿圆以上）。借债者为中国，由度支部出面，放债者为四国企业家联合会。其份子一为美国财团，二为汇丰银行，三为德华银行，四为东方汇理银行。闻该契约大旨，借款期限为四十五年，由第十一年起，陆续偿还成本，其发行债券实价为百分之九十五，其利息为年利百分之五。对于此项借款，别无秘密担保条件，其借款用途则以改革及划一中国币制为第一目的，以开发东三省实业为又一目的。此项借款本息指定以下四项岁入为担保物：

---

① 本文载于《民立报》，署名耐可。

（一）东三省烟、酒两税，总计每年可得一百万两。

（二）东三省大产税，总计每年可得七十万两。

（三）东三省消场税，总计每年可得八十万两。

（四）中国全国最近盐斤加价（光绪三十四年五月成案），总计每年可得二百五十万两。

以上四项岁入，必须每年足够担保借款本息之用，如四项岁入不敷担保借款本息及他项费用，中国政府当更指定他项岁入足够弥补此项不敷数目者为担保物。如照此仍有不敷担保之处，中国政府当将上文指定各岁入交与四国放债联合会管理，以凭保全各股东利息。在借款未经偿讫之期限内，中国政府非经与四国放债诸银行协商承允，不得辄将所有上文指定充担保物之各岁入径行减征或径行裁去。如欲改指他项岁入作担保物，必须一律声明，“应行交与四国放债联合会管理”字样乃能作为有效。

以上为此项契约大要。在中国政府一面谓此次借款甚为合算，并不昂贵（做梦），各项担保物亦当使放债人满足，此事结局当甚圆满（做梦）。然此种心理只是就中国政府一面着想，如就他一面言之，则有一致命之问题在，如此项借款欲得如放债人心目中所预想之实在利益，则契约中各项手续究竟能否正当忠实执行，殆未可知（寒心）。

闻最初协商此项借款时，四国放债联合会要索一管理财政权极严重之条件，但旋即撤消。此项明文，盖为事机便利起见，如照现在契约进行，确无此项明文，因中国政府为一种理由（此种理由容易说明，但本篇无余白论及此事，译者曰自然是怕中国舆论反对）。仅愿照彼等所欲订明之契约招募借款以便顾全面子，所以欲将四国借款联合会管理财政权即于此时明订于契约上，无论如何，难以办到。四国借款联合会因是决计另换他项条款，以便占领彼等要紧之脚步，但如何使此等条款完全有效仍是别一问题（意谓非管理财政权不可也，观本文自明）。

所谓另换他项条款者，第一项为中国政府应聘定一财政顾问官，此事中国政府曾咨询美国驻华公使喀丰君（Mr. Calhoun），请选令财政顾问人员，但喀丰君所选定之人，不许用借款国国籍人员，即不能在美、英、法、德四国人中指出何人是也。但聘定财政顾问官一层，闻契约草案中亦未订明，只是彼此心照，因为妨中国人民感情锐敏之故，故中国政府在何等时期及在何等范围以内应听受财政顾问官指挥并无明文指定，将来中国政府对于财政顾问官勉强敷衍，或只偶一听受，皆非势所必至。

第二项中国政府改革币制及开发东三省实业两项奏案必须确守四国借款联合会商允办法，第二项及以下各节系于契约草案中订有明文。闻改革币制奏案草稿已经与四国借款联合会协商，且四国联合会对于此件，尚未同意。

其交款办法系据下开两项事情办理。（一）无论如何，此项借款之大部分在六个月以内不能动用。（二）四国借款联合会非经协定、改革币制草案确表同意后，不能交款。照此两项指定期限，以便四国联合会斟酌事情，且改订必要修正之条件，至少以确定币制改革划一等办法为限。

其防止中国政府滥用此项大宗借款办法，订明应照下开各节办理：（一）所有各项用途详细款目，必于每次支项时开交四国借款联合会；（二）每年应分四季造具支款清册，并将用款详细数目声明；（三）每年应造具本年年终报告，照按月结算办法开交资政院或国会审查。

论防止中国政府滥用办法，其第一、第二项项只算是勉强凑数，除非四国借款联合会秘密位置多数人员监督滥费，决无效力。

将来四国借款联合会必定切实办到此事。惟在百分之二十或二十五以内，恐非四国联合会监督所及。至于交资政院审查全是中国门面话，与本题无甚关系，纵令资政院果能切实审查，然彼等在于政治上之位置，亦非长命者。

吾辈细观上开各节，于此得一结论：契约上无管理财政权，明文不能使吾人满意，然吾人知此事实已竭力磋商。虽因中国人尽情锐敏，改换面目然。已为将来开辟坦途，此后尽由吾人施展正当管理财政及各种健全政策，中国此后当立于非常困难地位。虽万一可得幸福，然其为极恶消息，实居意计之中。中国将来必知此邦所谓待汝收得结果时何方知彼等真相者之非谰言，但目前乐得一绝好机会，有一大宗财源待渠享用也。

译者曰：四国借款契约成立，即中国步埃及后尘之第一步，即最近政府贩卖本国人民土地之绝大事实。财政顾问等条款皆是掩耳盗铃办法，政府明知之而故蹈之，只是乐得享用一宗大财。除此以外，不知其他。吾人今日苟欲保存种性，恢复国会，倘仍向资政院请求、临时会国民上书要求，种种举动，皆无实在效力。愿爱读诸君一省此言也。

英人对于四国借款舆论之一[①]

（1911年6月24日）

西六月三日《伦敦经济学杂志》载北京通信，论四国借款事，云前次所载中国向四国借款事必有重大之结果。目前无人能预知事势迁流作何归结，然据现在情形论之，波谲云诡，必异寻常。

---

① 本文载《民立报》，署名耐可。

此次借款关系满洲将来事势，即为引人注意之一点。借款中既以三千万划为发展满洲实业之用，同时即以东三省岁入担保借款，占抵当物之半数，实为借款国美、英、法、德间接干预东三省政治之基础。东三省事势经此次波折，其为日本人所不快，自不待言。日本新闻纸批评此事，颇为急烈。惟此种新闻纸，吾人尚不必视为应负责任之政府机关报纸。据中国《北京日报》载《四国借款原因》，谓系由中国政府置重改革币制及发开实业，故迫令度支部为此。又中国近向日本正金银行借款一千万圆，系由邮传部出面，其借款契约前文声明为偿还政府某项铁路借款。

吾人略一回头，足知此为中国外交政策。中国既无特别原因，信用日本财力胜于四国企业联合会，又非别有急切用途，乃既借四国又借日款，其情可知。惟然中国于此果有把握，仅受和平的非武装的反抗乎？质而言之，即日本果甘心受一正当之打击乎？实足为一问题。

吾人不必将满洲现在情形苦心分析，是知日本于此，决不甘心，对于上项问题应直答曰：否。虽然吾人知日本同时对于四国干预满洲政治事情又不得不速答曰：然。如于此有所疑乎，试一瞥视日本在满洲发展情形程途何若。日本向满洲发展所恃者，当日俄战争时，有英日同盟足为后盾，而英日同盟则以对于满洲机会均等、开放门户为宗旨，载在盟府，吾今请举四事以证现在事情：

（一）吾人试思法库门铁路事情。法库门铁路计划猝然抛弃者，系由日本抗议，谓此路系与日本南满铁路竞争，且因此妨碍中日邦交，因中日《满洲条约》订明：不得敷设与日本南满铁道竞争之路线，种种口实。但据事实论之，此项铁道竞争并不剧烈，且并无不正当之理由。据又一面观之，吾人宁可谓为正当之竞争，且日本此语足使回顾日俄战争前日事情者，深滋不悦。满洲既经明白宣言开放门户、机会均等，则中国与日本立约授予以南满铁道专卖特许之权利，吾人不能认有何种正当之原则。或谓“英人此次放债与中国不免受火中取栗之诮”，事诚有之，中国一向外交政策习惯如此，实为可憎，且常使他人立于不愿意之地位。虽然英日同盟之原则既被蔑视，则吾人对于此地，应不肯竟受牺牲，不待细问。

（二）吾人再思美国科克斯氏满洲铁道中立之计划。满洲铁道中立问题，经日俄反抗，竟归消灭。然识者当思此事或未必竟作昙花一现。日本怀挟并吞南满之野心，在缔结英日同盟时，吾人固未及预料，然日本竟欲将满洲开放问题撤消，则于实验上为不可，于理论上亦为不合，唯唯否否，不然不然。满洲铁道中立问题对于英日同盟宣言满洲机会均等之精神及文字极有效力，且足称为满足安全之处置。吾人观于日本抗议满铁中立，足知日本眼光之所在。

（三）吾人更思锦瑷铁路问题。此项铁路因一种暧昧事情致英美两国资本家群相猜阻。盖因风闻美人所得权利特优，然吾人当知此事固应不确，且纵令实属有此，吾人亦不应因此琐琐抛弃英日同盟原则绝大问题。或谓此时构造锦瑷铁路线，于经济上未为合算，但吾人应知经济问题以外别有要点。日英同盟条约实为满洲政治事情之中心。虽于事实上为日本所弁髦，吾人不可不知正当根据地实当在此。

（四）吾人最后应思日俄两国已经划订彼此地带。“彼此地带”为一外交上婉曲之名词，即势力范围之代用语。最近于去岁日俄条约中始发现之。

吾人从以上各种事情抽出两层结论：（一）日俄两国虽谬称对

于世界各国保持开放门户、机会均等主义，而在满洲一切举动实得其反。（二）各国对于日俄在满洲一切举动实为忍受，由此以谈，则《英日同盟条约》及《朴资弟斯日俄条约》克己利他之原则似有不适于好战国民之性质者。英日同盟非为扶持日本并吞满洲，乃为顾念日本国家存亡大计，使免受强邻压境之患，然日本于此点已完全置之脑后。日俄战争结果日本既扩展势力于亚洲大陆，遂演出高丽灭亡之惨剧。高丽并归日本，既无可逃，世界各国乃亦默而置之。日本插足满洲亦为日俄战争之结果。虽然苟非吾人以对于日本苦战奋斗特表同情，因屏息熟察日本种种进行之实在情状者，彼其成功或未遽论及此事将既已如此，往者不谏，来者可追。吾人对于满洲机会均等之根据，不可不从速确定。此次四国借款目前如视为确定美、英、法、德干预满洲政治事情之第一步，或当不谬。所有此次借款之担保物与中国历来各项借款都无关系，亦一优点。惟此后四国政府如何以实力拥护各企业家，使得正当进行，固自别有事在。

译者曰：四国借款将来事势变迁危险异常。英人持论专就彼国利益言之，非于中国满洲主权有所爱也。且满洲政治事情又只为四国借款问题之一部，非其全体，其要点尚有干涉财政权一大问题。在梦想立宪者，徒欲鞭策资政院议员要求临时会议决。吾今试问，果开临时会议决，资政院诸公能不可决乎？可决以后，政府之滥费、四国之干涉财政，曾何以异于未可决者？国民无推翻政府之思想，乃区区冀幸用各立宪国投票公决之形式，解决存亡大计，此其与掩耳盗铃亦何以异？终之为一进会会员耳。国民，国民，可以思矣，可以起矣。

图书在版编目(CIP)数据
杨毓麟集/杨毓麟撰;饶怀民编.—长沙:岳麓书社,2008
ISBN 978-7-80761-109-7
Ⅰ.杨… Ⅱ.①杨…②饶… Ⅲ.社会科学—文集 Ⅳ.C53
中国版本图书馆 CIP 数据核字(2008)第 176231 号

湖湘文库

湖湘文库编辑出版委员会

杨毓麟集

著　　者　杨毓麟
编　　者　饶怀民
责任编辑　刘　文
整体设计　郭天民
出版发行　岳麓书社
地　　址　湖南省长沙市爱民路 47 号
电　　话　0731—8885616(邮购)
邮　　编　410006
网　　址　www.yueluhistory.com
印　　刷　长沙化勘印刷有限公司
装　　订　长沙化勘印刷有限公司
版　　次　2008 年 12 月第 1 版第 1 次印刷
开　　本　960×640　1/16
印　　张　34.75
字　　数　202 千字
书　　号　ISBN978-7-80761-109-7/G·679
定　　价　90.00 元

ISBN 978-7-80761-109-7